MAINTENANCE AND RENOVATION TECHNOLOGY FOR
LARGE SPAN
STEEL TRUSS BRIDGES

大跨钢桁梁桥维修改造技术

陈 亮 颜 海 编著 | 邵长宇 主审

人民交通出版社股份有限公司
北京

内 容 提 要

本书以上海市松浦大桥的维修改造为例,对其设计、施工经验及重大科研技术难题进行分析和总结,为大跨钢桁梁桥维修改造提供了较高的借鉴价值。全书共分为7章,包括绪论,钢桁梁桥改造设计,钢桁梁桥改造施工,钢桁梁检测与评估,钢桁梁原位负荷加固理论与方法,钢与高强韧性混凝土组合桥面体系,桥梁抗震、抗撞性能提升等内容。本书涵盖了大跨钢桁梁桥维修改造设计、施工、科研等各方面,内容丰富、图文并茂,有很强的实用性。

本书可供从事桥梁设计、施工、管理与养护的专业技术人员使用,也可供大专院校相关专业师生学习参考。

图书在版编目(CIP)数据

大跨钢桁梁桥维修改造技术／陈亮,颜海编著. —北京：人民交通出版社股份有限公司,2023.12
ISBN 978-7-114-18906-7

Ⅰ.①大… Ⅱ.①陈…②颜… Ⅲ.①长跨桥—钢桁架桥—桥梁施工—研究 Ⅳ.①U448.43

中国国家版本馆 CIP 数据核字(2023)第 132667 号

Dakua Ganghangliangqiao Weixiu Gaizao Jishu

书　　　名：	大跨钢桁梁桥维修改造技术
著　作　者：	陈　亮　颜　海
责任编辑：	卢俊丽　王景景
责任校对：	赵媛媛　魏佳宁
责任印制：	刘高彤
出版发行：	人民交通出版社股份有限公司
地　　　址：	(100011)北京市朝阳区安定门外外馆斜街 3 号
网　　　址：	http://www.ccpcl.com.cn
销售电话：	(010)59757973
总　经　销：	人民交通出版社股份有限公司发行部
经　　　销：	各地新华书店
印　　　刷：	北京印匠彩色印刷有限公司
开　　　本：	787×1092　1/16
印　　　张：	23.5
字　　　数：	589 千
版　　　次：	2023 年 12 月　第 1 版
印　　　次：	2023 年 12 月　第 1 次印刷
书　　　号：	ISBN 978-7-114-18906-7
定　　　价：	130.00 元

(有印刷、装订质量问题的图书,由本公司负责调换)

序

　　松浦大桥是"黄浦江第一桥",始建于20世纪70年代,公铁两用,上层为双向2车道公路,下层为单线铁路,通车运行四十余年来,为上海的社会经济发展做出了重要贡献。21世纪以来,由于在大桥东侧新建了用于客运的金山铁路支线桥,大桥下层于2012年正式停用铁路货运功能。另一方面,随着上海市汽车保有量的逐年增加,大桥上层的过江交通压力不断增加,道路容量超饱和。松浦大桥逐渐难以满足新时代城市发展需求,鉴于大桥的历史价值以及良好的结构状况,决定对大桥进行拓宽改造。

　　松浦大桥大跨钢桁梁桥改造的总体目标为将上层桥面由2车道拓宽为6车道,下层由原铁路桥面改造为行人及非机动车通道。项目组经过多方案比选,综合考虑造价及对周边环境影响后,创新性地提出了维持两片主桁及基础不变,主桁及横联原位加固,上层桥面采用预制轻型高性能组合板且与主桁结合的总体改造方案。松浦大桥维修改造项目贯彻先进理念,通过本次改造,全方位提升了松浦大桥的交通功能、结构性能及整体景观:大幅提升了上层公路的通行能力,为G320全线拓宽奠定了基础;大幅提升了桥梁的承载能力、耐久性能及防灾减灾能力;保留桥梁历史整体风貌的同时,首次在黄浦江上建成行人及非机动车专用过江通道。改造后的松浦大桥重新焕发了生机,使这座具有历史意义的黄浦江大桥能够继续为现代交通服务。

　　上海市政工程设计研究总院(集团)有限公司围绕松浦大桥改造项目开展了大量理论及试验研究,形成了钢桁梁桥改造设计、钢桁梁桥改造施工、钢桁梁检测评估、钢桁梁原位负荷加固、高性能组合桥面、既有桥梁抗震及抗撞能力提升等多方面的技术成果,反映了我国大跨钢桁梁桥维修改造在设计、施工、科研、管理等方面的技术进步。

　　随着时代的发展,中国桥梁建设正在从以新建为主阶段逐步转向建养并重阶段,需要提前制订应对策略并积极开展相关技术储备。桥梁维修改造是桥梁工程的重要组成部分,对推动我国基础设施向低碳、可持续方向发展具有重要意义。上海松浦大桥改造项目具有代表性和创新性,希望本书的出版能有益于我国桥梁技术的全面发展。

2023年4月

前 言

维修改造与新建工程不同,有其自身特点及要求。通过对桥梁的维修改造,可以消除病害、延长使用寿命;可以优化使用功能,使其更好地为社会服务;还可以提升其防灾减灾能力。维修改造项目需要考虑"既有设施综合利用",尽量避免大拆大建;需要设计与施工相结合,总体方案需考虑"低影响施工";需要坚持"以人为本",注重人文传承,避免对桥梁景观造成不良影响。上海松浦大桥改造方案新颖,但项目面临诸多挑战。针对大跨钢桁梁桥拓宽改造的关键性技术问题,项目之初策划了多项科技攻关课题。通过技术研发保障了松浦大桥改造项目的顺利进行,目前项目已竣工并通车。

本书系统总结了松浦大桥维修改造设计、施工经验及技术成果。第 1 章概述桥梁维修改造背景、松浦大桥改造总体方案及研究主要内容;第 2 章介绍钢桁梁桥改造设计;第 3 章介绍钢桁梁桥改造施工;第 4 章介绍钢桁梁检测与评估;第 5 章介绍钢桁梁原位负荷加固理论与方法;第 6 章介绍钢与高强韧性混凝土组合桥面体系;第 7 章介绍桥梁抗震、抗撞性能提升。

本书由陈亮、颜海编著,全国工程勘察设计大师邵长宇主审。周伟翔、陈祖贺、张春雷、王倩、韩雯、杨玲参与了第 2 章编著;刘立基、钱程参与了第 3 章编著;徐俊、陈祖贺参与了第 4 章编著;陈祖贺、苏庆田、周伟翔参与了第 5 章编著;苏庆田、汤虎、戴昌源参与了第 6 章编著;汤虎、陈张伟、郑亚坤参与了第 7 章编著;插图由陆东辉绘制。

松浦大桥改造工程由上海市政工程设计研究总院(集团)有限公司采用设计施工总承包(EPC)的模式完成,上海市道路运输事业发展中心、上海黄浦江大桥建设有限公司、同济大学、中交路桥华东工程有限公司、中铁宝桥集团有限公司、上海先为土木工程有限公司、上海公路桥梁(集团)有限公司、江苏苏博特新材料股份有限公司、上海申继交通科技有限公司、上海市建筑科学研究院有限公司等单位参与了工程建设。松浦大桥改造工程的成功实施,离不开参建人员的共同努力,本书在编著过程中也得到了相关参建单位、个人的大力支持和帮助,还参考了国内外学者与技术人员的部分研究成果,在此向他们一并表示感谢!

希望本书对我国桥梁工程可持续发展及大跨钢桁梁的维修改造技术进步有所裨益。限于编著者水平有限,书中不妥之处在所难免,诚请读者批评指正。

作　者

2023 年 3 月于上海

目 录

第1章 绪论 ··· 1
1.1 桥梁维修改造背景 ··· 1
1.2 松浦大桥改造总体方案 ··· 9
1.3 研究工作及意义 ··· 21

第2章 钢桁梁桥改造设计 ·· 26
2.1 引言 ··· 26
2.2 拓宽加固方案 ··· 28
2.3 结构改造设计 ··· 42
2.4 桥梁景观 ··· 64
2.5 小结 ··· 69

第3章 钢桁梁桥改造施工 ·· 71
3.1 引言 ··· 71
3.2 施工工装 ··· 72
3.3 变形矫正 ··· 77
3.4 主桁加固施工 ··· 83
3.5 桥梁整体顶升 ··· 88
3.6 组合桥面施工总体方案 ·· 106
3.7 高性能桥面板预制 ·· 113
3.8 组合桥面板安装 ··· 130
3.9 三维扫描技术及其应用 ·· 140
3.10 小结 ·· 149

第4章 钢桁梁检测与评估 ·· 151
4.1 引言 ··· 151
4.2 病害检测 ··· 152
4.3 材料性能分析 ··· 158
4.4 变形钢板分析 ··· 168
4.5 锈蚀构件分析 ··· 177
4.6 交通荷载模拟与评估 ·· 185
4.7 老桥技术状态识别 ·· 191

4.8 小结 ·· 194

第5章 钢桁梁原位负荷加固理论与方法 196
5.1 引言 ·· 196
5.2 加固计算方法 ·· 197
5.3 负荷程度影响分析 ··· 204
5.4 轴心压杆加固试验 ··· 212
5.5 铆钉连接加固试验 ··· 227
5.6 钢桁梁抗扭加固及验证 ······································ 232
5.7 成桥试验验证 ·· 237
5.8 小结 ·· 243

第6章 钢与高强韧性混凝土组合桥面体系 245
6.1 引言 ·· 245
6.2 SSDC 材料性能 ·· 246
6.3 组合桥面板静力性能 ··· 264
6.4 组合桥面板疲劳性能 ··· 273
6.5 组合桥面板裂缝宽度计算方法 ···························· 297
6.6 组合桥面板湿接缝界面处理 ······························ 315
6.7 小结 ·· 325

第7章 桥梁抗震、抗撞性能提升 328
7.1 引言 ·· 328
7.2 改扩建桥梁抗震性能提升 ··································· 328
7.3 自浮式防撞系统开发与应用 ······························ 343
7.4 小结 ·· 357

参考文献 359

第1章 绪　　论

1.1 桥梁维修改造背景

1.1.1 发展需求

一个国家桥梁发展过程可分为三个阶段,即新建为主阶段、建养并重阶段和养修为主阶段(图1.1-1)。进入21世纪后,发达国家大兴土木的时期已告结束,桥梁学者与工程师的主要工作已由桥梁建造转变为养护维修,相关研究主要集中在既有桥梁的使用安全性分析和旧桥的维修、加固与改造,以确保老桥安全可靠地使用。改革开放以来,我国的桥梁建设者将主要精力投入到了新建桥梁工程中。目前中国桥梁建设正在进入建养并重阶段,现存大量桥梁面临养护维修的同时,需要针对桥梁改建提前制订应对策略并做好技术储备。近年来桥梁维修逐步受到重视,但相关维修策略、理念、技术、经验与发达国家相比仍存在较大差距。如何安全、经济、合理地使用老桥,是中国桥梁工程界迫切需要加以研究和解决的问题。

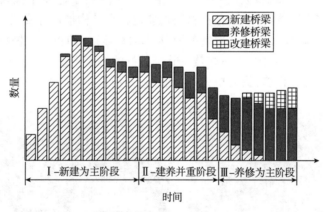

图1.1-1　桥梁发展"三段论"示意

至今,钢桥已经历了200多年的发展历史。钢桥最早的表现形式为铁桥,产生于18世纪中后期。第一座全钢桥为1874年建成的美国密西西比州伊兹桥(Eads Bridge,图1.1-2),开启了桥梁工程领域的钢桥时代。钢桁梁因结构刚度大、自重轻、材料强度高,具有较强的跨越能力及较大的跨径使用范围。主跨跨径549m的加拿大魁北克桥(Quebec Bridge,图1.1-3),为世界上最大跨径的钢桁梁桥。钢桁梁桥广泛应用于铁路桥梁中,由于造型优美多变,在城市桥梁应用中也备受青睐。钢桁梁桥为普遍采用的桥型,在桥梁建设发展史中具有重要的地位。

图 1.1-2　1874 年建成的美国伊兹桥

图 1.1-3　加拿大魁北克桥

从 20 世纪初至改革开放初期,我国在许多重要河道上建设了大量的钢桁梁桥,这些桥梁多作为公路、铁路运输网中过江过河的重要通道,在路网中具有重要意义,部分建设时间较早的桥梁已经被文物部门列为不同级别的不可移动文物(图 1.1-4)。随着经济的高速发展,交通通行需求日趋增长,我国现有公路桥梁中有相当一部分由于建造年代久远、设计荷载标准低、桥梁宽度不足,加上运营时间长,存在材料性能退化和结构损伤等安全隐患,已严重影响了道路的通行能力,成为制约城市交通发展的瓶颈(图 1.1-5)。如将这些桥梁进行拆除重建,不仅耗资巨大,时间周期长,而且对于一些技术状况较好的桥梁来说,也是一种资源浪费。因此,若能采用有效的维修改造措施,提升桥梁通行能力,将带来显著的经济和社会效益。

图 1.1-4　武汉长江大桥　　　　　　　　图 1.1-5　南京长江大桥拥堵

1.1.2　成功实例

下面列举世界范围知名的桥梁维修改造实例,这些不同桥型的桥梁改造均采用了新颖设计,实现了桥梁交通功能及结构性能的提升。

1)波兰格鲁塔—罗维奇戈大桥[1]

波兰格鲁塔—罗维奇戈大桥(Grota-Roweckiego Bridge,图 1.1-6),1977 年开始修建,1981

年通车。该桥为双幅连续梁桥,跨径布置为 75m + 3×90m + 2×120m + 60m。单幅桥面宽 18.5m,主梁采用单室钢箱梁。

图 1.1-6 波兰格鲁塔-罗维奇戈大桥

运营近 40 年后,该桥的结构状况仍然良好,为满足目前及远期城市交通的需求,需要对既有结构进行拓宽加固。桥梁拓宽加固要达到的目标为:①从 8 车道(2×3×3.5m + 2×3m)拓宽为 10 车道(2×2×3.5m + 2×3×3m),其中一幅桥面增加 1 条 2.0m 宽的人行道,另一幅桥面增加 1 条 2.5m 宽的非机动车道,桥面总宽从原来的 37m 增加到 46.15m(23.615m + 22.535m)。②对结构进行加固,能够满足波兰现行标准交通荷载需求。③桥梁至少可以再使用 25 年。其中北幅桥拓宽前、后单室钢箱梁横断面如图 1.1-7 所示。

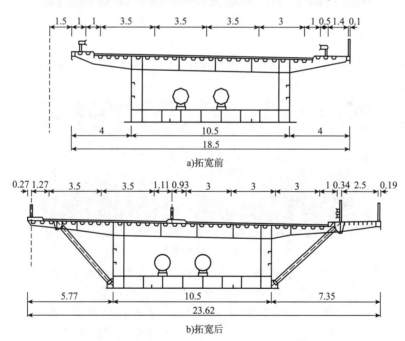

图 1.1-7 北幅桥单室钢箱梁横断面(尺寸单位:m)

根据拓宽加固要求,从提高结构承载能力、施工便捷性、经济和社会效益等方面进行了方案比选,最终选择了增设挑臂拓宽桥面、采用体外预应力对上部结构进行加固的方案(图 1.1-8、图 1.1-9)。新挑臂结构斜撑采用 φ237mm、壁厚 12.5~17.5mm 的钢管,三种钢绞线体外索规格分别为 7φ15.7mm、9φ15.7mm、12φ15.7mm。

图1.1-8 新挑臂结构

图1.1-9 梁底体外索布置

施工顺序为首先拆除外侧桥面板和悬臂梁,安装体外预应力系统,然后安装新挑臂,新挑臂待安装节段见图1.1-10。

图1.1-10 新挑臂待安装节段

2)加拿大狮门大桥[2]

加拿大狮门大桥(Lions' Gate Bridge)始建于1938年,为主跨472m的悬索桥,是进入北美洲南岸最繁忙的港口城市之一温哥华的标志性建筑(图1.1-11)。

图1.1-11 加拿大狮门大桥

大桥原设计为2车道桥面,为提高大桥的通行能力,满足出行需求,1954年将车道宽度缩小至2.9m并改为3车道桥面。到20世纪90年代中期,桥面损坏已相当严重,每年需花费300万美元用于维修。1997年,哥伦比亚省运输财政委托巴克兰特和泰勒两位工程师为狮门大桥设计改造方案。桥梁维修改造要达到的目标为:①提升桥梁的通行能力,将原2.9m宽的行车道拓宽至3.6m,人行道从1.3m拓宽至2.7m。②提升桥面的耐久性。③将大桥颤振临界风速从35m/s增大到45m/s以上。④提高桥梁的抗震能力,使它符合现行标准的要求。

大桥改造前后主梁断面详见图1.1-12。原有加劲梁在桥面以上设有桁架,采用板桁分离的形式。改造方案保留主塔及缆吊系统,新增劲梁将桥面拓宽至原宽度的1.5倍,吊索内侧为行车道,两侧设置人行道,桥面下设置纵向加强桁架。上承板既为桥面结构,又为加劲桁的上弦杆,与老桥相比新桥面恒载不变。该方案可承受的临界风速为70m/s,远远超过标准要求的45m/s。除桥塔底部以及北边缆索需要加强以增大抗震能力外,其他部件保持不变。

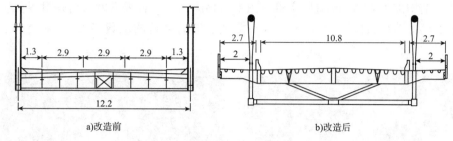

a)改造前　　　　　　　　　　　b)改造后

图1.1-12　大桥改造前后主梁断面(尺寸单位:m)

从北海岸到温哥华仅有两个通道,狮门大桥承担超过40%的日交通量。如果关闭大桥一段时间,将会对社会和经济造成很大的影响。1975年,加拿大狮门大桥北高架引桥的混凝土路面已经被钢面板取代,这是世界上首次利用晚间替换桥面,而在日间全桥保持交通正常运行的施工方法。该方法为巴克兰特和泰勒所设计,随后被金门大桥、乔治华盛顿桥、安格斯麦克唐纳桥等维修工程多次效仿。显著的不同在于当时这些桥梁只是替换了桥面,其主要的结构系统仍保留不变,而在狮门大桥悬索桥修复中,加劲主梁则要被替换。

巴克兰特和泰勒决定采用悬吊结构替换桥面的新颖设计,利用晚间,采用分块的形式进行。这种设计可基本消除施工对交通造成的不利影响,除短暂的封闭时段外,该桥仍可以3车道通行,日间车流量还可保持70000辆。桥面从北到南共分54段逐步替换,节段间采用螺栓连接,桥面板在合龙后再进行环缝焊接。经过一年多的施工,该改造工程于2001年完工,桥梁的承载能力、抗风、抗震性能均得到明显提高。由于新桥面重量与旧桥面持平,因此不需加强桥塔,保持了悬索桥原有美学效果。

3)西班牙蓝德海峡大桥[3]

蓝德海峡大桥(Rande Strait Bridge)于1973年开始修建,1977年建成,为主跨约400m的双塔钢板梁斜拉桥,桥面宽20.76m,主梁高2.4m,钢筋混凝土桥塔高118.6m,总体布置如图1.1-13所示。

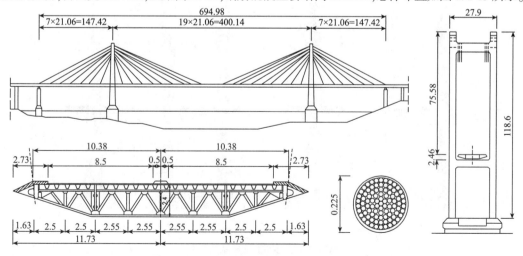

图1.1-13　蓝德海峡大桥总体布置(尺寸单位:m)

大桥改造前实景如图 1.1-14a)所示,2006 年平均日交通量达到 55000 辆,接近其有效通行能力,交通拥堵状况频繁发生。桥梁拓宽工程完成于 2017 年,总造价为 8800 万欧元,通行能力较改造前增加了 43%,改造后实景如图 1.1-14b)所示。蓝德海峡大桥是世界上第一座进行老桥加宽的大跨径斜拉桥,它的改造充分利用了既有结构的承载能力,大幅提升了其通行能力。

a)改造前　　　　　　　　　　　　b)改造后

图 1.1-14　蓝德海峡大桥

为了提高桥梁的通行能力,并保证拓宽过程中不影响既有交通,采用了在现有桥面、主塔外侧布置两个新主梁的方案。新增两个索面来支承新增的两幅主梁,新老斜拉索的梁端、塔端索距相同。对桥梁基础评估后认为桥面拓宽后不需要对基础进行加固。为了锚固新的斜拉索并把其内力传递给既有的桥塔,在既有塔柱的外侧设计了钢锚箱,钢锚箱通过球形支座支承在塔柱的水平面上,两侧钢锚箱采用钢横梁连接,如图 1.1-15 所示。

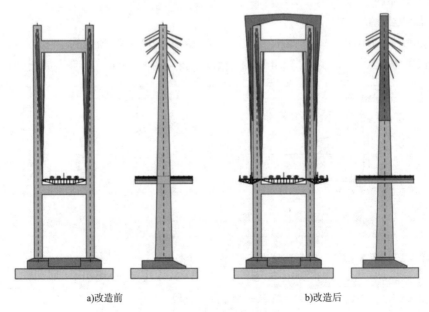

a)改造前　　　　　　　　　　　　b)改造后

图 1.1-15　主塔新增钢锚箱示意

新增的车道每侧宽5.0m,加宽的桥面总宽度为7.0m(图1.1-16)。在原有钢板梁的外侧增加两个箱梁,新的钢箱宽1.5m、高2.3m,上面铺设20cm厚的混凝土桥面板,形成钢-混凝土组合梁。钢箱两侧设置华伦式桁架横梁,拉索横梁的间距为10.53m,两根斜拉索之间设置中间桁架横梁。外侧桁架横梁外包钢板,提供流线外形以利于气动稳定性并减少风阻。内侧变高桁架形成一个三角形的横梁同既有的主梁采用球铰相连,只传递剪力和轴力,其目的是尽可能地减小新老主梁之间的内力,尤其是弯矩的传递。该拓宽桥面布置形式,在荷载作用下,由于横向杠杆作用,在铰的位置对原主梁产生一个向上的力。桥面加宽后既有斜拉索的内力没有增加,相应静力承载能力及疲劳性能得到了改善,亦可避免对既有索塔锚固节点的补强工作。

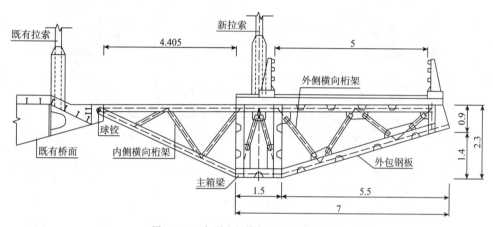

图1.1-16 新增主梁横断面(尺寸单位:m)

由于采用了精心设计的施工方案,施工期间维持了现有桥梁交通的正常运行。标准梁段长21m、重90t,采用悬臂架设法施工。标准节段吊装见图1.1-17,前、后吊点支架横断面布置见图1.1-18。主要工序包括:新主梁节段吊装、新主梁节段的焊接、新主梁节段和既有主梁节段的连接、斜拉索的安装和张拉、安装桥面钢筋和浇筑混凝土、吊装支架的移动等。

图1.1-17 新主梁标准节段吊装

1.1.3 目的及要求

由上述实例可以看出,通过桥梁的维修改造,可以达到以下几个目的:

（1）使用寿命延长。针对桥梁出现的各种病害，通过维修加固等手段，可以有效改善桥梁结构的受力性能，消除安全隐患，在提高桥梁承载能力的同时增强其耐久性。

（2）使用功能优化。针对诸多桥梁通行断面不能适应目前及未来的交通需求的现状，通过对桥梁的拓宽改造，提高其通行能力。

（3）抗灾能力提升。针对桥梁的抗震性能、安全设施等不能满足新时代要求等问题，通过桥梁抗震加固、增设防撞设施等手段，提升其防灾减灾能力。

总之，通过桥梁的维修改造，可以消除病害、延长使用寿命；可以优化使用功能，使其更好地为社会服务；还可以提升其防灾减灾能力。因此，对桥梁的维修改造具有显著的经济、社会效益。

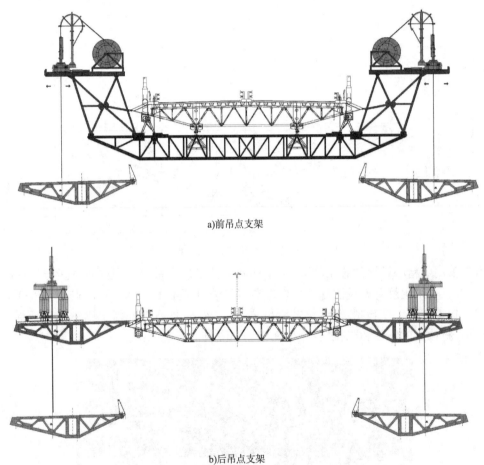

a)前吊点支架

b)后吊点支架

图1.1-18　前、后吊点支架横断面

维修改造工程与新建工程有很大的不同，主要体现在维修改造有如下几个方面的要求：

（1）既有结构的综合利用。满足城市更新需求，使桥梁功能得到提升，同时需注重实际功效发挥与现有资源利用。基于现状结构条件，进行总体方案设计，避免不必要的拆除及更换。

（2）维修改造的低影响施工。维修改造项目需将设计与施工相结合，总体方案应可快速施工，并贯彻绿色、环保理念，把对交通、环境的影响降到最低。

（3）历史桥梁的人文传承。历史桥梁维修改造应尽量留存桥梁的整体风格，避免对桥梁景观造成不良影响。本着以人为本的设计理念,在方案设计过程中,注重慢行通道设置。

1.2 松浦大桥改造总体方案

1.2.1 松浦大桥概况

松浦大桥位于上海松江区,为车亭公路(G320 上海段其中一段)跨越黄浦江与原铁路金山支线共建的双层公铁两用桥。上层为车亭公路,是上海市松江区东翼重要的货运和客运通道,是上海市西南地区重要的免费过江交通资源。下层为原金山支线,主要为石化总厂服务,以货运为主,客运为辅。松浦大桥是上海市第一座跨黄浦江的大桥,于1974年开工,并于1976年建成通车,如图1.2-1所示。

图 1.2-1 松浦大桥

大桥运营至今已有40余年。随着松江工业园区对外交通需求的不断上升,加上金山区同上海市中心城区和其他区县往来沟通也日渐密切,松浦大桥过江交通压力不断增加,道路容量超饱和,交通拥堵时有发生;另一方面,随着2012年铁路金山支线复线的建设完成,紧邻松浦大桥下游新建了一座铁路专用桥(图1.2-2),既有松浦大桥下层金山支线不再承担铁路交通运营的功能。为充分利用现有免费过江交通资源,挖掘现有设施潜力,提高金山—松江—市区的过江交通运输能力,需要对既有松浦大桥进行拓宽改造。作为沟通松江、金山与市区之间的重要通道,松浦大桥改造工程是完善市域干线路网、提升区域联系的需要,是打通关键节点、缓解地方交通瓶颈的需要。

图 1.2-2 松浦大桥及邻近的铁路金山支线复线桥

松浦大桥主桥为两联96m+112m的连续铆接钢桁梁桥,全长419.6m(图1.2-3)。其标准桁高为12.8m,中间支点和112m跨端支点均设6m高的加劲弦,主桁节间距为8m。两联钢桁梁各向两岸设0.2%的下坡,通航净高为10m。大桥的两片主桁中距为6.018m,上层为双向2车道公路,行车道宽9m,两侧各设1.5m宽的人行道及护栏;下层为单线铁路,两侧设1.5m宽的检修道(图1.2-4)。

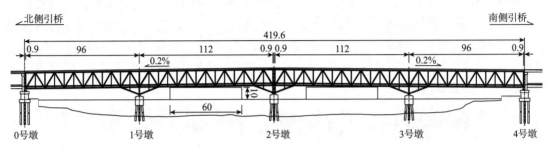

图1.2-3 主桥立面(尺寸单位:m)

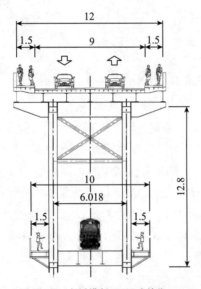

图1.2-4 主桥横断面(尺寸单位:m)

主桥原钢桁梁概略图见图1.2-5,主桁杆件为焊接或铆接工字形截面,宽720mm,杆件与节点之间采用铆接。

主桥基础平面布置如图1.2-6所示,江中三座桥墩均采用φ1.2m的钢管桩基础,1号、3号墩设16根钢管桩,2号墩设14根钢管桩,高桩承台为纺锤体形;两岸0号、4号墩采用φ1.25m的钻孔灌注桩基础。

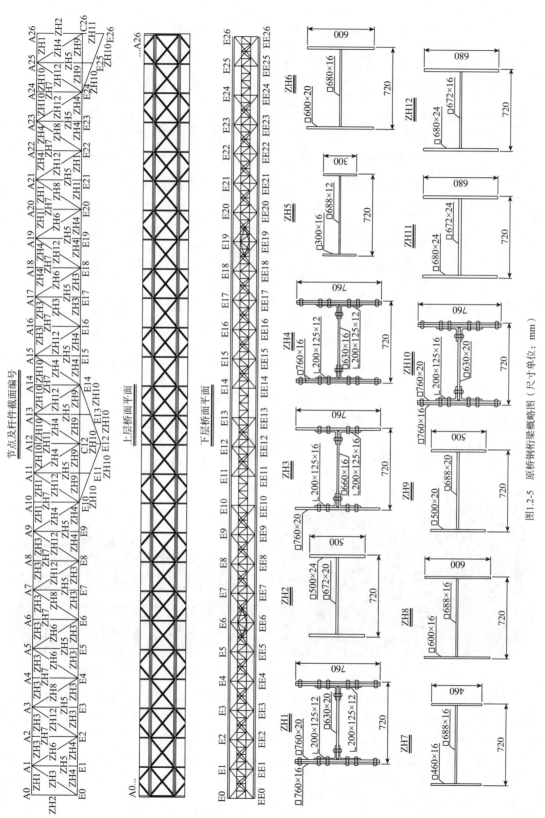

图1.2-5 原桥钢桁梁概略图（尺寸单位：mm）

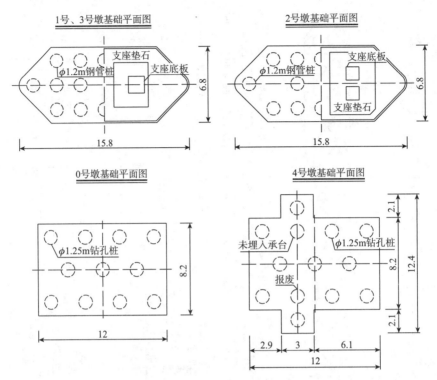

图 1.2-6 主桥基础平面(尺寸单位:m)

公路引桥为双向2车道,南北岸各22孔,各孔跨径均为32.7m,两岸各719.4m,合计1438.8m,上部结构为5片预应力混凝土T梁(图1.2-7)。铁路引桥为单线,北岸42孔,南岸38孔,跨径均为32.7m,上部结构为2片预应力混凝土T梁(图1.2-8)。

图 1.2-7 上层公路引桥

图 1.2-8 下层铁路引桥

主桥两岸桥台及公铁共用桥墩(每岸各3座)共计8座。共用桥墩均采用$\phi1.25m$钻孔灌注桩基础,上为混凝土承台、墩身、立柱、横梁等。其余公路及铁路引桥墩台共计112座,均采用$\phi0.55m$的钢筋混凝土管桩基础,上为混凝土承台、墩身、墩帽等。

两岸主引桥交界处设置桥头堡(图1.2-9),行人及检修人员可利用桥头堡通往上、下桥面。松浦大桥所在的车亭公路属于G320上海段的一部分,现状为双向4车道,按2条快车道,

2 条慢车道设置(图 1.2-10)。

图 1.2-9 桥头堡

图 1.2-10 车亭公路(G320 上海段)

1.2.2 改造技术标准

由于桥梁技术标准和设计规范不断更新,桥梁设计荷载、计算方法、结构构造要求、耐久性要求等不断变化,一般情况下新规范要求均比老规范相关要求有所提高。桥梁维修改造首先需明确其技术标准,但相关标准的确定在工程实践中常有分歧。《公路桥梁加固设计规范》(JTG/T J22—2008)[4]规定,加固验算时,应根据桥梁建设年代的设计荷载、材料性能进行相应计算。但较多工程师则认为桥梁维修改造时,作用及其组合甚至计算方法等应按现行规范执行,如此则许多既有桥梁结构需要拆除重建,将导致工程建设的"大拆大建"。由于既有桥梁大部分是按旧桥规设计的,不可能全面满足新桥规的要求,而且大部分构件即使通过加固、升级也难以完全满足新桥规的要求。所以,应强调在既有结构综合利用的基础上,积极采用桥梁新技术,使桥梁功能及性能得以综合提升,即维修改造技术标准不应按新老标准一刀划定,而应根据工程具体情况及维护改造后使用年限,结合桥梁功能、安全耐久要求以及经济、社会效益分析后综合确定。关于松浦大桥钢桁梁桥拓宽改造项目的相关技术标准讨论如下。

(1)使用年限

桥梁结构改造后的使用年限,应由建设单位和设计单位共同商定,并应在设计文件中明确。松浦大桥建成于 1976 年,已使用 40 余年,原设计未明确规定结构使用年限。根据相关检测,桥梁钢结构除船撞变形较为严重外,其他锈蚀等病害相对较轻。结构使用年限与钢结构的疲劳特性密切相关,国外曾发生过数起钢桁梁因疲劳引起的垮桥事故[5]。根据相关资料,松浦大桥铁路货物运量在 20 世纪 80 年代达到高峰,上下行总货物运量达每年 100 万 t,90 年代起稳定在 70 万~80 万 t。铁路客运列车 1984 年开通,开始时上下行每年分别运送旅客 150 万~200 万人,90 年代起逐年下降,2004 年客运列车停运。与其他干线铁路桁架桥相比较,松浦大桥货运密度较低、日通行客货运列车数量较少,由此判断其主桁杆件受到的疲劳应力幅较低、荷载作用次数少,主要受力构件经相关检测也未发现疲劳裂纹。松浦大桥改造后,将对原有桥面系进行更新,在公路荷载作用下,大桥的主桁杆件一般也不会有疲劳问题。综上,确定松浦大桥维修改造后的使用年限为 50 年。

(2)道路等级及设计速度

公路等级应根据公路网的规划,从全局出发,结合公路的使用任务、功能和远景交通量综合确定。车亭公路规划等级为二级公路,从其承担的交通与集散兼备的功能定位考虑,确定本项目采用二级公路标准进行设计。

根据相关规范标准的规定,二级公路设计速度一般选用80km/h、60km/h,特殊困难路段考虑采用40km/h。本项目为旧桥改造项目,现有桥梁平纵设计速度标准为50km/h。考虑技术标准的要求,改造后技术指标不应比原设计标准低;同时为充分利用现状松浦大桥,平纵线形不宜调整过多,按80km/h标准改造的难度较大。综上,确定本项目按设计速度60km/h标准进行设计。

(3)车道数量

车道设置应从桥梁交通量增长的适应性和主桥受力加固的工作量两方面进行论证。从松浦大桥的重要性角度考虑,作为珍贵的稀缺免费资源,大桥未来的交通地位将进一步提高。根据通行能力及车道数计算可知,远期双向4车道交通量基本处于饱和状态,通行条件极为不利,交通量适应性较差。从松浦大桥改建难度角度考虑,尽管本次改造为双向4车道难度小,且对主桥受力加固有利,但由于未来大桥二次拓宽的可行性很小,一次改建到位可节约大量资源、避免重复建设。鉴于车亭公路全线远期规划为双向6车道,为避免松浦大桥成为远期交通发展的瓶颈,确定本次将大桥改造为双向6车道。

(4)荷载等级

原松浦大桥公路荷载等级为汽—20,相当于现行规范的公路—Ⅱ级,本项目工可批复的荷载等级为公路—Ⅱ级。鉴于《公路工程技术标准》(JTG B01—2014)规定二级公路可按公路—Ⅰ级荷载进行设计,并考虑到松浦大桥改造后将会出现车流量较大、货车较多的交通现象,在桥梁实际改造验算时,适当提高了荷载标准。

(5)抗震设防

早期设计的桥梁存在不同程度的抗震能力不足问题,随着抗震设计思想的不断进步,桥梁抗震规范也作了较大的修改和完善。为了保证人民生命安全,既有桥梁在维修加固时宜按新规范进行抗震加固设计。根据《公路工程抗震规范》(JTG B02—2013),本桥地震基本烈度为7度,地震动峰值加速度为$0.10g$,桥梁的抗震设防类别为B类。需要指出的是,拓宽改造桥梁可根据一致危险性原则,取其剩余服役期内与新建桥梁抗震设防标准相同的超越概率,确定相应的E1、E2地震动水平。松浦大桥改造后设计使用年限为50年,通过调整抗震重要性系数,可达到与新建桥梁设计基准期100年同等的设防水平。根据维修改造后桥梁使用年限确定抗震设防标准,可显著降低改造成本,同时满足新规范抗震要求。

(6)通航

松浦大桥桥位处黄浦江为Ⅲ级航道,通航净高为10m。根据《上海市内河航道普查资料汇编》及现场调查,桥区附近桥梁的通航相关参数详见表1.2-1,由表可见,松浦大桥梁底高程最低。大桥原设计最高通航水位为3.82m,在此条件下能满足通航要求。但依据上海市水文总站发布的《上海市内河感潮航道通航水位分析与确定》专题成果,结合潮位特征及海平面的抬升等影响因素,确定本航段黄浦江航道设计最高通航水位为4.4m,如按此要求既有松浦大桥不能满足通航要求。

松浦大桥附近桥梁通航参数　　　　　　　　　表1.2-1

桥梁名称	位置	通航孔		
		孔数	净跨(m)	梁底高程(m)
金山铁路桥	下游紧邻	2	110.2	15.24
松浦大桥	—	2	110	13.80
G15黄浦江大桥	上游1.2km	1	110.18	14.93
松浦三桥	上游5.2km	1	131.04	14.03

松浦大桥主桥若满足4.4m通航水位条件下的通航要求，主桥需要整体抬升约0.6m，这会造成主引桥线形难以接顺；且受制于上游松浦三桥的梁底高程限制，主桥整体抬升0.6m意义不大。结合实际通航情况并考虑改造项目既有结构的利用需要，经通航论证后确定了最终方案，即在实施桥梁支座更换的同时对主桥进行线性比例抬升，其中两联之间过渡墩整体抬升0.2m，岸上边墩处高程不变，中墩抬升高度按照线性内插确定。该方案不仅可消除主梁挠度及基础沉降对通航净空的不利影响，而且会在一定程度上提升桥梁的通航能力，减少船桥相撞事故的发生。

(7) 桥墩防撞

根据上海市内河航运发展规划，松浦大桥所处的航段定级为Ⅲ级航道，代表船型为1000t级。松浦大桥水中设有3座桥墩，1号、2号、3号墩承台顶高程分别为5.877m、6.101m、5.877m，均高出设计最高通航水位，承台底高程均为-1.20m，低于设计最低通航水位1.37m。原松浦大桥未设置防撞设施，按新规范计算设计代表船型的船舶撞击力，桥墩防撞能满足受力要求。根据航道意见征询会议纪要，桥墩防撞设计标准为1000t，考虑到实际通行船舶吨位较大，建议适当提高桥墩防撞标准。为了保障船桥安全，兼顾实际通航船舶特点，设计考虑对水中墩增设防撞设施，以提升其防撞能力。值得注意的是，设置防撞设施后的通航净宽需能满足单孔单向通航要求。

(8) 抗倾覆、交通安全及排水

松浦大桥原桥活载为2车道公路及单线铁路，不存在倾覆问题。主桥改造后，上层桥面由原来的双向2车道改为双向6车道，桥面宽度将比现状桥宽增加1倍，整个断面显得有些"头重脚轻"。鉴于国内发生了多次桥梁倾覆事故，新规范对桥梁抗倾覆验算提出了明确要求。桥梁维修改造应满足新规范抗倾覆要求，具体为：荷载基本组合作用下支座不出现负反力；抗倾覆安全系数大于2.5。

原松浦大桥上层桥面未设置中央防撞设施，边防撞设施的防撞能力也相对较弱。桥面改造时应一并对交通安全设施进行改造，以满足新规范的防撞要求。上层桥面远离铁路侧防撞护栏为SB级，靠近铁路侧为SS级，中央分隔护栏为SBm级。

原松浦大桥主桥采用直排方式将桥面雨水直接排入黄浦江。按照桥位处黄浦江水源保护地要求，维修改造时主桥桥面雨水应通过设置于主桥两侧的排水管收集后，接入地面排水系统。

1.2.3　总体改造方案

松浦大桥改建工程，为后期车亭公路全线拓宽改建的先行工程。该工程起点桩号为K4+178.827，终点桩号为K6+037.227，长度为1.858km，改造总体平面布置详见图1.2-11。主桥上层公路拆除原2车道桥面，新建双向6车道桥面，改造后宽度为24.5m(图1.2-12)；下层拆除原单线铁路桥面，新建带挑臂钢结构桥面用作行人及非机动车道，改造后宽度为13m；拆除旧桥头堡,并在新桥头堡中增设无障碍电梯等,供行人上下主桥[6-7]。上层引桥由双向2车道拓宽为双向6车道,采用新老T梁连接、承台连接、盖梁不连接的方案(图1.2-13)。下层引桥通过顶升法调整桥面坡度,对桥墩进行改造,原T梁继续利用,新增桥面后,改建为非机动车道(图1.2-14)。

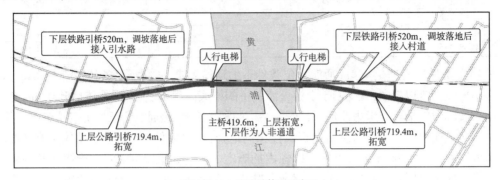

图1.2-11 改造总体平面布置

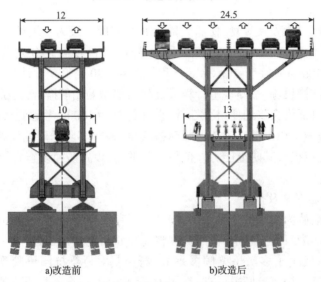

图1.2-12 主桥改造前后断面对比(尺寸单位:m)

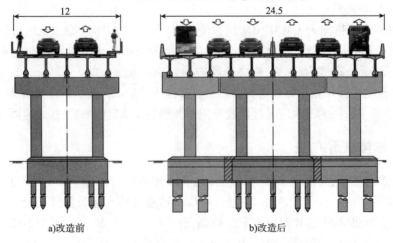

图1.2-13 上层引桥改造前后断面对比(尺寸单位:m)

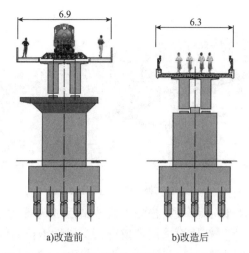

图1.2-14 下层引桥改造前后断面对比(尺寸单位:m)

主桥大跨连续钢桁梁桥改造为本工程重点,拓宽改造断面如图1.2-15所示。通过对大跨公铁两用钢桁梁桥拓宽改造关键问题进行研究,认为在原位维持两片主桁及下部基础不变的情况下进行多车道的拓宽改建是可行的。改造后新桥面系与主桁上弦杆、横梁连接成整体,形成板桁组合结构;上层桥面两侧下方设置斜撑与主桁竖杆相连,并对原横联进行置换加强。

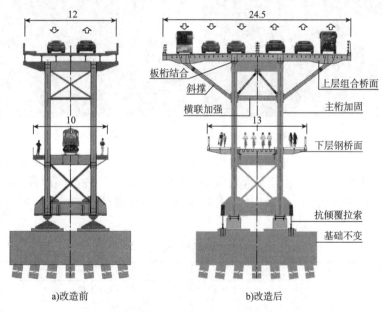

图1.2-15 主桥改造断面示意(尺寸单位:m)

考虑到桥梁位于市郊,重载车辆较多,常规正交异性钢桥面难以满足耐久性需求;另一方面,桥面板安装工期应尽量缩短,以减少对周边交通的影响。松浦大桥维修改造工程需要综合考虑桥面系耐久性、桥面重量控制及快速施工等要求,为此在上层公路桥面系更新中研发应用了预制轻型钢-混凝土组合桥面板(图1.2-16)。其中,低收缩高强韧性混凝土(Low-Shrink High-Strength Ductile Concrete,SSDC)厚度为8cm。上层组合桥面采用节段工厂整体预制后现场安装(图1.2-17),单节段长24.5m、宽8m、质量约100t,共54节段。

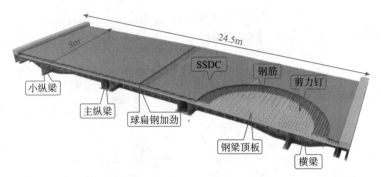

图 1.2-16　钢-混凝土组合桥面示意

大桥下层改造为行人及非机动车道,松浦大桥改造后成为黄浦江上第一座具有独立慢行系统的桥梁。为减轻自重,下层新桥面采用带挑臂正交异性钢桥面,通过板式橡胶支座支承在主桁下横梁上。主桁间为非机动车道,采用彩色沥青铺装,主桁两侧则为人行道,采用塑木铺设,主桁区域布置座椅及景观小品,见图1.2-18。

图 1.2-17　桥面板架设

图 1.2-18　下层桥面布置

表1.2-2列出了主桥改造前后恒、活载变化情况。由表可见,由于桥面面积增大70.5%,改造后主桥恒载增加84.7%;由于列车停运,活载减小了47.2%;总体而言,恒活载总量增大31.5%。经方案比选,确定了维持两片主桁不变、在原位负荷状态下对受力不足构件进行加固的总体思路。

主桥改造前后恒、活载变化　　　　表1.2-2

结构形式	改造前	改造后	(改造后−改造前)/改造前
桥面宽度(m)	12(上层)+10(下层)	24.5(上层)+13(下层)	70.5%
恒载(t/m)	16.64	30.74	84.7%
活载(t/m)	11.26	5.95	−47.2%
恒+活(t/m)	27.90	36.69	31.5%

主桥加固方法选择直接加固法,共计加固杆件112根,加固节点96个,如图1.2-19所示。其中,上弦杆通过板桁结合加固,其他腹杆及下弦杆采用增大构件截面法加固,受力增大较多的加劲弦杆件采用钢-混凝土组合法加固。加固时机选择需要在上层桥面拆除后进行,有利于提高加固效率。

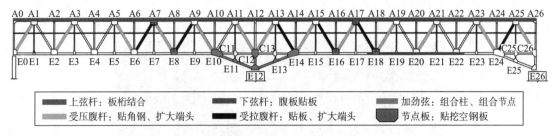

图 1.2-19 加固部位及方法示意

大桥已运营 40 余年,根据检测评估,存在钢结构锈蚀及船撞变形等病害,维修加固时需要提升桥梁的耐久性能。对钢结构进行喷砂除锈并重新涂装,为满足环境保护的相关要求,特别设计全封闭移动涂装工装,如图 1.2-20 所示。对钢桁梁 15 处船撞变形进行矫正修复,修复方案以冷矫正为主,局部采用热矫正辅助施工,变形矫正前后对比如图 1.2-21 所示。

图 1.2-20 涂装移动工装

图 1.2-21 变形矫正前后对比

按通航论证要求,为减少船桥相撞事故的发生,对双层大跨钢桁梁进行线性比例抬升,其中两联之间过渡墩处整体抬升 0.2m,岸上边墩处高程不变。施工时采用 PLC(Programmable Logical Controller,可编程序逻辑控制器)液压系统,对两联钢桁梁分别进行整体同步顶升。

经验算,主桥原基础满足静力荷载工况下受力需求。在抗震方面,基于桥梁剩余使用寿命确定桥梁的抗震设防标准,从桥梁抗震的"力与位移"平衡的角度出发,结合支座更换,采用了新型拉索减震支座,可有效降低 50% 地震力,确保现状基础满足新的抗震标准。原松浦大桥未设置防撞设施,下部基础能满足Ⅲ级航道 1000 吨级设计代表船型船舶撞击力下的受力要求,但考虑实际通行船舶吨位较大,适当提高桥墩防撞标准,对水中墩设置多功能自浮式防撞系统,提升其防撞能力。

维修改造项目周边环境往往较为复杂,松浦大桥紧邻运营中的金山支线复线,上跨黄浦江航道,位于黄浦江水源保护区,如图 1.2-22 所示。确定施工总体方案时,需考虑对周边环境的不利影响。

为把对交通的影响降到最低,充分考虑各分项工程的特点及相互关系后,项目施工总体分为两个阶段进行。第一阶段:在不影响松浦大桥现状交通的前提下,施工主桥下层及下层引桥,完成后开放下层行人、非机动车道,上层引桥拼宽段的下部结构也全部完成。第二阶段:封闭上层交通,上层桥面拆除后完成主桥支座更换以及主桁维修加固工作,再进行主桥上层以及引桥上层施工,同时配合完成相应的附属工程施工。其中主桥施工控制全桥工期,施工流程见图1.2-23。

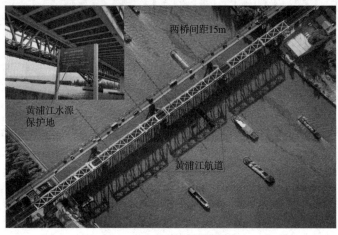

图1.2-22 松浦大桥周边环境

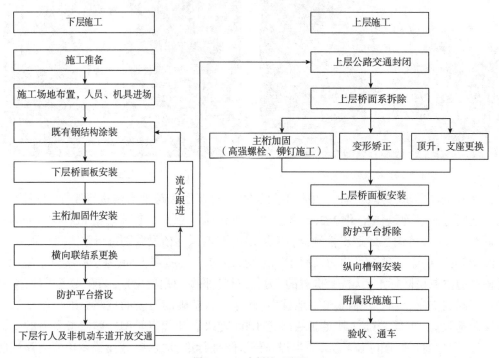

图1.2-23 主桥施工流程

在施工组织及措施方面,有两点需要重点强调。第一,由图1.2-23可见,为缩短上层桥面交通封闭时间,并利于主桁加固取得良好效果,加固施工分两个环节进行。在上层桥面拆除前,先将加固件安装就位,待上层桥面拆除完成后再进行栓铆接正式施工。第二,特别设计了一套模块化移动式防护平台(图1.2-24),对保障桥梁改造的顺利进行发挥了重要作用。防护平台在保证上层桥面施工时下层行人、非机动车道通行及黄浦江通航安全的同时,兼作主桁加固、上层桥面安装的施工平台。

图 1.2-24 移动式防护平台

1.3 研究工作及意义

1.3.1 主要研究工作

本书围绕松浦大桥钢桁梁桥综合改造的工程难点,基于当前工程及技术发展现状,主要进行如下几方面的研究。

1) 钢桁梁桥改造设计

与新建桥梁的设计不同,桥梁维修改造设计需要在既有结构的基础之上对其功能及性能进行提升,并与施工紧密结合,使其对既有交通及周边环境的影响降至最低。松浦大桥上层原为双向2车道,鉴于车亭公路全线远期规划为6车道,为避免跨江桥梁成为远期交通发展的瓶颈,确定本次改造为双向6车道。原公铁两用老桥越江后陆上段分幅布置,旁有金山支线复线桥,因此难以采用在老桥旁边新建桥梁的常规方式实现拓宽。为充分发挥老桥的潜力,本次拓宽改造工程需在维持两片主桁及原有下部基础不变的前提下进行。

松浦大桥改造设计的重点是拓宽加固,但同时需兼顾耐久性、景观等因素。由于大桥位于市郊,有较多的货车通行,维修改造时需控制桥面自重,亦需考虑桥面系的耐久性能。鉴于大桥为黄浦江上第一桥的历史地位,维修改造需在大幅提升交通功能的同时,注重景观效果。大桥桥面大幅拓宽后,桥面总面积增加70.5%,恒、活载总量增加31.5%。在维持两片主桁不变、荷载大幅增加、只能在原位施工的条件下,如何对主桁的主要受力构件进行加固,关系到后期运营安全,是该工程成败的关键所在。

综上所述,钢桁梁桥拓宽改造设计中关键问题包括桥面拓宽的合理方法、合理的桥面体系、桥面板与主桁关系、主桁加固方法、下部基础、桥梁景观等方面的内容。

2) 钢桁梁桥改造施工

维修改造工程往往内容复杂、工期紧、限制因素众多,对施工组织、施工工装、施工方案提出了很高的要求。松浦大桥钢桁梁桥维修改造包括钢桁梁涂装、变形矫正、主桁加固、桥梁顶升、桥面更新等内容,为保证主桁加固效果,需选择合适的加固时机。由于交通功能难以替代,需将施工对交通的影响降至最低,改造期间需保证非机动车通行,上层交通封闭时间不能超过 18 个月。由于大桥紧邻运营中的金山支线复线,上跨黄浦江航道,位于黄浦江水源保护区,需要设置防护作业工装以满足铁路、通航、交通、环保等相关要求。

此外,松浦大桥为双层连续钢桁梁桥,国内尚无类似桥梁顶升实例。预制轻型高性能组合桥面板为国内首次采用,含粗集料 SSDC 尚未形成成熟的施工工艺。大悬臂钢-混凝土组合桥面板成桥后由主桁及斜杆支承,在施工阶段需采取措施对其横向受力及变形进行控制,以满足横向受力要求,并便于斜撑安装及节段间的连接。钢桁梁维修改造一般采用预制拼装施工,需注意新老构件匹配问题,精准把握既有构件尺寸。

综上所述,需对钢桁梁桥拓宽改造施工中的关键问题进行研究,具体包括高效的施工组织,便捷的施工工装,原位涂层修复、变形矫正、加固技术,钢桁梁顶升适应性及顶升方案,SSDC 施工工艺,预制组合桥面板横桥向裂缝控制及安装控制,维护改造中三维扫描信息化技术应用等方面的内容。

3) 钢桁梁检测与评估

维修改造项目往往面临老桥技术状态不明的难题,需要科学地检测、评估,为桥梁维修改造提供依据。松浦大桥建设于 20 世纪 70 年代,当时建桥所采用的材料、设计标准相对落后,施工过程也需调研识别;桥梁已运营 40 余年,在交通荷载、锈蚀、船撞、不均匀沉降等作用下,结构出现各种损伤;相对于常规改造工程,钢桁梁桥改造后荷载增大,交通荷载的作用效应也将大幅变化,并将继续服役 50 年。

目前,尚未形成系统的钢桁梁检测评估体系,无法对维修改造项目提供有效指导。在病害的检测评估方面,松浦大桥受船严重的撞击所产生的变形需要矫正,定性而言,船撞变形及矫正均可能使钢材性能发生改变,但具体影响程度如何,未见相关研究。钢桁梁受力复杂,采用不同的施工方法可能会达到不同的成桥状态,后期改造施工监测也无法得知杆件原始内力。鉴于原始受力状态直接影响维修改造工程安全,需要探索有效的老桥技术状态识别手段。

如上所述,需对上述既有钢桁梁结构检测及评估方面的关键问题进行研究,具体包括检测、评估体系,变形、锈蚀构件力学性能试验分析,交通荷载调查模拟,老桥受力状态识别,承载力、疲劳评估等方面的内容。通过相关的检测、试验、分析,探明老桥的技术状况,降低老桥结构力学性能的不确定性。

4) 钢桁梁原位负荷加固理论及方法

许多既有桥梁不能满足日益增长的交通需求,承载能力提升往往是维修改造的重要内容。松浦大桥设计采用板桁结合、杆件增大截面、钢-混凝土组合、节点挖空钢板等方法对主桁进行加固,本质上属于原位负荷条件下直接加固方法。钢桁梁原位负荷加固时,无法更换杆件及节点,节点板加固的难度更大。目前,钢结构桥梁负荷加固理论缺乏,诸如加固计算准则、负荷系数对加固效果的影响、加固杆件稳定破坏机理、加固铆钉群破坏机理、节点面外疲劳受力性能等均较模糊。现行桥梁规范并无钢结构加固计算相关内容,设计人员无法获得有效的设计指导参考。相对而言,建筑领域对钢结构负荷条件下的加固研究较多,并制定了相关规范。但是,建筑加固规范的适用范围是工业民用建筑,与桥梁工程在作用荷载、结构特点、使用环境、性能要求等方面均有所不同。

围绕铆接钢桁梁原位负荷加固,项目组深入探讨了直接加固计算方法,分析了卸载程度对加固效果的影响,开展了构件轴心受压分批受力试验、铆钉群分批受力试验、节点面外疲劳试验及成桥荷载试验,验证了加固设计方法,同时,将理论分析与试验验证相结合,为我国钢结构桥梁加固规范的制定提供了依据。

5) 钢-SSDC 组合桥面体系

桥面体系为桥梁结构的易损部件,常需对其加固更新;或为适应新的交通需求,有时亦需对其布置进行调整。钢-混凝土组合桥面体系的出现为解决桥面耐久性问题提供了新思路,该桥面体系可用于桥梁维修改造工程。同时,在维修改造中使用组合桥面体系时,往往会提出轻型化、预制化要求。

近年来,对超高性能混凝土、纤维混凝土的研究较多,国内外也颁布了相关规范。低收缩高强韧性混凝土(SSDC)可有效填补上述两种混凝土之间的空白,其性能较好、造价适中,但对该材料的研究相对较少。正交异性桥面板往往采用闭口加劲肋。当采用组合桥面板后,球扁钢开口加劲肋的应用优势突出。上层采用含粗集料 SSDC,钢顶板采用球扁钢加劲肋的正交异性组合桥面板的应用较少,其结构形式的选取、结构尺寸的布置、球扁钢加劲肋横隔板过焊孔连接构造、球扁钢加劲肋纵向连接构造等均处于探究阶段,需要对其破坏机理、疲劳性能、裂缝计算方法、湿接缝处理等进行研究。

围绕桥梁维修改造中的组合桥面体系,项目组开展了含粗集料 SSDC 材料性能,组合桥面板静力、疲劳性能,组合桥面板负弯矩区、湿接缝界面处耐久性能等方面的试验研究,形成了轻型高性能组合桥面板较为全面的设计理论及方法,在满足工程应用的同时,为该结构形式的进一步发展、推广提供了支撑。

6) 桥梁抗灾变能力

我国近年来发生的多次地震及船桥相撞事故,造成了严重的人员伤亡及重大的财产损失,因此,针对桥梁抗震、抗撞性能的研究具有重要意义。

早期修建的桥梁往往存在抗震能力不足的问题。松浦大桥拓宽改建后,桥梁结构形式、结构自重和质量分布都发生了较大的改变。目前尚无针对改扩建桥梁的抗震设计规范,设防标准、抗震方法等也不完善。项目组围绕改扩建桥梁抗震性能提升,对基于剩余服役期的抗震设防标准、减隔震体系、新旧桥组合抗震体系等进行了研究。

桥梁的船撞安全亦是近年来研究的热点,各种桥梁防护设施被开发并在实际工程中应用。松浦大桥具有通航船舶吨位大、桥区水位变化较大的特点,适合采用附着式钢套箱防撞系统。但随着工程实践的深入,发现该类钢类浮式装置在正常服役、撞后维修及防腐养护方面也暴露出较多问题。针对上述关键问题,项目组开发了新型多级缓冲耗能型耐蚀自浮式防撞装置。

1.3.2 工程经验及意义

我国桥梁建设正在进入建养并重阶段,对既有桥梁的维修改造,应符合集约、低碳、绿色的理念。松浦大桥项目启动之初面临诸多挑战,通过技术研发、科学合理的改造,目前已竣工通车。通过本次改造工程,全方位提升了松浦大桥的交通功能、结构性能及整体景观。上层从 2 车道拓宽为 6 车道(图 1.3-1),大幅提升了公路的通行能力,给周边居民及松江、金山百姓的工作及生活带来极大便利；下层原铁路桥改建为行人及非机动车道，首次在黄浦江上实现行人及非机动车专用过江通道，避免了之前的机非混行状况，很好地改善了行人及非机动车通行安全条件(图1.3-2、图1.3-3)。项目组研发应用桥梁整体顶升技术、减隔震技术、新型防撞系统，改善了桥梁通航条件，提升了桥梁抗灾变能力，通过桥梁维修改造，使既有桥梁更好地融入黄浦江及松江区整体景观规划，并重新焕发了"黄浦江第一桥"的风采(图1.3-4)。

a)改造前　　　　　　　　　　　　b)改造后

图1.3-1　上层桥面改造前后对比

图1.3-2　改造后主桥下层桥面

图1.3-3　改造后的下层引桥　　　　图1.3-4　松浦大桥改造后鸟瞰照片

松浦大桥大跨钢桁梁桥维修改造项目,取得了丰富的技术成果及工程经验,具有深远的示范意义。

(1)综合考虑松浦大桥改造需求,创新性地提出了维持两片主桁及基础不变,主桁及横联原位加固,上层桥面采用预制轻型高性能组合板且与主桁相结合的总体改造方案。秉持可持续发展理念,国内有大量钢桁梁桥需实现综合性能提升,松浦大桥相关思路可为其他钢桁梁桥维修改造所借鉴。

(2)针对大跨钢桁梁桥拓宽改造关键问题,开展了大量试验及理论研究,形成了钢桁梁桥改造设计、钢桁梁桥改造施工、钢桁梁检测评估、钢桁梁原位负荷加固、高性能组合桥面、桥梁整体顶升、既有桥梁减隔震、多功能自浮式防撞系统等多方面的技术成果,为我国桥梁改扩建规范,特别是钢结构桥梁加固规范的制定提供了依据。

(3)由于维修改造项目经常需要边研究、边设计、边施工,因此工程造价以及施工工期往往具有不确定性。松浦大桥在维修改造项目的实施模式方面也取得了宝贵经验,即采用设计施工总承包(EPC)模式。该模式集检测评估、技术研发、设计、施工于一体,可以充分发挥总承包单位的主观能动性,既有利于技术的进步,也可以有效降低改造项目风险,提高工程效率。

第2章 钢桁梁桥改造设计

2.1 引 言

社会经济的持续发展给交通服务带来不断增长的压力,许多旧桥已不能满足当前的交通需求。对于这些桥梁的处理方法通常有拆除重建和维修改造两种方法。在原桥的基础上进行拓宽加固改造,增大桥梁通行能力,挖掘桥梁承载潜力符合绿色发展理念。一般而言,相比于拆除重建,维修改造可以降低工程费用,利于实现全寿命经济性;可以节省资源,减少环境污染;还可以缩短工期,更快地实现既有桥梁通行能力的提高。

目前,国内部分钢桁梁桥改造研究多聚焦于损坏桥面系的维修更换等[8,9],如在役的枝城长江大桥、南京长江大桥和九江长江大桥均进行了以钢桥面板替换原混凝土桥面板以减轻恒载的桥面板置换工作。对钢桁梁桥面大幅拓宽的相关研究及工程实例较少。2002年加拿大狮门大桥钢桁加劲梁悬索桥进行改造[2],桥面拓宽至原宽度的1.5倍,恒载集度不变,但该桥主体受力为悬索体系,与一般钢桁梁受力有很大不同。美国Huey P. Long钢桁梁桥,始建于1935年,两片主桁内侧为双线铁路,外侧分别布置2车道公路,运营近70年后决定将公路桥面拓宽为双向6车道(图2.1-1)[10]。桥面两侧增加两片主桁后,既有主桁及沉箱基础承载力可满足受力要求,并通过技术措施保证了施工中既有交通的正常通行(图2.1-2)。上海浙江路桥为简支下承式钢桁梁桥,2015年结合主桁耐久性提升对其桥面布置进行调整[11],主桁中心距由7.339m调整为9.033m,但大修后桥面总宽度仅比大修前增加0.167m(图2.1-3)。

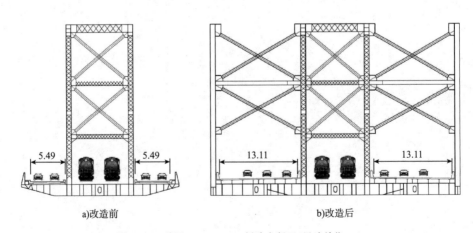

图2.1-1 美国Huey P. Long桥跨中断面(尺寸单位:m)

a)改造前   b)改造后

第2章 钢桁梁桥改造设计

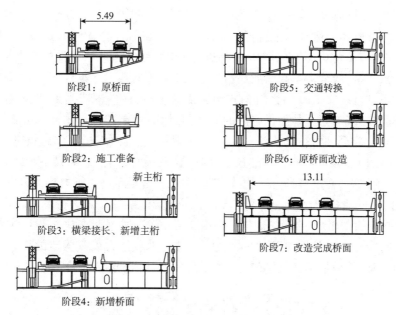

图 2.1-2　Huey P. Long 桥改造施工（尺寸单位：m）

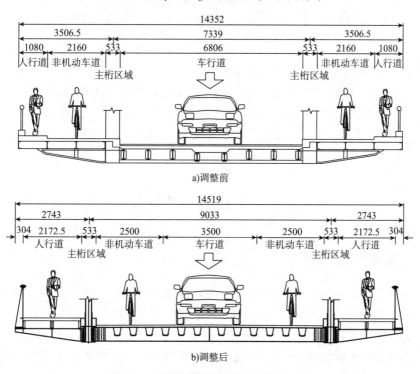

图 2.1-3　浙江路桥桥面调整（尺寸单位：mm）

相对于桥面拓宽，对钢桁梁加固的研究相对较多。加固总体方案制订应综合考虑建设条件及加固需求，将桥移至合适的场地进行维修，也可在原位进行维修。对于桥梁规模较小，且有条件移位至专用场地进行大修改造的钢桁梁，宜采用整体移运的方式进行维修。移位后，可以采用多点支撑的方式，使钢桁梁在近似"无应力"状态下进行杆件更换和加固，更有利于新

27

老构件的共同受力,可以多点同时作业,更能保证维修过程中桥梁的结构安全。浙江路桥和海珠桥将简支钢桁梁整体拖运至岸上进行加固改造[11,12],浙江路桥无应力状态下大修如图2.1-4所示。对于桥梁规模较大或没有条件整体移运进行维修的钢桁梁桥,有条件的宜在原位合理增加钢桁梁的支撑点数量,使钢桁梁卸荷后进行加固,但受制于通航等条件的限制,加固往往需在原位负荷条件下进行。文献[13]针对桁式组合拱桥,分析体外预应力加固、转换原桥的结构体系、被动加固和减载加固4种加固方法的特点,对加固效果进行对比计算分析,表明体外预应力加固是一种比较合理可行的方法。文献[14]对简支、连续钢桁梁体外预应力加固进行了系统研究,提出了预应力布置的合理建议。文献[15]针对某钢桁连续梁桥承载能力不足的问题,在不卸载的前提下,通过多种方案比选,创新性地提出了新增主桁的加固方案;为达到新旧结构共同受力,降低原桁架承受的荷载,采取了顶升新桁架的方式进行受力体系转换。文献[16]探讨了适用于钢桁梁桥的评估加固一体化方法,首先通过调查找出各种病害,结合实桥测试结果建立并修正三维分析模型,通过对疲劳、结构承载能力以及构造的综合分析,对桥梁技术状态进行评估,然后依据评估结果进行加固设计方案比选,最终确定加固方案。

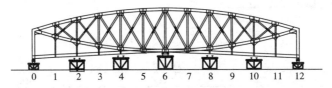

图2.1-4 浙江路桥无应力状态下大修示意

松浦大桥为一座主跨112m的双层钢桁梁桥,需要在原位进行拓宽加固改造,以大幅提升通行能力。大桥改造设计的重点是拓宽加固,但同时需兼顾耐久性、景观等因素:由于大桥货车通行量较大,维修改造需要考虑桥面系的耐久性能;鉴于其具有"黄浦江第一桥"的历史地位,维护改造需要注重景观效果及文化传承。本章针对松浦大桥钢桁梁桥在拓宽改造设计中的关键问题进行探讨和介绍,以期为今后我国类似的桥梁加宽改建设计提供思路。

2.2 拓宽加固方案

2.2.1 拓宽方案比选

松浦大桥主桥原为两联96m+112m双层公铁两用铆接钢桁连续梁桥,大桥维修改造需将上层桥面由原双向2车道拓宽为双向6车道。从上层桥面拓宽角度,可有如下方案进行比选:

方案A——四片主桁+无斜撑。在现有两片主桁的两侧,增设两片新主桁,新旧主桁间距为3.2m,原有桥墩基础亦需拓宽改造,以支承新增主桁。拆除原主桁上横梁挑臂,新增横梁连接四片主桁。由于外侧横梁挑臂较小,可不设斜撑(图2.2-1)。

方案B——两片主桁+斜撑+板桁分离。替换并加长原有横梁挑臂,并在端部加设斜撑以改善横梁受力。与斜撑对应,将现有16m间隔X形中横联加密为8m一道(图2.2-2)。

方案C——两片主桁+斜撑+板桁结合。通过栓接的方式将上层桥面与主桁上弦结合。通过斜杆支撑加宽桥面,与斜撑对应,将现有16m间隔X形中横联加密为8m一道(图2.2-3)。

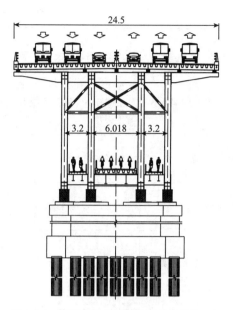

图 2.2-1 拓宽方案 A 断面布置(尺寸单位:m)

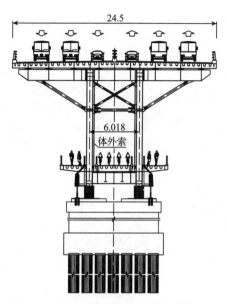

图 2.2-2 拓宽方案 B 断面布置(尺寸单位:m)

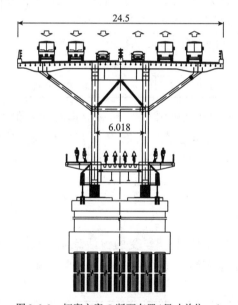

图 2.2-3 拓宽方案 C 断面布置(尺寸单位:m)

对三个拓宽方案进行比选,详见表2.2-1。

拓宽方案比选　　　　表 2.2-1

比较内容	方案A 四片主桁+无斜撑	方案B 两片主桁+斜撑+板桁分离	方案C 两片主桁+斜撑+板桁结合
桥面板受力	桥面横向受力好,拓宽能力较强;板桁分离,桥面仅承受第二体系内力	桥面横向受力好,拓宽能力较强;板桁分离,桥面仅承受第二体系内力	桥面横向受力复杂,横向拓宽能力一般;板桁结合,桥面承受第一、二体系内力

续上表

比较内容	方案 A 四片主桁+无斜撑	方案 B 两片主桁+斜撑+板桁分离	方案 C 两片主桁+斜撑+板桁结合
主桁受力	新增两片主桁,可在很大程度上改变原主桁受力,整体刚度大	原主桁需加固,整体刚度最小	原主桁需加固,板桁结合后主桁上弦杆不需加固,整体刚度有较大提升
横联	横梁维持8m一道,横联可维持16m一道	横联加密为8m一道	横联加密为8m一道
上部结构增加重量	3712t	2969t	2933t
改造工程量	增加两片主桁及连接系。江中桥墩不需为新主桁支点扩大基础,两岸边墩需为新主桁支点扩大基础	主桁上增设上层桥面斜撑,横联需加强	主桁上增设上层桥面斜撑,横联需加强
施工影响	新增主桁施工难度较大,对航道及旁边铁路运营有一定影响	可利用现有结构进行施工,对铁路、航道影响较小	可利用现有结构进行施工,对铁路、航道影响较小
下层桥面	人行道位于新增主桁内侧	人行道位于主桁外侧	人行道位于主桁外侧
抗倾覆稳定性	好	需采取措施	需采取措施
景观	外形复杂,原始风貌改动较大	外形简洁,维持原桥风貌	外形简洁,维持原桥风貌

由表 2.2-1 可见,方案 A 为常规采用方案,桥梁纵横向受力性能较好,但改造工程量大、施工难度大、造价高,对桥梁景观影响较大。方案 B 与方案 C 较为接近,具有改造工程量小、造价低、景观效果好的优点。特别是方案 C 采用板桁结合,使新增上层桥面参与主桁总体受力,可大幅提升桥梁刚度、改善上弦杆受力,为优先采用的方案。

2.2.2 加固方案比选

松浦大桥主桥桥面大幅拓宽后,桥梁承受的恒活载总和也将大幅增加,如表 2.2-2 所示。如何大幅提升大跨钢桁梁的承载能力,是需要重点解决的问题。

改造前后荷载变化　　　　表 2.2-2

工况	改造前(kN)	改造后(kN)	增加(kN)	变化比例(%)
恒载	34608	63938	29330	85
列车	17140	—	−17140	—
汽车	4101	6766.7	2665.7	65
行人、非机动车	2184	5616	3432	157
合计	58033	76320.7	18287.7	32

钢结构桥梁加固即对钢结构桥梁的主要承重结构、构件及其相关部分采取增强、局部更换或调整其内力等措施,使其满足现行设计规范要求。表 2.2-3 列出了钢结构加固方法,分为直

接加固与间接加固两类。直接加固包含增大截面加固法、粘贴钢板加固法、粘贴纤维增强复合材料(FRP)加固法和钢-混凝土组合加固法等；间接加固包含改变结构体系加固法、预应力加固法等。

钢结构加固方法 表2.2-3

加固方案		适用范围
直接加固	增大截面加固法	通过焊接或栓接方式增大截面是钢结构加固中最传统也是最直接的选择。尤其是在承载条件下，由于栓接、铆接施工的便捷性和可靠性，往往为钢结构加固的首选方案
	粘贴钢板加固法	适用于薄钢板进行粘钢加固。加固件与被加固件连接界面的受力复杂，易发生层间开裂，且加固效果很大程度上取决于结构胶层能否长期正常发挥作用，该类加固方法有待验证
	粘贴纤维增强复合材料加固法	适用于钢结构受弯、受拉构件等的加固。关于粘贴FRP加固钢结构的研究尚不成熟，钢结构的长期受力性能、耐久性及各种恶劣气候环境条件下的性能尚不明确[17]
	钢-混凝土组合加固法	适用于钢构件承受荷载的水平较高，其他增大截面法已不适用时。可避免钢结构压杆初始缺陷引起的局部失稳，但湿作业工作量大，增加自重较多
间接加固	改变结构体系加固法	通过改变传力途径、节点性质、边界条件、增设附加杆件或支撑等措施，对原结构进行加固。对原结构的改动较大，新结构自重增加对原基础影响较大，施工工艺复杂，工程造价较高
	预应力加固法	通过施加体外预应力，使原结构、构件的受力得到改善或调整的方法。体外预应力体系下钢桁架结构受力较为复杂，体外预应力索锚固、转向构造设计及施工难度大，后期养护工作量较大

表2.2-3中，粘贴钢板加固法、粘贴纤维增强复合材料加固法的加固效果，尤其是长期耐久性能尚需研究验证。为提高松浦大桥主桁的承载力，结合钢结构桥梁加固技术发展现状，提出如下3个方案进行比选：

方案A——四片主桁方案(间接加固法)。在现有两片主桁的两侧，增设两片新主桁，新主桁杆件轴线布置与老主桁相同。新老主桁架增设横向联系，形成整体结构共同承受后续荷载。

方案B——体外预应力方案(间接加固法)。对两片主桁结构外观基本不做改变，增设体外预应力减小主桁关键杆件的受力。

方案C——直接加固方案。对两片主桁结构外观基本不做改变，仅对受力不足的杆件及节点进行加固。

1)方案A——四片主桁方案

(1)方案描述

方案A总体布置详见图2.2-4，在现有两片主桁的两侧，增设两片新主桁。上层桥面板通过支座支承于主桁横梁上，即采用板桁分离方案。新桁架轮廓尺寸、截面形式与原桁架相同，仍采用工字形截面，截面面积取原桁架对应杆件截面面积的70%，可使新老桁架受力基本一致。

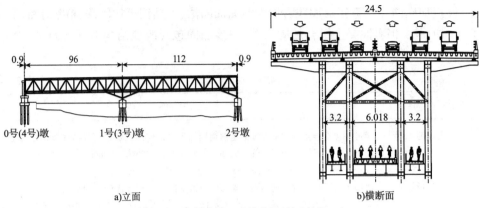

图 2.2-4 加固方案 A 总体布置(尺寸单位:m)

(2)计算分析

建立空间有限元模型进行分析,桁架杆件用梁单元进行模拟,如图 2.2-5 所示。基本组合作用下杆件应力详见图 2.2-6,最大值为 -271MPa,满足受力要求,无须其他加固措施。

图 2.2-5 加固方案 A 总体计算模型

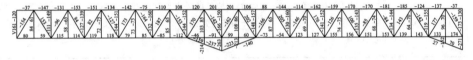

图 2.2-6 加固方案 A 基本组合原主桁杆件应力(单位:MPa)

2)方案 B——体外预应力方案

(1)方案描述

方案 B 总体布置详见图 2.2-7,上层桥面板通过支座支承于主桁横梁上,即采用板桁分离方案,在两主桁平面内侧各设一束体外预应力来改善主桁构件的受力。体外索的规格为 22φ15.24mm,锚固于梁端主桁上部,并在 1 号、3 号墩负弯矩区及每跨跨中附近位置转向。

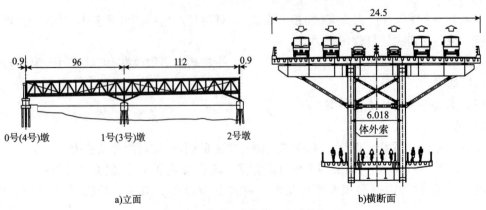

图 2.2-7 加固方案 B 总体布置(尺寸单位:m)

体外预应力束布置详见图 2.2-8。在中支点处体外预应力穿过主桁上横梁,转向器通过节点板与上弦杆相连,在预应力筋径向设置加劲板与节点板相连;体外预应力在下横梁处转向,同样预应力筋转向器通过节点板与下弦杆相连;体外预应力锚固于桥跨两端竖杆上部。

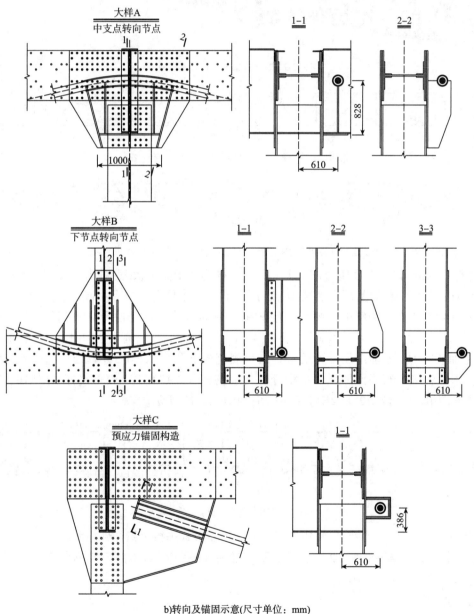

图 2.2-8 体外预应力束布置

（2）计算分析

建立空间有限元模型，桁架杆件用梁单元进行模拟，预应力采用杆单元施加初拉力进行模拟，预应力筋每束按3437kN的初始张拉力施加，如图2.2-9所示。体外预应力作用及基本组合下主桁杆件应力分别见图2.2-10、图2.2-11。

图2.2-9　加固方案B总体计算模型

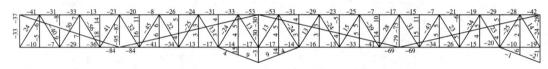

图2.2-10　体外预应力作用主桁杆件应力（单位：MPa）

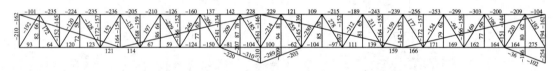

图2.2-11　加固方案B基本组合主桁杆件应力（单位：MPa）

由图2.2-10可见，在预应力作用下，上、下弦杆均处于受压状态；对于上弦杆，中支点位置受拉有所改善，跨中位置受压有所增加；对于下弦杆，跨中位置受拉有所改善，中支点位置受压增大，对加劲弦受力影响较小。在预应力作用下，斜腹杆除局部杆件受力不利外，其他杆件受力均有所改善。总之，预应力作用对桁架构件的影响有利有弊，有可能使本不需要加固的杆件，在施加预应力后不能满足受力要求。结合规范要求及图2.2-11计算结果，在考虑体外预应力作用下，需要进行局部加强的主桁杆件为上弦杆A21A22、A22A23，斜杆A15E16，支座竖杆及斜杆E10E12、C12E12、E12E14、C26E26，如图2.2-12所示。

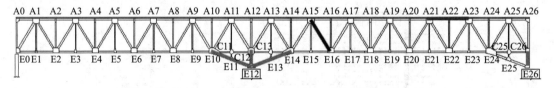

图2.2-12　加固方案B主桁加固杆件示意

根据构件不同的受力特点，采用如图2.2-13所示方式进行主桁杆件加固。主桁杆件加固后进行重新计算，计算结果见图2.2-14。可以看出，加固后杆件应力均有所降低，能够满足受力要求。

3）方案C——直接加固方案

（1）方案描述

方案C总体布置详见图2.2-15，上层桥面板桁结合后，用直接加固法加固主桁。以两片主桁作为主要受力结构,主桁加固以增大截面法为主,受力较大的加劲弦杆件采用组合加固法,上弦杆通过板桁结合加固。为增加受压斜腹杆的稳定性,主桁侧面增加水平槽钢。

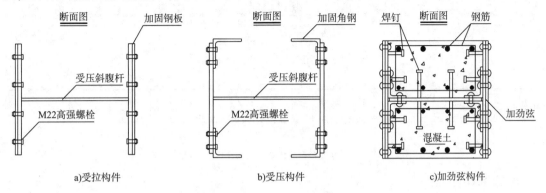

图 2.2-13 加固方法示意

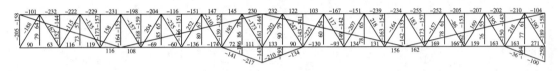

图 2.2-14 加固方案 B 加固后基本组合主桁杆件应力(单位:MPa)

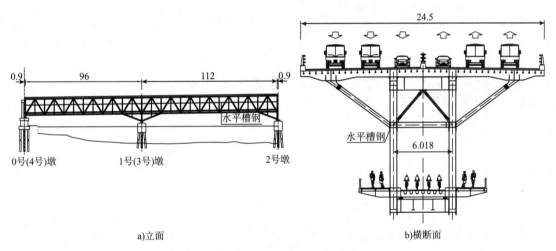

图 2.2-15 加固方案 C 总体布置(尺寸单位:m)

(2)计算分析

建立空间有限元模型,桁架杆件用梁单元进行模拟,如图 2.2-16 所示。经计算,需要加固的杆件如图 2.2-17 所示,采用图 2.2-13 所示方法加固后,基本组合下主桁应力详见图 2.2-18,最大值小于 250MPa。由此可见,采用直接加固方法可以实现承载能力提高 30% 的目标要求。

图 2.2-16 加固方案 C 总体计算模型

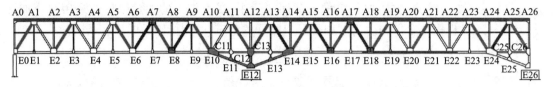

图 2.2-17 加固方案 C 主桁加固杆件示意

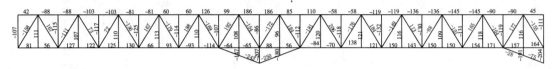

图 2.2-18 加固方案 C 基本组合下主桁杆件应力(单位:MPa)

4)方案比选

根据以上分析,大跨钢桁梁三个加固方案均是可行的,具体比选详见表2.2-4。

加固方案比选 表2.2-4

比较内容	方案 A 四片主桁	方案 B 体外预应力	方案 C 直接加固
加固效果	新增主桁与原主桁共同受力,受力可靠,原主桁受力可大大减小	用体外预应力改善主桁受力,能够减小大部分杆件内力,但局部杆件、节点受力会增加。主桁部分杆件需加固	构件贴板方案主要对主桁结构中受力不足的杆件及节点增大截面进行加固,对未加固构件内力影响很小
技术难度	新增主桁施工难度较大,特别在靠近铁路桥一侧,对铁路运营有一定影响	主桁上新增体外预应力锚固、转向构造,受力要求高,构造较复杂	主体结构变化较小,难度较小
改造工程量	增加两片主桁及连接系,用钢量约1850t。自重增加较多,需加强老桥基础;原主桁不需加固	增加体外预应力体系;加固杆件24个,节点48个	加固杆件112个,节点96个
景观	外形复杂,原始风貌改动较大	外形简洁,维持原桥风貌,预应力对结构外形有一定影响	外形简洁,维持原桥风貌,主桁腹杆两侧水平槽钢对结构外形有一定影响
结论	比选方案	比选方案	推荐方案

桥梁维修改造可根据实际条件和使用要求选择适宜的加固方法。由表2.2-4可见,方案 A 四片主桁方案加固效果好,但存在改造工程量大、施工难度高、对原桥风格影响较大的缺点。方案 B 体外预应力加固方案及方案 C 直接加固方案改造工程量较小,施工难度较小,可维持原桥风貌。相较而言,方案 B 预应力锚固易造成局部构件受力过大,预应力索锚固、转向构造设计较为复杂,且需与增大构件截面法配合使用;方案 C 对不满足受力要求的构件逐一加固,可以保证原结构体系不变,使未加固构件内力在加固前后基本保持不变,结构受力明确,容易到达预期的加固效果,为最终采用方案。

2.2.3 板桁结合应用

1) 概念及案例

板桁结合钢桁梁是指将桥面板与主桁弦杆结合起来,形成桥面板和钢桁架共同受力的钢桁梁结构形式。传统板桁分离钢桁梁存在钢桥面板利用效率低、桥面伸缩缝过多、桥面支座易脱空及桥面系后期维护成本高等问题。板桁结合型钢桁梁相对于非结合型钢桁梁,桥面与主桁形成空间受力体系,可显著提高主梁的整体刚度、改善桥梁的抗风稳定性和桥面的行车舒适性,有助于实现桥梁结构的轻型化,节约建设、养护维修成本[18]。

世界上首座板桁结合型桥梁为1962年建成的德国富尔达河桥(Fuldatal Bridge),为双幅七跨连续梁桥,最大跨径为143.2m,主桁采用高6m的华伦桁式结构,节间长8m,桥梁实景及断面布置详见图2.2-19及图2.2-20。随后板桁结合的优越性逐步得到工程界认可,板桁结合在国外公路、铁路及公铁两用桥梁等各种桥型中得到广泛应用,详见表2.2-5,部分桥梁及其主梁断面详见图2.2-21～图2.2-24。

图2.2-19 德国富尔达河桥

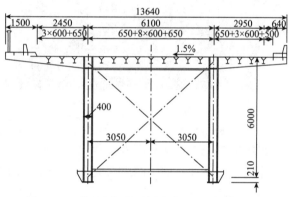

图2.2-20 德国富尔达河桥主梁断面(尺寸单位:mm)

国外采用板桁结合加劲梁的桥梁　　　　　　表2.2-5

序号	桥名	桥址	桥型	主跨跨径(m)	建成年份(年)
1	富尔达河桥(Fuldatal Bridge)	联邦德国	公路连续梁桥	143.2	1962
2	欧姆里希桥(Emmerich Bridge)	联邦德国	公路悬索桥	500	1965
3	六甲大桥(Rokko Ohashi Bridge)	日本	双层公路斜拉桥	220	1976
4	柜石岛桥(Hitsuishijima Bridge)	日本	公铁两用斜拉桥	420	1988
5	岩黑岛桥(Iwakurojima Bridge)	日本	公铁两用斜拉桥	420	1988
6	横滨海湾大桥(Yokohama Bay Bridge)	日本	双层公路斜拉桥	460	1989
7	东神户大桥(Higashi Kobe Bridge)	日本	公铁两用斜拉桥	485	1993
8	厄勒海峡大桥(Oresund Bridge)	丹麦	公铁两用斜拉桥	490	2000
9	狮门大桥(Lions' Gate Bridge)	加拿大	旧桥改造公路悬索桥	472	2002
10	塔科马新桥(New Tacoma Narrows Bridge)	美国	公路悬索桥	854	2005
11	苏丹塞利姆大桥(Yavuz Sultan Selim Bridge)	土耳其	公铁两用悬索桥	1408	2016

图 2.2-21　欧姆里希桥

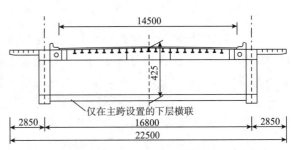

图 2.2-22　欧姆里希桥主梁断面(尺寸单位:mm)

图 2.2-23　厄勒海峡大桥

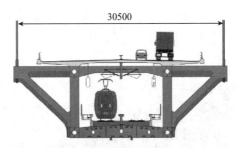

图 2.2-24　厄勒海峡大桥主梁断面(尺寸单位:mm)

首座采用板桁结合型加劲梁进行旧桥通行能力升级改造的桥梁为加拿大狮门大桥(图 2.2-25),该桥始建于 1938 年,为主跨 472m 的悬索桥。原有加劲梁为桥面以上设有桁架,板桁分离。新加劲梁桥面拓宽至原宽度的 1.5 倍,桥面下设置纵向加强桁架,板桁结合后与老桥相比恒载集度不变(图 2.2-26)。2001 年改造完工后,桥梁的承载能力、抗风性能均得到明显提高。

图 2.2-25　加拿大狮门大桥

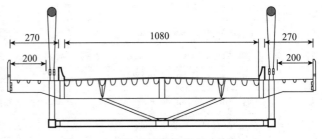

图 2.2-26　新加劲梁横断面(尺寸单位:cm)

我国于 1997 年建成首座板桁结合型加劲梁桥——青马大桥(图 2.2-27),为 1377m + 359m 的两跨连续公轨两用板桁结合型加劲梁悬索桥,其加劲梁高 7.6m。经历了 10 年板桁结合加劲梁桥的空白期后,我国于 2007 年建成了首座板桁结合加劲梁拱桥——主跨 420m 的菜园坝长江大桥,随后在天兴洲大桥、闵浦大桥、大胜关长江大桥等新建桥梁中均采用板桁结合加劲梁,详见表 2.2-6。但是在旧桥通行能力升级改造方面,板桁结合体系在我国桥梁中尚没有竣工应用实例。

图 2.2-27 香港青马大桥

国内采用板桁结合加劲梁的桥梁 表 2.2-6

序号	桥名	桥址	桥型	主跨跨径(m)	建成年份(年)
1	青马大桥	香港	公轨两用悬索桥	1377	1997
2	菜园坝长江大桥	重庆	公轨两用拱桥	420	2007
3	天兴洲长江大桥	武汉	公铁两用斜拉桥	504	2009
4	闵浦大桥	上海	双层公路斜拉桥	708	2009
5	闵浦二桥	上海	公轨两用斜拉桥	251.4	2010
6	京沪高速铁路济南黄河大桥	济南	铁路钢桁拱桥	168	2010
7	韩家沱长江大桥	涪陵	铁路斜拉桥	432	2011
8	南京大胜关长江大桥	南京	铁路钢桁拱桥	336	2011
9	郑新黄河大桥	郑州	公铁两用斜拉桥	168	2010(公)/2012(铁)
10	鼎山长江大桥	重庆	公轨两用斜拉桥	464	2013
11	黄冈长江大桥	黄冈	公铁两用斜拉桥	567	2014
12	安庆长江铁路大桥	安庆	铁路斜拉桥	580	2015
13	铜陵长江公铁大桥	铜陵	公铁两用斜拉桥	630	2015(铁)/2016(公路)
14	杭瑞洞庭大桥	岳阳	公路悬索桥	1480	2018
15	沪通长江公铁大桥	南通	公铁两用斜拉桥	1092	2020
16	红岩村大桥	重庆	公轨两用斜拉桥	375	2022

2) 传力机理

对于单层、双层桥面布置的桁架桥梁,就板桁结合方式而言,可采用上层板桁结合、下层板桁结合或双层桥面均板桁结合的形式。当桥面板与主桁弦杆结合后,可起到对应位置处平联的作用。不同受力状态下,板桁结合桁梁有各自的传力途径和受力特点。

(1) 竖向弯曲:弯矩主要由桥面板、主桁弦杆的轴向拉压受力来平衡。该种受力状态下,单节间主桁架上、下弦杆受反向的轴力,桥面及相连的弦杆受同向轴力,单节间主桁架隔离体的斜腹杆与竖腹杆均不受力。

(2) 横向弯曲:弯矩由桥面两侧主桁架弦杆的轴向拉压受力及桥面板面内弯曲应力来平衡,主桁架弦杆一侧受压,另一侧受拉,桥面板发生水平面内弯曲。该种受力状态下,单节间主桁架上、下弦杆受同向的轴力,而与桥面板相连的两根弦杆受反向轴力。

(3)竖向受剪:剪力主要由主桁架腹杆承担,桥面板承受的剪力可以忽略不计。主梁竖向弯曲变形时非纯弯段的主桁架竖向受剪,主桁架斜腹杆受轴向力。

(4)横向受剪:剪力主要由桥面板与平联承担,主桁架承受的剪力忽略不计。主梁横向弯曲变形时非纯弯段的桥面、平联横向受剪,平联斜杆与部分横梁受轴向力。

(5)扭转:主梁截面受扭时,剪应力绕截面扭心连续分布,桥面板、主桁架和平联均受剪。板桁结合型主梁受扭时剪力流沿桥面板、主桁架与平联所组成的闭合截面连续传递,主桁架及平联的受力状态与受剪时相同。

由此可见,板桁结合相较于板桁分离体系,主梁的竖向受弯、横向受弯、横向受剪、扭转方面的性能将有显著增强,而竖向受剪性能相差不大。

3)本项目应用

松浦大桥改造项目在保持主桁形式不变的前提下,对原结构进行维修改造。上层公路桥面由原来的2车道拓宽为6车道,采用钢-混凝土组合桥面形式,下层铁路桥面更新为行人及非机动车道,采用钢桥面形式。对松浦大桥双层桥面均需更新的情况,根据桥面与主桁连接方式,可采用图2.2-28所示四个方案。方案A:上、下层板桁分离;方案B:上层板桁结合+下层板桁分离;方案C:上层板桁分离+下层板桁结合;方案D:上、下层板桁结合。对四个钢桁梁方案的受力性能进行了比较,详见表2.2-7。

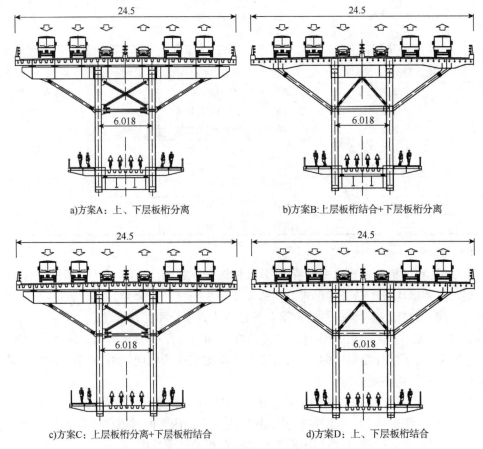

a)方案A:上、下层板桁分离　　　　　b)方案B:上层板桁结合+下层板桁分离

c)方案C:上层板桁分离+下层板桁结合　　　d)方案D:上、下层板桁结合

图2.2-28　主梁板桁关系示意(尺寸单位:m)

四个钢桁梁方案受力性能比较 表 2.2-7

比较项目		方案 A	方案 B	方案 C	方案 D
		主桁	主桁+上层桥面	主桁+下层桥面	主桁+上下层桥面
跨中截面特性	截面抗弯惯性矩(m^4)	12.16	24.87	13.82	35.73
	形心轴距上弦杆中心距离(m)	6.4	0.7	7.65	1.55
	上弦侧抗矩(m^3)	1.9	35.53	1.81	23.05
	形心轴距下弦杆中心距离(m)	6.4	12.1	5.15	11.25
	下弦侧抵抗矩(m^3)	1.9	2.06	2.68	3.18
跨中上弦杆 A17A19 轴力(kN)		−1534.3	−1009.7	−1517.3	−1011.6
中支点上弦杆 A11A13 轴力(kN)		770.2	443.9	734.3	435.1
跨中下弦杆 E18E20 轴力(kN)		2256.9	2035.3	2046.8	−1786.7
加劲弦 E12E14 轴力(kN)		−2322.6	−2157.3	−2420.4	−2170.6
受拉斜腹杆 A15E16 轴力(kN)		1745.4	1658.6	1693.1	1634.3
受压斜腹杆 E16A17 轴力(kN)		−1728.7	−1684.5	−1721.2	−1672.2
主跨活载挠跨比		1/3246	1/5068	1/3438	1/5657
竖向自振频率(Hz)		1.07	1.31	1.11	1.45
横向自振频率(Hz)		0.57	0.84	0.58	0.86
扭转自振频率(Hz)		1.12	1.48	1.15	1.68

由表 2.2-7 可见,方案 B 上层桥面板桁结合后,与方案 A 相比,主桁整体抗弯惯性矩增大约 104.5%,主桁联合截面形心上移,跨中及中支点上弦杆轴力分别减小 34.2%、42.4%。板桁结合后,可在保证上弦杆受力安全的同时,相应保证上弦杆与上弦节点的连接亦能满足承载需求。但对下弦侧而言,有利之处为主桁整体抗弯惯性矩的增加,不利之处为联合截面形心距下弦距离增加。综合而言,采用上层板桁结合构造对下弦杆轴力减小有限,跨中下弦杆减小 9.8%,加劲弦杆减小 7.1%。板桁结合后,汽车活载挠跨比减小,即整体刚度提高约 36.0%,有效提高上层桥面行车舒适性。竖向、横向、扭转自振频率分别增大 22.4%、47.4%、32.1%,相应提高了下层慢行系统通行的舒适性。

方案 C 下层桥面板桁结合后,与方案 A 相比,主桁整体抗弯惯性矩增大约 13.7%,主桁联合截面形心下移,跨中上、下弦杆轴力分别减小 1.1%、9.3%。板桁结合后活载挠跨比有所减小,即整体刚度提高约 5.6%,自振频率基本不变。由上述分析可见,由于本桥下层截面较小,仅下层桥面与下弦杆结合,对结构总体效应改善有限。

方案 D 上下层桥面板桁结合后,与方案 B 仅上层桥面板桁结合相比,主桁整体抗弯惯性矩增大约 43.7%,主桁联合截面形心下移,所有杆件内力变化不大,为 2%~10%。在上层桥面板桁结合基础上,下层桥面板桁结合后,活载挠跨比减小,即整体刚度提高约 10.4%,竖向、横向、扭转自振频率分别增大 10.7%、2.4%、13.5%。

另外,由表 2.2-7 可见,方案 A~D 各种桥面结合方式下,受拉斜腹杆、受压斜腹杆、加劲弦杆件的受力变化不大,最大、最小内力差别在 6% 以下。这是因为剪力主要由主桁架腹杆承担,桥面板承受的剪力可以忽略不计。这就意味着无论采用何种桥面连接方案,均无法减少斜腹杆加固的工作量。

综合上述方案比选,方案 A 结构受力最为不利,加固工作量最大;方案 C 与方案 A,方案 D 与方案 B 分别比较,下层桥面板桁结合后结构受力改善较小,但下层桥面与下弦杆结合时,需要拆除原铁路纵横梁,工作量较大;方案 B 与方案 A 相比,结构受力改善明显,有效降低了主桁加固工作量,所以本桥选择方案 B 上层桥面与上弦杆结合的形式。

2.3 结构改造设计

2.3.1 上层桥面系

1) 总体布置

考虑到松浦大桥有较多货车通行,新建上层桥面采用正交异性组合板可显著提升其耐久性能,组合桥面三维示意及典型断面见图2.3-1。带球扁钢的组合桥面板,构造上包括了球扁钢加劲肋、钢顶板、剪力连接件(焊钉)、混凝土顶板(内置纵筋和分布筋)。

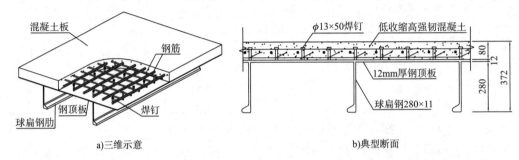

a)三维示意　　　　　　　　　　b)典型断面

图2.3-1　改造采用的桥面板三维示意及典型断面(尺寸单位:mm)

上层组合桥面共分为54个节段,除两联各自首尾节段非标外,其余50个节段均为长度8m的标准节段(图2.3-2)。组合桥面板混凝土板厚80mm,在加工厂内浇筑于节段钢梁上。安装时组合桥面整体吊装就位,现场钢结构焊接连接后浇筑混凝土湿接缝,标准节段间湿接缝宽度0.6m。

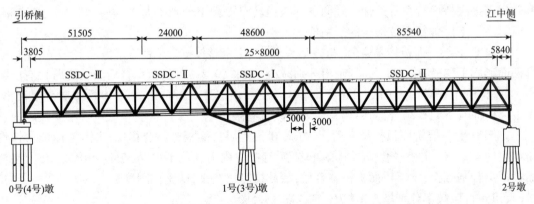

图2.3-2　桥面板节段划分及不同类型混凝土布置(尺寸单位:mm)

混凝土桥面板采用低收缩高强韧性混凝土,针对上层桥面系不同部位受力需求,开发了三种不同性能指标的低收缩高强韧性混凝土SSDC-Ⅰ、SSDC-Ⅱ和SSDC-Ⅲ,应用于桥面纵向不同部位(图2.3-2)。SSDC-Ⅰ用于连续梁中支点负弯矩区,单联顺桥向长度为48.6m,两联总长97.2m;SSDC-Ⅱ用于跨中正弯矩区,顺桥向长度分别为24m和85.54m,全桥总长219.08m;SSDC-Ⅲ用于主桥端部正弯矩区,单联顺桥向长度为51.505m,全桥总长103.01m。

2) 钢结构

组合桥面板预制节段的钢结构采用Q345钢材,主要由顶板、加劲肋、横梁和纵梁组成,标准节段如图 2.3-3 所示。钢顶板厚度为 12mm，加劲肋采用 280mm×11mm 球扁钢，间距为 500mm。每个主桁 8m 节间设置两道横梁，横梁间距为 4m，分为节点横梁和节间横梁。横梁采用变高度形式，桥梁中心线处高 888mm，主桁中心处高 843mm，斜撑纵梁处高 1066mm，横梁腹板厚度为 20m，横梁底板宽度为 500mm、厚度 24mm，其中节点横梁与斜撑采用高强螺栓连接。纵梁共六道，在主桁中心线处为箱形纵梁，腹板厚度为 12mm，腹板间距为 708mm，与上弦杆翼缘板对齐，下翼缘厚度为 20mm；在两侧斜撑位置各有一道加高纵梁，纵梁中心线距桥面横向边缘 3m，腹板厚度为 20mm，底板宽度为 300mm，厚度为 24mm；桥面板最外侧有两道小纵梁，腹板厚度为 12mm，下翼缘厚度为 16mm。桥面板纵向加劲肋连续通过钢横梁，与钢横梁交接处在横梁腹板设置苹果形过焊孔。

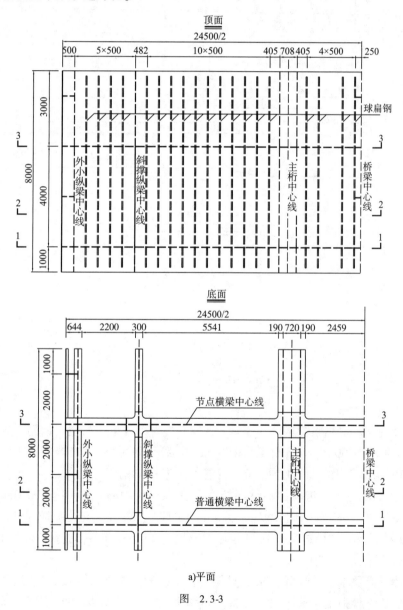

a) 平面

图 2.3-3

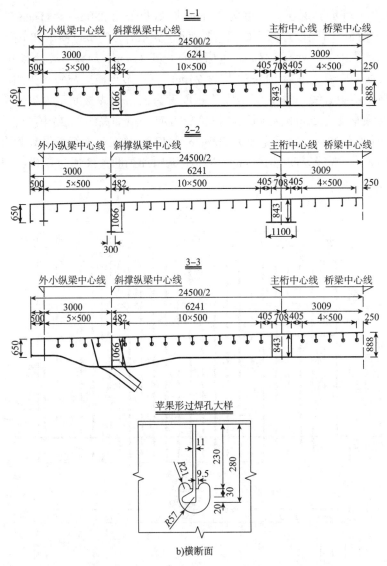

图 2.3-3 标准节段钢结构构造(尺寸单位：mm)

3) 混凝土板

标准节段钢筋及焊钉布置见图 2.3-4。混凝土板内布置单层纵横向钢筋。纵向受力钢筋采用 φ16mm 的 HRB400 级钢筋，间距为 150mm，中支点附近 48m 范围内纵向受力钢筋采用 φ20mm 的 HRB400 级钢筋，间距为 150mm；混凝土层横向钢筋采用 φ16mm 的 HRB400 级钢筋，间距为 150mm，主桁附近横向短钢筋加密布置，采用 φ16mm 的 HRB400 级钢筋，间距为 150mm。混凝土板与钢梁采用 φ13mm×50mm 的圆柱头焊钉连接，横桥向标准间距为 300mm，在纵梁腹板和主桁位置腹板附近加密布置为 150mm，顺桥向标准间距 300mm，在横梁腹板附近加密布置为 150mm。

根据总体计算要求，不同部位 SSDC 具体的材料力学性能要求如表 2.3-1 所示。其中在负弯矩区混凝土抗弯拉强度要求达到 20MPa，正弯矩区兼顾横向受力需求，混凝土抗弯拉强度要求达到12MPa,可有效降低混凝土的开裂,改善桥面结构的耐久性。

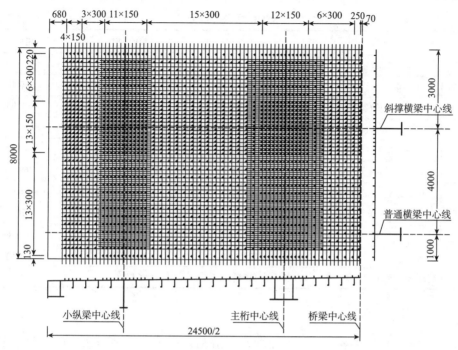

图 2.3-4 标准节段钢筋及焊钉布置(尺寸单位:mm)

SSDC 主要技术指标　　　　　　　　　　　　　　　　　　　　　表 2.3-1

序号	名称	种类			试验方法
		SSDC-Ⅰ	SSDC-Ⅱ	SSDC-Ⅲ	
1	抗弯拉强度(MPa)	≥20	≥12	≥12	GB/T 31387—2015
2	抗压强度(MPa)	≥120	≥100	≥80	
3	弹性模量(GPa)	≥40	≥40	≥40	GB/T 50081—2019
4	坍落度(mm)	≥180	≥130	40~70	GB/T 50080—2016
5	91d 干燥收缩应变(με)	≤300	≤300	—	GB/T 50082—2009
	混凝土限制膨胀率(%)	—	—	≥-0.010	GB 50119—2013(终凝后1h测初长,水中7d后转入空气中28d)
6	表观密度(kg/m³)	≤2650	≤2650	≤2650	GB/T 50080—2016
7	抗渗性	>P20	>P20	≤7.0×10⁻¹²	GB/T 50082—2009
8	断裂韧性(kJ/m²)	≥20.0	≥20.0	≥20.0	CECS 13:2009/6.10.6(4)
9	180d 徐变系数	0.4~0.8	0.4~0.8	0.4~0.8	GB/T 50082—2009(28d 龄期时加荷)

不同部位 SSDC 板由于力学性能的不同,综合单价亦有区别,详见表 2.3-2。

SSDC 板经济指标　　　　　　　　　　表 2.3-2

价格		SSDC-Ⅰ	SSDC-Ⅱ	SSDC-Ⅲ
混凝土材料	数量(m^3)	182.7	411.9	193.7
	单价(元/m^3)	8000	3000	6000
	总价(元)	1461888	1235611	1161952
钢筋材料	数量(t)	74.3	144.9	64.2
	单价(元/t)	4200	4200	4200
	总价(元)	312179	608615	269447
施工费用	混凝土人工单价(元/m^3)	1650	1650	1650
	钢筋人工单价(元/t)	700	700	700
	总价(元)	353544	781022	364444
总计(元)		2127611	2625249	1795845
综合单价(元/m^3)		11643	6374	9273

2.3.2　下层桥面系

松浦大桥下层原为铁路桥,现改为非机动车道和人行道,为减轻自重,下层桥面采用钢结构,下层桥面系可采用分离式或整体式结构(图 2.3-5)。分离式方案中,非机动车道与人行道桥面系采用独立的正交异性钢桥面,非机动车道桥面系通过支座支承在主桁下横梁上,人行道桥面系连接在主桁竖腹杆上,下部支承在原铁路检修托架上。整体式方案中,正交异性钢桥面通过支座支承在主桁下横梁上。虽然分离式结构可利用原有铁路检修道托架,用钢量较少,但需将桥面分隔为独立的 3 个部分,并分别设置栏杆,景观效果差。因此采用整体式正交异性钢桥面系,既改善了结构受力,增大了利用空间,又具有较好的景观效果。

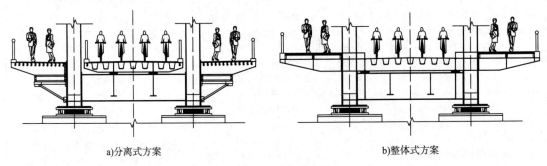

a)分离式方案　　　　　　　　　　b)整体式方案

图 2.3-5　下层桥面结构形式

下层桥面采用纵横梁体系(图 2.3-6),共设置 2 道纵梁,间距为 4.5m,在对应主桁下横梁处布置板式橡胶支座,并设置支点横梁,在距离支点横梁 2m 处设置普通横梁和挑臂。桥面系纵梁高度为 600mm,横梁高度为 634mm。非机动车道区域设置正交异性钢桥面,人行道区域在横梁上搁置型钢小纵梁,上方横向铺设塑木地板。

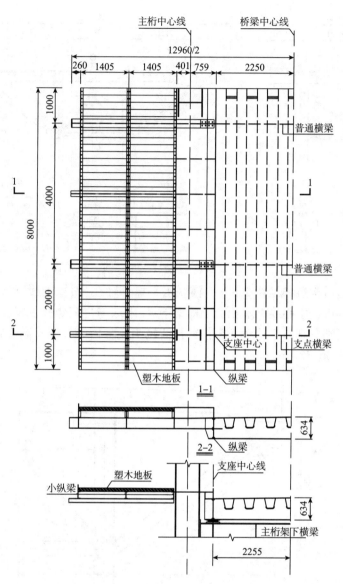

图 2.3-6 下层桥面构造(尺寸单位:mm)

2.3.3 横向联结系

上层横向联结系改造前、后构造如图 2.3-7 所示。改造前,松浦大桥主桥上层横联为 X 形,在主桁节点处每两个节间(16m)布置一道,横撑截面为工字形,斜撑截面为 T 形,刚度较小,经计算不满足改造后的结构受力要求。改造时,将原主桁间上层 X 形横联及挑臂拆除,更改为每个节间(8m)处设置三角形横联,上层桥面两侧下方设置外斜撑与主桁竖杆相连。水平撑杆、人字形撑杆及外斜撑均采用 H 形截面。水平撑杆截面高度为 520mm、宽度为 300mm;人字形撑杆截面高度为 200mm、宽度为 250mm;外斜撑截面高度、宽度均为 420mm,腹板与主桁竖杆腹板共面。

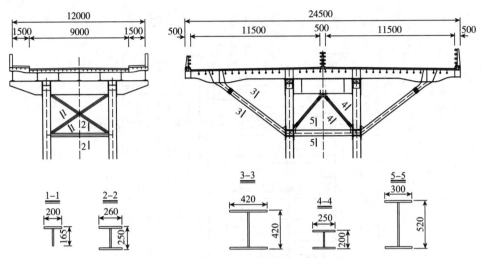

图 2.3-7 横向联结系改造前、后构造(尺寸单位:mm)

横向联系改造后构造详见图 2.3-8。横联水平撑杆轴线、斜撑轴线下端距主桁上弦杆中心线 4.3m,人字形撑杆中心线上端相交于横梁下缘,下端与主桁竖杆及横向水平撑杆轴线相交于一点。斜撑两端分别与上层桥面系横梁预留接头及主桁竖杆通过高强螺栓相连,外斜撑与水平线的夹角为 36.7°。

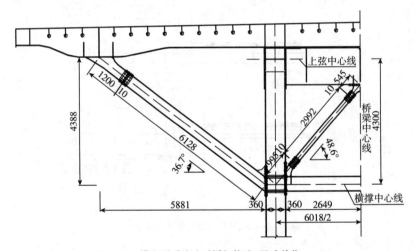

图 2.3-8 横向联系改造后详细构造(尺寸单位:mm)

2.3.4 板桁结合

松浦大桥原上层桥面宽 12m,组合钢板梁桥面与主桁横梁及挑臂通过长圆孔螺栓连接,为板桁分离体系,主桁与桥面板分别受力。结合松浦大桥拓宽需要,将原上层桥面系拆除,新建正交桥面组合板,宽 24.5m。新建上层桥面与主桁之间采用板桁连接。上层桥面系的横梁间距为 4m,主桁节间距为 8m。一方面,上层桥面板横梁底板与主桁上横梁顶板通过高强螺栓连接,横桥向螺栓间距为 50～80mm(图 2.3-9);另一方面,上层桥面箱形纵梁底板与主桁上弦杆通过角钢采用高强螺栓连接,顺桥向螺栓间距为 80～160mm(图 2.3-10)。

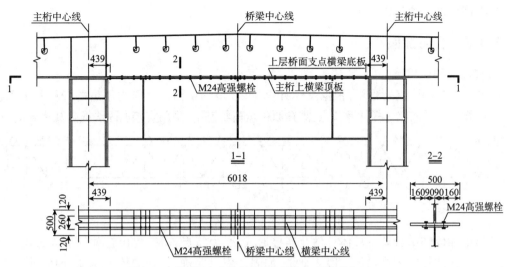

图2.3-9 桥面板与主桁上横梁连接构造(尺寸单位:mm)

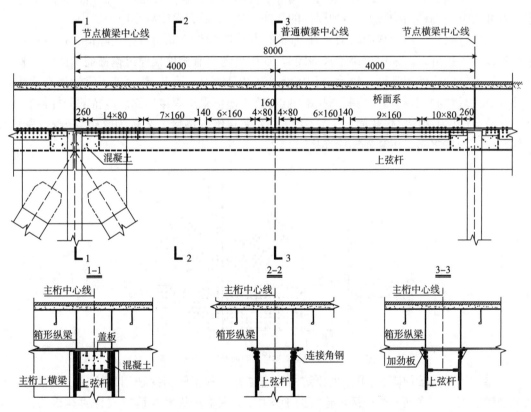

图2.3-10 桥面板与主桁上弦杆连接构造(尺寸单位:mm)

主桁节点两侧各0.5m范围内填充混凝土,上方设置钢盖板。混凝土与上弦杆腹板、翼缘板,钢盖板之间采用焊钉连接。上层桥面板节点横梁竖向支承于主桁节点处,降低了上弦杆节间竖向荷载及其产生的不利影响。在上层桥面板普通横梁位置,角钢易承受面外弯折作用,受力不利。为了改善结构受力,在此位置上弦杆两侧对角钢局部采用三角形加劲肋进行加强,且在上弦杆上部增加一道加强隔板。

2.3.5 主桁加固

1）直接加固法思路

松浦大桥为铆接钢桁梁桥,根据总体计算,可以得到主桁承载能力不足的杆件及节点,如图 2.3-11 所示。对该部分杆件及节点,需在原位负荷状态下,采用直接加固法提高其承载能力。

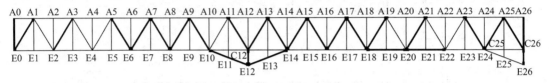

图 2.3-11 主桁加固杆件及节点示意

钢桁梁加固需结合老桥具体杆件及连接形式、受力特点,研究提出合理的加固方法[19-21]。采用直接加固法加固钢桁梁的一般原则是:加固件应有明确、合理的传力途径;加固件与原有构件应能可靠地共同工作;加固件应与原构件节点有可靠的连接和锚固;加固件的布置不宜采用导致截面形心偏移的构造方式;加固件的切断位置,应最大限度减小应力集中。

钢结构桥梁构件增大截面法加固时,加固件与原有构件之间可依据实际情况选用焊接、栓接或铆接等连接方式。采用焊接钢板加固时,加固件与原有构件仅通过钢板周围的焊缝相连,由于钢桁梁桥的构件通常尺寸较大,而焊缝连接的区域太小,因此,传力的可靠性尚有待研究。此外,原位焊接的变形和损伤控制是技术难点,故应谨慎采用焊接加固。本桥部分杆件为焊接截面,部分杆件为铆接拼接截面(图 2.3-12)。考虑到传统铆接工艺较为复杂,杆身范围内加固件与原有构件之间采用高强螺栓连接。

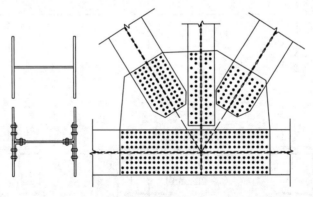

图 2.3-12 加固前典型杆件断面及节点连接示意

钢结构桥梁连接加固时,可依据原结构的连接方法和实际情况选用焊接、铆接、普通螺栓或高强螺栓连接。在同一受力部位连接的加固中,不宜采用焊缝与铆钉或普通螺栓共同受力的刚度相差较大的混合连接方法,可采用焊缝和摩擦型高强螺栓在一定条件下共同受力的并用连接。松浦大桥原节点处采用铆接(图 2.3-12),该连接形式刚度较小。为保证传力效果,在节点范围内,杆件与节点间连接加强及节点板之间的连接采用铆接。

当节点连接件及其连接杆件同时被加固时,应考虑加固连接件数量与杆件加固件内力是否匹配,以保证传力顺畅。另外,对于负荷下加固,应尽量避免拆除原有连接,如确实无法避免,应核算结构、构件及其连接在负荷下加固过程中是否具有施工所要求的承载能力。

2)下弦杆及其连接

由总体计算可见,主桁主跨跨中部位下弦杆荷载将大于原截面承载能力,该部位下弦杆件承受拉力,因此可通过增加截面面积的方式提高其强度。在翼缘板外贴或内贴钢板均涉及节点板上的铆钉拆卸或在节点板上打数量较多的孔。考虑到受拉构件加固材料可靠近截面中心布置,设计采用了下弦杆腹板上下贴板的方式进行加强,所贴板件通过节点区域(图2.3-13)。由于下弦节点原连接与下弦杆原始截面强度相匹配,且腹板贴板在杆身与节点内两部分的强度相匹配,从而保证了下弦杆件及其连接的承载能力。该方法可实现杆件加固的同时对节点进行加固,很好地满足了在桥梁原位不打开桁架节点情况下的加固需求。

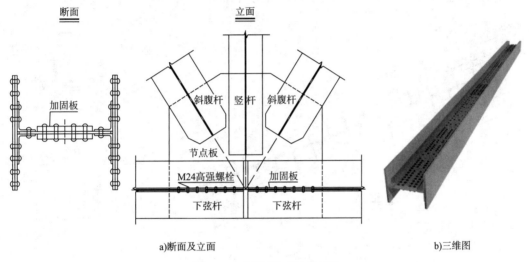

a)断面及立面 b)三维图

图2.3-13 下弦杆加固方法示意

3)加劲弦及其连接

桥面拓宽后加劲弦及支点位置竖杆轴向压力增大近30%,存在强度和稳定性两方面问题。对承载能力欠缺较大的构件,采用贴板加固方法很难满足受力需求。同时,考虑到此处部分杆件存在船舶撞击风险,局部位置存在弯曲变形,需增强抗撞击能力,避免钢结构压杆初始缺陷引起的局部失稳。对加劲弦原始工字形截面通过部分外包混凝土法进行加固,形成钢-混凝土组合受压柱。考虑到杆件内力传递及刚度过渡需要,按"强节点弱构件"原则,在节点区域也相应灌注混凝土,形成组合节点。加劲弦填充混凝土采用C50自密实混凝土,以解决狭小空间浇筑不密实难题;同时对混凝土提出膨胀率要求,以抵消收缩徐变影响[21]。加劲弦加固示意详见图2.3-14。

剪力连接件是钢构件与混凝土可靠连接、共同受力的关键。将开孔板与焊钉两种连接件进行对比,考虑到焊钉具有施工相对简便、方便布设钢筋等特点,最终选用$\phi 22mm$焊钉连接件,加劲弦焊钉布置如图2.3-15所示。为避免焊钉空间冲突,加劲弦腹板及翼缘上采用不同长度规格的焊钉,腹板上焊钉长度为180mm,翼缘上焊钉长度为110mm。沿加劲弦杆件轴向,中间区段焊钉间距为320mm,杆件两端及节点范围焊钉间距为160mm,标准段截面布置12个焊钉。在加劲弦上端节点范围设置过渡段,考虑到过渡段钢结构内力还未完全传递到混凝土中,因此在该范围截面四角布置T形钢,通过高强螺栓与加劲弦连接对其进行加强,该截面布置8个焊钉。

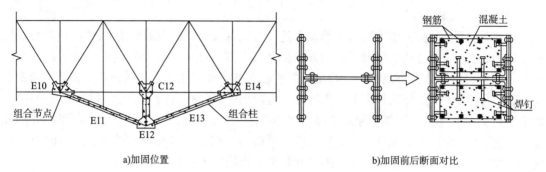

图2.3-14 加劲弦加固示意

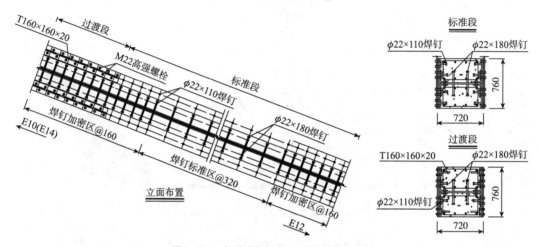

图2.3-15 加劲弦焊钉布置(尺寸单位:mm)

加劲弦及节点钢筋布置见图2.3-16。杆身填充混凝土内设置8~10根纵向钢筋,其中内侧靠近腹板位置钢筋直径为25mm,外侧钢筋直径为32mm,且伸入节点范围混凝土1m以上以保证有足够的传力长度。箍筋直径为12~16mm,采用矩形布置,间距为160mm,与焊钉间距相匹配。节点混凝土表面设置$\phi 12$mmU形钢筋,间距为120mm,同时设置$\phi 16$mm钢筋与U形钢筋垂直形成面层钢筋网。节点板上焊钉直径为22mm、长度为110mm,避开原有铆钉进行布置,控制间距为160mm。

4)斜腹杆及其连接

由总体计算可见,拓宽后主桁部分受压腹杆强度及弱轴方向稳定性存在不足。对受压杆件而言,提高其承载能力的有效方法有两种:其一为增加其截面面积及惯性矩,其二为减小其计算长度,本工程联合应用两种方法。原工字形截面翼缘四个边缘栓接角钢有利于增大截面面积及主桁面内外惯性矩(图2.3-17)。为满足后期运营检修车通行需要,在主桁腹杆两侧距下弦杆7.95m高度处设置纵向通长25b槽钢水平杆件(图2.3-18)。该杆件可显著减小受压腹杆在主桁面内的计算长度,从而提高受压腹杆的稳定性。对于受压斜腹杆,其面内计算长度由15.09m减小为9.51m,稳定折减系数由0.6提高为0.8。对受拉腹杆采用栓接钢板增大净截面面积的方法进行加固(图2.3-19)。节点板与加固件的连接采用扩大端头、盖板进行搭接,以保证节点板与杆件之间的传力顺畅(图2.3-20)。

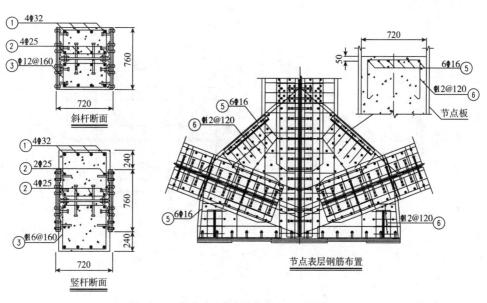

图 2.3-16　加劲弦及节点钢筋布置(尺寸单位:mm)

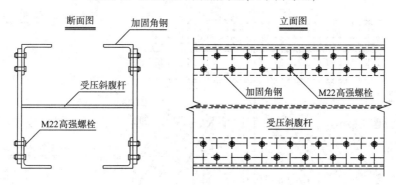

图 2.3-17　受压斜腹杆加固示意

a)立面

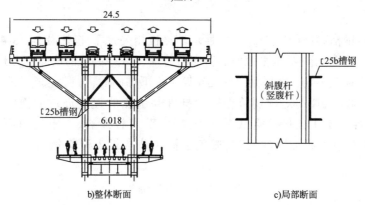

b)整体断面　　　　c)局部断面

图 2.3-18　水平槽钢布置(尺寸单位:cm)

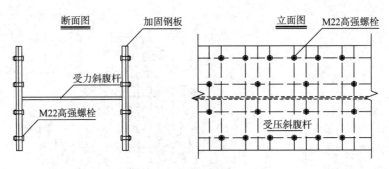

图 2.3-19 受拉斜腹杆加固示意

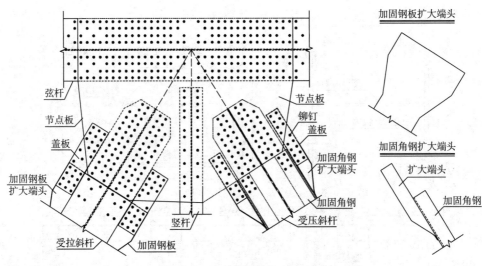

图 2.3-20 加固构件节点区连接示意

5）节点板

拓宽后需对钢桁梁进行如图 2.3-21 所示节点板相关验算,包括沿 1-2-3-4 截面或 5-2-3-6 截面的撕裂应力验算、沿 7-7 水平截面的剪应力验算、8-8 中心截面法向应力验算,经验算发现部分节点板强度存在不足。在桥梁原位无支撑条件下加固时,为保证施工期的安全,桁架桥节点不得拆解,此时,如何对薄弱节点以及杆件与节点的连接进行加强成为工程的难点。松浦大桥创新性地采用栓接挖空钢板方法,增大节点板撕裂、水平抗剪面积(图 2.3-22、图 2.3-23),在对节点板加固的同时,避免了拆除节点板上原有铆钉,满足了原位加固的需求。

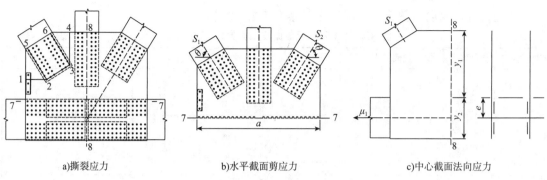

a) 撕裂应力　　　　　b) 水平截面剪应力　　　　c) 中心截面法向应力

图 2.3-21　节点板验算示意

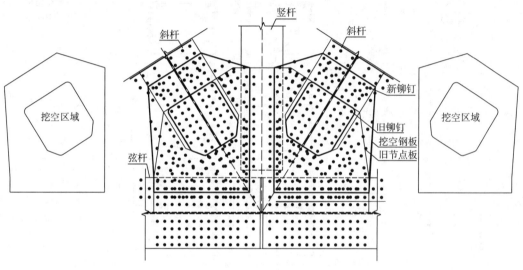

图 2.3-22　节点板加固示意

图 2.3-23　斜腹杆及节点加固示意

6）主桁加固汇总

主桁杆件加固前后截面及加固方法汇总于表 2.3-3 中。

主桁杆件加固前后截面及加固方法汇总（mm） 表 2.3-3

构件类型	构件编号	加固需求	原截面及加固后截面	加固方法
斜腹杆	E2A3 A5E6 E18A19 A23E24	弱轴弯矩面内稳定	680 / 730 720 / 720	截面增加角钢 L180×110×16
	E0A1 A9E10 A11C12 C12A13 E16A17 A25C26	弱轴弯矩面内稳定	760 / 810 720 / 720	截面增加角钢 L180×110×16
	A7E8	弱轴弯矩面内稳定	680 / 730 720 / 720	截面增加角钢 L180×180×16
	E14A15	弱轴弯矩面内稳定	760 / 810 720 / 720	截面增加角钢 L180×180×16
	E6A7 E24A25	抗拉强度	600 / 600 720 / 720	翼缘板增加 12mm 钢板
	E8A9 A13E14 A17E18	抗拉强度	680 / 680 720 / 720	翼缘板增加 16mm 钢板
	A15E16	抗拉强度	680 / 680 720 / 720	翼缘板增加 20mm 钢板

续上表

构件类型	构件编号	加固需求	原截面及加固后截面	加固方法
竖腹杆	A0E0 A26C26	弱轴弯矩面内稳定		截面增加角钢 L180×110×16
下弦杆	C25C26	抗拉强度		翼缘板增加 12mm 钢板
下弦杆	E20E22	抗拉强度		腹板上下各增 32mm 钢板
下弦杆	E18E20	抗拉强度		腹板上下各增 34mm 钢板
加劲弦弦杆	E10E11 E11E12 E12E13 E13E14	抗压强度 弱轴弯矩面内稳定		填充 C50 混凝土
加劲弦竖杆	C12E12	抗压强度 弱轴弯矩面内稳定 强轴弯矩面内稳定		填充 C50 混凝土
加劲弦竖杆	C26E26	抗压强度 弱轴弯矩面内稳定 强轴弯矩面内稳定		填充 C50 混凝土

续上表

构件类型	构件编号	加固需求	原截面及加固后截面		加固方法
加劲弦横联	C12E12 C26E26	强轴弯矩面内稳定	250 × 300	274 × 300	翼缘板增加12mm钢板
加劲弦纵联	E10E11 E11E12 E12E13 E13E14	弱轴弯矩面内稳定	400 × 280	424 × 280	翼缘板增加12mm钢板

2.3.6 抗倾覆

松浦大桥拓宽后,上层桥面由原来的双向2车道改为双向6车道,桥面宽度将比现状桥宽增加一倍,整个断面显得有些"头重脚轻",为此需进行横向抗倾覆设计。考虑多种不利荷载组合,其中在恒载+2.5×活载+横向运营风荷载作用下最为不利,边墩支座出现186kN的最大拉力。抗倾覆措施主要有设置横向脚撑或抗倾覆拉索。脚撑下设置支座,并放置于下部基础上(图2.3-24),该方案存在横向脚撑结构体型较大、影响桥梁整体外观、脚撑与主桁连接构造较复杂等缺点。

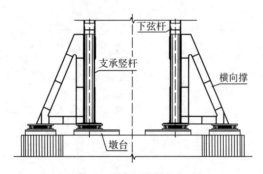

图2.3-24 抗倾覆脚撑方案示意

抗倾覆拉索方案可充分利用现有结构,最大限度地减小对原结构的影响。利用梁端下横梁两侧原有顶升托架,设置抗倾覆拉索来抵抗倾覆。拉索上下端与主桁横梁托架及垫石连接处均采用顺桥向自由转动的耳板轴销构造,以满足温度及制动力等作用下结构顺桥向位移的要求。拉索规格为$\phi 15mm-7$钢绞线,安装后张拉索力为350kN,极限承载能力为1790kN,构造如图2.3-25所示。

2.3.7 下部结构

改造工程需对老桥基础进行验算。主桥江中三座桥墩均采用$\phi 1.2m$的钢管桩基础,粉砂层为桩端持力层,上为高桩承台(图2.3-26)。水中钢管桩共46根,钢管桩壁厚原设计值为20mm,根据2014年3月桥梁检测报告,钢管桩由于锈蚀,其壁厚明显变小,实测值在18.3～18.4mm之间。由于改造工程采取了阴极保护措施,如下复核计算中按壁厚18mm考虑。根据桥墩基本尺寸进行了局部冲刷计算,冲刷量约为2.8m,按5m进行复核计算。

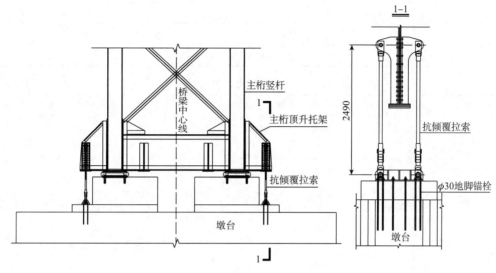

图2.3-25 抗倾覆拉索构造(尺寸单位:mm)

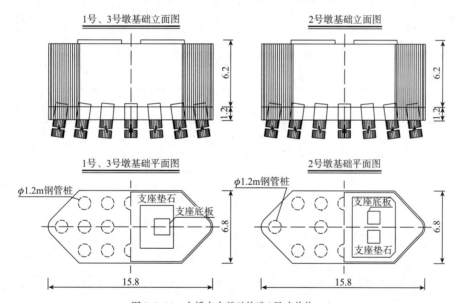

图2.3-26 主桥水中基础构造(尺寸单位:m)

1)常规运营工况复核

主桥墩基础验算荷载组合及桩基承载力提高系数详见表2.3-4,内力组合详见表2.3-5、表2.3-6。

基础验算荷载组合   表2.3-4

组合	方向	荷载	控制桩力提高系数
组合Ⅰ	纵、横向	永久荷载,水流,汽车	1.0
组合Ⅱ-1	纵向	永久荷载,汽车,纵向运营风,纵向力(摩阻力或制动力+温度力)	1.25
	横向	永久荷载,水流,汽车,横向运营风	

续上表

组合	方向	荷载	控制桩力提高系数
组合Ⅱ-2	纵向	永久荷载,纵向百年风,纵向力(摩阻力或温度力)	1.25
	横向	永久荷载,水流,横向百年风	

1号、3号墩内力组合　　　　　　　　　　　　　　　　　表2.3-5

组合	方向	组合类型	承台底内力			最不利桩身内力		
			轴力(kN)	剪力(kN)	弯矩(kN·m)	轴力(kN)	剪力(kN)	弯矩(kN·m)
组合Ⅰ	横桥向	标准组合	63968	28	68	3905	4	38
组合Ⅱ-1	横桥向	标准组合	66503	1487	52753	5512	4	80
	顺桥向		66503	1689	10532	4829	45	447
组合Ⅱ-2	横桥向	标准组合	57882	2965	58808	5375	68	694
	顺桥向		57882	2520	15715	4559	68	682
组合Ⅱ-1	横桥向	基本组合	79730	2007	65706	6703	13	145
	顺桥向		79730	2155	13443	5833	57	572
组合Ⅱ-2	横桥向	基本组合	68967	4136	81819	6776	96	981
	顺桥向		68967	3528	22001	5610	96	959

2号墩内力组合　　　　　　　　　　　　　　　　　表2.3-6

组合	方向	组合类型	承台底内力			最不利桩身内力		
			轴力(kN)	剪力(kN)	弯矩(kN·m)	轴力(kN)	剪力(kN)	弯矩(kN·m)
组合Ⅰ	横桥向	标准组合	48423	28	68	3417	3	30
组合Ⅱ-1	横桥向	标准组合	50920	1240	51276	5191	15	228
	顺桥向		50920	1246	8050	4139	37	372
组合Ⅱ-2	横桥向	标准组合	43456	2399	47468	4655	50	498
	顺桥向		43456	1246	8050	3594	37	375
组合Ⅱ-1	横桥向	基本组合	61183	1661	65001	6351	14	236
	顺桥向		61183	1744	11270	5056	52	525
组合Ⅱ-2	横桥向	基本组合	51747	3344	65979	5862	70	706
	顺桥向		51747	1744	11270	4367	52	529

单桩承载力方面,根据原松浦大桥建桥时的试桩结论,主桥钢管桩单桩极限承载力为10000kN,桩轴向受压承载力容许值为5000kN。根据桩身内力计算结果,控制墩为1号、3号墩。组合Ⅰ工况单桩轴向受压内力为3905kN,小于桩轴向受压承载力容许值(5000kN),满足要求。组合Ⅱ-1横桥向工况单桩轴向受压内力为5512kN,小于桩轴向受压承载力容许值(1.25×

5000kN),满足要求。

桩身应力方面,根据钢管桩锈蚀情况进行复算。钢管桩桩身材料采用A3钢,相当于当前的Q235钢材,钢材的抗弯强度设计值为180MPa,基本组合下各墩最不利桩基应力见表2.3-7、表2.3-8。可见1号、3号墩较为不利,最大桩身应力为152MPa,满足要求。

1号、3号墩桩身应力验算 表2.3-7

组合类型	钢管桩壁厚(mm)	弯矩(kN·m)	轴力(kN)	应力(MPa)
组合Ⅱ-1 横桥向	18	145	6703	108
组合Ⅱ-1 顺桥向	18	572	5833	117
组合Ⅱ-2 横桥向	18	981	6776	152
组合Ⅱ-2 顺桥向	18	959	5610	134

2号墩桩身应力验算 表2.3-8

组合类型	钢管桩壁厚(mm)	弯矩(kN·m)	轴力(kN)	应力(MPa)
组合Ⅱ-1 横桥向	18	236	6351	108
组合Ⅱ-1 顺桥向	18	525	5056	103
组合Ⅱ-2 横桥向	18	706	5862	125
组合Ⅱ-2 顺桥向	18	529	4367	93

桩基沉降计算采用分层总和法,基础计算平面尺寸按13.2m×6.8m考虑。考虑老桥荷载沉降已基本稳定,因此仅计算桥梁改造后荷载增加量产生的沉降。1号、3号中墩老桥竖向荷载为28660kN,改造后竖向荷载为44280kN,荷载增加15620kN,桩端基底附加压力为174kPa,最终沉降量为6.6mm。2号过渡墩老桥竖向荷载为17987kN,改造后竖向荷载为27790kN,荷载增加9803kN,桩端基底附加压力为109kPa,最终沉降量为4.1mm。根据沉降计算结果,主桥墩沉降量很小,沉降差也很小,满足要求。

主桥墩承台由顶帽、墩身、承台及封底混凝土组成,其中顶帽为300级混凝土,墩身为200级混凝土,承台为250级混凝土。主桥墩承台底层配一层$\phi 22@150$钢筋。经验算,承台斜截面抗剪承载力、撑杆-系杆体系承载力、冲切承载力均能满足受力要求。

综上所述,改造后主桥上层公路桥梁荷载增加,下层铁路桥梁荷载减小,经验算主桥基础能够满足要求,不需加固。

2) 抗震设计

拓宽改建后的松浦大桥必须满足现行桥梁抗震设计规范的要求,采用两水准设防、两阶段设计的抗震设计方法。松浦大桥位于地震基本烈度7度区,根据主桥及引桥的支承布置方式,采用线性反应谱法及非线性时程法进行了结构地震反应分析,研究了结构在E1地震作用(地震重现期75年)和E2地震作用(地震重现期1000年)两种设防水准地震输入下的地震响应。

拓宽改建后的松浦大桥上部结构质量增加,在地震作用下恒载惯性力的大小也发生了大的改变,同时主桥基础无法利用原有结构进行加固。结合松浦大桥本身的结构特点,主桥上部结构为连续结构,且下部结构刚度较大;另由于是对旧桥进行加固设计,旧桥结构的延性能力较弱,不适宜做延性抗震设计。因此,宜采用减隔震设计方案,通过延长结构周期,减少结构地震响应。主桥采用的减隔震方案为在两联过渡墩及边墩上设置拉索减震支座,其余位置采用普通球钢支座。对主桥原结构及采用减震支座后结构分别进行非线性时程分析与验算,表2.3-9为E2地震作用下部分桩基础验算结果。由表2.3-9可见,若不采用减隔震设计,原结构主桥的1号和3号墩钢管桩在纵桥向不能满足规范的要求,1号和2号墩钢管桩在横桥向也已非常接近桩基础的抗弯承载能力。采用减隔震设计后,主桥的关键桩基截面均满足抗震性能要求。

部分桩基最不利截面验算 表2.3-9

地震输入	墩号	原结构约束体系			减隔震体系		
		弯矩需求 (kN·m)	截面能力 (kN·m)	能力需求比	弯矩需求 (kN·m)	截面能力 (kN·m)	能力需求比
纵+竖	1号	8521	4445	0.52	4622	6372	1.37
	2号	5173	6280	1.22	3716	6504	1.75
	3号	5454	5062	0.93	3138	6551	2.08
横+竖	1号	5363	5905	1.10	4783	6965	1.45
	2号	5520	5629	1.02	5284	6869	1.30
	3号	3925	5979	1.52	3874	7001	1.82

由图2.3-27可知,采用减隔震设计后,松浦大桥的纵、横向振动周期明显延长,分别从1.14s和1.53s延长至3.05s和3.26s,其对应的加速度反应谱峰值均有很大程度的降低,因此,主桥基础才可以在不进行抗震加固的基础上满足比老桥更高的抗震性能要求。

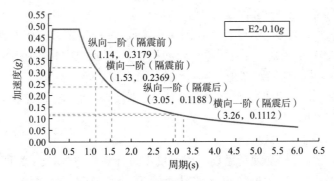

图2.3-27 E2地震作用下的加速度反应谱

3)钢管桩阴极保护

为避免钢管桩继续锈蚀,维修改造工程采取了阴极保护措施,保护设计年限为50年。1号、2号墩每根钢管桩平均布置9块阳极,上块阳极的上焊脚距离设计低水位1.5~2.0m,下块阳极的下焊脚距离泥面1.0~1.5m,其余7块阳极在上下两块阳极之间均匀布置。3号墩每根钢管桩平均布置7块阳极,上块阳极的上焊脚距离设计低水位1.5~2.0m,下块阳极的下焊脚距离泥面1.0~1.5m,其余5块阳极在上下两块阳极之间均匀布置。46根钢管桩阴极保护所需的阳极共382块,每块重57.5kg,钢管桩阳极布置见图2.3-28。

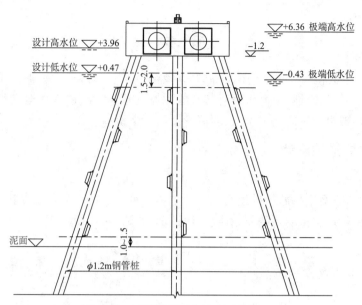

图 2.3-28　钢管桩阳极布置(尺寸单位:m)

牺牲阳极由镁合金牺牲阳极体、镀锌钢管导电钢芯和槽钢焊接焊脚三部分组成,其构造详见图 2.3-29,水下焊接工艺如图 2.3-30 所示。

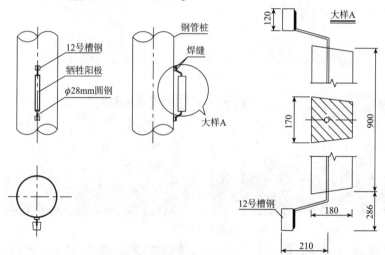

图 2.3-29　牺牲阳极构造(尺寸单位:mm)

图 2.3-30　牺牲阳极水下焊接

2.4 桥梁景观

松浦大桥作为黄浦江上的第一座大桥,具有象征意义。大桥极大地促进了中国化工业的蓬勃发展及上海的经济发展,上海市民对其有着深厚的感情。松浦大桥改造设计应做到人文上有温度,充分体现出大桥的艺术价值、环境价值与人文价值。

2.4.1 总体景观设计

1)主桥改造

大桥总体改造方案维持原基础规模及两片主桁不变,上层拓宽桥面采用简约的大挑臂及斜撑支撑,最大限度地保留旧桥的原始风貌,改造前后外观对比如图2.4-1所示。

a)断面对比

b)挑臂远景对比

c)挑臂构造细节对比

图2.4-1 主桥改造前后外观对比

2)引桥改造

上层引桥拓宽时,立柱、盖梁、上部结构等与旧桥风格保持一致,如图2.4-2所示。

a)双层桥墩

b)单层桥墩

图2.4-2 上层引桥改造前后外观对比

3)桥头堡改造

桥头堡以钢结构作为主要材质,并尽量减小桥头堡的尺寸,强调桥头堡的通透性以及与主桥的协调性,改造前后外观对比如图2.4-3所示。

图2.4-3 桥头堡改造前后外观对比

4）夜景照明

景观照明以勾勒主桥线形为主，简约、大气，烘托出历史桥梁的厚重感(图2.4-4)。

a)侧立面

b)正立面

图2.4-4　大桥夜景效果

2.4.2　下层慢行系统

通过下层桥面系改建及纵坡调整的方式，从功能上实现从铁路货运通道到行人及非机动车道的转变。松浦大桥为黄浦江上第一座具有慢行系统的桥梁，下层慢行系统设计充分贯彻了"以人为本"的理念。

1）高线公园的启示

纽约高线公园的前身是高架铁路，而整条铁路在1980年彻底关闭并废弃，如图2.4-5a)所示。地产商和社区委员会强烈要求拆除它。当时的纽约市长也要在任期内拆除它。但最终在建筑师大卫和哈蒙德的改造下，高线公园迎来新的面貌，如图2.4-5b)所示。高线公园的改造带来了积极效应，炒热了周边房地产和设计产业，高线一带成了热门时尚地块。

a)改造前　　　　　　　　　　　　　　b)改造后

图2.4-5　高线公园改造前后

高线公园与松浦大桥同样是由铁路桥改建为慢行系统桥。高线公园桥上运用了大量的绿化,而松浦大桥慢行系统位于双层桥的下层,缺少日照与雨水,不适用绿化的设计。但高线公园桥对人流动线的设计、人行空间的打造,以及对使用者使用状态的研究与设计都是值得松浦大桥借鉴的。

2)对称及不对称布置方案

考虑到一侧金山铁路桥对松浦大桥下层景观的不利影响,下层慢行系统可考虑对称和不对称两种布置方案,详见图 2.4-6。对称布置方案中,人行道位于桁架的两侧,非机动车行驶在桁架中间;而不对称布置方案中,两侧人行道汇聚在临江一侧,非机动车道位于临铁路一侧。两个方案的比选分析详见表 2.4-1。考虑到对称布置方案容易实现主桥下层桥面与下层引桥非机动车道的良好衔接,更符合松浦大桥的功能需求,因此,被定为最终实施方案。

a)对称布置方案　　　　　　　　　　b)不对称布置方案

图 2.4-6　下层桥面两个布置方案

下层桥面布置方案比选　　　　　　　　　　表 2.4-1

方案	对称布置	不对称布置
优点	接线自然流畅; 对称布置符合传统习惯	人行道增加了娱乐性区域,建筑效果较为丰富; 省去了东侧的两座楼梯
缺点	单侧人行道较窄,建筑效果较为简单	非机动车道接入主桥时需增加一段结构过渡; 后续管理、养护工作量大

3)下层空间设计

原设计中,人行道与非机动车道之间设隔离护栏(图 2.4-7),后改为二者不共板设计,这样保证了下层通行安全的同时,使下层桥面在视觉上更为通透。设计时曾尝试设置装饰吊顶整合空间(图 2.4-8),虽然整体感更强,但下层空间大大降低,人行的感受较为压抑。最终由上层拓宽桥面、两片主桁及斜撑形成慢行空间,桁架结构富有节奏韵律感,使人仿佛置身于时光隧道之中,从历史走向未来(图 2.4-9)。

图2.4-7　原栏杆方案　　　　　　　　图2.4-8　原吊顶方案

a)改造前　　　　　　　　　　　　b)改造后

图2.4-9　下层空间改造前后

4)分区设计

利用下层桥面主桁所在区域进行分区设计,铁路怀旧区、休闲座椅区和普通功能区间隔布置(图2.4-10)。铁路怀旧区提取原铁路元素,保留原桥枕木、轨道、碎石,保留下40年的铁路情怀(图2.4-11)。在休闲座椅区定点设置座椅等附属设施,给游人提供桥上停留观景之便(图2.4-12)。

图2.4-10　下层分区布置

图2.4-11　铁路怀旧区

图 2.4-12 休闲座椅区

5)细节设计

塑木地板基本能保证与木地板类似的行走舒适性,此外还具有安全度高、重量轻、寿命长、防火等级高等优点,最终被采用。另外,非机动车道采用彩色薄层铺装方案,主桥下层路灯采用老上海怀旧风格,引桥下层将 LED 灯与栏杆相结合,以上设计给使用者提供了舒适的"慢"生活体验。改造完成后的主桥下层如图 2.4-13 所示。

图 2.4-13 改造完成后的主桥下层

2.5 小　　结

松浦大桥将上层桥面由 2 车道拓宽为 6 车道,下层桥面由单线铁路改造为行人及非机动车道。改造后桥面总面积增加 70% 以上,恒活载总量增加 30% 以上。综合考虑松浦大桥改造需求,创新性地提出了维持两片主桁及基础不变、主桁及横联原位加固、上层桥面采用预制轻型高性能组合板且与主桁结合的总体改造设计方案。

(1)桥面拓宽方面,根据是否增加主桁片数及桥面支撑方式,提出三个方案进行比选,其中"两片主桁 + 斜撑 + 板桁结合"方案具有改造工程量小、造价低、景观效果好的优点,为工程最终实施方案。钢桁梁加固方面,提出四片主桁、体外预应力、直接加固三个方案进行比选,其中直接加固方案具有可对不满足受力要求的构件逐一加固、保证原结构体系不变、结构受力明确等优点,为工程最终实施方案。

(2)结合松浦大桥上层桥面更新,详细介绍了板桁结合结构体系在钢桁梁桥改造中的应用。板桁结合结构可有效地提高结构的竖向、扭转整体刚度,改善钢桁梁在竖向荷载、偏载作用下的结构性能,显著减小对应主桁弦杆轴力,减少加固工作量。综合结构受力改善效果及实施难度,最终选用上层板桁结合、下层板桁分离方案。

(3)钢桁梁原位加固需结合老桥杆件、连接形式,研究提出有针对性的加固方法。原位负荷条件下,应谨慎采用焊接加固,并尽量避免拆除原有连接。在同一受力部位连接的加固中,新老连接形式宜保持一致。当节点连接及其连接杆件同时被加固时,应注意连接加固强度与杆件加固强度的匹配,保证传力顺畅。

(4)应根据各构件的受力特点及造成强度不足的主要因素,选择加固方式及加固板件与原截面的组合方式,从而提高加固效率。通过板桁结合对上弦杆及其节点进行了加固;通过对受拉杆腹板上下贴板并通过节点区域的方法,对跨中下弦加固的同时对节点进行加固;通过钢-混凝土组合加固方法,对加劲弦等受压杆件及节点进行加固;通过增大截面及减小其计算长度的方法,对受压斜腹杆进行加固;通过采用栓接挖空钢板方法,对节点板进行原位加固。

(5)由于大桥有较多的货车通行,维修改造需要考虑桥面系的耐久性能。兼顾快速施工要求、桥面耐久性要求、桥梁重量控制要求,在钢桁梁桥维修改造中采用了预制高性能轻型组合桥面体系。

(6)针对提出的上部钢桁梁改造方案,经验算,原有基础能够满足受力要求,不需加固。可通过减隔震技术,使维修改造桥梁满足新的抗震性能目标要求。

(7)桥梁维修改造需要注重景观效果及文化传承。在"以人为本"及景观方面,松浦大桥改造力求维持桥梁原始风貌,并首次在黄浦江上实现行人及非机动车专用过江通道,倡导"慢"生活主题。

第3章 钢桁梁桥改造施工

3.1 引　　言

松浦大桥主桥是一座双层钢桁梁桥，改造工程主要包括桥面拓宽更新、主桁加固、桥梁顶升等内容，面临工作量大、内容复杂、限制因素多等难题。另外，施工期间需保证非机动车通行，上层公路交通封闭时间不能超过 18 个月，极大地限制了相关工序的施工周期，给施工组织提出了更高的要求。总体上分为两个施工阶段：第一阶段维持上层交通，进行主桁涂装及下层桥面更换；第二阶段封闭上层交通，在维持下层非机动车及行人可通行的条件下，进行上层桥面拆除、主桁加固、桥梁顶升、上层桥面安装等施工作业。在不完全中断主桥交通，满足周边百姓过江需求的条件下，需要合理进行施工组织，分阶段分层实施改造工作，充分保证施工安全及质量。

在改造实施前，需根据作业和防护的实际需求，提前设计安全、经济、便捷的施工工装，从而有效地节约成本并提高工作效率。为保证钢结构涂装质量，并满足环保要求，涂装相关工序一般在车间内完成。另外，为保证施工期间下方交通安全，施工防护棚架作为一种防护体系被广泛采用。例如，南京长江大桥维修改造期间，为保证下方铁路运输的绝对安全，全长搭设防护棚架，并对其抗冲击可靠性进行了研究[22]。由于本项目的施工区域为黄浦江水源保护区，因此在第一阶段对主桥保留钢桁架进行原位涂装施工时，必须采取全封闭措施，为此特殊设计了一套移动式封闭涂装工装。第二阶段需在下层通行条件下进行上层改造，下层防护设施工程量大且需满足上层作业要求，为此特殊设计了一套模块化的移动防护及作业平台。

钢桁桥在前期运营过程中，下弦杆、下平联及加劲弦等多次受到船舶撞击，需要在原位进行变形矫正。兼顾桥梁安全及矫正效果，对整体扭转和局部变形制订了冷矫正为主、辅以热矫正的总体方案，形成了较为完善的矫正前检测、合理确定矫正时机及方案、矫正后检测及加强的钢桁桥变形杆件原位矫正修复方法。钢桁梁桥改造后受力比老桥增加，需要对主桁受力不足的构件进行加固。主桁加固施工内容复杂，包含 112 根杆件、96 个节点。根据原位加固负荷程度影响分析，上层桥面拆除后钢桁梁较轻时进行主桁加固，可以取得良好效果。为缩短上层桥面交通封闭时间，加固施工分为上层桥面拆除前的加固件初步安装及上层桥面拆除后的栓（铆）接正式施工两个环节。

为满足通航要求及下层铁路总体改造要求，需要对主、引桥进行顶升及调坡。连续钢桁梁整体质量约 4300t，双层桥梁总高 18.8m，两主桁中距为 6.018m，顶升高度约 20cm。顶升前，需对顶升位移不同步造成的不利影响进行分析，保证结构安全。另外，由于主桁高宽比较大、稳定性差，需重点解决千斤顶布置及横向限位等问题，保证顶升安全。总之，需根据大跨钢桁梁桥的结构特点，对该类型桥梁顶升适应性及其他关键问题进行研究。另外，下层引桥具有规模大、调坡、降墩等特点，需要对顶升总体方案及施工组织进行重点研究，以提高工效。

桥梁货运交通比例较高，为保证桥面系耐久性，兼顾老桥改造重量要求，上层新桥面选择轻型高性能组合桥面体系。本项目紧邻运营中的金山支线,上跨黄浦江航道,采取组合桥面板在工厂内预制、运至现场后采用移动浮式起重机整体安装的施工方案,可加快施工速度,减小对周边环境的影响。预制轻型高性能组合桥面板为国内首次采用,需对其制作、安装方案进行重点研究。针对上层桥面系不同部位的受力需求,开发了三种不同性能指标的低收缩高强韧性混凝土(SSDC),无须高温蒸汽养护。SSDC正式预制前,开展了大量试验,逐步对混凝土配合比、施工工艺和设备进行优化,并编制了专项技术要求,以保证桥面板的施工质量。钢-混凝土正交异性组合桥面板节段由主桁及斜杆支承,针对混凝土桥面板存在的横桥向拉应力水平较高的情况,对桥面板制作、安装两阶段的施工方案进行了优化,形成了宽幅组合桥面板横向抗裂控制方案。同时,采用反顶架进行桥面板循环安装,可对桥面板横向线形进行主动控制,以便于斜撑安装以及节段之间的连接。

钢桁梁改造一般采用预制拼装施工,即新构件采用工厂预制,运输至施工现场后进行安装。桥梁维修改造需注意新老构件间的匹配问题。目前建筑信息模型(BIM)等信息化技术在桥梁领域得到了越来越多的应用,但在复杂桥梁改造中的应用还较少。工程引入三维扫描技术,通过对钢桁梁进行地面式三维激光扫描,对节点板进行高精度扫描,保证了钢结构的安装精度与质量,提高了工作效率。

本章以松浦大桥为背景,介绍钢桁梁桥原位改造中涂装修复方案及移动工装、移动防护作业平台、变形杆件矫正、主桁加固、整体顶升、预制高性能组合桥面板施工及三维扫描技术应用等内容。

3.2 施 工 工 装

目前很多钢桁桥都是公路、铁路路网中的重要节点,其交通作用难以替代,因此钢桁桥的改造施工经常需要在原位、通车条件下进行。根据交通需求及周边环境保护要求,需针对防护对象和施工需求单独设计施工工装,以使施工满足相关要求的同时提高作业效率。

松浦大桥改造工程采取分阶段施工的方案。第一阶段:在上层不封闭交通情况下进行下层改造及主桁涂装施工。因此专门设计了主桁全封闭移动式涂装工装,在工装内进行喷砂除锈及涂装施工,一方面可以保护周边环境,另一方面可以保证涂装施工的温湿度,控制工程质量。第二阶段:在上层封闭交通情况下拆除桥面,下层通行非机动车,因此专门设计了模块式移动防护棚架。该移动防护棚架既能保证下层通行安全,又能作为上层施工的操作平台。

3.2.1 涂装修复方案及移动工装

1)涂装修复方案

桥梁钢结构涂装修复前应对防腐涂层的病害进行调查分析,确认病害原因,并制订有针对性的修复方案。导致桥梁钢结构涂装出现病害的原因有很多:一种为涂层类原因,包括长期使用后的涂层老化、防腐体系及油漆种类选择不合理、涂层施工质量不到位等;另一种为非涂层类原因,包括结构细节不合理导致局部长期泡水、局部构件经常性被剐蹭等。非涂层类原因引起的病害,可通过调整构造等外部因素(包括增设排水孔、易磨损位置增设柔性防护)来解决,涂层类原因引起的病害则需根据具体情况采取相应的涂装修复方式。

随着许多大型桥梁的钢结构到了涂层大修的阶段,许多学者及工程项目均开展了既有结构涂装修复方案的研究工作。由于修复现场往往具有开放特点，而除锈及涂装施工过程环境控制要求高，如何选用合适的涂装体系及施工方案成了一个重要问题。根据原钢结构表面涂层现状及涂装修复施工条件，目前钢结构涂装修复有涂覆低表面处理涂料方案和彻底喷砂除锈后重新涂装方案这两种。低表面处理涂料又称表面容忍性涂料，对钢结构表面除锈等级要求较低，且可适用于环氧、聚氨酯、醇酸、氟碳等旧漆膜表面，该方案具有低能耗、环保等优点。在上海南浦大桥、徐浦大桥等大修工程中，通过既有涂层调查并结合现场作业条件，钢梁涂层采用了涂覆低表面处理涂料方案(图3.2-1)。彻底喷砂除锈后重新涂装是指对原结构表面进行全范围的喷砂除锈，达到新制杆件的除锈等级要求后进行重新涂装施工，该方案具有喷砂除锈质量高、涂装质量好等优点，但对施工措施有较高要求。上海浙江路桥大修工程，综合考虑百年老桥锈蚀严重及移桥上岸在厂房内大修的总体方案，采用了彻底喷砂除锈后重新涂装的方案(图3.2-2)。

图3.2-1 徐浦大桥钢梁低表面处理

图3.2-2 浙江路桥主桁重新涂装

松浦大桥已运营40余年，现场涂装检测结论如下：①全桥面漆粉化严重，用砂纸轻微打磨就被轻易去除，部分区域面漆已完全脱落、开裂；②大桥南联涂层厚度减薄，普遍厚度只有60～100μm，北联钢结构涂层未做中间漆；③涂层附着力较差，部分区域低于现行规范要求；④原底漆出现了泛黄的铁锈，锌粉作为牺牲阳极基本消耗殆尽。⑤部分区域已出现严重锈蚀，主要体现在结构积水处。

可见，上述病害成因大多可归结为涂层类成因，考虑随着时间的推移，涂层劣化及锈蚀现象将会对主体结构耐久性、安全性造成影响，需结合桥梁改造对涂装病害进行修复。鉴于既有松浦大桥旧涂层已严重老化、失效，涂覆低表面处理涂料方案难以满足改造项目防腐年限设计要求，确定采用彻底喷砂除锈后重新涂装的方案。

2) 涂装移动式工装

松浦大桥需在原位进行维修改造，但由于大桥位于黄浦江水源保护区，涂装作业需采取严格的工程措施以满足环保要求。涂装传统工装主要是搭设施工脚手架，用施工脚手架覆盖整个钢结构，为防止喷砂粉尘污染，脚手架外围要全封闭。这种方案搭设工作量大、周期长、造价高。为克服施工条件差、环保及质量要求高等难点，结合桁架结构特点，本项目特殊设计了一套移动式工装(图3.2-3)，用于对保留桁架结构进行分段式喷砂涂装修复施工。

考虑施工进度，现场涂装共设置两套工装，从两联岸边分别往江中进行。考虑现场喷砂与涂装速度相结合，单节段涂装施工长度为8m，与主桁节间距亦能良好匹配。施工过程中夜间进行喷砂，白天完成底漆，喷砂与涂装的间隔时间可控，避免涂装面返锈，从而保证施工质量。

该移动式工装主要由三部分组成：①利用主桥下层桥面铺设轨道，设置廊道内侧移动支架；②利用原桥上部既有检修车轨道，设置廊道外侧移动棚架及挂篮；③利用原桥下侧外部既有检修车轨道，设置底部移动施工平台，兼作接砂盘。

图 3.2-3　全封闭移动涂装工装

(1) 廊道内侧移动支架

廊道内侧制作高度可调的移动支架，用于桁架桥竖杆内侧、上弦杆内侧及上层联结系的涂装。移动支架外形尺寸为 6m×4.8m×11.5m(长×宽×高)，由底部台车底盘和上部支架组成 (图3.2-4)。其中台车底盘尺寸为 6m×1.9m×0.55m(长×宽×高)，主要由轮系部分、车架底盘等组成。上部支架采用型钢焊接而成，横向两侧设作业平台并铺设脚手板，临边设防护栏杆。为了解决平台移动与桁架横联相干涉的问题，支架上部平台为可拆卸结构。移动支架采用电机驱动小车前后移动，从而实现纵向施工面全覆盖。因移动支架高宽比较大，为防止侧翻，在车架底盘填充 2.7m³ 的砂石料作为配重。涂装施工中，当整个车长覆盖的单个涂装作业节段处理完成后，拆除上部活动结构，移动至下一段待涂装部分，重复以上步骤直至全桥涂装完成。

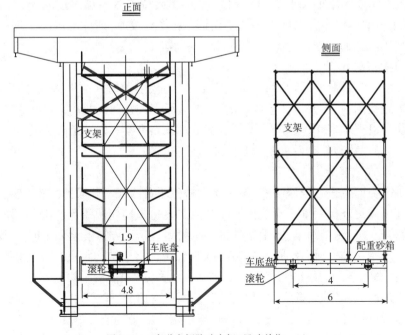

图 3.2-4　廊道内侧移动支架(尺寸单位:m)

(2)廊道外侧移动棚架及吊篮

廊道外侧设移动棚架并附设吊篮,以满足桁架杆件外侧涂装修复施工的需要(图3.2-5)。原桥外侧上横梁底设有两根通长轨道,两轨道水平间距为2.4m、竖向间距为0.5m。新建两个带轨道轮的挂篮并分别挂到轨道上,轨道轮由蜗轮蜗杆减速机手摇转动,用桁架将两个挂篮联系起来形成整体。将6m长电动吊篮的钢丝绳分别生根在挂篮底部,利用电动吊篮升降涂装施工桁架腹杆构件,外部设置悬挂式封闭围挡。当前节段施工完成后,转动手轮移动上面两个挂篮,进行下一节段施工。

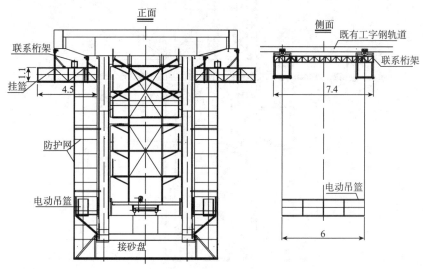

图3.2-5 廊道外侧移动棚架及吊篮(尺寸单位:m)

(3)桥下移动施工平台

桥下移动施工平台可多功能使用,既可用于下弦杆、下平联等杆件的涂装施工,又可用作主桁涂装时固体废弃物的接砂盘,还可兼作下弦杆加固、矫正用的施工平台(图3.2-6、图3.2-7)。该平台悬挂在桁架两侧两根轨道上,该轨道为原检修桁车轨道,移动施工平台可以沿轨道移动,平台四周设临时护栏。为配合其余工装,桥下移动施工平台由3榀平面桁架拼接而成,平面尺寸为12m×8.5m。在接砂盘边梁中间各增加两根吊杆,用花篮螺钉与主桁相连,以改善接砂盘的受力状况。

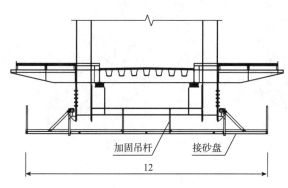

图3.2-6 桥下移动施工平台(接砂盘)(尺寸单位:m)

图3.2-7 桥下移动施工平台(接砂盘)

3.2.2 移动防护平台

1）防护平台设计

为保证上方施工时下层非机动车通行及黄浦江通航的安全,同时为了便于进行主桁加固、上层桥面安装施工,特殊设计了一套移动式钢结构防护平台(图3.2-8)。

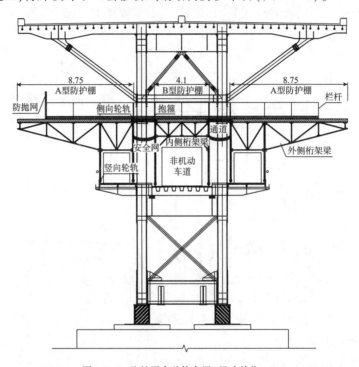

图3.2-8 防护平台总体布置(尺寸单位:m)

防护平台为分离式、模块化设计,并可沿全桥纵向移动。防护平台每个节段纵向长度为8.1m,根据主桥断面形式分成A、B两种类型,分别安装于主桁外侧和主桁之间,如图3.2-9所示。主体结构主要采用方钢、双槽钢、双角钢,面层由木工字梁、木胶板等组成。

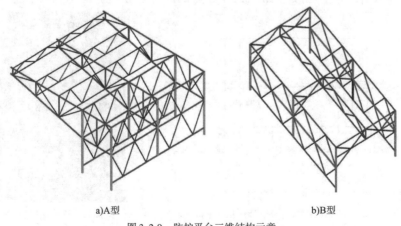

a)A型　　　　　　　　　　b)B型

图3.2-9 防护平台三维结构示意

A型平台因不对称大挑臂平衡的需要,除设竖向轮轨系统外,还设有侧向轮轨系统,侧向轨道与主桁之间采用抱箍连接(图3.2-10)。B型平台的轨道采用30轻型钢轨,安装于下层桥面板上。

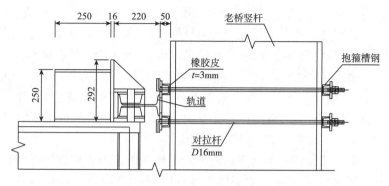

图3.2-10 侧向轮轨系统和抱箍构造(尺寸单位:mm)

2)防护平台安装

防护棚架利用汽车起重机配合手拉葫芦实现吊装安装。通过汽车起重机将拼装好的A型平台提吊至轨道面以上20cm处,然后将上挂辅助安装葫芦连接至防护平台上,配合汽车起重机使得防护平台安装就位,待棚架底部轨道与滑轮配合到位后,立刻安装侧向滚轮,确保平台侧向稳定。B型平台在地面上全部拼接完成后,通过汽车起重机吊至主桥已经安装好的轨道上。A型、B型平台现场安装见图3.2-11。

a) A型平台

b) B型平台

图3.2-11 防护平台安装

3.3 变形矫正

3.3.1 变形修复方法

桥梁钢结构构件出现变形后,应进行结构检测,对杆件变形进行量化分析,探明杆件变形部位是否出现裂纹、连接断裂、板件分层等病害,根据检测结果进行修缮设计。一般而言,当变形较小或对受力影响较小时,可不做修复;当变形较大或出现构件局部撕裂,难以修复时,可考虑构件更换等修缮方式;当变形在可控范围内,通过矫正后能部分或全部恢复并满足结构受力要求时,可考虑采用变形矫正。

对于变形杆件,主要修复方法可分为两类:第一类,变形杆件的整体置换;第二类,变形杆件的局部矫正。杆件整体更换是指拆除原变形杆件,参照原尺寸或根据受力计算制造安装新杆件。采用该方法时,杆件为完全新制,其几何尺寸可控、初设应力状态可控,能保证新杆件的受力满足要求。但如需对杆件进行整体更换,则对施工要求极高,最好是在无荷载状态下施工,适用于移位大修的情况。国内先后有上海外白渡桥[24]、广州海珠桥[25]、上海浙江路桥[11]等采用了杆件整体替换的修复方式。原位无支承条件下采用整体杆件更换的难度极大,需设计临时杆件及相应施工工装等,以确保施工期间结构整体安全。

变形杆件的局部矫正是指采用火焰热矫正或机械冷矫正的方式,对杆件的整体扭转或局部变形进行修正,使杆件达到原状。火焰矫正过程中,钢材存在再结晶过程及回复过程,能够有效地减轻或消除变形杆件中的钢材晶格变形,相较于冷矫正能够有效地释放钢材变形应力及恢复钢材韧性。火焰矫正时,加热温度不宜超过600℃,过高会引起金属变脆、影响冲击韧性。火焰矫正方法有线状加热法、点状加热法、三角形加热法,应根据变形部位及范围选择合适的方法。火焰矫正烤火位置不得在最大应力截面附近,烤火面积在一个界面上不得过大,宜用点状加热方式改善加热区应力状态。若对杆件在受力状态下进行热矫正,如升温不能控制在变形范围内或者升温温度未能控制在合理范围内,容易造成钢材局部蠕变,以致对整体结构产生影响。一旦变形杆件在热矫过程中卸载,就会出现内力重分布,结构存在破坏的风险。热矫正适用于移位大修或桁架零杆,如外白渡桥移位大修工程及零杆车撞抢修时均采用了热矫正工艺(图3.3-1),目前国内对通行桥梁的变形杆件采用热矫正的案例较少。

图3.3-1 上海外白渡桥抢修变形矫正

机械矫正是通过外力对变形进行调整。采用机械矫正时,应根据构件的实际情况选择合适的矫正方式。对于附属构件或极小变形,可采用锤击或手工辅助小型工具的方法进行矫正;对于较大变形,可采用反力架顶平矫正方法。但因矫正工艺、设备等限制及原位矫正的施工难度较大,变形杆件难以100%恢复至原状,同时,矫正施工对杆件而言是局部二次变形,对于原变形较大区域容易形成一定损伤,因此,在机械矫正中应控制矫正幅度,以变形不影响结构受力安全为界,无须完全矫正到位,避免构件因冷作硬化出现裂缝等。鉴于变形矫正中可能出现的裂缝,在矫正完成后应进行检测,并应根据实际情况进行矫正后加固,确保桥梁结构整体受力安全。由于冷矫正对杆件整体受力影响较小,移位大修及原位大修情况均可适用,国内先后有武汉长江大桥[26]、宁波市灵桥[27]、广茂线肇庆西江特大桥[28]等项目采用了原位冷矫正的方法对受损杆件进行修复。1982年,武汉长江大桥下弦杆受打桩船撞击后出现损伤,综合比选后采用冷矫正施工工艺。2015年,广茂线肇庆西江特大桥因受采砂船撞击,局部下弦杆、铁路纵梁及下弦平联变形严重,最终采用局部冷矫正后并进行补强的施工方案。

根据检测报告,松浦大桥杆件船撞损伤严重,全桥计有15根杆件明显受到船撞影响,所有被撞杆件均位于南侧通航孔。受损杆件位于主桥2号~3号墩间,立面及平面如图3.3-2所示,跨中(2-2断面)、支点(1-1/3-3断面)部位杆件损坏变形比较严重。损伤主要为主桁弦杆翼缘板波浪形变形及腹板鼓曲变形,下平联杆件盖板局部变形、撕裂及下部节点板撕裂等,如图3.3-3所示。

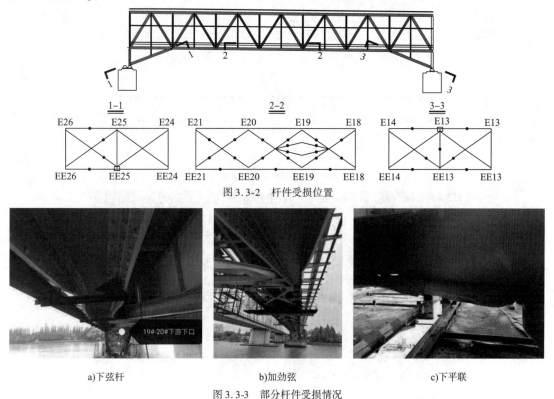

图3.3-2 杆件受损位置

a)下弦杆　　b)加劲弦　　c)下平联

图3.3-3 部分杆件受损情况

松浦大桥在原位无支承条件下进行维修改造,并需在施工期间维持非机动车通行,在此要求下变形杆件的修复思路为原位矫正。综合施工难度、杆件受力特点及结构运行安全,最终确定变形杆件矫正的主要原则:整体以冷矫正为主,对于主桁下弦杆、加劲弦杆件严禁采用热矫正。下弦杆主要受拉,不会出现局部受压失稳现象,主要以纠正杆件整体扭转变形为主,并对局部翼缘板变形较大区域进行矫正。加劲弦主要受压,为保证杆件整体受压稳定,以纠正局部变形为主,确保杆件翼缘板无局部较大变形,以减小压杆初始缺陷。联结系杆件因在目前铁路停运的条件下受力较小,同时部分撕裂变形较为严重,单纯冷矫正难以实施,因此局部变形区域可采用热矫正辅助施工,局部撕裂区域可进行部分板件更换。

3.3.2 矫正施工方案

1)翼缘局部变形矫正

主桥工字形杆件翼缘板局部变形处,以反力架为基础配合使用千斤顶进行矫正,用硬木垫实非矫正区域,通过千斤顶施加反力,使局部变形较大处恢复原状。反力架可根据实际施工位置选用矩形反力架或半开口反力架,如图 3.3-4 所示。该方法使矫正杆件及反力架间形成内力平衡状态,不会造成其他杆件产生新的变形。现场矫正如图 3.3-5 所示。

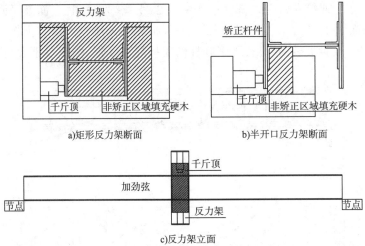

图 3.3-4 局部变形矫正反力架布置示意

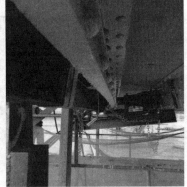

图 3.3-5 局部变形矫正

2) 整体扭转变形矫正

主桁杆件翼缘板与腹板整体变形处,以整体扭转矫正为主,通过纵向两点同步矫正,同时对腹板及相连翼缘施加反力以校正其整体扭转。杆件纵向安装 3 台矫形架,2 台反力架,用硬木垫实非矫正区域。矫形架上部吊耳通过倒链与桥梁对称方向弦杆节点部位连接加力(图 3.3-6)。矫形架受力后对弦杆外侧盖板下部产生向外的力,上部产生向内的力,以减小弦杆上口外张、下口内缩的偏差。现场矫正如图 3.3-7 所示。

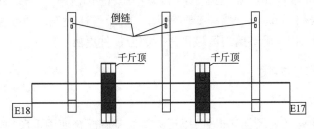

图 3.3-6 整体扭转变形矫正反力架布置示意

第3章 钢桁梁桥改造施工

图 3.3-7 整体扭转变形矫正

3）联结系杆件矫正

联结系部分杆件受撞击后出现较大杆件盖板撕裂或局部变形较大的现象，为此需要对撕裂部位进行局部切割更换。因矫正过程中上层交通尚在运行中，切割时尽量保留杆件无损伤部分，严禁全截面拆除更换，避免出现局部杆件受力不足及内力重新分配。局部切割如图 3.3-8 所示。

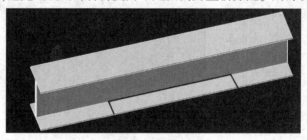

图 3.3-8 局部切割示意

根据需要在适当位置安装矫正架，通过对倒链加力矫正杆件扭曲。然后安装反力架，用千斤顶对工字形杆件局部变形进行矫正，必要时辅以低温热矫正。现场矫正如图 3.3-9 所示。

a）小型千斤顶局部修整　　b）倒链整体扭曲矫正　　c）局部小范围热矫正辅助

图 3.3-9 联结系杆件矫正

4）矫正质量检查

为检验矫正后效果，对矫正后的杆件进行变形测量及局部磁粉探伤检测。部分杆件变形矫正前、后测量结果如图 3.3-10 所示，通过测量结果可以看出矫正效果较好。采用磁粉对变形杆件矫正部位进行检测，未发现表面裂纹。典型杆件变形矫正前后对比详见图 3.3-11~图 3.3-13。

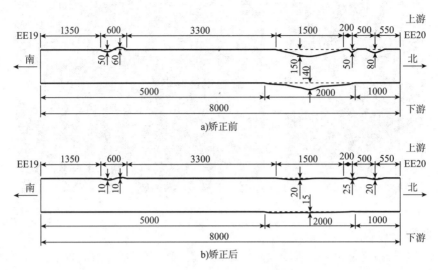

图 3.3-10 杆件变形矫正前后测量结果对比(尺寸单位:mm)

a)矫正前

b)矫正后

图 3.3-11 翼缘局部变形(E24E26)矫正前后对比

a)矫正前

图 3.3-12

b)矫正后

图 3.3-12　整体扭转变形(E19E20)矫正前后对比

a)矫正前平联交叉节点　　　　　　　　　　　b)矫正后平联交叉节点

c)矫正前平联杆件　　　　　　　　　　　d)矫正后平联杆件

图 3.3-13　联结系变形矫正前后对比

3.4　主桁加固施工

改造后的主桥受力比老桥有所增加,为此需要对主桁受力不足的构件进行加固。主桁杆件通过贴板或角钢的方式加固,加固钢板、角钢通过螺栓与原杆件连接;主桁节点板采用外贴加固板的方式进行加固,节点加固板通过铆钉与原构件连接;加劲弦杆件及节点通过部分外包钢筋混凝土的方式加固。主桁加固施工内容复杂,包含斜腹杆、下弦杆、加劲弦、竖杆、上下节点共 112 根杆件、96 个节点(图 3.4-1)。另外,全部横联需要更换,纵向槽钢需要新增安装。

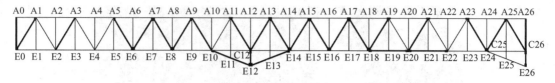

图 3.4-1 主桥加固位置

为缩短上层桥面交通封闭时间,并利于主桁加固取得良好效果,加固施工分加固件初步安装、栓(铆)接正式施工两个环节进行。在上层桥面拆除前先将加固件安装就位,待主桥上层桥面拆除完成后再进行栓(铆)接正式施工。大桥较多杆件采用增大截面法加固,该方法存在新老构件匹配问题,对加固构件安装精度要求高。另外,加劲弦采用钢混组合法加固,混凝土密实度等是施工中的控制重点。

3.4.1 加固件初步安装

在下层桥面板安装之后,上层桥面拆除之前,加固件通过移动式升降机或吊篮的方式进行安装,部分杆件及节点加固件安装如图 3.4-2 ~ 图 3.4-5 所示。新增加固件安装时,根据加固件尺寸及设计安装位置,在旧杆件上测量并标记加固件安装位置。手拉葫芦吊运加固件至安装杆件位置,利用人工将加固件精确安装在杆件标记位置。利用夹具、钢丝绳捆绑的方式临时固定加固件。对加固杆件,根据加固件螺栓孔的位置在旧杆件上钻孔,安装临时螺栓固定加固件;对于加固节点,通过三维扫描手段对既有节点铆钉位置进行测量,厂内加固件先钻孔后,新老板件铆钉孔能满足精度要求,通过安装临时螺栓固定加固件。

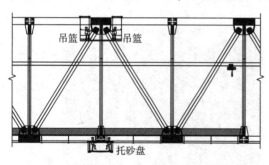

图 3.4-2 上下节点加固件安装

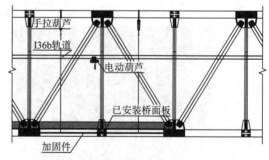

图 3.4-3 下弦杆加固件安装

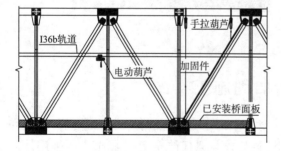

图 3.4-4 斜腹杆上加固件安装

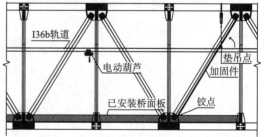

图 3.4-5 斜腹杆下加固件安装

考虑到桁架桥竖向荷载主要由主桁片承担,横联联系两片主桁,主要承受横向水平荷载,因此横联可在上层桥面拆除之前桥梁自重较重时安装。在主桁加固件初步安装过程中,同步进行了主桥横联的永久更换(图3.4-6)。施工中主要通过登高车及手拉葫芦配合完成,为保证施工期间结构受力安全,横联更换应逐个进行,严禁同时实施相邻两个横联的更换。

图3.4-6 横联更换

3.4.2 加固件正式安装

待主桥上层桥面拆除完成后进行加固件的正式安装。利用既有的施工平台工装等设施,将所有的杆件加固件通过高强螺栓与原有杆件进行连接,节点板通过铆钉与原有节点进行连接。部分构件正式安装如图3.4-7～图3.4-9所示,安装施工中及加固完成后部分照片详见图3.4-10。

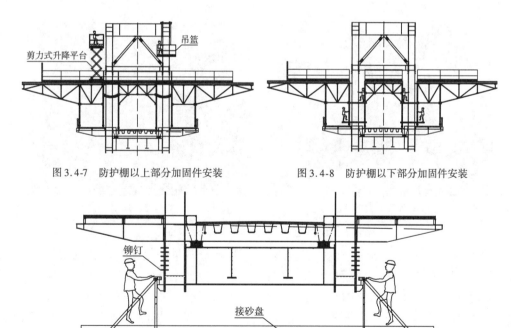

图3.4-7 防护棚以上部分加固件安装   图3.4-8 防护棚以下部分加固件安装

图3.4-9 下节点板加固安装

a)原铆钉头拆除　　　　　　　　b)原铆钉杆拆除

c)涂装　　　　　　　　d)节点板加固

e)杆件及节点加固后　　　　　　　　f)节点板加固后

图3.4-10　正式安装施工中及加固完成后

钢桁桥老桥的钢构件多采用铆接工艺连接,而且建造较早的钢桁桥使用的钢材成分与现在有所不同,焊接工艺不一定适用,因此,钢桁桥改造中根据不同情况经常会使用铆接、栓接、焊接等多种连接工艺。钢桁桥的空间结构复杂,结构加固难度很高,尤其是在受力情况下对于节点部位的加固更是如此。由于节点不能完全打开,一个节点加固经常需要经历"部分铆钉拆除、摩擦面处理、钢板定位、打孔固定、铆(栓)接、涂装"这一系列工序的反复操作才能完成。为保证施工质量,对施工精度的控制、对每道工序的验收检查都至关重要。

铆接为一种几近淘汰的钢结构连接工艺。本项目通过铆接工艺试验确定加热温度、施铆温度及不同板厚条件下所需要的铆杆长度,作为施工依据。本项目将老工艺与现代设备相结合,采用全固态感应加热炉等设备,提高了工作效率及铆接质量。

3.4.3 加劲弦加固

加劲弦采用杆内加设剪力钉及钢筋并灌注自流平混凝土进行加固,采用吊架式操作平台进行施工。因加劲弦杆为斜形,将型钢吊架设置为可移动、可上下伸缩的形式,结构设计如图 3.4-11 所示。

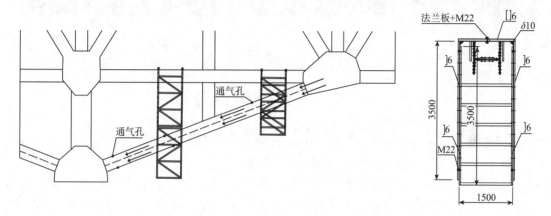

图 3.4-11 吊架示意(尺寸单位:mm)

成型的钢筋骨架运输至施工现场后,与竖杆及加劲弦上的焊钉焊接固定。采用 10mm 厚钢板做模板,利用"钢管+扣件"对拉将钢板固定在主桁上,利用方木做次楞,对拉钢管做主楞,对拉钢管纵向间距不应大于 500mm(图 3.4-12)。浇筑混凝土前,在钢模板上钻孔安装 M20 螺母,作为排气孔,气孔间距为 1m。

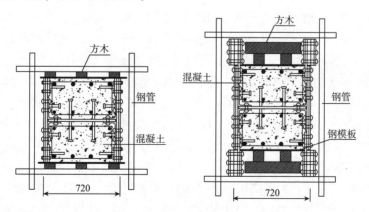

图 3.4-12 加劲弦灌注混凝土模板示意(尺寸单位:mm)

为避免混凝土浇筑不密实,将浇筑口设置于弦杆上端节点位置,沿杆件纵向分批浇筑。先浇筑腹板以下截面处混凝土,再浇筑腹板以上截面处混凝土,浇筑过程中逐步封堵气孔,浇筑完成后采用附着式振捣器进行振捣。外包混凝土施工如图 3.4-13 所示。

　　　　a)浇筑前　　　　　　　　　　　b)浇筑中　　　　　　　　　　c)浇筑后

图 3.4-13　外包混凝土施工

3.5　桥梁整体顶升

　　桥梁顶升通常是指在保证桥梁主体结构的整体性和正常使用功能的前提下,利用移位驱动设备,使桥梁结构整体在竖向移位到预定高度。桥梁顶升技术的推广应用具有很好的社会、经济效益:可充分挖掘航运能力、打造黄金水道;可实现对具有一定历史意义建筑的保护;可节约建设资金,桥梁顶升改造费用一般为拆除重建费用的 25% ~50%;可显著缩短工期,减小施工对正常交通的影响;可减少建筑垃圾的产生,有利于节约资源、保护环境。因此,桥梁顶升技术是一种经济、便捷的桥梁改造手段,符合可持续发展的理念,在我国具有很好的发展前景。

　　桥梁顶升是一项桥梁检测与评估、桥梁加固、顶升驱动与控制、施工监测与控制等多学科交叉的综合技术。21 世纪以来,桥梁顶升技术在我国得到了较快的发展,在工程应用和技术理论方面得到了长足的进步。在桥梁顶升工程的设计和施工中,早期较多地依赖于设计、施工人员的工程经验,或参考国内外其他相关技术规范或规程、指南等。2018 年颁布《桥梁顶升移位改造技术规范》(GB/T 51256—2017)[29],为桥梁顶升技术的实施提供了依据和参考。桥梁同步顶升技术已广泛地应用于桥梁的各类维修改造工程中,包括净空改造、桥面调坡、接线改造、更换支座、纠偏纠倾等,并涵盖了各种桥梁体系,如简支梁桥、连续梁桥、刚构梁、拱式桥、斜拉桥等桥型。

　　国内有较多具有代表性的桥梁顶升工程案例。2003 年,天津狮子林桥为解决桥下净空不足问题,整体抬高 1.27m,顶升总质量约 7000t;抬升旧桥投资约为 1532 万元,比拆除重建节约 2664 万元;同时抬升旧桥工期仅为 1.5 个月,比拆除重建缩短半年时间,最大限度地减轻了对交通的影响。2005 年,陕西省铜黄高速公路康崖底大桥进行顶升改造,主桥为一座 30m + 44m + 30m 的连续刚构桥,采用了断柱顶升法升高约 11m。2009 年,上海南浦大桥浦东引桥为与即将建成的高架桥顺接而进行了顶升改造,顶升总质量达 10000t,最大顶升高度为 5.91m;该改造工程可节省建设成本 1000 万元,减少近 7500 万吨的建筑垃圾。2011 年,上海 A30 高速公路横潦泾特大桥为解决桥下净空不足问题,对 85m + 125m + 85m 变截面预应力混凝土连续箱梁整体抬高约 1.58m,顶升总质量超过 48000t,为当时国内最大跨度、最大质量的桥梁顶升工程。2011年,全国重点文物保护建筑——兰州中山桥,为满足黄河行洪及通航要求,采用同步控制提升技术及合点提升技术,将5×46.7m简支铆接钢桁梁整体提升了1.2m。2013年,成都市"两快两射"工程既有跨线连续梁顶升改造工程完成,最大顶升高度达8.657m,顶升桥梁的最小半径为255m。2018年,昆山江浦路吴淞江大桥为解决桥下通航净高问题,创新性地应用抬梁法对2×101m塔梁墩固结体系矮塔斜拉桥整体抬高约1.87m,顶升总质量约23000t。2019年,宁杭高速公路溧阳段南河特大桥为满足通航要求,对跨径130m钢管混凝土系杆拱桥整体顶升2.16m,是当时国内整体顶升跨径最大的桥梁,相对于拆除重建节省费用约3000万元。

松浦大桥经过40余年运营后,主引桥支座存在病害,且改造后需要采用减震支座使新桥满足抗震设防要求,因此所有桥梁均需要顶升。根据通航要求,主桥2号墩处需抬升0.2m,两岸0号、4号墩处支座高程不变,1号、3号墩处按线性比例法抬升。下层引桥原铁路桥改造为专用非机动车通道,由于原铁路桥纵坡较小,需增大桥梁纵坡,以接入周边道路。松浦大桥顶升具有良好的社会、经济效益。主桥、上层引桥、下层引桥顶升工期分别为1.5个月、1.5个月、3个月,相比拆除新建,显著缩短了工期,减小了施工对正常交通的影响;下层引桥顶升费用约500万元,为拆除重建费用的25%~50%,减少建筑垃圾6700t,有利于保护环境。本节在对桥梁顶升技术原理、方法进行介绍的基础上,对松浦大桥主、引桥顶升工艺方案、关键问题的解决进行了介绍。

3.5.1 桥梁顶升技术

1)技术原理

桥梁由上部结构、约束系统、下部结构等组成,其力学模型可简化为桥跨结构通过一定的约束系统支承于下部结构之上。因此,桥跨结构的受力状态在理论上仅与约束条件和跨度大小有关,而与支承体系的高度关系较小。根据上述原理,若在桥梁的原支承体系附近,将支承体系替换为合适的临时性支承,而不改变桥梁结构的边界约束条件,则能够利用临时性支承体系驱动,将桥跨结构顶升至预定高度,从而实现桥梁竖向移位的目的。因此,桥梁顶升具备可行性的最关键的技术条件是,顶升过程中原结构的受力状态变化必须控制在允许范围内。

对于不同的桥梁结构形式,顶升技术的适用范围如下:

(1)梁式结构:包括简支梁、悬臂梁、连续梁等结构体系。由于顶升支点位置与原支座位置接近,结构受力状态的变化通常可忽略不计,因此是最适于应用顶升技术的桥型。

(2)刚架结构:包括门式刚架、斜腿刚架、T形刚构、连续刚构等结构体系,均采用墩梁固结的形式。对于门式和斜腿刚架体系,其在竖向荷载作用下墩底或斜腿截面会产生水平剪力和弯矩,一般不适于应用顶升技术。而对于T形刚构和连续刚构体系,其在竖向荷载作用下基本上属于墩台无推力的结构,且连续刚构通常设置柔性高墩以使主梁的受力特点接近于连续梁。因此,T形刚构和连续刚构体系亦可应用顶升技术,但与梁式体系相比较为复杂,需要准确分析结构顶升过程中的受力变化情况,并采取适当的技术措施确保桥墩解除约束后安全完成体系的转换(图3.5-1)。

(3)拱式结构:包括有推力拱桥和无推力拱桥两种类型。对于需要顶升的有推力拱桥,要先采取措施(如设置临时系杆或拉索)消除拱脚处巨大的水平推力,因此其顶升的实现在技术上和施工上都较为复杂。而对于无推力拱桥,由于属于外部无推力体系,其顶升技术的应用与梁式结构类似(图3.5-2)。

(4)缆索承重体系桥梁:包括斜拉桥和悬索桥。由于斜拉桥、悬索桥的成桥状态确定时往往使主塔主要承受轴力,弯矩和剪力相对较小。理论上,此类桥型也可以顶升,但目前国内外较少有工程实例的报道。昆山江浦路吴淞江大桥为国内首座采用整体顶升施工进行改造的矮塔斜拉桥(图3.5-3)。

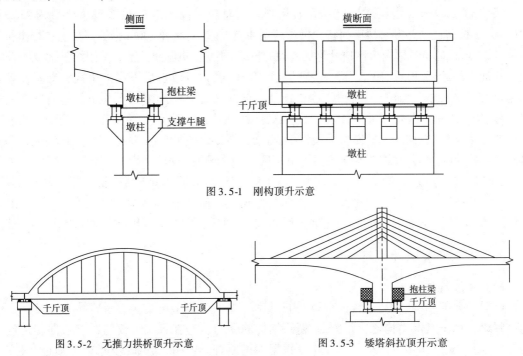

图3.5-1 刚构顶升示意

图3.5-2 无推力拱桥顶升示意

图3.5-3 矮塔斜拉顶升示意

2)工作程序及系统组成

桥梁顶升工作程序及系统组成详见图3.5-4。

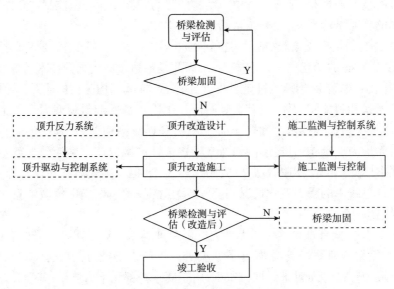

图3.5-4 桥梁顶升工作程序及系统组成

由图3.5-4可见,桥梁顶升工程的工作程序一般包括桥梁检测与评估(顶升前和顶升后)、顶升与改造工程设计、顶升施工等主要工作阶段。

(1)检测与评估

对于需要进行顶升改造的既有桥梁,因已经运营数年乃至数十年,往往已产生一定的结构性能退化。因此在顶升前,必须对桥梁进行检测,以便正确地评估桥梁结构的实际受力状态和承载力,从而为顶升工程的设计与施工提供准确依据,必要时可对桥梁进行加固。在桥梁顶升完成后,亦必须对其进行检测,以便评估桥梁结构的状况是否满足改造预期的要求,否则尚需对其进行必要的加固。

(2)顶升改造设计

桥梁顶升改造设计是科学合理、安全顺利地进行顶升施工的前提和重要保证。工作内容主要包括顶升方案设计、临时结构设计、顶升过程的模拟计算与结构改造设计等。

(3)顶升改造施工

桥梁顶升施工基本程序是:①搭设顶升反力设施,如抱柱梁、横梁、临时支撑、托架等。②在顶升反力设施上安装临时支撑结构和驱动系统,将结构的重力托换到临时支撑结构和驱动支撑系统上。③解除顶升结构和其余结构之间的所有约束,使之成为可移动体。④利用驱动设备施加驱动力将结构顶升到预定位置。⑤恢复原结构的约束。⑥驱动系统卸载撤除,拆除临时结构和设施。

由图3.5-4可见,桥梁顶升工作系统主要由顶升反力系统、顶升驱动与控制系统、施工监测与控制系统三部分组成。

(1)顶升反力系统

顶升时主要承担顶升千斤顶、支撑系统反力的部分称为顶升反力系统,包括顶升基础、顶升托换体系等。其中常见顶升基础包括加固后地基、承台、盖梁等稳定结构,顶升施工中反力可通过千斤顶或支撑系统直接传递至相应顶升基础上。顶升托换体系,是为了将被顶升桥梁结构的重力分散、均匀地传递给千斤顶组,同时也为千斤顶组提供必要的支顶空间或反力支承而设置的临时性结构,是保证顶升施工可靠实施的关键传力部件。分配梁和抱柱梁(牛腿)是常用的两种顶升反力托换结构。若主梁受顶部位或主梁间的横向联结构造较薄弱,不宜用千斤顶直接顶升主梁时,可在梁底和千斤顶之间设置横向分配梁,常采用型钢制作(图3.5-5)。抱柱梁(牛腿)根据结构特点可选用混凝土或型钢两种,其中混凝土抱柱梁通过植筋与原结构连接,型钢抱柱梁通过螺栓与原结构连接。

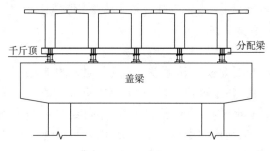

图3.5-5 分配梁示意

(2) 顶升驱动控制系统

近年来研发和推广应用的 PLC 液压整体同步顶升技术,是一种力和位移综合控制的顶升技术,具有优异的可控性能。PLC 控制液压同步顶升系统由液压控制系统、检测传感器、计算机控制系统组成,可以实现顶升执行机构的分散控制、集中操作和信息的集中管理。PLC 控制液压同步顶升,通过"称重"的方法由液压千斤顶精确地按照桥梁的实际荷重,平稳地顶举桥梁,使顶升过程中桥梁受到的附加应力下降至最低。同时,液压千斤顶根据分布位置分组,与相应的位移传感器组成位置闭环,以便控制桥梁顶升的位移和姿态,保证顶升过程的同步性,确保结构安全。

(3) 施工监测控制系统

桥梁顶升过程是一个动态的过程,一般都是分级顶升、逐步到位。为保证顶升过程桥梁整体姿态及结构的安全,需要对其位移、应力等进行监测。通过设置预警值,并根据监测数据分析,对顶升方案及作业进行必要的调整及控制。

3) 顶升方法

(1) 整体顶升法和分段顶升法

整体顶升法是将两跨以上的桥跨结构一次性整体顶升,此法施工工期较短,但一次性投入的机具设备较多。分段顶升法是将桥跨结构沿纵向分成若干节段,进行逐段顶升,一般适用于桥跨数量较多,或者全桥包含多种结构体系或各节段顶升高度不同的情况,此法一次性投入的机具设备较少,但施工工期较长。

(2) 整体同步顶升法和线性比例顶升法

整体同步顶升法使桥跨结构竖向平行升高。线性比例顶升法指桥跨结构纵向各支点顶升的高度呈线性比例,即桥跨结构不仅有竖向平移,亦有竖平面内的转动。

(3) 断柱顶升法和非断柱顶升法

断柱顶升法是在顶升前将桥墩墩柱断开,从而使桥跨结构与下部结构分离以便实施顶升施工,顶升完成后再将断开的墩柱连接。此法通常适用于顶升高度较大、无法采用非断柱顶升法的情况。根据受顶部位和千斤顶反力作用部位的不同,大体可以分为承台-盖梁顶升体系,上、下抱柱梁顶升体系,上抱柱梁-承台顶升体系,盖梁-下抱柱梁顶升体系(图 3.5-6)。

非断柱顶升法适用于桥梁顶升高度不大的情况。该法不需要断开和接长桥墩墩柱,施工较断柱顶升法简便(图 3.5-7)。根据受顶方式和千斤顶反力作用基础的不同,非断柱顶升法又可分为直接顶升、牛腿式顶升两种方式。当梁底和盖梁(墩台)顶之间没有布置千斤顶所需的空间时,可以在盖梁(或墩台)上设置牛腿或桥下设置钢支架等作为千斤顶反力基础。

4) 关键技术

(1) 顶升点选择及布置

顶升点的合理选择与布置是实现桥梁安全、稳定顶升的前提,需综合考虑被顶结构的形式、自重大小和分布、千斤顶型号及顶升施工要求等因素而定。一方面,顶升过程中千斤顶组即为桥梁上部结构的临时支承,为了保证桥梁上部、下部结构的受力安全性,顶升点应尽量靠近原支座中心,并注意使下部结构的受力保持对称,以减小对结构原受力状态的影响。另一方面,顶升点布置要保证顶升面的整体刚度,尽量使各顶升点受力均匀。"虚腿"现象是桥梁顶升技术中的一个重要问题,由于结构在多点顶升时必然会发生一定的变形,导致一个或若干顶升点的千斤顶不能完全出力(实际负荷达不到预期值),即出现"虚腿"现象,而其余顶升点的千斤顶将要承受比预期值大的负荷,甚至有可能超过千斤顶的额定承载力,这对于安全顶升是很不利的。

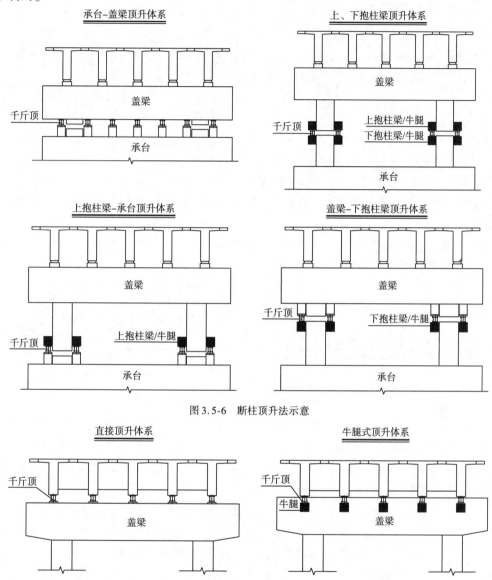

图 3.5-6 断柱顶升法示意

图 3.5-7 非断柱顶升法示意

(2)顶升限位装置设置

在桥梁顶升过程中,由于桥跨结构在水平方向的约束很弱,且可能承受横向荷载的作用,以及由于千斤顶安装的竖直误差等因素的影响,必然会发生一定的纵向和横向水平位移。为限制这种水平位移,抵抗可能发生的较大的水平向扰动,确保顶升桥梁结构的稳定性和安全性,必须在梁体纵向两端和横向两侧设置侧向限位装置。限位装置自身应具有足够的强度,且在限位方向上具有足够的刚度,常见有如下几种形式:

①在桥梁侧面设置限位装置,通过限位柱及牛腿限制梁体的横向及纵向位移(图3.5-8)。

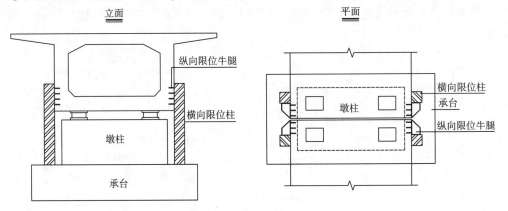

图3.5-8 侧面限位装置示意

②利用抱柱梁系设置抽拉式的限位装置,可以同时限制梁体的纵向和横向位移(图3.5-9)。

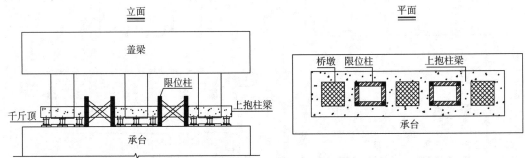

图3.5-9 抽拉式限位装置示意

③在桥梁调纵坡顶升施工中,由于梁体存在斜坡而产生纵向下滑力,该下滑力仅靠千斤顶与支撑间的摩擦力来抵抗。若该摩擦力不足,将导致相邻各跨或相邻各联间的梁体发生纵向推移或碰撞。此时,可采用纵向牵拉限位装置抵抗梁体的下滑力以及防止梁体间的纵向推移或碰撞(图3.5-10)。

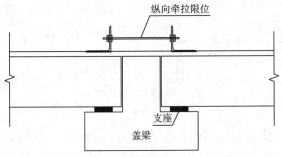

图3.5-10 纵向牵拉限位装置示意

(3)顶升过程模拟分析

为了确保桥梁顶升施工过程安全可靠,以及桥梁经顶升改造后的正常使用,必须按照顶升设计方案,对桥梁结构、临时结构和关键部位进行顶升施工全过程及不利工况下的模拟计算分析,验算其能否满足顶升时的各项受力和稳定性要求,并验证顶升施工方案的可靠性与合理性。结构计算主要考虑的问题包括:顶升点与原支点位置的偏差,使上下部结构的受力状态发生变化;各千斤顶不同步,使上部结构产生附加内应力,且造成各千斤顶出力不均匀;改造后桥面纵坡或横坡的变化,可能导致桥梁结构的受力状态发生改变;墩柱等竖向构件的接长使下部结构的受力发生变化等。

尽管目前普遍应用的 PLC 液压系统能够较好地控制千斤顶的同步精度(一般为 ±2mm),但如前所述,实际桥梁的顶升施工是比较复杂的过程。由于存在"虚腿"现象等无法避免的因素,实际顶升是无法实现理想的"同步顶升"的,即各顶升点总是存在一定的不同步误差。当不同步误差较小时,其对于结构受力状态的影响可忽略不计。但是,当不同步误差较大时,其可能会导致桥梁结构出现不利的受力状态,甚至使结构产生损坏,乃至危及顶升施工的安全。同时,各顶升点的不同步顶升会导致各千斤顶受力不均匀,部分千斤顶将承受比预期值大的力,甚至可能超过千斤顶的额定承载力,这对于千斤顶的受力和顶升安全也是不利的。因此,有必要利用有限元软件,对可能发生的不同步顶升工况进行模拟计算,根据计算结果确定顶升不同步误差的警戒值,为顶升施工提供参考,确保施工安全。

3.5.2 主桥顶升

1)钢桁梁顶升适应性

松浦大桥主桥为了满足航道通航净空尺寸要求,并对支座进行更换,决定进行调坡顶升。两联钢桁梁顶升选择在下层桥面更新完成、上层原有桥面拆除、新桥面尚未安装时进行。为保证结构不因顶升产生次内力,2 号墩处抬高 200mm,1 号墩处按照比例抬高 92.3mm,0 号墩处保持不变。顶升理论反力及位移控制见图 3.5-11、图 3.5-12。

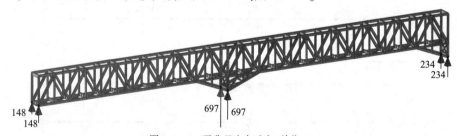

图 3.5-11 顶升理论支反力(单位:t)

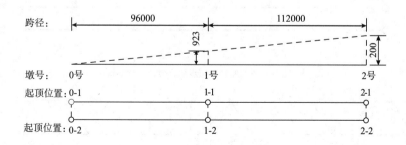

图 3.5-12 顶升理论位移(尺寸单位:mm)

为评估顶升不同步对结构受力带来的影响,采用有限元模型对可能出现的情况进行模拟计算。单联钢桁梁顶升点共计 6 处,位移差值采用 10mm,分以下几种工况进行讨论。

(1)千斤顶顺桥向不同步。假设同一个墩位的 2 个千斤顶是同步的,3 个墩位之间顶升存在不同步,考虑各种可能进行包络计算,结果如图 3.5-13 所示。由图可见,该工况下顶升不同步造成的主桁构件最大应力仅为 4MPa,影响较小。

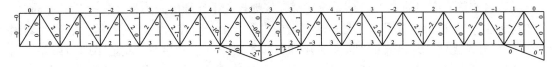

图 3.5-13　顺桥向顶升不同步时主桁应力(单位:MPa)

(2)千斤顶横向不同步。假设各墩位仅单侧 0-1、1-1、2-1 三个顶升位置可能存在滞后的情况,进行包络计算,结果如图 3.5-14 所示。由图可见,0 号墩端竖杆应力最大为 −18MPa,1 号、2 号墩竖杆最大应力为 ±10MPa。可见横桥向顶升不同步,对结构的影响比顺桥向顶升不同步要更大。

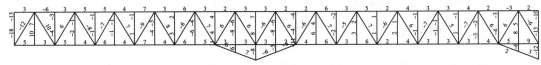

图 3.5-14　横桥向顶升不同步时主桁应力(单位:MPa)

(3)顺桥向、横桥向顶升不同步同时发生。假设各墩位共 6 个顶升位置的千斤顶均可能产生不同步,如图 3.5-15 所示(图中实心圆点为顶升滞后位置),主桁应力包络见图 3.5-16,支座反力最不利工况结果见图 3.5-17。

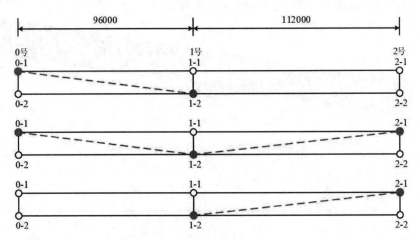

图 3.5-15　顶升不同步示意(尺寸单位:mm)

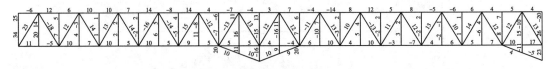

图 3.5-16　顺桥向、横桥向顶升不同步同时发生时主桁应力包络(单位:MPa)

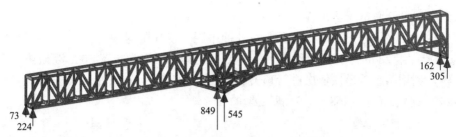

图 3.5-17　顺桥向、横桥向顶升不同步同时发生时支座反力最不利工况(单位:t)

由图 3.5-16 可见,应力最大值均出现在支座附近的竖杆上,0 号、1 号、2 号墩处竖杆应力分别为 ±34MPa、±15MPa、±26MPa 左右。由图 3.5-17 可见,在最不利工况,同一墩处的两个千斤顶反力将出现较大的不同。从以上分析可知,对松浦大桥而言,顶升过程中横桥向不同步对结构的影响比顺桥向不同步要大得多,横桥向、顺桥向同时顶升不同步将会导致更大的影响。因此,应严格控制顶升过程中千斤顶的同步性,以满足钢桁梁顶升施工过程中的受力要求。特别是应严格控制顶升结束时支座的高程,避免因顶升误差在结构中产生永久的残余应力。

2) 顶升施工方案

考虑顶升施工期间桁架结构的横向稳定性,两联分别进行顶升,属于分段顶升法施工。单联顶升时钢桁梁刚体绕桥台支座转动,属于典型的线性比例法顶升。

原钢桁梁在永久支座附近设有横梁及外伸支撑牛腿,可临时布设千斤顶支撑桥梁,方便后续支座更换维护。外伸牛腿结构受力决定单个设计顶升点最大顶升荷载不超过 300t。主桥进行调坡顶升时,由于千斤顶一次出缸安全行程不满足设计顶升总高度要求,施工中需设置临时支撑及加高垫块。在主桥江中 1 号、2 号、3 号墩设计临时支撑点和支座永久支撑位置,分别布置一组液压千斤顶,两组千斤顶均可独立承担桥梁荷载并满足一定的安全系数。顶升施工时,两组液压千斤顶同时进行顶升,垫块加高时,由一组千斤顶支撑上部荷载,另一组千斤顶加高垫块,如此循环,直至顶升完成。

3) 千斤顶的选择与布置

(1) 边墩千斤顶布置

边墩 0 号和 4 号墩原设计有横梁及左右外伸牛腿可供作顶升支点。在设计顶升点布置 280t 液压千斤顶 4 台(图 3.5-18),设计顶升荷载为 296t,千斤顶安全储备为 $280 \times 4/296 = 3.8$,满足要求。

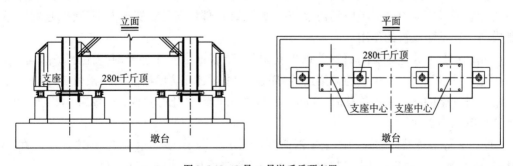

图 3.5-18　0 号、4 号墩千斤顶布置

(2)两联间过渡墩千斤顶布置

2 联共用的 2 号墩原设计有横梁及左右外伸牛腿可供作临时顶升支点。2 号墩边墩在临时顶升点布置一组 280t 液压千斤顶 8 台,在永久支座安装位置布置 500t 液压千斤顶 16 台(图 3.5-19),利用两组千斤顶依次进行顶升,设计顶升荷载为 468t,千斤顶安全储备分别为:$280 \times 4/468 = 2.4$、$500 \times 8/468 = 8.5$,满足要求。

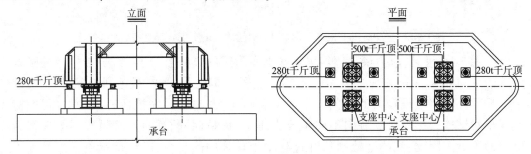

图 3.5-19　2 号墩千斤顶布置

(3)中墩千斤顶布置

两联中墩 1 号和 3 号墩原设计有横梁及前后外伸牛腿可供作临时顶升支点。1 号、3 号墩在设计顶升点布置 280t 液压千斤顶 10 台,在支座安装位置布置 500t 液压千斤顶 8 台(图 3.5-20),设计顶升荷载为 1394t,千斤顶安全储备分别为:$280 \times 10/1394 = 2.0$、$500 \times 8/1394 = 2.9$,满足要求。

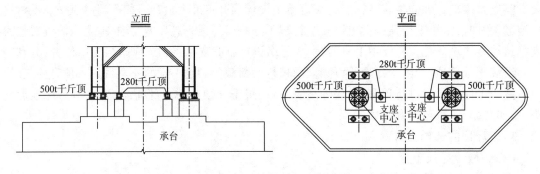

图 3.5-20　1 号、3 号墩千斤顶布置

4)限位措施

本桥整体顶升过程中,原桥单联纵坡为 2‰,顶升调整后纵坡为 3‰,纵坡改动较小,施工中主要考虑增设横向限位。考虑到桁架高度较高,在顶部位置处设置横向限位,以起到较好地限制横向位移及防倾覆的作用。

(1)在 0 号、4 号墩盖梁侧面安装钢牛腿限位,限制钢桁梁在顶升时产生水平侧向位移。限位牛腿通过锚栓与主桥边墩的盖梁连接,限位牛腿与钢桁梁竖腹杆之间预留 5mm 间隙,防止钢桁梁有细微的侧向水平位移时,牛腿的限位作用导致顶升力骤变。0 号、4 号墩处横向限位装置如图 3.5-21 所示。

(2)在 2 号墩桥面伸缩缝两侧近主桁架位置固定型钢限位装置(图 3.5-22),从而在单联顶升过程中,利用不动联作为限制约束,防止单联整体顶升时出现横向位移。

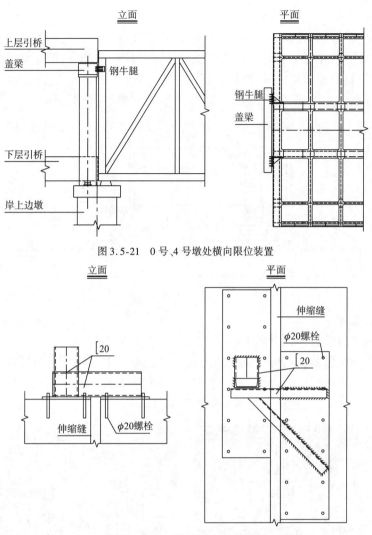

图 3.5-21 0号、4号墩处横向限位装置

图 3.5-22 2号墩处横向限位装置

5）施工步骤

第一步：临时顶升点试顶升

临时顶升点支撑结构安装施工，液压千斤顶在桁架底部吊顶安装。临时顶升点千斤顶安装完成后进行试顶升，试顶升时分级加载至临界状态，每级加载20%，每级保压5min；加载到位后顶升2cm，密切关注监控数据，确认顶升控制系统正常、控制指标可控。试顶升完成后拆除原桥支座。

第二步：桥梁顶升到位

在支座处倒置安装千斤顶，在千斤顶下侧与垫石间安装$\phi1.25m$圆形钢箱垫块，安装完成后与设计顶升点的千斤顶共同顶升，交替加高垫块，直至顶升完成。基本流程为：①临时顶升点和支座处顶升点的千斤顶（使用同一台泵站）共同顶升4cm（280t千斤顶的单行程）；②锁定支座处千斤顶保压环，临时顶升点千斤顶收缸加高垫块；③重复顶升，再锁定临时顶升点千斤顶保压环，支座处千斤顶收缸加高垫块。④重复顶升直至设计高度，整个顶升过程无落梁。

第三步：新支座安装及垫石浇筑

具体步骤为：①拆除支座处液压千斤顶，由临时顶升点千斤顶支承桥梁荷载；②安装新支座，调整φ1.25m钢箱混凝土垫块高度与新支座下部相接触，孔隙可用压浆填充；③在原有垫石上植筋，保留钢箱混凝土垫块，浇筑新垫石；④待新垫石养护完成，拆除临时点位置千斤顶、凿除临时点混凝土支撑柱；⑤最终由新支座、钢箱混凝土垫块、新支座垫石共同支承桥梁荷载（图3.5-23）。

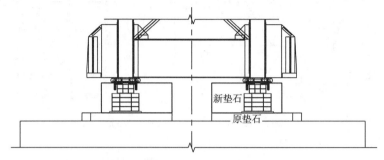

图3.5-23 支座安装完成后横断面

6）顶升实施效果

两联主桥分段实施整体顶升（图3.5-24），其中北联顶升数据详见表3.5-1。根据顶升过程中相关反力及高程监测，顶升同步性良好，从实测值来看，同一墩处两个千斤顶差值较小，均在3%以下。支座实测反力与设计值吻合较好，现场实际顶升荷载比原设计顶升荷载略大，这是因为实际顶升时，部分其他施工临时荷载未完全撤离。

图3.5-24 主桥顶升施工

实测顶升力及高程 表3.5-1

墩号	单侧设计顶升力(t)	实测顶升力(t)		顶升后结构高程(m)	
		东侧支座	西侧支座	东侧下弦杆中心	西侧下弦杆中心
0号	148	192.1	189.4	14.948	14.949
1号	697	726.2	750	14.235	14.235
2号	234	266.7	260.3	14.571	14.57

3.5.3 引桥顶升

1) 下层引桥调坡

(1) 顶升方案

下层铁路桥两岸引桥长2628m,南岸38孔,北岸42孔。上部结构为2片预应力混凝土T梁,跨径为32.7m。根据总体改造方案,将下层铁路桥进行纵坡调整,改建为行人及非机动车过江通道。下层铁路引桥两岸均缩短为15孔,其中11孔T梁高程降低,4孔T梁高程抬升。

下层引桥坡度调整采用PLC同步顶升方法实现T梁高程下降或抬升。高程抬升段通过垫石加高方式进行改造,高程降低段通过切除墩顶的方式进行改造。南引桥P19和北引桥P015桥墩改造为桥台,与地面道路接顺。下层引桥各墩具体顶升情况见表3.5-2。

下层引桥调坡总表(m) 表3.5-2

	墩号	T梁顶现状高程	T梁顶设计高程	高程调整值	备注		墩号	T梁顶现状高程	T梁顶设计高程	高程调整值	备注
南引桥	P04	15.004	15.694	0.690	抬升	北引桥	P0	15.016	15.694	0.678	抬升
	P05	14.931	15.596	0.665			P01	14.927	15.596	0.669	
	P06	14.829	15.208	0.379			P02	14.831	15.208	0.477	
	P07	14.56	14.55	−0.01	降低		P03	14.56	14.55	−0.01	降低
	P08	14.387	13.932	−0.455			P04	14.403	13.935	−0.468	
	P09	14.239	13.756	−0.483			P05	14.238	13.760	−0.478	
	P10	14.061	13.592	−0.469			P06	14.12	13.596	−0.524	
	P11	13.9	13.412	−0.478			P07	13.911	13.432	−0.479	
	P12	13.786	12.705	−1.081			P08	13.742	12.805	−0.937	
	P13	13.618	11.901	−1.717			P09	13.614	12.021	−1.593	
	P14	13.428	11.101	−2.327			P010	13.406	11.236	−2.170	
	P15	13.256	10.303	−2.953			P011	13.28	10.451	−2.829	
	P16	13.115	9.502	−3.613			P012	13.101	9.666	−3.435	
	P17	12.938	8.701	−4.237			P013	12.922	8.881	−4.041	
	P18	12.797	7.899	−4.898			P014	12.786	8.097	−4.689	
	P19	12.629	7.098	−5.531			P015	12.616	7.312	−5.304	

原铁路桥由桥墩直接支承2片T梁,T梁间设有5根横向联系梁,横向刚度较好;另外,铁路桥承台尺寸较大,墩柱高度较小。结合铁路桥结构特征,下层引桥调坡总体上采用了非断柱

的直接顶升法。临时支撑采用 φ609mm 的定型钢管,底部通过锚栓固定在铁路桥承台顶面,顶部顶升点位于设计支座外侧 T 梁腹板下。考虑 T 梁高宽比较小,顶升过程中对 T 梁结构未设置专用横向限位装置,纵向通过采用带球头千斤顶配合楔形块的方式适应 T 梁纵坡的改变,从而确保钢支撑处于垂直状态。

(2)南引桥调坡工序

南岸下层引桥采用了整体同步顶升、分墩一次性到位的总体工序安排,分次行程如表 3.5-3 所示。根据落梁高度从小到大逐墩完成落梁,在各墩到位的同时完成对应跨 T 梁的坡度调整。具体步骤如下:所有需要落梁的桥墩整体同步落梁。第一次落梁至设计落梁高度值最小桥墩,关闭落梁到位桥墩千斤顶;其余桥墩进行第二次同步落梁,至设计落梁高度倒数第二低桥墩落梁到位,关闭落梁到位桥墩千斤顶……如此循环,直至最后一座设计落梁高度最大桥墩落梁完成。由于 P8~P11 墩下落高度相差较小,采用一次落梁方式,在最后的第十行程中结构受力从临时结构转至墩柱时完成 2~3cm 局部高度微调。

南岸下层引桥落梁行程(m)　　　　　　　　　　表 3.5-3

墩号	千斤顶位置	第一行程	第二行程	第三行程	第四行程	第五行程	第六行程	第七行程	第八行程	第九行程	第十行程
P07	小桩号侧										
	大桩号侧										
P08	小桩号侧	0.455									
	大桩号侧	0.455									
P09	小桩号侧	0.455									
	大桩号侧	0.455									
P10	小桩号侧	0.455									
	大桩号侧	0.455									
P11	小桩号侧	0.455									
	大桩号侧	0.455									
P12	小桩号侧	0.455	0.616								
	大桩号侧	0.455	0.616								
P13	小桩号侧	0.455	0.616	0.636							待墩柱、垫石施工完成后,将所有 T 梁下落至新做墩柱上
	大桩号侧	0.455	0.616	0.636							
P14	小桩号侧	0.455	0.616	0.636	0.61						
	大桩号侧	0.455	0.616	0.636	0.61						
P15	小桩号侧	0.455	0.616	0.636	0.61	0.626					
	大桩号侧	0.455	0.616	0.636	0.61	0.626					
P16	小桩号侧	0.455	0.616	0.636	0.61	0.626	0.66				
	大桩号侧	0.455	0.616	0.636	0.61	0.626	0.66				
P17	小桩号侧	0.455	0.616	0.636	0.61	0.626	0.66	0.624			
	大桩号侧	0.455	0.616	0.636	0.61	0.626	0.66	0.624			
P18	小桩号侧	0.455	0.616	0.636	0.61	0.626	0.66	0.624	0.661		
	大桩号侧	0.455	0.616	0.636	0.61	0.626	0.66	0.624	0.661		
P19	小桩号侧	0.455	0.616	0.636	0.61	0.626	0.66	0.624	0.661	0.767	
	大桩号侧										

第3章 钢桁梁桥改造施工

本方案中,控制中心始终采用整体同步顶升控制程序来实现调坡顶升与落梁,顶升控制相对较简便。同时,顶升或落梁过程中始终只有一跨T梁处于调坡状态,便于监控。此外,由于逐跨到位后,先完成各跨桥面可做辅助性连接,故上部结构整体性和安全性较好。所以,采用该顶升方法工人操作简单,现场管理有序。

(3)北引桥调坡工序

在松浦大桥下层铁路南引桥施工中,根据原施工方案进行桥梁调坡施工,施工过程中采用同步分级下落,T梁坡度随下落过程进行调整。总结发现,采用该方案进行调坡时,每台千斤顶随T梁的坡度变化需要随时调整其垂直度,以保证下落过程中T梁以及钢支撑的相对稳定性。而且,在新做墩柱施工时,千斤顶以及钢支撑需持续支承上部T梁,千斤顶需在较长时间内为非垂直受力状态,其稳定性相对初始安装完成时较低。为避免此问题,在下层铁路北引桥的调坡施工中对此方案进行了优化。

北岸下层引桥采用了整体同步落梁、分跨部分到位后整体调坡的整体方案,分次行程如表3.5-4所示。根据每跨落梁高度从小到大逐跨完成落梁,其中各跨落梁中梁体两端落梁高度一致,梁体纵坡不发生变化,落梁高度不一次性完全到位,预留部分高度在最后具备落梁至墩柱时,一次性完成所有跨梁的调坡。具体步骤如下:第一行程,12跨T梁同步下落0.2m,锁定落梁至预定高度4跨千斤顶。第二行程,其余8跨T梁同步下落0.4m,锁定落梁至预定高度1跨千斤顶。第三行程,其余7跨T梁同步下落0.6m,如此循环,直至最后一跨桥墩下落至预定高度。在第九行程中,全部跨按照设计高度,一次落梁至新做墩柱,完成各跨调坡工作。

北岸下层引桥落梁行程(m) 表3.5-4

墩号	千斤顶位置	第一行程	第二行程	第三行程	第四行程	第五行程	第六行程	第七行程	第八行程	第九行程
P03	大桩号侧									
	小桩号侧									0.01
P04	大桩号侧	0.2								0.268
	小桩号侧	0.2								0.268
P05	大桩号侧	0.2								0.278
	小桩号侧	0.2								0.278
P06	大桩号侧	0.2								0.324
	小桩号侧	0.2								0.324
P07	大桩号侧	0.2								0.279
	小桩号侧	0.2								0.279
P08	大桩号侧	0.2								0.737
	小桩号侧	0.2	0.4							0.337
P09	大桩号侧	0.2	0.4							0.993
	小桩号侧	0.2	0.4	0.6						0.393
P010	大桩号侧	0.2	0.4	0.6						0.97
	小桩号侧	0.2	0.4	0.6	0.8					0.17

续上表

墩号	千斤顶位置	第一行程	第二行程	第三行程	第四行程	第五行程	第六行程	第七行程	第八行程	第九行程
P011	大桩号侧	0.2	0.4	0.6	0.8					0.889
	小桩号侧	0.2	0.4	0.6	0.8	0.6				0.229
P012	大桩号侧	0.2	0.4	0.6	0.8	0.6				0.835
	小桩号侧	0.2	0.4	0.6	0.8	0.6	0.6			0.235
P013	大桩号侧	0.2	0.4	0.6	0.8	0.6	0.6			0.841
	小桩号侧	0.2	0.4	0.6	0.8	0.6	0.6	0.6		0.241
P014	大桩号侧	0.2	0.4	0.6	0.8	0.6	0.6	0.6		0.889
	小桩号侧	0.2	0.4	0.6	0.8	0.6	0.6	0.6	0.6	0.289
P015	大桩号侧	0.2	0.4	0.6	0.8	0.6	0.6	0.6	0.6	0.914
	小桩号侧									

南、北岸下层引桥顶升如图3.5-25所示，现场施工如图3.5-26所示。与南岸调坡方案相比，北岸调坡方案的优点在于：墩柱、垫石施工时，千斤顶始终保持其初始安装状态及垂直状态，直至第八行程，很大程度上提高了其稳定性。随着行程的进行，T梁的跨数不断减少，其整体抗倾覆的能力不断提升。在一个大行程内对T梁进行调坡，更有利于控制T梁的纵横向位移。相比于南引桥的施工，此方案在安全、质量、工期方面更加优化。

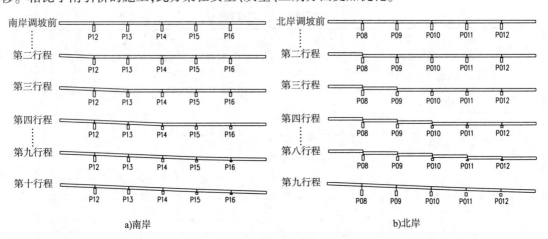

图3.5-25 下层引桥调坡示意

下层引桥改造完成后实景如图3.5-27所示。

2) 上层引桥支座更换

上层引桥南北岸各22孔，合计1438.8m。上部结构为5片预应力混凝土T梁，跨径为32.7m。引桥段顶升主要为更换支座，顶升高度较小，且顶升点位于原T梁端横梁处，横向刚度大，故施工中不设横向分配梁，而是在5片T梁底和盖梁顶间布置200t液压千斤顶，采用直接顶升法同步顶升5mm，锁死千斤顶保压环，更换原有支座即可。上层引桥直接顶升如图3.5-28所示。

a) 南岸

b) 北岸

图 3.5-26 下层引桥调坡

图 3.5-27 下层引桥改造完成后

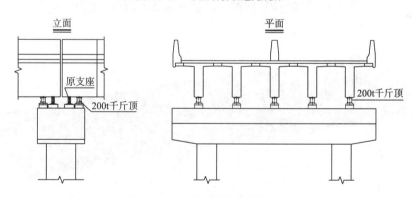

图 3.5-28 上层引桥直接顶升示意

采用逐墩顶升更换支座的方式施工,支座更换如图 3.5-29 所示。具体步骤为:①安装千斤顶,同步施工 T 梁侧边永久挡块;②每个支座处安装一台位移传感器,使用同一个泵站连接,同步顶升 5mm 后抽离原支座;③原 T 梁底安装支座上找平钢板,将找平钢板与原支座预留板焊接,安装完成后打磨并涂防腐涂料;④凿除原支座垫石混凝土,利用原垫石钢筋作为锚筋,绑扎钢筋、立模浇筑新垫石混凝土、混凝土顶面与支座下钢板之间预留 20mm 间隙并用灌浆料灌注密实;⑤安装钢丝网板式橡胶支座,同步落梁,拆除设备。

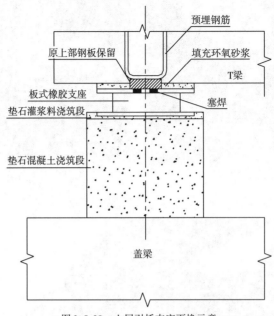

图 3.5-29　上层引桥支座更换示意

3.6　组合桥面施工总体方案

松浦大桥上层桥面系由原来的 12m 宽加宽至 24.5m，大桥横桥向悬臂宽度为 8.85m。虽然组合桥面板悬臂端有外撑斜杆支承，但一方面支撑点外仍有 3m 的悬臂，另一方面外撑斜杆顺桥向间距为 8m，支承作用范围有限，标准节段如图 3.6-1 所示。因此，宽幅大挑臂组合桥面板横向受力不利，需要加以研究解决。

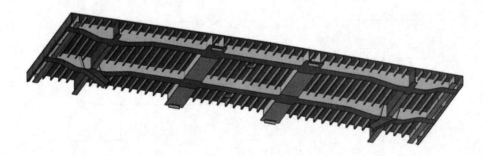

图 3.6-1　上层桥面标准节段示意

结构横向受力方面，根据有限元计算分析，若不采取任何措施的情况下，成桥阶段组合桥面板与主桁连接位置混凝土出现最大拉应力约 4.5MPa，标准组合下最大拉应力达到 8.5MPa。工程采用钢纤维加强的高强韧性混凝土具有较高的抗压和抗拉强度，可有效改善负弯矩区混凝土的开裂，减轻组合桥面的自重，改善整体结构的耐久性。但若仅仅依靠 SSDC 材料较强的抗弯拉性能不足以保证桥面板在成桥或者运营阶段不会发生开裂现象。施加横桥向预应力的方法可减少负弯矩区混凝土的拉应力,避免混凝土的开裂,但在组合桥面板的混凝土中施加预应力筋,组合桥面板的混凝土与钢两个分部会同时分担预压力,使得施加预应力的效率较低。因此,需要从施工全过程入手,分别从结构预制及安装过程采取有效措施,优化桥面板横桥向受力状态。

结构横向线形方面,上部桥面系由于施工过程存在一定变形,若不采取相应控制措施则可能会造成节段间拼接困难;此外,上部桥面系斜撑安装精度要求高,而本桥作为改建工程,几乎无法精确进行厂内预拼的方式来提高杆件的下料精度。因此,要求现场吊装施工时需要一定的控制措施进行调节,来保证斜撑杆件的顺利安装。

钢-混凝土正交异性组合桥面板节段从厂内预制钢梁并浇筑桥面板,经过存梁期,再到吊装施工完成。针对混凝土桥面板存在的横桥向拉应力水平较高的情况,分析了包括钢梁少支点支撑状态下浇筑混凝土、厂内钢梁预弯以及桥面板设置反顶架等措施的效果及可行性[30,31]。通过对比研究,对施工方案进行了优化,形成了较为完善的预制宽幅组合桥面板横向抗裂及线形控制方案。

3.6.1 预制时措施分析

新建上层桥面板为节段预制的组合桥面板,预制节段纵桥向长度为8m,横桥向宽度为24.5m。组合桥面板预制节段混凝土含粗集料活性粉末混凝土,厚度为80mm。每个主桁节间设置两道横梁,横梁间距为4m,分为节点横梁和节间横梁,其中节点横梁距梁端3m,节间横梁距梁端1m。

为了探明混凝土浇筑时支撑设置、预弯钢横梁对组合桥面板受力的影响,采用数值模拟的方法建立了预制阶段组合桥面板单节段的杆系-板壳-实体有限元模型,模型以杆系单元模拟预弯装置中的门式框架及拉索,以板壳单元模拟桥面板钢结构,以实体单元模拟桥面板混凝土。详细模拟了组合桥面板节段的预制过程,计算得到了不同支撑设置、钢横梁预弯下组合桥面板的钢结构、混凝土的应力分布规律。

1)少支点支撑下浇筑混凝土措施效果分析

在厂内预制过程中,若钢梁置于胎架上(全断面支撑情况下)浇筑混凝土桥面板,待混凝土终凝后拆除胎架,混凝土板自重将由组合截面共同承担,由于板自重使得桥面板本身在较大区域产生1.4~1.7MPa拉应力,应力集中区域达到2.7MPa(图3.6-2)。

若在浇筑混凝土时,考虑仅在主桁位置进行少支点支撑(图3.6-3),混凝土湿重产生的效应将几乎完全由钢梁承担,考虑到钢梁应力安全储备较为充足,因此该措施可减小混凝土桥面板应力近2MPa,该措施可行。实际混凝土浇筑时,从保证结构线形及结构稳定性的角度考虑,混凝土浇筑顺序应由悬臂端部向桥面中心进行。

2)厂内钢梁预弯措施效果分析

预弯组合梁是通过提前预弯钢梁对混凝土施加预应力的一项技术,从而达到使梁体混凝土的抗裂性能提高的目的。受预弯组合梁的启发,松浦大桥可通过钢横梁预弯来为组合桥面板的混凝土施加预应力。在预制组合桥面板节段时,首先通过竖直向下张拉拉索,使钢横梁产生横桥向弯曲(图3.6-4),然后浇筑混凝土,待混凝土达到一定强度时,释放索力使钢结构回弹,使混凝土内产生一定的预压应力。

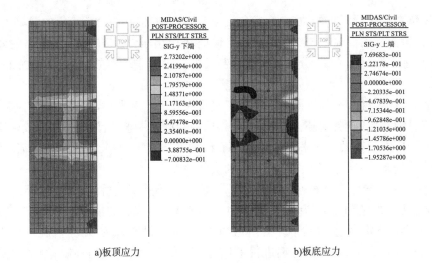

a) 板顶应力　　　　　　　　　　　　b) 板底应力

图 3.6-2　全断面支撑方案结构自重下混凝土桥面板应力（单位：MPa）

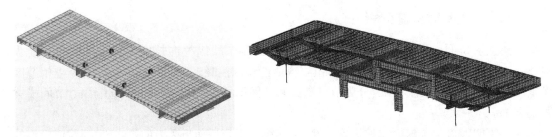

图 3.6-3　主桁处少支点支撑示意　　　　　图 3.6-4　钢梁预弯方法示意

计算分析中施工过程分四个步骤，并进行模拟如下：

第一步，杀死混凝土单元、拉索单元，考虑桥面钢结构单元、预弯钢架单元；施加桥面钢结构自重，进行计算。由于桥面横桥向宽 24.5m，桥面钢结构自重对其自身内力影响很大，该步骤为模拟桥面钢结构在自重下的受力状况。

第二步，激活拉索单元，并张拉拉索，该步骤为模拟桥面板钢结构弯曲。

第三步，将混凝土重力转化为面荷载施加到钢桥面，进行计算，该步骤模拟混凝土浇筑。混凝土重力由钢结构承受，钢结构因此发生变形，使第二步张拉的拉索力有所减小。

第四步，杀死拉索单元，激活混凝土单元，释放拉索拉力，进行计算，该步骤为模拟混凝土到达一定强度后，去除拉索，桥面板钢结构反向回弹，对混凝土产生预压应力。

为了保证桥面板悬臂根部位置混凝土横向预压应力在纵桥向的均匀性，在模拟分析第二步中，对有外撑斜杆支承的横梁施加的拉索拉力与对无外撑斜杆支承的横梁施加的拉索拉力需要不相同。经过分析得到，该比值为 1：0.45 时，桥面板悬臂根部位置混凝土预压应力在纵桥向分布较为均匀。因此，对于拉索竖直拉钢横梁的预弯方法，在模拟分析第二步中，分别对有外撑斜杆支承的横梁和无外撑斜杆支承的横梁施加 100kN 和 45kN、200kN 和 90kN、300kN 和 135kN 三组拉索拉力，得到第三步钢结构横桥向最大压应力 σ_{tp}、预制完成时钢结构横桥向最大压应力 σ_{fp} 以及预制完成时组合桥面板悬臂根部位置的混凝土横向预压应力平均值 σ_c 如表 3.6-1 所示。

钢结构与混凝土横桥向正应力   表3.6-1

拉索力(kN)		σ_{tp} (MPa)	σ_{fp} (MPa)	σ_c (MPa)
有支撑横梁	无支撑横梁			
100	40	−106.2	−87.7	−0.76
200	90	−153.9	−92.8	−2.4
300	135	−201.5	−98.0	−4.04

根据计算结果,在预弯力释放后,的确为桥面板储备了一定的预压应力,但在考虑90天存梁徐变期后,该应力储备在徐变作用下已基本被抵消(图3.6-5),若增大桥面板预弯力,则徐变效应相应增加,因此该措施不可行。

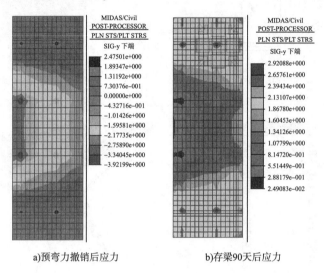

a)预弯力撤销后应力　　　　b)存梁90天后应力

图3.6-5　预弯及存梁90天后桥面板应力(单位:MPa)

3.6.2　安装时措施分析

1)方法描述

借鉴同类型项目的吊装施工优化方案,现提出一种预制组合桥面板架设方法:上部桥面系节段预制并完成存梁后,吊装施工前采用带拉索的反顶架对桥面板节段进行对拉,可通过控制反顶架的拉索索力对桥面板节段的预压力和线形进行双控。

为实现该架设过程,需设置桥面板反顶装置,在外斜撑纵梁与两道横梁交界处设置拉索拉起点,主桁中心线处设置门式框架,横断面见图3.6-6,三维示意见图3.6-7。在架设桥面板节段时,首先将桥面板节段固定在主桥桁架上;为方便外撑斜杆安装,通过反顶架将组合桥面板向上拉起,则组合桥面板会产生弯曲,强迫组合桥面板混凝土产生压应力;在外撑斜杆安装完成后,释放拉索索力,由于外撑斜杆的支承作用,组合桥面板混凝土内会保存一定的预压应力。

2)计算模型及步骤

基于组合桥面板节段及桥面板反顶装置的构造建立杆系-板壳-实体有限元模型,包括模拟桥面板节段架设的局部有限元模型(图3.6-8)以及模拟桥梁结构总体受力的整体有限元模型(图3.6-9)。模型用杆系单元模拟主桥桁架杆件,用板壳单元模拟桥面板钢结构,用实体单元模拟桥面板混凝土。局部有限元模型,用于计算不同数量桥面板节段架设时组合桥面板及外撑斜杆的受力情况,从而确定合理的架设方法。整体有限元模型,用于计算在二期恒载以及活载作用下,外撑斜杆的最不利受力状况。

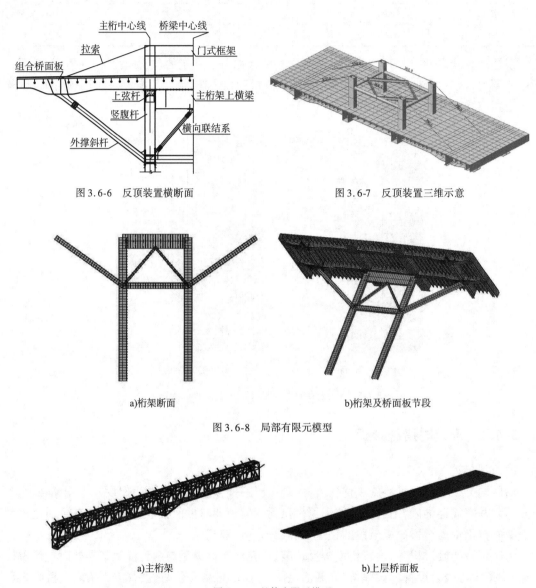

图3.6-6 反顶装置横断面

图3.6-7 反顶装置三维示意

a)桁架断面

b)桁架及桥面板节段

图3.6-8 局部有限元模型

a)主桁架

b)上层桥面板

图3.6-9 整体有限元模型

在模拟桥面板架设时,计算分析中对施工过程分两个步骤进行模拟:

第一步,考虑桥面板钢结构单元、桥面板混凝土单元、主桁架单元,张拉拉索。该步骤为模拟组合桥面板节段弯起,保证斜撑安装顺利。

第二步,激活外撑斜杆单元,释放拉索力。该步骤为模拟斜撑安装完成后,解除拉索,释放组合桥面板。

3) 合理架设方法分析

对反顶架拉索进行张拉,目的是给桥面板混凝土施加一定的预压应力,并便于桥面板钢结构环缝连接及斜撑安装。

首先,由于标准节段横梁的纵桥向不对称设置(单节段共两横梁分别布置在距边缘1m及3m位置),当两个横梁处拉索施加相同索力时,将使桥面板受力及变形纵桥向不对称。例如,当一块桥面板两个横梁处各施加拉索索力100kN时,架设完成后混凝土横向正应力分布如图3.6-10所示。混凝土在横桥向基本完全处于受压状态,但是桥面板悬臂根部位置混凝土横桥向正应力在纵桥向分布很不均匀,在靠近有外斜撑杆支承的横梁位置的混凝土横桥向压应力较大,而靠近无外斜撑杆支承的横梁位置的混凝土横桥向压应力较小。研究发现,同一桥面板斜撑横梁及无斜撑横梁张拉不同大小索力时,可使桥面板受力及变形纵桥向基本对称。

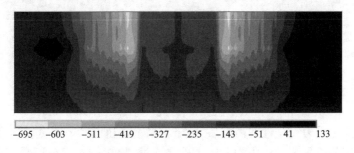

图3.6-10　单块桥面板混凝土横桥向正应力云图(单位:kPa)

其次,张拉力的确定需要考虑安装过程及成桥运营时桥面板混凝土、钢结构及外撑斜杆的受力,即这三个因素会限制桥面板混凝土中施加预应力的最大值,最终确定前、后横梁处对应拉索张拉力分别为220kN、720kN。

与前述横梁预弯措施相同,反顶架安装措施同样存在对混凝土预压后由于收缩徐变预应力损失的问题。但由于反顶架安装时混凝土龄期已达90天,远大于横梁预弯时混凝土龄期,因此对于改善桥面板混凝土受力状态有明显效果。同时,反顶架措施可调整相邻节段拼接误差,对于施工过程中的横桥向线形控制具有重要作用,因此该措施可行。

3.6.3　实施方案确定

通过前文组合桥面板预制、吊装阶段有限元计算分析,确定上层桥面系最终实施方案如下:

(1)在厂内混凝土浇筑时,钢梁仅在主桁处支承,以保证混凝土湿重由钢梁完全承担,使得混凝土桥面板在终凝后尽可能处于无应力状态。

(2)由于收缩徐变对混凝土板预压力储备的抵消作用,不采用钢梁厂内预弯措施。

(3)采用反顶架进行桥面板辅助安装,可以在一定程度上储备混凝土横桥向压应力,且可对桥面板横向线形进行主动控制,减小拼装过程的高程误差,便于斜撑安装以及节段之间的连接。

厂内预制组合桥面板存放3个月后进行现场安装,安装过程包括浮式起重机吊装、反顶架拉索张拉、桥面高程调整、钢节段间环缝焊接施工及斜撑安装、混凝土湿接缝浇筑等工序。在考虑了混凝土板少支点支撑预制措施及反顶架措施后,对混凝土板从厂内预制到成桥全过程进行了计算分析,详见图 3.6-11。在混凝土板浇筑完成后 14 天,混凝土板较为均匀出现 0.9MPa 拉应力,经过存梁 90 天后,收缩徐变平均增加 1.1MPa 拉应力,在带反顶架吊装施工后,中部位置拉应力基本被抵消,最大压应力为 1.6MPa;安装斜撑拆除反顶后,无斜撑位置释放平均 2MPa 压应力,成桥整体应力水平在 0~2.0MPa 左右。在短期效应组合下最大拉应力为 3.1MPa,标准组合下最大拉应力达到 4.5MPa,相较无任何措施情况下上部桥面板的应力状态已有极大的改善。另外,SSDC 混凝土材料的试验及应用,理论上该拉应力水平不足以使得桥面板发生开裂,进一步保证了正交异形桥面板在施工及正常使用阶段的受力性能。

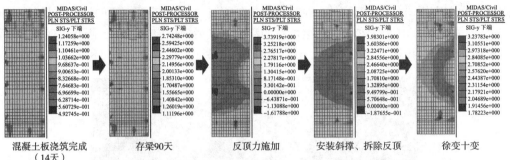

图 3.6-11 桥面板施工过程应力变化(以上缘为例)(单位:MPa)

在吊装方案满足受力安全性的需求后,由于本桥上部桥面系节段宽度达到 24.5m,且在混凝土板预制及后期节段吊装过程中均采用少支点支撑,故对于上部桥面系横向变形的控制尤为重要。对桥面系节段在预制及后期吊装关键工况下的变形量进行分析,如图 3.6-12 所示。桥面系钢梁在少支点情况下,标准节段由于横梁位置在纵向不对称的缘故,翼缘前后端变形存在一定差异,钢梁自重使得翼缘下挠平均约 7mm,在混凝土湿重作用翼缘下挠平均约 6mm,在反顶架张拉后翼缘上挠平均约 14mm,反顶架拆除安装横撑后下挠平均约 13mm,最终成桥状态横桥向翼缘累积下挠约 12mm,该累积变形较小,因此无须额外设置桥面系横向预拱度。

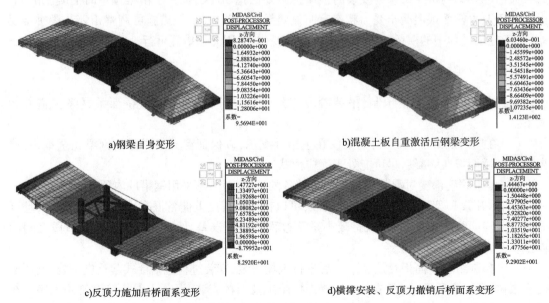

图 3.6-12 桥面板各关键工况变形(单位:mm)

从各关键工况变形情况可知,翼缘前后端变形存在一定差异,因此需要通过反顶架的拉索力来精确控制前后节段的相对拼接高差,以保证各节段完成高精度的焊接。现场施工时按张拉力和张拉高度双控,前、后横梁处对应拉索张拉力按220kN、720kN控制,对应吊耳处张拉高度按10~15mm、20~25mm控制。根据现场施工设备及工期要求,3个反顶架循环使用,以保证桥上新吊装完成两桥面板节段均可通过反顶架来调节前后拼接高差(图3.6-13),具体循环过程如下:

(1)吊装i号节段就位并安装从(i-3)号节段拆下的反顶架同时拆除(i-2)号节段上的反顶架;

(2)调节i号节段反顶架索力完成与已完成节段的焊接;

(3)后张拉至预顶吨位并完成i号节段的斜撑安装;

(4)循环以上工况直至最后一个节段吊装完成。

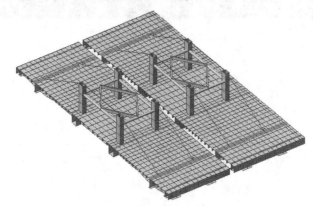

图3.6-13 桥面板前后节段高差控制示意

3.7 高性能桥面板预制

3.7.1 工艺试验

组合桥面板正式预制前,多次开展了混凝土浇筑试验。针对试验过程中出现的各种问题,逐步对施工工艺和设备进行优化,形成了相对成熟的施工工艺。

1)拌和工艺

主要目的是确定原材料投料顺序和合理拌和时间。混凝土SSDC-Ⅰ、SSDC-Ⅱ采用一台500L的双卧轴搅拌机,第一步先投入粉料、集料进行拌和;第二步加入液料后搅拌;第三步投入钢纤维进行拌和。根据拌和完成后出料质量,混凝土性能达到预期,且钢纤维分散均匀,满足浇筑要求(图3.7-1)。SSDC-Ⅲ的拌和相对容易,可同时加入砂石料、粉料及钢纤维后,立即加入含减水剂的拌和水搅拌。根据试验结果,混凝土的投料顺序及搅拌时间要求如图3.7-2所示。

2)振捣工艺

混凝土SSDC-Ⅰ,摊铺完成后,先利用振动尺对混凝土进行振捣,再利用振动梁、磨盘机对混凝土进行整平,但在操作过程中发现混凝土黏稠度极高,振动尺和振动梁极易吸附在混凝土表面,使磨盘机根本无法进行操作。为克服混凝土的黏稠度,需在振动尺和振动梁表面涂抹疏水涂层并经过24小时固化。再次试验时,辅助利用振动尺对混凝土进行振捣,利用振动梁对混凝土进行整平,过程中振动尺、振动梁与混凝土表面吸附等不利影响有了较大改善。松浦大桥高强韧性混凝土桥面板厚为8cm,钻芯(图3.7-3)取样表明采用平板振可满足混凝土密实度要求。

图3.7-1 混凝土拌和后浇筑

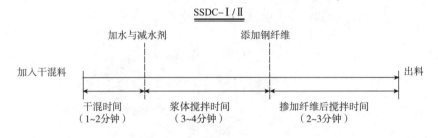
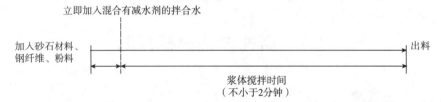

图3.7-2 SSDC原材料投料顺序

图3.7-3 混凝土钻芯取样

3）养护工艺

在 SSDC-Ⅰ、SSDC-Ⅱ型浇筑试验时出现表面裂缝（图 3.7-4），经多次试验后认为裂缝是由于内外温差过大造成。通过在试验件内埋深传感器（图 3.7-5），开展专项试验，对混凝土温度及应变进行监测分析。混凝土应变、温度随时间变化曲线详见图 3.7-6、图 3.7-7。

图 3.7-4　表面裂缝

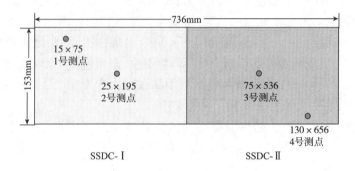

图 3.7-5　温度传感器布设

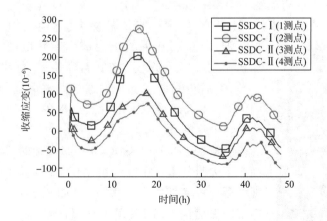

图 3.7-6　混凝土应变 vs 时间变化曲线

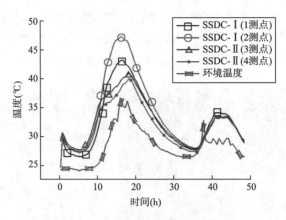

图 3.7-7 混凝土温度 vs 时间变化曲线

(1)浇筑时,气温为 24.3℃,SSDC-Ⅰ型混凝土入模温度为 29.6℃,SSDC-Ⅱ型混凝土入模温度为 29.3℃。

(2)SSDC-Ⅰ型混凝土入模至温度峰值的时间为 16~16.5h,温度峰值为 43.2℃ 和 47.3℃,以 2 号测点为准,因此温升为 17.7℃;SSDC-Ⅱ型混凝土入模至温度峰值的时间为 17.5~18h,温度峰值为 40℃和 36.1℃,以 3 号测点为准,因此温升为 10.7℃。

(3)SSDC-Ⅰ型混凝土的应变随着温度上升,早期出现膨胀,膨胀最大应变值为 $190.3 \times 10^{-6} \sim 207.7 \times 10^{-6}$,后期随着温度逐渐降低至环境温度,最终混凝土出现收缩,最大收缩值仅为 $40 \times 10^{-6} \sim 50 \times 10^{-6}$。SSDC-Ⅱ型混凝土早期膨胀最大应变值为 $132.8 \times 10^{-6} \sim 127.7 \times 10^{-6}$,后期收缩最大应变值仅为 $70 \times 10^{-6} \sim 90 \times 10^{-6}$。

根据以上研究制定了高强韧性混凝土养护工艺方案。高强韧性混凝土的养护大致可分为两个阶段。其一为固化、初凝阶段,这一阶段一般持续 24 小时,其养护重点是防止水分的蒸发。可先覆盖一层塑料薄膜,然后覆盖一层湿的土工布,以减少水分蒸发。其二为脱模养护阶段,与普通混凝土的养护相同,高强韧性混凝土养护的目的也是为水泥基材料的水化提供适宜的温度和湿度。在水泥基材料的水化过程中将产生水化热,即在高强韧性混凝土的强度生成过程中具有一定的自加热能力,这期间的养护重点是保温。根据温度监测,在混凝土内部温度升至最高后开始降低时,加盖两层土工布保温,降低温降速率;待温度降低后揭开土工布,然后正常洒水养护。通过调整保温养护开始及持续时间,后续浇筑试验中未出现裂缝现象。

4)鼓泡问题

浇筑 SSDC-Ⅰ和 SSDC-Ⅱ型组合板时,部分板件混凝土表面产生大量气泡(图 3.7-8),且生成气体可燃,终凝后取芯发现混凝土板底部气孔较多较大(图 3.7-9)。由于钢梁侧面采用了电弧喷铝,顶面采用了环氧富锌漆工艺,铝粉、锌粉在碱性环境下可反应产生氢气,怀疑其为混凝土表面产生鼓泡现

图 3.7-8 初凝前混凝土表面气泡

象的原因。

为了确定铝粉的影响,准备两块钢板进行试验(图3.7-10),对其中一块钢板进行上表面电弧喷铝工艺,另外一块放在旁边污染,之后进行混凝土浇筑。发现两块钢板均有鼓泡现象,其中直接喷铝的钢板鼓泡更为明显,确定了铝粉的直接影响。为了确定环氧富锌漆的影响,对钢板进行环氧富锌漆喷涂,3d之后进行混凝土浇筑。混凝土与钢板黏结处出现反应气泡现象,最终确定了环氧富锌漆的直接影响,但较铝粉反应小。在未任何处理的钢板上直接进行混凝土浇筑,未发现鼓泡现象,且混凝土与钢板黏结处未发现任何反应气泡。

图3.7-9 终凝后混凝土板底部气孔

a)电弧喷铝后钢板　　　　　　　b)混凝土浇筑　　　　　　　c)出现鼓泡现象

图3.7-10 铝粉影响试验

上述试验表明,混凝土浇筑过程中,应避免与铝、锌等活性金属接触。由于松浦大桥预制组合桥面板中的混凝土是在钢结构厂内进行浇筑完成的,钢结构其他部位进行电弧喷铝时应采取措施对钢结构顶面进行保护,并应在钢板顶环氧富锌漆完成一段时间后再进行混凝土浇筑。

5)鼓包问题

部分组合桥面板混凝土层出现鼓包现象及浅表缺陷,如图3.7-11和图3.7-12所示。鼓包处有散状颗粒和白色块体,经统计鼓包平均直径在1.82～4.04cm,平均深度在0.55～0.79cm,面积占比在0.002%～0.032%。

图3.7-11 鼓包现象

图3.7-12 浅表缺陷

对鼓包位置白色块体和周边粉料取样后采用XRD进行物相定量分析(图3.7-13),推断白色块体为氢氧化钙、钙矾石、碳酸钙等混合体。通过试验观察膨胀材料水化反应及其碳化反应变化,可以发现,膨胀组分水化反应前后为灰色,经碳化反应后呈现白色(图3.7-14)。因此推断,白色块体为膨胀组分水化产物碳化形成。

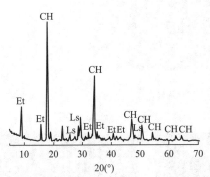
图3.7-13 白色块体XRD物相分析

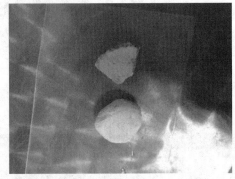
图3.7-14 膨胀组分水化反应及碳化反应结果

为进一步验证推测结果,开展了渗水模拟试验,如图3.7-15所示。采用预制混料结块体,放入成型的40mm×40mm×160mm试件中。经标准养护7天后(混凝土强度发展大于80%),嵌入混凝土抗渗试件中,采用1.0MPa水压进行渗水试验,加速结块体与水接触并观察表面变化。经过渗水试验后,可以发现预制混料结块体遇水后经过化学反应产生了体积增大现象,在试件表面形成了胀裂。

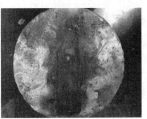

图3.7-15 试件渗水模拟过程

可以推断,由于原材料受潮或搅拌不足,在混凝土浇筑时出现混料结块体(图3.7-16),后期水分进入,造成包括膨胀组分在内的胶凝材料水化反应,总体积增大,引起表面鼓包

(图3.7-17)。

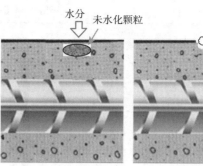

图3.7-16　浇筑时发现的结块体　　　　　　　图3.7-17　试件表面鼓包反应示意

在高湿环境下,采用水雾喷淋捏团方法预制混料结块体若干(图3.7-18),采用排水法进行密度测试。测试结果表明预制混料结块体的平均密度为1.82g/cm³,远小于混凝土浆体密度 2.45～2.65g/cm³,进而造成混料结块体在混凝土浆体中会上浮,聚集于表面(图3.7-19)。

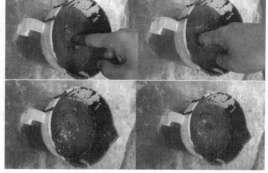

图3.7-18　预制混料结块体　　　　　　　　图3.7-19　预制混料结块体上浮

针对以上混凝土缺陷现象及分析结果认为,少数组合桥面板混凝土表面出现鼓包现象,是由于膨胀剂组分受潮结成小颗粒,在浇筑过程中上浮至混凝土表面,遇水膨胀引起。因此,须加强原材料包装与储存管理,并严格按照工艺要求进行混凝土拌和。

3.7.2　施工技术要求

为保证松浦大桥工程组合桥面板结构性能和材料性能,在材料及施工工艺试验基础上,编制专项技术要求,为桥面板的质量控制提供依据。

1)原材料要求

所有混凝土的材料,除水可按体积量测外,其余均应按重量配合,粗、细集料称量误差在±2%以内,称量设备误差应在±0.4%以内,其精确度至少每周校核一次。

(1)低收缩高强韧性混凝土 SSDC-Ⅰ

低收缩高强韧性混凝土 SSDC-Ⅰ预混料系由核心组分(活性粉末、高强度钢纤维和高性能减水剂)、细集料和粗集料等原材料组成,施工配合比见表 3.7-1。

SSDC-Ⅰ建议配合比　　　表 3.7-1

活性粉末 (kg/m³)	细集料 (kg/m³)	粗集料(5~10mm) (kg/m³)	高性能钢纤维 (kg/m³)	高性能减水剂 (kg/m³)	水 (kg/m³)
1031	737	397	156	22.68	155

①活性粉末

选用符合国家标准《混凝土用复合掺和料》(JG/T 486—2015)中规定"普通Ⅲ型"的活性粉末,含有降黏、增强、限缩等关键材料组分,用以提升超高性能混凝土施工性能、力学性能以及体积稳定性,主要指标要求详见表 3.7-2。

活性粉末主要指标要求　　　表 3.7-2

序号	项目	指标	序号	项目		指标
1	流动度比(%)	≥95	5	三氧化硫含量(质量分数,%)		≤3.5
2	胶砂抗压强度增长比(%)	≥0.95	6	活性指数(%)	7d	≥65
3	含水率(质量分数,%)	≤1.0			28d	≥70
4	氯离子含量(质量分数,%)	≤0.06				

②高性能减水剂

选用符合国家标准《混凝土外加剂》(GB 8076—2008)的高性能减水剂,指标要求详见表 3.7-3。

高性能减水剂主要指标要求　　　表 3.7-3

序号	项目	指标	序号	项目		指标
1	减水率(%)	≥30	5	28d 收缩率比(%)		≤110
2	泌水率比(%)	≤60	6	1h 经时变化量	坍落度(mm)	≤60
3	含气量(%)	≤6.0	7	抗压强度比(%)	7d	≥150
4	凝结时间之差(min)	≥+90			28d	≥140

③高性能钢纤维

选用符合国标《混凝土用钢纤维》(GB/T 39147—2020)的钢纤维,指标要求详见表 3.7-4。

高性能钢纤维主要指标要求　　　表 3.7-4

序号	项目	指标	序号	项目	指标
1	直径(mm)	0.18~0.21	3	抗拉强度(MPa)	≥2500
2	长径比	60~65	4	外观质量	良好

④细集料

细集料应采用天然河砂,不应含有公称粒径>5mm 的颗粒,除应满足行业标准《普通混凝土用砂、石质量及检验方法标准》(JGJ 52—2006)规定的,还应满足表3.7-5技术指标要求。

细集料主要技术指标要求 表3.7-5

序号	项目	指标	序号	项目	指标
1	细度模数	2.6~3.0	6	氯化物(以氯离子质量计,%)	≤0.01
2	含泥量(按质量计,%)	≤1.0	7	坚固性质量损失(%)	≤8
3	泥块含量(按质量计,%)	0	8	表观密度(kg/m³)	≥2500
4	云母(按质量计,%)	≤0.5	9	松散堆积密度(kg/m³)	≥1400
5	含水率	≤0.5			

⑤粗集料

粗集料采用最大粒径不大于10mm的碎石,除应满足行业标准《普通混凝土用砂、石质量及检验方法标准》(JGJ 52—2006)中规定的,还应满足表3.7-6的技术指标要求。

粗集料主要技术指标要求 表3.7-6

序号	项目	指标	序号	项目	指标
1	最大公称粒径(mm)	≤10	4	含水率	≤0.3
2	含泥量(按质量计,%)	≤1.0	5	吸水率(%)	≤1.0
3	泥块含量(按质量计,%)	≤0	6	针片状颗粒含量(%)	≤5

(2)低收缩高强韧性混凝土 SSDC-Ⅱ

低收缩高强韧性混凝土Ⅱ混合料系由核心组分(活性粉末、高强度钢纤维和高性能减水剂)、细集料和粗集料等原材料组成,施工配合比见表3.7-7。

SSDC-Ⅱ建议配合比 表3.7-7

活性粉末 (kg/m³)	细集料 (kg/m³)	粗集料(kg/m³)		钢纤维(kg/m³)		高性能减水剂 (kg/m³)	水 (kg/m³)
		5~10mm	10~20mm	端钩型	平直型微细		
640	692	311	727	78	16	15.36	117.3

①活性粉末

选用符合国家标准《混凝土用复合掺和料》(JG/T 486—2015)中规定"普通Ⅲ型"的活性粉末,含有降黏、增强、限缩等关键材料组分,用以提升超高性能混凝土施工性能、力学性能以及体积稳定性,主要指标要求详见表3.7-2。

②高性能减水剂

选用符合国家标准《混凝土外加剂》(GB 8076—2008)的高性能减水剂,指标要求详见表3.7-3。

③高性能钢纤维

选用符合国标《混凝土用钢纤维》(GB/T 39147—2020)的钢纤维,指标要求详见表3.7-4、表3.7-8。

端钩型钢纤维主要指标要求 表3.7-8

序号	项目	指标	序号	项目	指标
1	直径(mm)	0.58~0.62	3	抗拉强度(MPa)	≥1000
2	长径比	45~55	4	外观质量	良好

④细集料

细集料应采用天然河砂,不应含有公称粒径>5mm 的颗粒,除应满足行业标准《普通混凝土用砂、石质量及检验方法标准》(JGJ 52—2006)规定的,还应满足表 3.7-5 的技术指标要求。

⑤粗集料

粗集料采用最大粒径不大于 20mm 的碎石,除应满足行业标准《普通混凝土用砂、石质量及检验方法标准》(JGJ 52—2006)中规定的,还应满足表 3.7-9 的技术指标要求。

粗集料主要技术指标要求　　　　表 3.7-9

序号	项目	指标	序号	项目	指标
1	最大公称粒径(mm)	≤20	5	吸水率(%)	≤1.0
2	含泥量(质量分数,%)	≤1.0	6	针片状颗粒含量(%)	≤5
3	泥块含量(质量分数,%)	≤0	7	压碎值指标(%)	≤10
4	含水率(质量分数,%)	≤0.3			

(3)低收缩高强韧性混凝土 SSDC-Ⅲ

低收缩高强韧性混凝土Ⅲ混合料系由核心组分(胶凝材料、钢纤维和减水剂)、细集料和粗集料等原材料组成,施工配合比见表 3.7-10。

SSDC-Ⅲ 建议配合比　　　　表 3.7-10

胶凝材料 (kg/m³)	细集料 (kg/m³)	粗集料 (kg/m³)	钢纤维(kg/m³)		减水剂 (kg/m³)	自来水 (kg/m³)
			端钩形	微细		
560	780	1000	40	30	5.60	155

①胶凝材料

胶凝材料中水泥采用满足《通用硅酸盐水泥》(GB 175—2007)的 P·Ⅱ52.5R 硅酸盐水泥。

②细集料

级配良好,细度模数控制在 2.6~3.0 之内,且 300μm 筛孔的颗粒通过量不少于 10%,含泥量和泥块含量分别不大于 1.0% 和 0.2%。

③粗集料

5~16mm 连续级配碎石,针片状颗粒含量不大于 3%,含泥量和泥块含量分别不大于 0.5% 和 0.2%,吸水率不大于 1.5%。

④减水剂

减水率高,保坍性好,并具有减缩作用。满足国家标准《混凝土外加剂》(GB 8076—2008)高性能减水剂的要求。

⑤钢纤维

选用符合国标《混凝土用钢纤维》(GB/T 39147—2020)的钢纤维,指标要求详见表 3.7-11。

钢纤维主要指标要求　　　　表 3.7-11

序号	项目	指标	序号	项目	指标
1	直径(mm)	0.20~0.90	3	抗拉强度(MPa)	≥2000
2	长径比	60~65	4	外观质量	良好

2)施工要求

(1)整体施工流程

正常工序为:钢梁顶面喷砂涂环氧富锌底漆;室外存放14天后浇筑顶面混凝土;正常养护14天;钢梁底面喷砂喷铝及涂油漆。该工序在施工钢梁底面喷铝及油漆时,要对湿接缝处钢梁顶面进行覆盖保护,防止顶面受铝粉污染。

如因工期安排需先施工钢梁底面油漆时,调整工序为:钢梁底面喷砂喷铝及涂油漆;钢梁顶面喷砂涂环氧富锌底漆;室外存放14天后浇筑顶面混凝土;正常养护14天。但在该工序中,施工钢梁底面喷铝及油漆的过程中,要对钢梁顶面进行全面覆盖保护,防止顶面受铝粉污染。

(2)浇筑前施工准备

钢结构组拼完成后,浇筑混凝土前需对钢结构顶面进行二次除锈处理,除锈等级要求达到Sa2.5级(若采用手工除锈则达到St3级)。除锈完成后在钢桥面顶板上涂刷环氧富锌底漆,干膜厚度80μm。现场湿接缝浇筑前如钢结构顶面涂层有损坏,须处理后重新补涂后方可浇筑混凝土。

在待浇筑钢梁上胎后,混凝土浇筑施工前2~3天内,用饱和石灰水清洗钢梁表面2~3遍,须确保钢梁顶面及焊钉表面全部清洗到位。正式浇筑前3~4个小时用清水清洗钢梁表面。

桥面板钢筋骨架制作时,钢筋位置应与钢梁剪力钉相靠,采用梅花形不大于600mm间隔将焊钉与钢筋骨架绑扎或点焊进行固定;上层钢筋高度不得高于剪力钉高度,顶层钢筋保护层设计值30mm。

(3)混凝土浇筑、养护、存放施工要求

①包装与储存

包装采用定量吨袋包装,规格可根据实际需求调整。产品应置于干燥环境分区域存储,注意防潮、防晒,保质期半年;若使用时发现干粉料出现受潮结块现象,严禁使用。在现场干料、粉料、液料、钢纤维存储处,应设置明显标识,标明用于何种型号混凝土。对于近期计划用于浇筑的材料,提前做好降温工作。

②混凝土拌和

应采用强制搅拌机,每次拌和前做好检查工作,确保拌和仓内无积水。严格按推荐配合比进行拌和,在混凝土搅拌机处设立明显标识,标明每种类型混凝土的配合比,投料时注意验证,避免出现投料错误。

SSDC-Ⅰ/Ⅱ投料顺序为粉料+集料→液料→纤维;拌和时待干料搅拌1~2min完成混合后方可加入液料,液料加入后搅拌3~4min后分批在1~1.5min内均匀加入纤维,加完纤维后搅拌2~3min,待混凝土整体搅拌均匀后方可出料,拌合物中不得出现粉料和纤维成团现象。搅拌完成后,不得往拌合物中添加任何水或外加剂。SSDC-Ⅲ的拌和顺序为:将砂石材料与钢纤维、粉料投入搅拌机后,立即加入混合有减水剂的拌合水搅拌,搅拌时间不宜小于2min,待混凝土整体搅拌均匀后出料,拌合物中不得出现纤维成团现象。

③混凝土运输

运输设备或设施不得存有积水,若采用搅拌运输车运输,运输时长不宜超过30min,且运输至现场时混凝土不应出现离析泌水等现象;若采用吊斗等其他简易方式运输,运输过程中混凝土表面应覆盖薄膜,以避免阳光直射,减少水分蒸发,运输时长不宜超过10min,运输过程中不得往拌合物中添加任何水。

④混凝土供料摊铺、振捣

工厂化批量预制建议采用供料、摊铺、振捣一体化工艺,通过标准化的设备来保证摊铺质量和效率,现场根据施工条件选择自动化浇筑设备或简易浇筑方式。每块预制板浇筑时,要求一次完成,中间不设施工缝,混凝土浇筑间歇期不得超过15min,单块桥面板浇筑时间不大于4h。现场湿接缝浇筑时若采用简易运输设备,每次拌合物出料后30min内须完成该批次混凝土浇筑工作。

夏季建议避开高温大风时段施工,避免35℃及以上气温时施工,推荐30℃及以下气温施工,并在浇筑区域采取喷雾等增湿措施。混凝土浇筑前进行拌合料温度检测工作,确保拌合料入模温度不大于30℃。摊铺完成后即喷洒减蒸剂,为保证混凝土内钢纤维的分布均匀性,工厂预制及现场浇筑时均应采用手扶式振动尺及振动梁完成振捣整平工作,并确保混凝土各部位受到均匀振捣、不漏振、不过振,至混凝土表面微微泛浆后抹平。应确保混凝土各部位受到均匀、充分振捣,尤其注意工厂预制时模板边混凝土、现场湿接缝浇筑时新旧混凝土接触面处混凝土密实性。

预制板浇筑及现场湿接缝浇筑时应采用有效防晒及防风措施,减少水分蒸发,雨天禁止浇筑施工。

⑤混凝土养护

非冬季施工时,浇筑、振捣完毕后,混凝土表面喷洒减蒸剂,0.5h后先覆盖塑料薄膜再覆盖湿润土工布进行保湿养护,保湿养护应持续16h,该时间段内确保土工布保持湿润。16h后加盖2层土工布进行保温养护,保温养护持续24h,该时间段内无须洒水。保温养护结束后,揭开薄膜,覆盖土工布开始正常洒水养护。

冬季气温低于5℃时应避免施工。冬季施工阶段,为保证混凝土浇筑质量,注意以下几点:适当延长粉料搅拌时间2~3min,保证混合料状态;浇筑、振捣完毕后,混凝土表面喷洒减蒸剂,0.5h后先覆盖塑料薄膜再覆盖湿润土工布进行保湿养护,保湿养护持续12h,该时间段内确保土工布保持湿润;12h后加盖2层土工布进行保温养护,保温养护持续36h,该时间段内无须洒水;保温养护结束后,揭开薄膜,覆盖土工布开始正常洒水养护。

预制板保湿养护不宜少于14天,存板期应在3个月以上。现场湿接缝养护要求同工程预制混凝土养护要求。

⑥模板

模板和支撑要求有足够的刚度,防止施工荷载作用下模板变形大造成开裂,模板运输及安装过程中,应轻起轻放。模板安装前,仔细检查其表面是否干净,涂抹的脱模剂是否均匀。混凝土的抗压强度不得低于10MPa方可拆除侧模。拆下的模板应及时检查,清理模板表面。模板表面应避免重物碰撞和敲击,严禁用尖利的硬物刮刻模板表面。

⑦表面及交界面处理

组合板混凝土表面在浇筑沥青铺装前,需进行抛丸处理,粗糙度应符合桥面铺装层的黏结要求。混凝土交界面凿毛应全断面均匀进行,凿毛应以高压水枪凿毛设备进行,不得采用风镐等机械设备。合格的凿毛应为全断面粗集料和钢纤维均匀外露,全断面1/2纤维外漏长度不小于纤维长度三分之一,并喷洒阻锈剂等防护材料对外露钢纤维进行防锈保护;全断面1/2粗集料外露尺寸应不小于粗集料粒径的四分之一。

⑧预制板存放

混凝土浇筑完成后,经养护强度达到设计强度80%后方可从预制厂转运至存梁场地继续养护。

⑨现场湿接缝施工

湿接缝混凝土浇筑前,应清除接缝里垃圾;相邻预制板伸出板外的纵向钢筋采用单面焊接(≥10d);混凝土浇筑前用水湿润接缝两侧预制板侧面。

(4)混凝土预制板验收要求

桥面板各部外露面均保证无蜂窝、麻面、收缩裂缝,施工段间混凝土颜色保持一致性,表面光洁无油污,线形美观。预制板的制作精度应满足表3.7-12的要求。为确保混凝土桥面板的使用耐久性,必须保证钢筋净保护层满足设计要求,保护层厚度建议采用专用仪器进行无损检测。现场湿接缝浇筑应与相邻预制板接顺,湿接缝顶高程与预制板顶高程误差不大于2mm。

预制板的容许偏差要求(mm)　　　　表3.7-12

项目	容许偏差
脱模后板厚	±3
边长	+5
板面对角线	±6
外露钢筋的偏差	厚度方向±1.5/水平方向±10

3.7.3 制作方案及流程

1)概况

上层公路桥面采用钢-混凝土组合正交异性桥面板,共计54片。标准节段纵桥向长度8m,横桥向宽度24.5m(图3.7-20)。桥面板上面层采用低收缩高强韧性混凝土,板厚8cm,分三种类型SSDC-Ⅰ、SSDC-Ⅱ、SSDC-Ⅲ。桥面板混凝土部分在工厂内与钢结构部分预制成整体,并预留湿接缝。

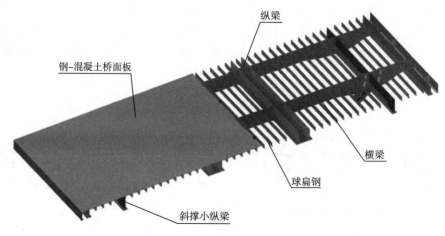

图3.7-20 桥面板标准节段构造示意

主要施工机械设备配置见表 3.7-13。

主要施工机械设备配置　　　　　　　　　表 3.7-13

序号	设备名称	型号规格	数量	施工部位
1	汽车起重机	25t	2 台	吊装
2	料斗	$0.75m^3$	2 个	混凝土运输
3	叉车	2t	2 台	混凝土运输
4	拌和机	$\geqslant 0.5m^3$	2 台	混凝土拌和
5	摊铺机	8m	2 台	混凝土振捣
6	振动器		4 台	混凝土振捣
7	磨盘机		2 台	混凝土抹平

2）场地布置

组合桥面板混凝土施工场地选择在钢结构加工区附近，拌和区设置在桥面板施工区 200m 距离范围内。桥面板施工区设置 8 套桥面板临时支墩。根据吊装计划及桥面板混凝土类型，共分 8 个轮次进行浇筑施工。临时支墩分为台座墩、抗倾覆墩 2 种。台座墩采用钢筋混凝土进行浇筑，设置在纵横梁交点处下方，顺桥向间距设置为 4m，横桥向间距设置为 6m。抗倾覆墩采用钢结构墩周转使用，顺桥向间距设置为 4m，横桥向间距设置为 23.5m，墩顶与梁底预留 3~4cm 间隙。临时支墩布置如图 3.7-21 所示。

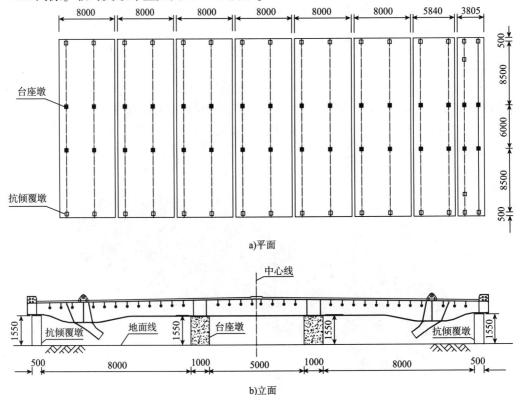

图 3.7-21　临时支墩布置（尺寸单位：mm）

3）施工流程

主要施工流程如图 3.7-22 所示。

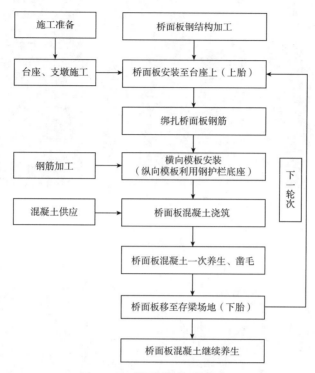

图 3.7-22　桥面板混凝土施工流程

施工主要步骤如下：

(1) 桥面板钢结构部分加工完成后，由液压台车运至台座上（图 3.7-23）。

图 3.7-23　桥面板上胎示意

(2) 安装焊钉、钢筋、模板，钢筋紧靠焊钉布置（图 3.7-24）。

(3) 混凝土由拌和机供应，叉车运至施工场地，起重机配合料斗布料。原材料存放、拌和机、叉车详见图 3.7-25～图 3.7-27。

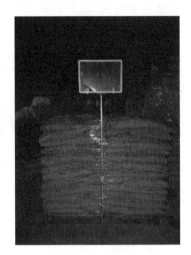

图 3.7-24　焊接栓钉、绑扎钢筋　　　　　　图 3.7-25　原材料存放

图 3.7-26　拌和机　　　　　　　　　　图 3.7-27　叉车

(4)采用"摊铺机+平板振动器"的方式对称从两边往中间进行浇筑。利用在桥面板的湿接缝位置铺设轨道并安装摊铺机,轨道间距为7700mm。轨道与桥面板顶板之间设置80mm高槽钢以避开桥面板钢筋,轨道高程、平面位置误差均不得大于2mm。摊铺机及轨道布置详见图3.7-28,现场摊铺、振捣详见图3.7-29。

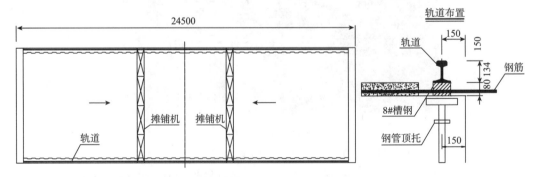

图 3.7-28　摊铺机及轨道布置(尺寸单位:mm)

a)摊铺

b)磨盘机抹面

c)手扶式振动尺

d)振动梁

图 3.7-29　现场摊铺、振捣

(5)混凝土经过养生、凿毛处理后下胎移至存梁场存放,现场养护见图 3.7-30。

a)覆盖薄膜

b)土工布保湿养护

图　3.7-30

c)正常洒水养护

图3.7-30 混凝土养护

3.8 组合桥面板安装

3.8.1 安装总体方案

1)总体思路及流程

上层公路桥面组合桥面板,标准节段质量约100t。在工厂内预制成型后水运至现场,在桥位西侧放置一台浮式起重机,将梁板从运梁船上提升至桥面从江边往江中逐段进行安装,总体安装如图3.8-1所示。根据上层桥面板构造特点,上层桥面板斜撑杆安装设置反顶装置。反顶装置在桥面板驳船运输就位后起吊安装。拉索由液压千斤顶张拉提供预应力,这样可减小悬臂部分的挠度和悬臂根部的应力,并可调节相关误差,便于斜撑杆安装及梁段钢结构环缝焊接。组合桥面板安装完成后再进行混凝土湿接缝浇筑施工,总体安装流程见图3.8-2。

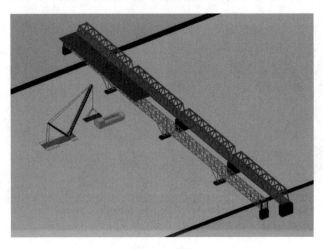

图3.8-1 总体安装示意

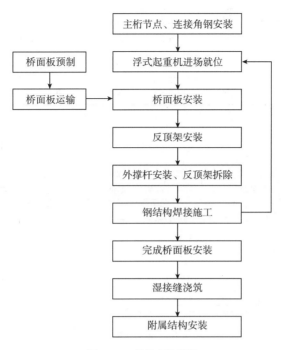

图 3.8-2 总体安装流程

2) 设备配置

(1) 浮式起重机

300t 浮式起重机为无动力装配式固定扒杆浮式起重机,可以在极低通航净空条件下或是陆运方式进场。浮式起重机船体由 6 块船身 + 6 块浮箱组成,整体尺寸为 46m × 19.6m × 2.9m。浮式起重机扒杆可以根据需要选择 40～80m 共计 5 种长度规格,桥面板吊装作业的浮式起重机采用 80m 臂杆,60°角度进行吊装作业,根据浮式起重机的参数可知,此时浮式起重机最大吊重为 130t,满足 100t 桥面板吊装要求。浮式起重机桥面板安装如图 3.8-3 所示。

图 3.8-3 浮式起重机吊装示意

(2) 运梁船

根据桥面板每批次发运量及设备自身长度、宽度、重量等特点,选取了表 3.8-1 中运输船型进行装载运输,装运如图 3.8-4 所示。

运梁船参数 表3.8-1

序号	船名	船长(m)	船宽(m)	型深(m)	货位长(m)	货位宽(m)	空载吃水深度(m)	满载吃水深度(m)	载重质量(t)
1	汇宗118	67	15	3.2	58	15	1.14	2.5	1430
2	汇宗168	86.5	18	4	75	18	0.667	3.3	3300

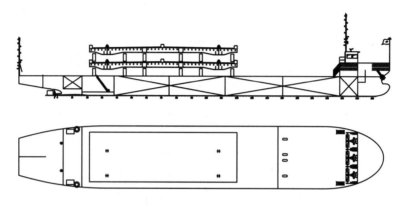

图3.8-4 运梁船装运示意

(3)吊装工装

为满足桥面板受力要求,综合考虑桥面板吊装与反顶施工的需要,桥面板设置4个吊耳,均位于纵、横梁相交处。为了保证浮式起重机起吊时,梁段吊耳仅受竖向力的作用,特设置钢管吊具。吊装工装布置及三维示意详见图3.8-5、图3.8-6。

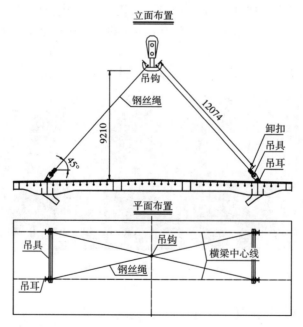

图3.8-5 桥面板吊装工装布置(尺寸单位:mm)

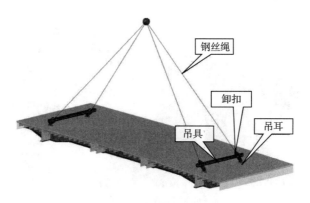

图 3.8-6 桥面板吊装三维示意

(4) 反顶装置

一套反顶装置由反顶架、张拉装置、张拉索三部分组成,如图 3.8-7 所示。反顶架高约 2m,横桥向在对应桥面板横梁位置设置拉索。拉索两端与梁段通过吊耳与销轴连接,与反顶架架体通过轴承滚轮连接。

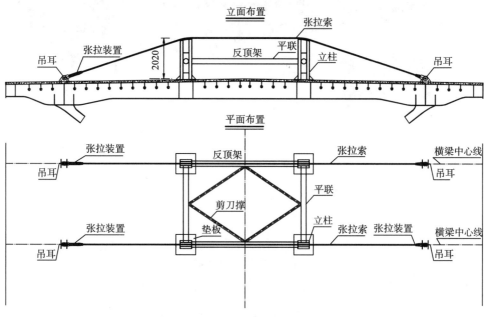

图 3.8-7 反顶装置布置

3.8.2 安装施工

1) 施工准备

桥面板与主桁连接角钢均在工厂预制,运至现场后开孔并通过高强螺栓与主桁上弦杆进行连接,桥面板安装前连接角钢布置如图 3.8-8 所示。

加工若干数量限位型钢,每块桥面板设置 4 个作为桥面板安装辅助定位设施。型钢翼缘上开设长圆孔,在起吊前通过栓接方式与桥面板纵梁系端部底板连接在一起。限位型钢布置如图 3.8-9 所示,桥面板安装就位后限位型钢构造见图 3.8-10。

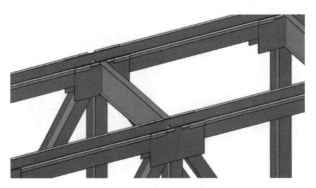

图 3.8-8 连接角钢布置示意

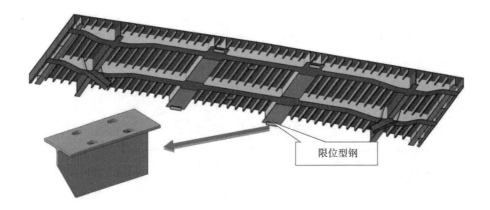

图 3.8-9 限位型钢布置示意

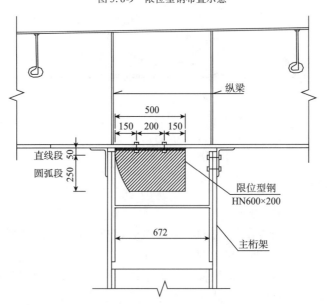

图 3.8-10 安装就位后限位型钢构造(尺寸单位:mm)

2)桥面板吊装

由于本项目邻近运营金山支线,上跨黄浦江航道,应铁路及航道部门要求,施工期间不得影响铁路运行安全且不能完全封航。经与铁路及航道部门沟通,最终同意于夜间铁路维修天窗期(0:00—4:00)内,采用浮式起重机在桥位西侧实施上层桥面板吊装施工,施工分段进行,单次吊装仅占用单侧航道,占用时长不超过 4 小时。吊装时需保证浮式起重机、桥体、桥面板之间的安全距离。按最不利情况分析,即 12 月初最低潮位为 $-2.5\mathrm{m}$ 时,桥面板外侧距离浮式起重机扒杆尚有 11.92m 的距离(图 3.8-11)。

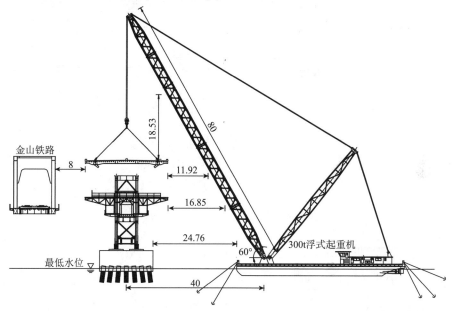

图 3.8-11 吊装时相对位置关系(尺寸单位:m)

吊装作业时应尽量避开大潮汛,涨潮时开始吊装,顶水作业便于船舶操控,高平潮水时落梁定位。根据铁路运营要求,吊装施工在夜间进行,涨潮及落潮两种情况均需保证吊装安全。单次梁板吊装施工作业流程见图 3.8-12。

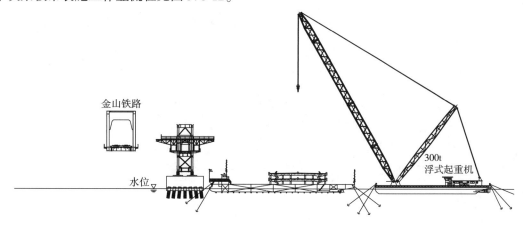

a)步骤1:船舶就位(23:00—23:50)

图 3.8-12

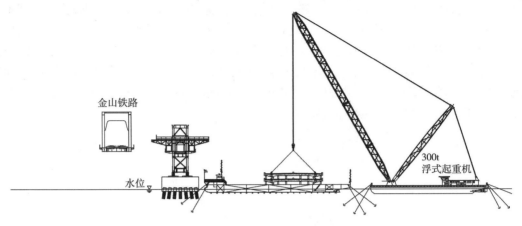

b)步骤2：挂钩（23:50—00:20）

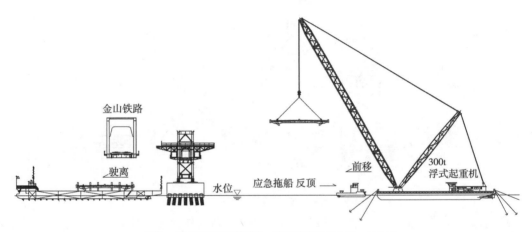

c)步骤3：浮式起重机提梁前移、运梁船驶离（00:20—01:00）

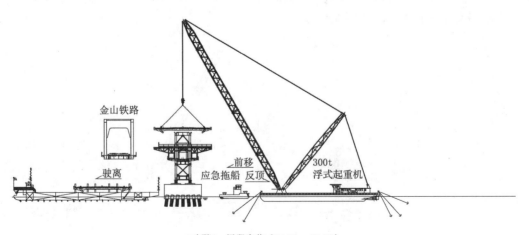

d)步骤4：梁段定位（01:00—01:30）

图 3.8-12

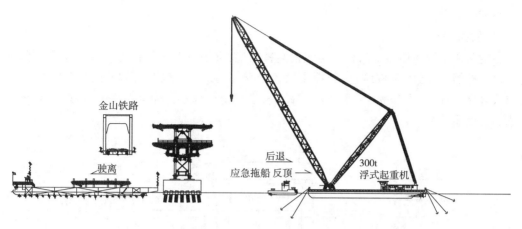

e) 步骤5：落梁松钩、浮式起重机后退（01:30—02:00）

图 3.8-12　单次梁板吊装施工作业流程

桥面板现场安装见图 3.8-13。

a) 运输船就位

b) 起重机起吊

c) 安装前主桁

d) 部分桥面安装完成

图 3.8-13　桥面板安装

3)安装固定

(1)斜撑安装

主桁两侧设置斜撑将上层桥面与主桁竖杆相连,反顶装置拉索按照设计要求张拉到位后进行斜撑杆的安装(图3.8-14)。斜撑重量较轻,桥面板吊装前提前放置于施工平台上,通过剪刀式升降平台及手拉葫芦等进行辅助安装,并进行高强螺栓连接。现场斜撑安装如图3.8-15所示。

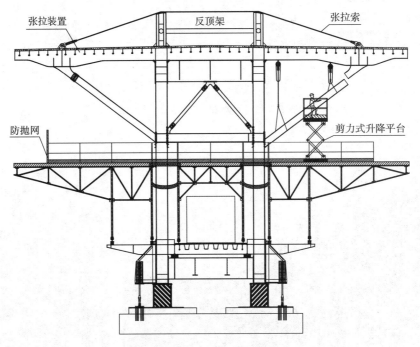

图 3.8-14 斜撑安装示意

a)反顶张拉

b)斜撑安装

图 3.8-15

c)安装后

图 3.8-15 现场斜撑安装

(2)板桁连接

上层桥面系与主桁上弦杆通过型钢采用高强螺栓连接结合成整体,形成板桁组合结构。上弦杆节点两侧各 0.5m 范围内填充混凝土,为桥面板竖向主要受力支点。为避免对主桁上弦杆受力造成不利影响,板桁结合处的连接角钢相对主桁节点处受力支点按负公差进行高程控制。

4)湿接缝施工

桥面板混凝土湿接缝在完成所有桥面板安装后进行浇筑,顺序从北往南逐段进行。为了满足湿接缝性能要求,以高压水枪凿毛设备对混凝土交界面进行凿毛处理,使粗集料和钢纤维均匀外露(图 3.8-16),并喷洒阻锈剂等防护材料对外露钢纤维进行保护。现场湿接缝混凝土均通过在桥位现场拌和,利用翻斗车运输至湿接缝位置配合人工进行浇筑(图 3.8-17)。

a)高压水枪凿毛　　　　　　　　　　b)凿毛后细部

图 3.8-16 混凝土凿毛及效果

a)拌和　　　　　　　　　　b)浇筑

图 3.8-17 湿接缝混凝土施工

3.9 三维扫描技术及其应用

钢桁梁改造一般采用预制拼装施工,即新构件采用工厂预制,运输至施工现场后进行安装。虽然新构件可以高精度制造,但考虑到老桥建造过程中存在施工误差,加上运营数十载后存在各种变形,以及各种维修等均将使现状结构与理论设计图有所不同。因此,桥梁维修改造需注意新老构件匹配问题,对既有构件尺寸的精准把握与分析,有利于改造的顺利实施,具有重要的指导意义。

目前建筑信息模型(BIM)等信息化技术在桥梁领域得到了越来越多的应用,但在复杂桥梁改造中的应用还较少。三维激光扫描技术具有非接触式、密度大、数字化等特点,能整体而连贯地获取扫描物表面的空间坐标,是目前测量业内最先进的手段。三维激光扫描系统将传统测量系统的点测量扩展到面测量,它可以深入到复杂的现场环境及空间中进行扫描操作,并直接将各种大型、复杂实体的三维数据完整地采集到计算机中,进而快速重构出目标的三维模型及点、线、面、体等各种几何数据,而且它所采集到的三维激光点云数据还可以进行多种后处理工作。松浦大桥维修改造工程引入三维扫描技术,对主桥结构进行地面式三维激光扫描,对扫描成果相关尺寸进行分析,指导了板桁结合等具体连接方案的制定。对节点板进行高精度扫描,形成现状节点板二维图,指导了加固节点板的制造。通过以上辅助措施,提高维修改造的工作效率,保证了钢结构的安装精度与质量。

3.9.1 三维扫描技术

1)扫描工作原理

地面三维激光扫描系统集成了多种高新技术,主要由三维激光扫描仪、内嵌式 PC、外接电源、专用三脚架组成。其中核心部分的三维激光扫描仪主要包括:激光扫描系统、激光测距系统、集成式 CCD 摄像机,以下对其各部分进行简要介绍。

(1)激光扫描系统

从本质上来讲,激光扫描系统的工作原理就是利用反复激发激光的方式,照射到物体表面上,形成反射激光再进行采集。扫描系统在内置电动机的驱动下,在预设的角度和幅度范围内转动,使得脉冲激光沿着竖直方向和横轴方向快速扫描。坐标系以扫描器的激发点为中心,Z 轴为竖直向上的方向,X 轴、Y 轴和 Z 轴的空间关系符合右手定则,都位于横向扫描面内,如图 3.9-1 所示。对任意一个被采集的空间上的点 P 来讲,它与坐标系原点(扫描中心)之间的距离为 S,与水平面和竖直面夹角分别为 α 和 θ,根据距离 S、α 及 θ 即可解算得出被测点的相对三维坐标 (x,y,z)。

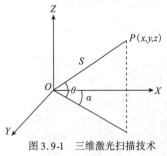

图 3.9-1 三维激光扫描技术坐标计算原理

(2)激光测距系统

根据测距原理的不同,激光测距系统可以分为脉冲式测距、三角法测距以及相位式测距等。脉冲式测距 TOF(Time of flight)是目前应用最为广泛的测距方法,它的测距范围可达

1km以上。它利用二极管发射的激光脉冲信号,经过高速旋转的反射棱镜在t_1时间点将激光发出,扫描仪的接收器在t_2时间点接收到反射回来的激光信号。根据光速c和时间点t_1和时间点t_2可以计算出扫描仪与物体之间的距离。

三角法测距,是利用激光二极管向被测物体表面发射激光束,激光束与被测物体形成一定角度θ的某束激光反射回来后,透过聚光透镜在摄像机接收器实现成像。θ因被测物体表面聚焦的点的空间位置不同而有所不同,因此假设激光二极管与接收器的距离为d,则可求出被测物体表面与激光发射器之间的距离为:$L = d\tan\theta$。利用三角测距法的三维激光扫描仪大多数为手持式扫描仪,一般都要配置两个反射激光接收器,并配合使用粘贴标志点,来多次扫描配准相对位置和坐标系的统一。因此三角测距的范围最小,一般仅有数十米,但扫描精度最高、抗干扰性能好,多数应用于狭小而精密的测量,如医学整形、文物修复、工业设计和人体测量等。

相位式测距的原理是,扫描仪用频率比光波频率低得多的正弦波电信号加到激光上使激光光强按电信号的规律变化,自动调制激光束的行进幅度。经过调制后的激光发射出去后,在碰到扫描物后光波按原路返回,再根据调制光的波长计算该相位延迟所代表的相位差。相位式测距的范围较脉冲式测距要小,仅为一百米,精度可达毫米级别,适合中距离和微观领域的扫描作业。

(3)CCD摄像机

CCD摄像机(Charge Coupled Device)能够把光学图像转化为数字信号,在摄像机、数码相机、扫描仪等仪器中广泛使用。但在三维激光扫描仪中主要体现为目标对象的颜色信息的采集,其储存的数字信号中包含了扫描对象的真彩色纹理,为后续可能的三维建模和可视化提供了更多真实而直观的信息支持,如图3.9-2所示。

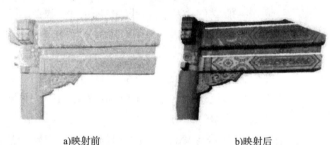

a)映射前　　　　　　　　b)映射后

图3.9-2　纹理映射前后对比

2)扫描仪分类与特点

随着三维激光扫描技术的日益进步,三维激光扫描仪的形式也愈发多样化。三维激光扫描仪根据承载其运行的平台不同,或根据激光扫描的空间位置不同可以分为以下3类:机载(或星载)扫描仪、地面激光扫描仪、手持激光扫描仪。

(1)机载激光扫描仪(Space-bome Li DAR),本质上是采用固定翼飞机、直升机或目前较热门的无人机作为其运行的平台,利用实时动态GPS系统和INS飞行惯导系统对地面地貌或构筑物等实行高精度、实时的测量。激光光束俯视地面,以20°~40°的视场角获取地面回波,根据GPS系统确定扫描系统精确的空间位置,并通过惯性测量单元解算飞行中的姿态参数,从而获取扫描物的几何坐标。因其运行的轨迹和空间较高,作业视野相对开阔,扫描距离通常大于1km。

（2）地面激光扫描仪（Terrestrial Laser Scanner），是最常见的三维激光扫描仪。地面激光扫描仪通过测距和测角来计算扫描物的三维空间坐标，同时记录强度反射信息和色彩 RGB 信息，精度可达毫米级别，适合中距离的扫描作业。地面激光扫描仪又可分为移动式和固定式：移动式地面激光扫描仪（图3.9-3）一般是将系统集成于车载或背包的平台，也有 GPS 定位系统和惯导系统，通常用于公路测量和室内测量；固定式地面激光扫描仪（图3.9-4）类似于全站仪，通过布控精密控制网来实现多个站点、多个角度的扫描。区别于全站仪的是，地面三维激光扫描仪不仅可以针对标定的单个点进行扫描，而且可以获取表面整体的三维尺寸数据，并记录实体边缘和色彩信息。但缺点也十分明显，就是需要对多个站点各自的点云数据进行拼接才能统一到同一个坐标系下，这个过程也叫配准或点云注册。

图3.9-3　移动式地面激光扫描仪（车载）

图3.9-4　固定式地面激光扫描仪

（3）手持激光扫描仪（3D Hand-held Scanner），主要应用于小型零器件加工和文物修复领域。一般它们体积比较小、携带方便、操作灵活，只要作业人员能到达的地方就可进行扫描，基本不受场地规模和模型尺寸的限制。如图3.9-5所示是一台 Go！Scan 3D 手持式扫描仪，在仪器底部中央配置了白色投影仪，顶部和底部右侧均配置了一个摄像头用于采集投影仪于物体反射回来的光源，在使用开始前完成系统校准和定位即可。

图3.9-5　手持式激光扫描仪

三维激光扫描技术利用激光的独特优异性能用作扫描测量，该技术具有如下一些特点：

（1）非接触测量。三维激光扫描技术采用非接触扫描目标的方式进行测量，无须反射棱镜，对扫描目标物体不需进行任何表面处理，直接采集物体表面的三维数据，所采集的数据完全真实可靠。可以用于解决危险目标、环境及人员难以企及的情况，具有传统测量方式难以完成的技术优势。

（2）数据采样率高。目前，采用脉冲激光的三维激光扫描仪采样点速率可达到数千点/秒，而采用相位激光方法测量的三维激光扫描仪甚至可以达到数十万点/秒，可见采样速率是传统测量方式难以比拟的。

（3）主动发射扫描光源。三维激光扫描技术采用主动发射扫描光源（激光），通过探测自身发射的激光回波信号来获取目标物体的数据信息，因此在扫描过程中，可以实现不受扫描环境的时间、空间的约束。

（4）具有高分辨率、高精度的特点。三维激光扫描技术可以快速、高精度获取海量点云数据,可以对扫描目标进行高密度的三维数据采集,从而达到高分辨率的目的。

(5)数字化采集,兼容性好。三维激光扫描技术所采集的数据是直接获取的数字信号,具有全数字特征,易于后期处理及输出。用户界面友好的后处理软件能够与其他常用软件进行数据交换及共享。

(6)可与外置数码相机、GPS系统配合使用。这些功能大大扩展了三维激光扫描技术的使用范围,对信息的获取更加全面、准确。外置数码相机的使用,增强了彩色信息的采集,使扫描获取的目标信息更加全面。GPS定位系统的应用,使得三维激光扫描技术的应用范围更加广泛,与工程的结合更加紧密,进一步提高了测量数据的准确性。

(7)结构紧凑、防护能力强适合野外使用。目前常用的扫描设备一般具有体积小、重量轻、防水、防潮,对使用条件要求不高,环境适应能力强,适于野外使用。

3.9.2 三维扫描技术的应用

1)钢桁梁整体扫描

(1)总体思路

松浦大桥的改造是在保持其主桁结构不变的情况下,拓宽改造上层桥面系,并对横联进行更换。在新桥面与主桁上弦杆之间、横联与主桁竖杆之间采用高强螺栓连接(图3.9-6中虚线框内部分),存在新老板件匹配问题,安装精度控制要求高。为保证新构件安装的顺利进行,需要对钢桁梁进行整体扫描。

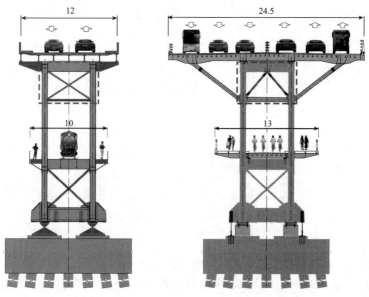

图3.9-6 改造前后标准横断面(尺寸单位:m)

钢桁梁整体扫描采用地面固定式三维激光点云扫描仪,设备为美国天宝公司的TX-5型号(图3.9-7)。扫描距离为0.6~120m,扫描精度为±2mm,扫描的速度为97.6万点/秒,色彩选项为3900万像素/秒。

地面式三维激光点云扫描仪是利用扫描仪内置的发射器向被测物发射激光脉冲,脉冲经反光镜,继而扫过被测物,经被测物反射回来的激光脉冲信号被内置接收器接收。每个激光脉

图 3.9-7 三维激光点云扫描仪(Trimble TX 5)

冲从发射器发出到接收器接收所历经的时间,再结合光速,计算得到被测物到扫描中心的距离 S。此外,扫描仪的控制模块控制和测量每个激光脉冲的水平扫描角 α 和竖向扫描角 θ。计算软件系统根据 S、α 及 θ 解算得出被测点的相对三维坐标。此外,不同测站的扫描数据,通过公共的靶标球配准到同一坐标系中,形成一个整体,从而生成有关复杂环境的详细三维模型。对已有状态进行精确的数字化再现,利用点云分析软件对老桥主桁的横向间距及变形情况进行测量分析,为老桥改建提供数据参考。

(2)扫描流程

钢桁梁整体扫描工作主要包含两大块,外业扫描及内业处理(图 3.9-8)。项目开始实施前,必须对扫描项目进行现场踏勘,对其周围的地理环境、天气因素、人为影响因素等做系统了解,做好扫描方案规划。现场扫描时为了对点云数据进行绝对定向,需在每个测站前后设置多个靶球或靶点,靶球放置必须保证前后站都能看到。放置好靶球或靶点后,架设仪器开机扫描。外业扫描完成后,再对外业采集的数据进行后处理,主要包括预处理、拼接、数据提取及分析、数据输出、形成报告等环节。

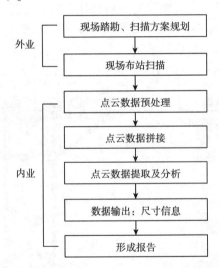

图 3.9-8 钢桁梁整体扫描作业流程

(3)数据采集与预处理

钢桁梁全长 419.6m,精度要求较高,因此提前制定扫描方案。共设 96 个测站点,所有站点布设于下层桥面,由北向南进行扫描,横向沿桥宽设置 3 个测站,纵向一般 10~15m 一个测站。钢桁梁扫描站点平面布置如图 3.9-9 所示,现场扫描如图 3.9-10 所示。

经外业数据采集后得到各个分站点的点云数据,利用扫描仪配套后处理软件 Realworks 将各站点数据拼接成整体模型(图 3.9-11)。此模型不仅包括主桥模型还包括了周边地物的信息,因此需对周边范围内冗余数据进行去噪、清理,留下完整的主桥模型,也可减轻数据量。拼接完成可以形成 .asc、.bsf、.dgn、.dwg、.dxf、.las、.laz、.rcp、.rcs、.pod 等多种格式,供其他软件共享应用与参考。

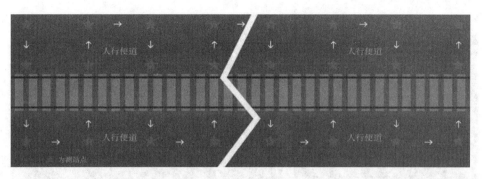

图 3.9-9 钢桁梁现场测站平面布置示意

图 3.9-10 钢桁梁现场三维扫描

图 3.9-11 钢桁梁三维点云模型

(4) 点云模型应用

主桥采用地面式三维激光点云扫描,为后续研究应用,提供了电子存档数据。扫描成果可用于指导新构件的设计与加工,解决新老构件匹配问题,下面举例说明。

采用三维激光点云扫描技术,对现状桥梁进行扫描,获取主桥点云模型,并进行主桁切片处理,形成各主桁平联杆件间的数据图。以主桥正中央桥墩为中心,中央位置 2 对,南北侧各 13 对,共 28 对主桁竖杆需进行测量分析,其数据成果如图 3.9-12、图 3.9-13 所示。其数据结果与原设计数据对比,发现靠近上端横联处最大偏差达 6mm。

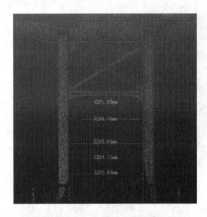 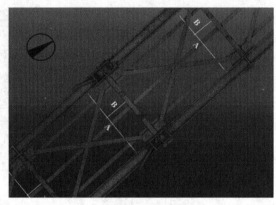

图 3.9-12　竖杆横向间距测量　　　　图 3.9-13　上弦杆横向间距测量

根据三维扫描成果分析情况,修改了板桁结合处上层桥面系底板横桥向尺寸,使其能适应主桁上弦杆横向偏差的要求,具体构造如图 3.9-14 所示。三维扫描技术的应用,有效提升了该项目施工效率,为项目数字化改造提供了新的技术思路。

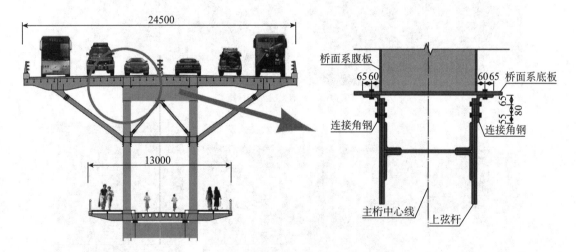

图 3.9-14　板桁结合处构造示意(尺寸单位:mm)

2) 节点板局部扫描

(1) 总体思路

松浦大桥节点加固创新性地采用栓接挖空钢板方法,如图 3.9-15 所示。该方法避免了拆除原铆钉,可适应原位加固的需求,但涉及新老板件匹配,需要准确掌握老桥节点板尺寸。

本次针对节点板构件的扫描,是采用加拿大 Creaform 公司的 Go! Scan 50 系列手持扫描仪。该设备的大小为 150mm × 171mm × 251mm,质量为 950g,精度可达 0.1mm,分辨率为 0.5mm。扫描的过程可实时在计算机屏幕上看到正在执行的操作以及还需要执行的操作,简单方便,同时实时呈现三维点云模型,如图 3.9-16 所示。

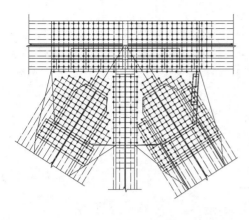 

a)节点加固图　　　　　　　　　　　　b)现场加固完成后

图 3.9-15　节点加固方案

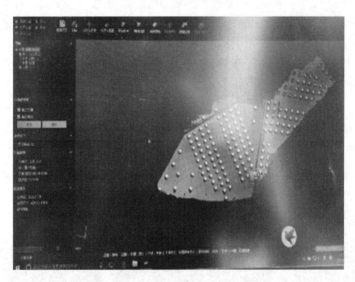

图 3.9-16　手持式三维扫描仪实时呈现图

手持式三维扫描通过收集实物表面的三维坐标点,将大量点坐标进行集合(即点云),将点云看作被测实体的数模。手持式三维扫描基于三角法原理测距,是一种利用图像和可控光源的测距技术。其基本工作原理为:利用 LED 照明设备照射物体表面产生光条纹,由两个摄像机拍摄的图像中检测出这些条纹,他们的形态和间断性,构成了物体各可见表面与相机之间的相对测度。光源投射于被扫描物体表面,形成一条特征光束,摄像机光轴与白光投射面形成一个角度。若已知摄像机之间的位置关系,便可以测量两摄像机公共视场内物体的三维尺寸以及空间物体特征点的三维坐标。

(2)扫描流程

手持扫描仪主要用于构筑物形态的高精度逆向还原,和地面式大空间三维激光点云扫描类似,分为外业数据采集与内业数据处理,节点板局部扫描作业流程见图 3.9-17。

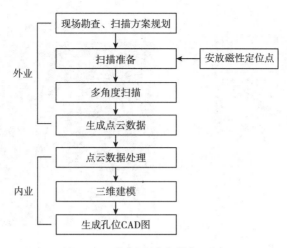

图3.9-17 节点板局部扫描作业流程

手持式扫描仪数据采集前需进行的准备工作与地面式三维激光点云扫描有所不同,包括:①板件上隔一定距离贴上带有磁性的定位点,以增强仪器捕捉能力;②扫描工作需在光线暗的地方进行,不宜在强光下或阳光直射下开展;③板件上保证无杂物遮挡,以确保完整采集节点板数据;④提前打开移动电脑的扫描软件,进行参数配置,保证扫描仪与电脑能有效进行实时数据传输,确认扫描质量;⑤现场确保有有效电源,以供扫描仪有效工作。

(3)数据采集与预处理

节点板扫描时,松浦大桥正在施工改造,上层公路仍在通行且车流量较大。扫描人员在江上升降吊篮中开展外业数据采集,现场扫描见图3.9-18。

图3.9-18 节点板现场扫描

每个节点板大小约为2m×2m,分两次扫描,然后将两次扫描文件在专业处理软件中予以拼接整合、去噪等预处理,形成节点板点云模型(图3.9-19)。其中,预处理工作包含去除一些不必要的构件数据、未扫描完全的构件局部修复工作等内容。

a)数据拼接

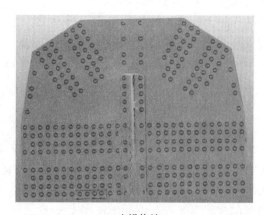
b)去燥修补

图 3.9-19　数据预处理点云模型

(4) 点云模型的应用

扫描的节点板文件经过预处理后,形成如图 3.9-20a)所示的三维实体模型,再经过专业后处理软件处理分析,如 Geomagic control,形成可供 Auto CAD 可读的数据文件,继而得到可供编辑的二维图纸,如图 3.9-20b)所示。以上三维扫描数据成果,指导了加固新节点板的设计与加工,为加固改造提供了有效的技术参数,大幅提升了工作效率。

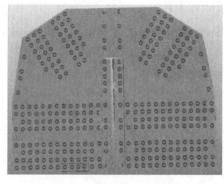
a)预处理后点云模型

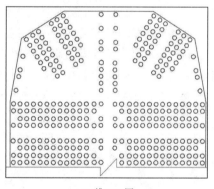
b)二维CAD图

图 3.9-20　节点板预处理后点云模型及 CAD 图

3.10　小　　结

桥梁维修改造内容繁杂、限制因素多,尤其需考虑对既有交通及周边环境的影响,因此,对施工组织、施工工装、施工方案提出了很高的要求。松浦大桥改造项目,采用了上下层分阶段施工的组织方案,开发了移动式涂装及防护平台工装,研发应用了变形杆件原位矫正技术、主桁原位加固技术、桥梁整体顶升技术、预制组合桥面板横桥向裂缝控制及安装控制技术、三维扫描技术等,相关施工经验可为其他钢桁桥维修改造参考使用。

(1) 应根据钢桁桥涂层现状及耐久性要求选择合理涂装方案,涂装作业可采用全封闭移动式涂装工装,以满足环保及施工质量要求。模块式移动防护棚架,既能保证下层通行安全,又能作为上层施工的操作平台。移动式涂装工装及模块式移动防护棚架具有经济、便捷的优点。

(2)桥梁原位负荷条件下进行船撞变形矫正时,主要受力构件应采用冷矫正方法,横向联结系等次要构件可采用辅以热矫正的方法。应对变形矫正后的杆件进行检测,根据变形损伤程度,确定是否采取相应补强加固措施。

(3)为保证加固效果,加固时机选择非常重要,加固正式施工时宜尽量降低桥梁自重,以降低杆件负荷水平。结合施工组织,可将加固施工分加固件初步安装、栓(铆)接正式施工两个环节,以缩短封交时间,减小对既有交通的影响。增大截面法加固,存在新老构件匹配问题,可通过现场投孔、三维扫描手段满足安装精度要求。钢混组合法加固,可采用自流平混凝土及合理的浇筑工艺满足混凝土密实度要求。

(4)采用了PLC整体顶升技术,提升了航道的通行能力,并将铁路桥改造为越江慢行通道。对连续双层钢桁梁顶升适应性及关键技术问题进行研究,保证了顶升施工的顺利进行。下层引桥具有规模大、调坡、降墩等特点,在对南引桥顶升施工总结的基础上,北引桥采用整体同步落梁、分跨到位后整体调坡的方案,提高了工效。

(5)针对上层桥面系不同部位受力需求,研发应用了三种不同性能指标的低收缩高强韧性混凝土。针对混凝土施工性能差的缺点,通过试验对混凝土配合比、施工工艺和设备进行了优化,提出专项技术要求。

(6)通过预制钢-混凝土组合桥面板制作、安装施工优化措施研究,改善了大挑臂组合桥面板横向受力性能,保障了安装的顺利进行。厂内钢梁预弯方法效果有限,可通过预制时少支点布置、安装时反力架张拉等方法降低混凝土拉应力水平。另外,通过反力架张拉可对桥面板横向线形进行主动控制,便于斜撑安装、组合板环缝连接。

(7)基于三维扫描技术,分别对钢桁梁整体及主桁节点进行了不同精度等级的扫描。分析了两主桁竖杆及上弦杆横向间距,形成节点板现状数字模型及二维加工图纸,为改造工程钢构件设计及加工提供了有效参考。与传统测量手段相比,三维扫描可以快速大量获取目标物表面的三维空间信息,采集到的信息也比较完整,提高了测量作业效率及精度。

第4章 钢桁梁检测与评估

4.1 引　　言

松浦大桥主桥为钢桁梁桥,结构较为复杂。桥梁建设于 20 世纪 70 年代,当时建桥所采用的材料、设计标准相对较低;钢桁梁超静定结构内力状态与当初建桥采用的施工方法有关,需要识别确认;桥梁已运营 40 余年,结构受到交通荷载作用、锈蚀、船撞等引起的各种损伤及不利影响;改造后桥梁自重增大,交通荷载的作用效应也将大幅变化,并将继续服役 50 年。为避免以上因素对松浦大桥产生不利影响,对老结构进行相关检测,并对改造后的结构进行评估是十分必要的。具体研究内容如下:

(1)病害检测。对主桥钢桁梁改造设计中拟保留结构的锈蚀、变形、裂纹、连接松动等病害进行检测,量化这些病害的严重程度。

(2)材料性能试验。包括化学成分检测、钢板拉伸试验、铆钉剪切试验及钢材断裂力学试验等。

(3)变形钢板分析。包括变形钢板拉伸试验、冲击试验、宏微观形态分析。

(4)锈蚀构件分析。包括锈蚀钢构件承载力模型、疲劳抗力模型及基于环境参数检测的钢构件锈蚀速度预测。

(5)交通荷载模拟与评估。包括现状交通调查,交通荷载模拟,极限荷载、疲劳荷载效应评估。

(6)老桥受力识别。对原桥施工过程进行分析,并进行支座反力及结构动力特性识别,评估桥梁改造前的受力状态。

钢桁梁检测与评估研究技术路线示于图 4.1-1 中,通过相关的检测、试验、分析等以探明老桥的技术状况,降低老结构力学性能的不确定性,为桥梁维修改造提供依据。

松浦大桥节点编号规则示于图 4.1-2 中,所有桁架下弦节点均以 E 起头,所有上弦节点均以 A 起头,在字母后面按数字顺序依次编号。另对下游侧节点增设 q(靠近金山铁路桥)以便对上下游节点编号进行区分。松浦大桥改造方案降低了原结构桁片间上、下平纵联结构的荷载效应,部分受力较高的横联则予以更换,使部分老构件在整个结构体系中的重要性降低,不再成为影响安全的要素,因此未对这部分构件进行编号。

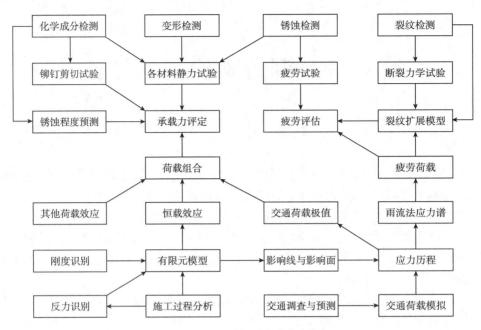

图 4.1-1 钢桁梁检测与评估技术路线

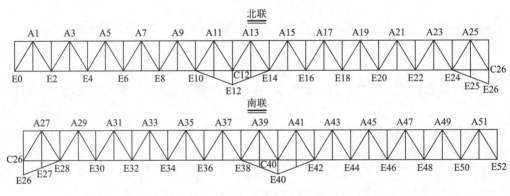

图 4.1-2 松浦大桥主桁编号

4.2 病害检测

松浦大桥原结构为两联四跨的连续钢桁梁桥，上层为双车道公路桥面，下层为单线铁路桥面。在多重荷载作用及环境影响下，各类病害均可能发生，因此须对所有可能钢结构病害加以详细检测。鉴于本工程将对全桥重新涂装，因此涂装不作为本次检测的重点。具体检测项目包括：

(1) 构件变形，主要针对失稳变形与撞击变形两种类型。
(2) 锈蚀病害，含缝隙腐蚀、坑蚀、均匀腐蚀、应力腐蚀等。
(3) 构件开裂，主要由疲劳引起。
(4) 连接病害，包括铆钉烂头、浮高、飞边、松动、剪断等。

4.2.1 变形检测

松浦大桥横跨黄浦江航道,由于黄浦江属于感潮河道,往来船只高度可能超出通航净空,导致部分构件受到船撞并发生变形。船撞变形是瞬时发生的,钢构件的塑性性能难以充分发挥,相对危害性更高,因此需要对松浦大桥的船撞变形进行检测。

1) 检测步骤

结合现有技术力量,主要采用以下方式对变形程度展开检测:

(1) 对可到达的变形构件,直接利用皮尺等工具进行测量。

(2) 对于无法到达的构件,尽可能选取多个角度对构件拍照,通过照片估测构件的相对变形程度,再经由已知参照物推测构件的变形程度。

(3) 对严重变形构件进行超声探伤,并记录探测发现的裂纹情况。

2) 检测结果

船撞变形主要出现在主桁下弦杆、加劲弦及下弦风撑构件上,如图4.2-1所示。下弦杆存在截面整体扭转变形及翼缘板局部小变形;由于加劲弦杆刚度大,因此变形主要表现为翼缘板局部小变形;相反地,风撑刚度小,因此风撑受船撞后往往在较大范围内出现卷边、扭曲甚至撕裂。船撞变形的检测结果列于表4.2-1中。可见全桥计有15根杆件明显受到船撞影响。所有被撞杆件均属于南端一联,分析认为这与黄浦江航运有关:黄浦江上靠南岸的航道属于下行航道,船借水速,船与桥间的相对速度较高,因此易于发生船撞事故。

a) 下弦杆整体扭转变形

b) 加劲弦局部变形

c) 下弦风撑卷边撕裂

图4.2-1 钢桁梁船撞变形

松浦大桥钢构件船撞变形测量结果(mm)　　表4.2-1

构件编号	部位	最大偏移量/变形板件宽度(影响范围)
E26E27	翼板	95/370
E26E27 平联	两翼板	下翼板撕裂
E26qE27q	外翼板	60/370(7500)
E26qE27q 平联	下翼板	20/130(180)
E31qE32q 斜撑	两翼板	80/130(3000)
E32E31 平联	翼板	70/130
E32E33	两翼板	60/370(8000)
E33E32 平联	下翼板	50/130(1700)
E34E33 平联	下翼板	撕裂

续上表

构件编号	部位	最大偏移量/变形板件宽度(影响范围)
E34E35	外翼板	60/370(8000)
E39横梁	下翼板	100/120(1300)
E39q节点	两翼板	50/150(8000)
E40qE39q	两翼板	55/200(500),65/100(350),50/150(700)
E39E40平联	腹板、下翼板	55/380(4000),55/240(4000)
E40E38	两翼板	70/200(900),70/150(450),50/150(1150)

通过变形检测可发现,大多数情况下构件主要变形出现在翼板与腹板相接处,这是由于松浦大桥主要受力构件均为H形,而受撞击部位均在翼板上的缘故。由于杆件较长使翼板横向受到的约束少,因此受到面外荷载作用时,被撞翼板绕着与腹板连接处转动。主要受力构件中,加劲弦的变形更为严重,这是由于加劲弦的桥下净空较低,因而被船撞的概率相对更大。对该处构件的超声探伤虽未检出开裂,但由于塑性变形降低了结构的延性,如果再次遇到船撞或机械加工作用,则这些严重变形的部位很有可能开裂,应采取可靠措施进行加强。

4.2.2 锈蚀检测

1)检测步骤

锈蚀是影响松浦大桥主桁钢结构耐久性的关键问题。由既有研究经验可知,钢构件的承载力主要受到结构表面锈损深度的影响,因此进一步锈损检测也主要针对锈损深度的测量展开,其检测步骤如下:

(1)找到严重锈损构件,记录病害位置。

(2)利用凿子、钢丝刷等工具将构件表面锈损产物去除,并用毛刷对暴露出来的锈损截面进行清洁。

(3)采用游标卡尺测量构件表面锈损最严重处的锈损深度。部分构件由于空间狭窄等情况无法采用游标卡尺测量锈损截面,通过抵近拍照,根据锈坑周边参照物估测构件的锈损程度。

2)检测结果

锈蚀主要出现在下弦杆、腹杆下端节点附近、下弦平联节点板连接处等区域,最严重处可见明显的锈胀与锈坑,如图4.2-2所示,主要受力构件锈损程度检测结果详见表4.2-2。

a)下弦杆腹板连接角钢端部锈损　　　　b)下弦平联节点板连接处的锈胀

图4.2-2 钢桁梁锈蚀

主要受力构件锈蚀程度测量结果(mm)　　　　　表 4.2-2

构件编号	部位	锈损范围(长×宽×深)
E0qE1q	角钢水平肢	3000×12×2.3
	腹板	3000×400×0.8
E1qE2q	角钢水平肢	150×8×3.0
	角钢水平肢	20×12×3.4
	角钢水平肢	80×12×5.5
	腹板	1500×400×1.5
E5qE6q	角钢水平肢	1000×125×0.2
	腹板	1000×400×0.2
E23q	角钢水平肢	2000×125×0.2
	腹板	2000×400×0.5
E31qE32q	角钢水平肢	150×12×2.1
	腹板	150×25×1.1
E35E36	角钢水平肢	1500×12×2.0
	角钢水平肢	1500×125×1.8
	角钢竖直肢	1500×25×1.0
	腹板	2000×430×1.0
E37qE38q	角钢水平肢	2000×12×1.0
	角钢水平肢	2000×50×0.8
	腹板	2000×400×0.7
E44E43	角钢水平肢	150×12×3.2
C27E28	腹板	1500×100×1.8
	翼板	1500×50×1.0
	腹板	1500×200×1.6
	腹板	100×100×0.2
E49qA49q	下节点板	100×10×2.0

4.2.3 疲劳裂纹检测

探伤用的设备是国产 CTS-22 型数字式超声波探伤仪,斜探头探伤如图 4.2-3 所示。

根据松浦大桥主桁构件受力特点,选定受拉杆件最不利铆钉孔边进行超声裂纹探伤,典型测点位置如图 4.2-4 所示。对下弦所有受拉杆件最不利铆钉孔进行检测,未检出缺陷。但在对腹杆 C25A25 下端进行检测时,发现该竖杆板边非铆钉孔边的超声回波信号达到 $\phi 3 \sim \phi 10$ 分贝,显示可能存在母材材料夹杂。

4.2.4 连接病害检测

松浦大桥铆钉连接病害主要表现为局部施工缺陷导致的飞边、浮高以及由于养护不利造成的烂头,详见表 4.2-3、图 4.2-5。

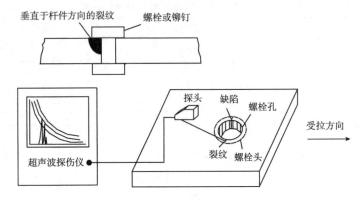

图 4.2-3　斜探头探伤示意

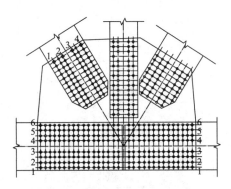

图 4.2-4　E2 节点测点位置

连接病害检测结果 表 4.2-3

病害类型	概略位置	描述
铆钉浮高	A1 节点板（外侧）	角钢上 1 个铆钉飞边约 1cm
铆钉歪斜	A3 节点板（靠近 A2 外侧）	1 个铆钉严重歪斜、表面锈蚀
铆钉浮高	A3 节点板（靠近 A2 外侧）	约 0.5cm
铆钉浮高	A3q 铆钉	铆钉浮高且有锈蚀，锈蚀深度约 3mm
铆钉浮高	A40 节点板外侧铆钉	浮高处有锈
铆钉烂头	E39qE40q 近 E39q	
铆钉烂头	E26q 支座上方钢板	好几个铆钉严重烂头，拼板锈胀

a) 铆钉飞边与浮高

b) 支座处铆钉严重锈蚀

图 4.2-5　铆钉连接病害

目前国内无相关铆钉施工验收规范,参照早期铁路规范,结合现在施工工艺及施工经验,新建工程铆钉施工质量控制要求可参考表4.2-4。考虑到改造项目原位负荷条件下铆钉更换可能带来的连接受力重分配问题,对既有结构铆钉的要求可适当放宽。松浦大桥改造工程需结合桥面拓宽后荷载的增加,对病害严重铆钉进行更换。

新建工程铆接质量要求 表 4.2-4

序号	项目	示意图	容许限度
1	用锤敲打时钉头振动		不允许
2	钉头之周围全部与杆件不相密贴		不允许
3	钉头周围局部与杆件不相密贴		不允许
4	钉头裂纹		不允许
5	钉头偏心		$b<0.1d$
6	钉头周围部分不圆整		$a+b<0.15d$
7	钉头周围全部不圆整		$a+b<0.1d$

续上表

序号	项目	示意图	容许限度
8	钉头小		$a+b<0.1d$ $c<0.05d$
9	沉头钉钉头凸出		$a<0.5$
10	沉头四周或局部不紧贴		$a<0.1d$

4.3 材料性能分析

钢桁梁所用钢材的力学性能决定了结构的技术性能和安全程度。工业用钢除以铁为主要成分外,还含有少量的碳、锰、硅、硫、磷、氮、氧、氢等元素,这些元素对材料性能有一定程度的影响。钢铁产品品种不同,要求检验的项目也不同,具体到松浦大桥材料分析的需要,选取以下项目进行检测:

1) 化学成分检测

用以确定材料的基本材质,推测其力学性能,由元素含量还可判断钢材的可焊性、耐蚀性等指标。

2) 钢板拉伸试验

通过拉伸试验得到材料的屈服点、抗拉强度、伸长率等。

3) 铆钉剪切试验

由于铆钉构造尺寸的特殊性,难以通过拉伸试验获取其力学性能,因此专门设计剪切试验对钢材的力学性能进行检验。

4) 断裂力学试验

由于疲劳试验价格昂贵,试验数据离散性高,因此有必要补充断裂力学试验对钢材的耐疲劳力学性能进行分析评估。

4.3.1 化学成分检测

1）采样位置

钢板检测取样来自下层铁路桥面纵梁，铆钉检测材料取样来自纵梁下翼板及连接板与横梁的连接铆钉。

2）检测方法

钢板及铆钉中化学元素检测采用 X 射线荧光光谱分析。X 射线荧光光谱分析基本原理如下：用具有一定能量的 X 射线照射被分析试样，使试样原子激发，即使原子的内层电子由低能阶激发到高能阶去。处于激发状态的原子是极不稳定的，势必在一个极短的时间内释放出多余的能量，并使电子跳回到低能阶。这部分释放出来的能量将以荧光 X 射线的形式放出，所射出的荧光 X 射线的波长与元素的原子序数有映射关系，可用于元素识别。X 射线荧光光谱分析的优点是操作方便、准确度高、分析速度快，既可作常量分析，又可测定纯物质中某些痕量杂质元素。

在松浦大桥检测中，随机选取两块钢板和两个铆钉作为测试对象，并对每个测试对象随机选取 3 点进行检测。在评估材料种类时，取其平均值进行分析，在评估其锈损速度时，取其最不利值进行分析。

3）检测结果

钢板与铆钉的化学成分检测结果列于表 4.3-1、表 4.3-2 中。对照《桥梁用结构钢》(GB/T 714—2015)[32]可知松浦大桥钢板材质等同于 Q345qC，铆钉材质属于 ML15。

松浦大桥钢板主要化学元素含量(%)   表 4.3-1

元素	测点 a_1	测点 a_2	测点 a_3	测点 b_1	测点 b_2	测点 b_3	平均值	限值
C	0.176	0.178	0.179	0.164	0.158	0.161	0.169	≤0.2
Si	0.407	0.443	0.435	0.428	0.444	0.431	0.431	≤0.6
Mn	1.38	1.40	1.43	1.49	1.49	1.49	1.45	1~1.6
P	0.0149	0.0151	0.0162	0.0188	0.0184	0.0186	0.0170	≤0.035
S	0.045	0.0362	0.0463	0.0319	0.0339	0.0321	0.0376	≤0.035
Cr	0.0071	0.0068	0.0066	0.0075	0.0076	0.0077	0.0072	
Mo	0.0000	0.0000	0.0000	0.0000	0.0000	0.0000	0.0000	
Ni	0.0132	0.0142	0.0133	0.0147	0.0139	0.0122	0.0136	
Al	0.0074	0.009	0.0078	0.0177	0.0177	0.016	0.013	
Co	0.0072	0.0068	0.0066	0.0075	0.0077	0.0072	0.0072	
Cu	0.0118	0.0118	0.0119	0.0125	0.0125	0.0125	0.0122	
Nb	<0.004	<0.004	<0.004	<0.004	<0.004	<0.004	<0.004	≤0.045
Ti	<0.001	<0.001	<0.001	<0.001	<0.001	<0.001	<0.001	≤0.02
V	0.0018	0.002	0.0022	0.0015	0.0017	0.0019	0.0018	≤0.08
W	<0.007	<0.007	<0.007	<0.007	<0.007	<0.007	<0.007	
Pb	0.003	0.0022	0.002	0.0026	0.0032	0.0027	0.0026	

续上表

元素	测点 a_1	测点 a_2	测点 a_3	测点 b_1	测点 b_2	测点 b_3	平均值	限值
Sn	0.0041	0.0045	0.0045	0.0045	0.0042	0.0043	0.0044	
Mg	<0.001	<0.001	<0.001	<0.001	<0.001	<0.001	<0.001	
As	0.0197	0.0196	0.0228	0.0214	0.0226	0.0206	0.0211	
Zr	0.0023	0.0021	0.0018	0.0021	0.0025	0.0022	0.002	
Bi	<0.002	<0.002	<0.002	<0.002	<0.002	<0.002	<0.002	
Ca	<0.0001	<0.0001	<0.0001	<0.0001	<0.0001	<0.0001	<0.0001	
Ce	<0.0015	<0.0015	<0.0015	<0.0015	<0.0015	<0.0015	<0.0015	
Sb	0.0026	0.0032	0.0025	0.0029	0.0032	0.0024	0.0028	
Se	<0.0015	<0.0015	<0.0015	<0.0015	<0.0015	<0.0015	<0.0015	
Te	0.0073	0.0062	0.0055	0.0068	0.0070	0.0069	0.0066	
Ta	<0.020	<0.020	<0.020	0.0273	0.0371	0.0238	0.0147	
B	0.0017	0.0018	0.0022	0.0023	0.002	0.0021	0.0020	
Zn	0.0027	<0.0010	0.0016	<0.0010	0.0023	0.0024	0.0015	
La	<0.0005	<0.0005	<0.0005	<0.0005	<0.0005	<0.0005	<0.0005	
N	<0.0010	<0.0010	<0.0010	0.0013	<0.0010	<0.0010	<0.0010	≤0.018
Fe	97.8	97.8	97.8	97.7	97.7	97.7	97.8	

松浦大桥铆钉主要化学元素含量(%)　　　　表4.3-2

元素	测点 a_1	测点 a_2	测点 a_3	测点 b_1	测点 b_2	测点 b_3	平均值	限值
C	0.104	0.106	0.112	0.102	0.101	0.104	0.105	0.13~0.18
Si	0.0432	0.0427	0.0369	0.0435	0.0577	0.0469	0.0452	≤0.1
Mn	0.317	0.326	0.349	0.322	0.317	0.314	0.324	0.30~0.60
P	0.0102	0.0104	0.0098	0.0097	0.0088	0.0102	0.0098	≤0.035
S	0.0339	0.0328	0.0349	0.032	0.0271	0.0275	0.0314	≤0.035
Cr	0.0039	0.0328	0.0349	0.0036	0.0037	0.0039	0.0138	
Mo	0.0000	0.0000	0.0000	0.0000	0.0000	0.0000	0.0000	
Ni	0.0207	0.0189	0.0186	0.02	0.0213	0.0224	0.0203	
Al	<0.0005	<0.0005	<0.0005	<0.0005	<0.0005	<0.0005	<0.0005	
Co	0.0065	0.0069	0.006	0.0061	0.0063	0.0064	0.0064	
Cu	0.0164	0.0164	0.0166	0.0165	0.0166	0.0164	0.0165	
Nb	<0.004	<0.004	<0.004	<0.004	<0.004	<0.004	<0.004	
Ti	<0.001	<0.001	<0.001	<0.001	<0.001	<0.001	<0.001	
V	<0.0005	<0.0005	<0.0005	<0.0005	<0.0005	<0.0005	<0.0005	
W	<0.007	<0.007	<0.007	<0.007	<0.007	<0.007	<0.007	
Pb	0.0069	<0.0020	<0.0020	<0.0020	<0.0020	<0.0020	<0.0020	
Sn	0.0025	0.0024	0.0026	0.0024	0.0024	0.0025	0.0025	

续上表

元素	测点 a_1	测点 a_2	测点 a_3	测点 b_1	测点 b_2	测点 b_3	平均值	限值
Mg	<0.001	<0.001	<0.001	<0.001	<0.001	<0.001	<0.001	
As	0.019	0.016	0.0111	0.007	0.0073	0.0137	0.0124	
Zr	0.0019	<0.0015	<0.0015	<0.0015	0.0017	0.0018	0.0018	
Bi	<0.002	<0.002	<0.002	<0.002	<0.002	<0.002	<0.002	
Ca	<0.0001	<0.0001	<0.0001	<0.0001	<0.0001	<0.0001	<0.0001	
Ce	<0.0015	<0.0015	<0.0015	<0.0015	<0.0015	<0.0015	<0.0015	
Sb	<0.002	<0.002	<0.002	<0.002	<0.002	<0.002	<0.002	
Se	<0.0015	<0.0015	<0.0015	<0.0015	<0.0015	<0.0015	<0.0015	
Te	0.0055	0.0057	0.0049	0.0052	0.0048	0.0048	0.0052	
Ta	<0.02	<0.02	<0.02	<0.02	<0.02	<0.02	<0.02	
B	0.0016	0.0015	0.00052	0.0012	0.00079	0.0010	0.0011	
Zn	<0.001	<0.001	<0.001	0.0013	0.0011	<0.001	0.0012	
La	<0.0005	<0.0005	<0.0005	<0.0005	<0.0005	<0.0005	<0.0005	
N	<0.001	<0.001	<0.001	<0.001	<0.001	<0.001	<0.001	
Fe	99.4	99.4	99.3	99.4	99.4	99.4	99.38	

由表4.3-1中数据可知,松浦大桥钢板的材质较现有规范要求略低,主要表现为S元素含量超标,这会导致钢板的热脆增大,不利于焊接施工。

4.3.2 钢板拉伸试验

1)检测方法

拉伸试件来源于下层铁路桥面纵梁的下翼缘板,板厚16mm,其构造如图4.3-1所示。累计加工拉伸试件10根,在万能试验机上进行加载(图4.3-2),并在加载过程中同步测量伸长量以及荷载,绘制荷载-位移曲线。

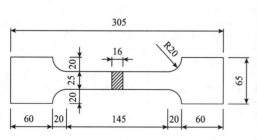

图4.3-1 拉伸试件构造(尺寸单位:mm)

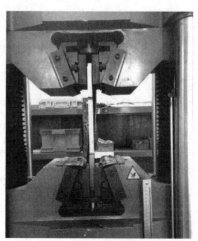

图4.3-2 试件加载

2）检测结果

试件断口如图4.3-3所示，可见试件的颈缩现象不够明显，断面未见杯口状断口及放射纹。典型试件的拉伸荷载-位移曲线如图4.3-4所示。

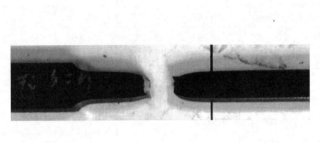

图4.3-3 试件断口

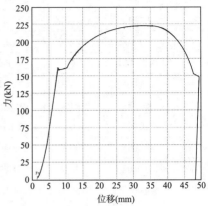

图4.3-4 典型试件拉伸曲线

表4.3-3中列出了实测结果，屈服荷载分别记录上屈服点与下屈服点两个数据。Q345钢以其曲线的下屈服点作为屈服强度，根据表4.3-3中数据可算得试验钢板对应于95%保证率的强度标准值为389.6MPa，对应的抗拉强度值为525.6MPa。以上数据中钢材的屈服强度标准值达到Q370水平，但抗拉强度略低于Q370，因此将松浦大桥所用钢板等级偏安全地归为Q345。

松浦大桥钢板力学性能 表4.3-3

编号	横截面积			屈服强度		抗拉强度		伸长率（%）
	宽（mm）	厚（mm）	截面积（mm²）	上、下屈服点的屈服荷载 F_{eH}/F_{eL}（kN）	上、下屈服点的屈服强度 R_{eH}/R_{eL}（MPa）	抗拉极限荷载 F_m（kN）	抗拉强度 R_m（N/mm²）	
1	24.90	16.06	399.93	161.81/159.21	404.59/398.09	222.00	555.09	28.32
2	25.10	16.05	402.86	166.63/162.00	423.61/403.12	227.07	563.73	30.52
3	24.84	15.86	393.96	163.08/153.98	413.95/390.85	221.58	562.44	29.25
4	25.01	15.90	397.66	162.48/158.35	408.59/398.20	224.67	564.98	30.51
5	25.00	15.67	391.75	160.94/156.99	410.82/400.74	224.76	573.73	30.20
6	25.10	15.79	396.33	161.03/160.72	406.30/405.52	226.87	572.42	27.77
7	25.01	16.36	409.16	162.13/159.40	396.25/389.57	211.74	517.50	29.63
8	25.00	16.00	400.00	165.73/159.33	414.32/398.33	216.49	541.22	29.08
9	25.00	15.92	398.00	164.09/161.70	412.29/406.28	216.77	544.64	30.01
10	25.01	15.86	396.66	168.98/161.49	426.00/406.49	215.91	544.32	29.04

4.3.3 铆钉剪切试验

1）检测方法

采用来自原结构下层桥面的纵梁下翼板及其连接铆钉进行铆钉剪切试验,试件构造如图4.3-5所示。试件没有设置变宽度段,是由规范钉距限制决定的。同样采用万能试验机对结构进行加载,试件在加载前、加载中及加载后的状态如图4.3-6所示。

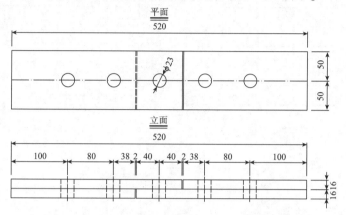

图4.3-5　铆钉连接剪切试件构造(尺寸单位:mm)

a）试样拉伸前状态　　　　b）试样加载过程中　　　　c）试样剪断后

图4.3-6　铆钉剪切试验

2）检测结果

3个试件剪切试验的荷载-位移变化结果示于图4.3-7中,可见在铆钉进入正常工作阶段之前,铆钉与板件间存在着一段近乎水平的曲线。当进入弹性阶段后,铆钉的剪切模量是在不断降低的,当达到最大值时迅速转入破坏状态。通过对图中数据进行分析,并进行统计处理,可知该铆钉的抗剪强度标准值为281.3MPa。

3）连接破坏分析

铆钉剪切断口的宏观照片如图4.3-8所示,钉杆剪切变形明显,从钉杆与钉孔壁间的缝隙来看,3个试件钉杆在剪切方向的变形量分别达到了2.9mm、2.2mm、2.6mm。铆钉孔长轴在受剪方向,为24.6mm,短轴为22.8mm,说明在受剪方向上,被连接的钢构件也出现了一定程度的塑性变形。3个试件在剪切试验中均出现钉杆被剪断现象,且钉杆存在一定程度的变形,但被连接的钢板钉孔变形则相对较小。本次试验中构件采用的边距、端距与松浦大桥实桥铆钉间距布置情况一致,这说明对于松浦大桥的铆钉来说,其主要破坏形式为钉杆剪断。

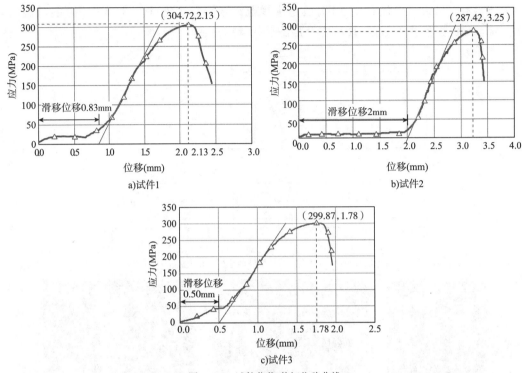

图 4.3-7 试件荷载-剪切位移曲线

由图 4.3-7 可见,在剪切过程中存在一定程度的滑移现象,滑移量从 0.5 到 2mm 不等,分析认为主要包括三部分影响因素:试验机夹头与试件间的滑移,钢板在夹头与铆钉拉扯下的伸长,铆钉的剪切变形,其中滑移是主要影响因素。为了去除夹头滑移及钢板受拉弹性变形的影响,重新加工试件,并在受剪铆钉两端设置引伸计对剪切承载力进行测量,如图 4.3-9 所示。首先对试件边缘进行打磨,将两个小钢条用胶水固定于剪切试件的上下两板,并将量程 5mm 的引伸计用橡皮筋固定于小钢条上。由于引伸计的量程较小,为防加载中突发大位移损坏引伸计,在加载到 50kN 时将引伸计取下再加载直到试件剪断。

图 4.3-8 试件断口宏观照片

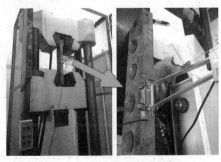

图 4.3-9 试验机及引伸计安装

2个试件采用引伸计后测得的结果分别示于图4.3-10中。由图可见,受剪铆钉所连接两钢板间的实际滑移变形量很小,在引伸计退出工作前,其滑移量仅为夹头位移量的不到1/3,且在夹头与试件间滑移阶段(图中荷载低于20kN的部分)引伸计两支脚间滑移可以忽略,分析认为这是由于被连接板间的静摩擦力抵消拉力所致。

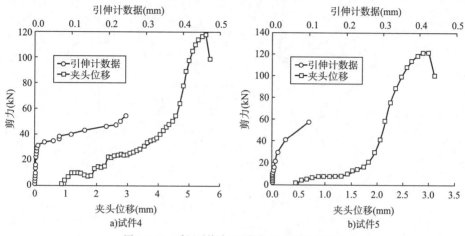

图4.3-10 采用引伸计后试件荷载-剪切位移曲线

考虑到松浦大桥铆接结构的不确定性,这里偏保守地根据试验结果假设铆钉杆与钉孔间存在最大0.3mm的空隙。显然空隙是钉杆弹性变形前发生滑移的主要原因。在一钉顶紧,而其他钉都存在0.3mm空隙的最不利情况下,则该钉达到极限承载力时其他钉尚处于强化阶段,其他钉还需要再额外加载0.3mm的位移才会达到极限强度。但当其他钉达到极限强度时第一颗钉已经破坏。基于以上分析,可偏保守地将极限强度所对应的位移值减去0.3mm处的应力值作为铆钉的抗剪承载能力。经相应的统计运算可知,铆钉的抗剪强度标准值为260MPa。《公路钢结构桥梁设计规范》(JTG D64—2015)[33]给出材料的强度设计值与标准值间的系数约为0.8,因此建议松浦大桥铆钉的抗剪强度设计值取为208MPa。

4.3.4 断裂力学试验

1)断裂力学方法简介

计算铆接钢桥剩余寿命可以采用经典疲劳分析方法,即依照传统韦勒曲线,但前提是受载历史必须准确已知,这对松浦大桥主桥来讲比较困难。此外,所采用的构件疲劳抗力曲线是根据全国情况确定的,不能确保与当地的实际条件完全符合,可能导致结果离散性偏大。克服这些缺陷的最佳方案是依据断裂力学方法,从已观察到的裂纹(很少发生)或假设的裂纹出发,模拟裂纹的扩展来计算桥梁的剩余寿命。

应用断裂力学方法模拟裂纹扩展来预测该桥的剩余寿命的一般过程可分三步:(1)根据铆接桁架桥疲劳受力特性,在工程断裂力学指导下进行关键部位的裂纹检测。(2)对构件建立断裂力学分析模型。(3)计算裂纹从探测长度或初始假定长度 a_0 扩展至临界裂纹的时间,确定检测间隔。一般来说,裂纹是从钉孔边萌生并沿垂直于构件方向扩展直至断裂,因此可以假定钉孔与裂纹近似为一个大裂纹,这样的假定是偏安全的。断裂力学模型简化过程如图4.3-11所示。

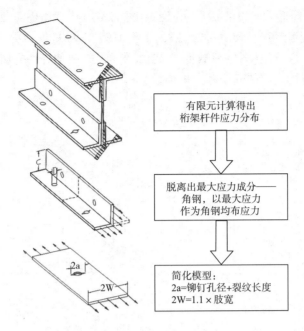

图 4.3-11 断裂力学模型简化过程

可以根据式(4.3-1)计算构件中裂纹扩展寿命:

$$N = \int_{a_0}^{a_{cr}} \frac{\mathrm{d}a}{\left(\frac{\mathrm{d}a}{\mathrm{d}N}\right)} \tag{4.3-1}$$

式中,a_{cr}为临界裂纹长度;a_0为裂纹初始长度。

2)材料参数检测方法

断裂力学试验的目的是为松浦大桥疲劳敏感构件在组合疲劳荷载作用下的寿命评估提供材料参数,具体检测参数包括裂纹扩展速率曲线、裂纹扩展门槛值、断裂韧性。为得到以上参数,依据国家标准[34]实施检测。检测材料来自松浦大桥下层桥面系钢纵梁的下翼缘板,板厚16mm。试验样品为标准的紧凑拉伸 C(T) 样品,试件详细尺寸示于图 4.3-12。裂纹扩展试验的流程如下。

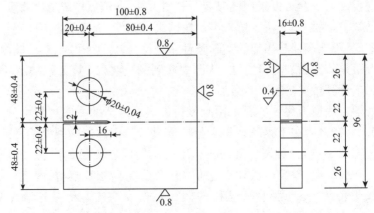

图 4.3-12 紧凑拉伸 C(T)试件构造(尺寸单位:mm)

(1)将试件安装在 MTS 疲劳试验机上,并正对裂尖,安装相应的测量设备;

(2)开始疲劳加载,每隔 1000 次加载循环记录一次试件上裂纹两端的电压,并同时记录试件的疲劳寿命;

(3)根据试件电压换算得到裂纹长度。

裂纹扩展门槛值试验的流程与裂纹扩展试验类似,但是在加载并出现裂纹扩展后按照恒应力比 R 逐渐降低试验机的疲劳荷载,直到裂纹扩展速度降至 1.0×10^{-6} mm/cycle 为止。断裂韧性试验的流程也是类似的,只是在疲劳加载初期就采用较高的疲劳荷载,并保持荷载直至试件破坏。

3)裂纹扩展速率试验结果

在应力比 $R=0.1$ 和 $R=0.3$ 下的裂纹扩展速率试验结果示于图 4.3-13。可见在恒应力比下,松浦大桥钢材所加工试件的裂纹扩展速度,在双对数坐标下随着应力强度因子幅呈线性变化,这与我们对钢材裂纹扩展规律的认知是相符的。但如果将图中的数据放在一起,则可发现两条曲线的数据并不重合,表明应力比对材料的裂纹扩展速度有一定的影响。

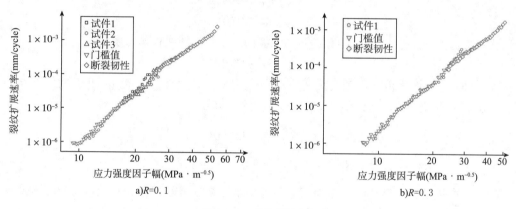

图 4.3-13 裂纹扩展速率

考虑应力比 R 对裂纹扩展的影响,选用 Edorgan 公式进行拟合:

$$\frac{da}{dN} = C\left[(1-R)^m K_{\max}\right]^n \qquad (4.3\text{-}2)$$

$$K_{\max} = \frac{\Delta K}{1-R} \qquad (4.3\text{-}3)$$

分别对式(4.3-2)中的数据进行最小二乘法曲线拟合,可得到 $m = -0.264$, $n = 4.490$, $C = 1.582 \times 10^{-11}$。如果考虑试验中测量以及材料的不确定性而引入概率统计,偏保守的按 99% 保证率计算,则可算得:$m = -0.326$, $n = 4.490$, $C = 2.231 \times 10^{-11}$。

4)裂纹扩展门槛值与断裂韧性

规范中以裂纹扩展速度曲线中 $da/dN = 10^{-7}$ mm/cycle 所对应的应力强度因子 ΔK 作为门槛值 K_{th}。由于本次试验设备的检测精度有限,未能直接得到对应于规定裂纹扩展速度的应力强度因子门槛值。为确定松浦大桥钢材的门槛值,这里将 $R=0.1$ 及 $R=0.3$ 门槛值试件对应数据选取第一拐点前的曲线部分并取对数并进行曲线拟合,相关系数最大拟合方式均为二次曲线,对应的门槛值试验数据拟合结果详见图 4.3-14。

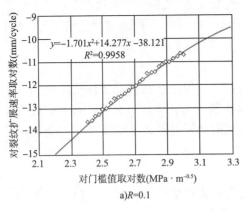 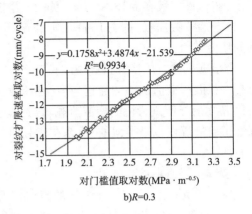

a) $R=0.1$ b) $R=0.3$

图 4.3-14　门槛值试验数据拟合结果

将 $da/dN=10^{-7}$ mm/cycle 代入拟合曲线,解得门槛值 K_{th} 如下:

$$R=0.1 \quad K_{th}=7.645 \text{MPa} \cdot \text{m}^{-0.5}$$

$$R=0.3 \quad K_{th}=4.210 \text{MPa} \cdot \text{m}^{-0.5}$$

通过以上两组数据点,可求得门槛值 K_{th} 关于应力比 R 的线性函数关系:

$$K_{th}=9.362-17.175R$$

钢材的断裂韧性可由试件断裂瞬间所对应的最大应力强度因子确定,由于试件是在疲劳加载中破坏的,因此实测结果应为 K_{Id},根据试验数据可知:

$$R=0.1 \quad K_{Id}=61.851 \text{MPa} \cdot \text{m}^{-0.5}$$

$$R=0.3 \quad K_{Id}=64.023 \text{MPa} \cdot \text{m}^{-0.5}$$

理论上,断裂韧性仅与 K_{max} 有关,而与应力比 R 无关,在本次试验中,两个不同应力比试件的计算结果较为接近,误差为3.4%,可以接受,这里偏安全地将断裂韧性取为 $K_{Id}=60\text{MPa} \cdot \text{m}^{-0.5}$。

4.4　变形钢板分析

根据检测发现松浦大桥有多处船撞变形,主要受力构件的船撞变形均采用冷矫正的方式进行维修。根据工程经验,多次船撞及冷矫正加工后由于冷作硬化会导致构件的屈服强度提高而韧性降低,使构件的伸长率下降,结构脆性增大,增加结构突然破坏的可能性,因此有必要对变形钢板的力学性能进行研究。具体工作内容包括拉伸试验、Charpy 冲击韧性试验、扫描电镜宏微观形态分析。

根据实桥变形检测数据,松浦大桥变形构件的最大变形偏角接近40°,因此研究以40°的最大变形作为研究上限。为确保试验的真实性,试件选择松浦大桥现场拆卸下来的废弃钢板(图4.4-1)加工制作。按图4.4-2中的弯折位置及区域分布,分别加工不同用途的试件。制作时,首先将钢板分为两批:一批进行弯曲变形,并使弯曲角度分别达到10°、25°和40°,用于宏微观形态分析;另一批则对经过10°、25°和40°三种弯曲变形的试件,利用与松浦大桥冷矫正施工相同的施工工艺将变形板件恢复至外观初始形态,用于拉伸试验和冲击试验。

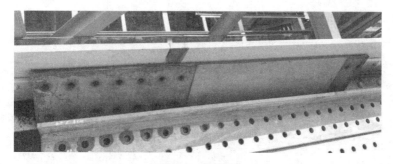

图 4.4-1 废弃钢板

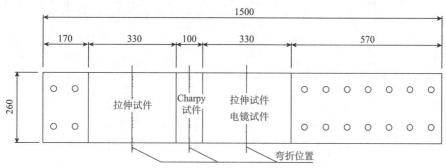

图 4.4-2 废弃板件的变形加工位置与试件用途(尺寸单位:mm)

4.4.1 拉伸试验

拉伸试验工况及结果列于表 4.4-1 中,钢材力学参数随变形程度变化规律如图 4.4-3 所示,图中 f_y、$E(f_y)$、f_{ys} 分别为屈服强度实测值、平均值及标准值,f_u、$E(f_u)$、f_{us} 分别为极限强度实测值、平均值及标准值。由表 4.4-1、图 4.4-3 可见,随着变形折角的增加,钢板的强度经历了先升高后降低的过程。显然,钢板强度的提高是由于机械加工产生的应变超过屈服平台所致,而后续钢板强度的降低则是由于较高的变形在钢板内形成了损伤。钢板的断裂延伸率则不断增加,从试验结果来看,在确保冷矫正不导致开裂的前提下,变形对构件伸长率的作用是有益的。

变形钢板拉伸试验工况与结果　　　　　　表 4.4-1

工况编号	弯折角度(°)	屈服强度(MPa)	极限强度(MPa)	伸长率(%)
0~1	0	398.28	574.73	27.25
0~2		395.34	566.41	27.54
0~3		396.57	568.64	27.99
0~4		393.46	568.13	27.12
0~5		390.94	564.48	27.67
1~1	10	406.34	589.47	26.00
1~2		417.04	591.82	28.18
1~3		410.19	587.04	30.80
1~4		405.98	587.24	29.74
1~5		401.88	587.83	28.66

续上表

工况编号	弯折角度(°)	屈服强度(MPa)	极限强度(MPa)	伸长率(%)
2~1	25	406.15	582.76	29.86
2~2		402.22	583.40	29.96
2~3		394.69	582.60	29.42
2~4		394.68	585.91	29.72
2~5		390.64	586.48	29.52
3~1	40	371.23	510.40	32.30
3~2		361.88	511.30	33.24
3~3		356.98	507.53	31.92
3~4		369.07	512.59	32.08
3~5		360.43	504.88	32.44

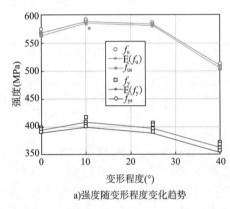
a)强度随变形程度变化趋势

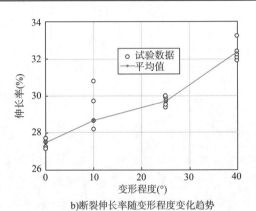
b)断裂伸长率随变形程度变化趋势

图 4.4-3 变形钢板力学参数变化规律

依据《公路工程结构可靠度设计统一标准》(GB/T 50283—1999),按95%保证率计算得到标准值。为了能更便捷地实现对变形构件承载力的评价,将试件强度标准值除以无变形损伤试件的强度标准值,结果如图4.4-4所示。对松浦大桥病害的检测结果显示,损伤最严重钢板的变形程度达到40°,处于图中折减曲线的有效范围之内。图中提供的折减曲线位于试验数据的下方,表明按该曲线计算是偏安全的。

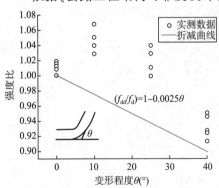

图 4.4-4 变形对强度比的影响规律

4.4.2 冲击试验

弯曲冲击试验是20世纪初夏比(G. Charpy)提出的,随后获得了广泛使用。在工程上该试验方法主要用于评估冶金质量、加工工艺质量,以及韧性-脆性转变温度,现用于评估钢板冷矫正后的韧性性能。试验在SANS摆锤式冲击试验机上实施,标准打击能量为300J。冷却介质采用燃料乙醇和液氮的混合液体,试验前将冲击试样冷却至规定温度并保温不少于5min后再进行冲击。试验结果汇总于表4.4-2、图4.4-5中，可发现冲击功数据的离散度较高，但用3σ法检验，未发现异常数据，据此认为以上试验结果均为有效。

夏比冲击韧性测试结果(J)　　　　　　　　　　　表4.4-2

变形角度	试件编号	温度(℃)			
		0	-20	-40	-60
无变形无矫正	001	82.9	77.6	33.5	30.9
	002	84.8	91.7	60.6	22.4
	003	98.7	80.4	80.1	41.5
	004	81.5	92.7	66.3	25.4
	005	80.8	81.8	39.3	12.8
变形10°冷矫正	101	81.3	67.6	13.7	5.9
	102	44.9	39.1	10.2	6.1
	103	83.6	80.6	5.9	6.2
	104	86.2	75.8	12.7	4.8
	105	65.4	29.9	7.8	5.3
变形25°冷矫正	251	53.2	27.3	9.2	4.5
	252	45.7	17.6	10.3	5.2
	253	21.1	30.5	11.4	5.0
	254	46.3	37.0	7.9	5.2
	255	50.6	44.3	7.6	5.3
变形40°冷矫正	401	25.6	15.8	6.8	4.5
	402	66.8	12.4	5.5	4.2
	403	59.5	10.9	5.6	6.8
	404	27.5	13.5	8.9	5.3
	405	37.2	12.3	7.9	4.7

由表4.4-2、图4.4-5可见，随着试验温度降低，试件的冲击功逐渐减少，最终达到5J左右(下平台)。而整个试验中，钢材冲击功的最大值未超过100J(上平台)，与同类结构钢材料相比较低，说明钢材本身的脆性较高。

进一步采用韧脆转变温度对矫正构件的性能进行评估。韧脆转变温度是衡量材料低温脆性的一个重要指标，值越大，越容易发生韧脆转变，具有更明显的低温脆性，是工程界中重要的防断裂判据。图4.4-5中A-T曲线总体呈S形，分为下平台、转变温度区和上平台3部分。韧脆转变温度为最大冲击功(上平台能)和最小冲击功(下平台能)的算术平均值对应的温度。但事实上，试验的数据离散性较大，几乎不可能得到如此典型的曲线，工程上通

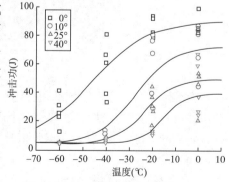

图4.4-5　冲击韧性拟合曲线

常采用如下 Boltzmann 函数对冲击功和温度的关系进行回归：

$$A = \frac{A_1 - A_2}{1 + e^{(T-T_0)/\Delta T}} + A_2 \quad (4.4\text{-}1)$$

式中，A_1 和 A_2 分别为下平台和上平台对应的冲击功，J；T_0 为韧脆转变温度，℃；ΔT 为转变温度区的范围，℃。

依据试验数据进行拟合，结果列于表 4.4-3 中，可见随钢板变形程度的增加，钢板的上平台冲击功不断降低、转变温度则不断升高。说明随着变形程度的增加，经过机械矫正后的钢板的冲击韧性在不断降低，这也同时说明钢板的力学性能在不断变差。

Boltzmann 函数的拟合参数　　　表 4.4-3

弯折角度(°)	A_1(J)	A_2(J)	T_0(℃)	ΔT(℃)
0	5.0	89.7	−46.2	11.8
10	5.0	72.7	−27.2	8.2
25	5.0	49.5	−23.4	6.1
40	5.0	39.5	−15.5	4.8

4.4.3 宏微观形态分析

分别通过照片拍摄以及扫描电镜的方式对变形钢板的宏观和微观结构进行分析。

1）宏观形态分析

采用人工方式对变形钢板的形态进行分析，步骤如下：①拍摄钢板的侧面照片，保证摄像头垂直于钢板的侧面；②对照片进行处理，提高钢板边缘与照片背景的对比度；③用专用软件 GetData Graph Digitlzer 提取照片中的钢板边缘轮廓，如图 4.4-6 所示；④确定边缘轮廓上各点的对应坐标；⑤对变形区域的数据进行相关处理与分析。

图 4.4-6　采集曲线示意

变形区域与未变形区域的边界通过以下步骤识别：①选取钢板远端的未变形区域 A，识别轮廓并进行最小二乘法拟合；②计算图中区域 A 内提取的边缘坐标点到拟合直线间的距离，计算距离的标准差；③以坐标点到拟合直线的距离偏离 2 倍标准差作为变形区域与未变形区域的边界。

不同弯折角度钢板的变形区域及经平滑处理后的表面曲线如图 4.4-7 所示。由图可见，变形区域不对称，且表面存在凹凸。针对图中数据进行处理，可得到板在变形区域的各项参数，列于表 4.4-4 中。

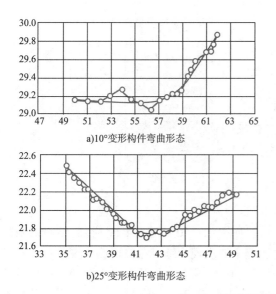
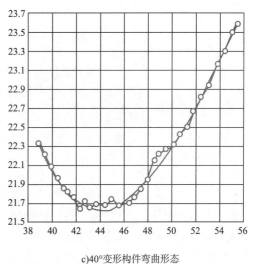

图 4.4-7 板在变形区域的弯曲形态(mm)

变形区域的相关参数　　　　　　　　　　　　　　　　　表 4.4-4

弯折角度 (°)	变形长度 (mm)	最小弯折半径 (mm)	平均曲率 (mm^{-1})	平均强度 (MPa)
0	0.00	∞	0.0000	390.74
10	12.00	38.14	0.0262	399.89
25	14.27	35.44	0.0282	388.38
40	16.80	15.72	0.0636	355.08

由图4.4-7、表4.4-4可见,构件变形的影响范围是随着弯折角度增加而增大的,但变形影响范围的增加并不是线性的,这应该与塑性变形的成形方式有关。此外,变形板件的最小弯曲半径随着弯折角度增加而降低,整个变形范围内的平均曲率则随着弯折角度增加而增加。说明钢板的变形程度越大,单位长度上消耗的能量越高。

对钢板表面目检可以发现当钢板变形达到40°时,矫正后的钢板出现明显开裂(图4.4-8),而在其他钢板上未发现这些问题。这说明钢板在达到40°后,抗断裂性能将出现显著的降低,这种性能退化对钢板的力学性能有较高的影响。需要注意的一点是,在之前开展的变形钢板拉伸试验中,所采用试件在拉伸前通过机加工去除了表面开裂。显然如果考虑钢板表面裂缝,则钢板拉伸试验结果需更进一步折减。

图 4.4-8 矫正后钢板的表面形态

2) 微观形态分析

为进一步深入观测变形及矫正对钢板的影响,将变形及变形后矫正的钢板进行扫描电镜观测,测点如图4.4-9所示。

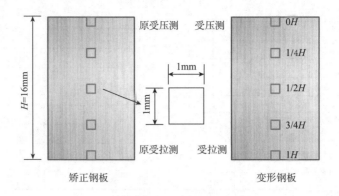

图 4.4-9　钢板的微观检测测点

通过扫描电镜发现的钢板不同位置处缺陷情况如图 4.4-10~图 4.4-19 所示，钢材的缺陷尺度大致是 μm 量级的。在被矫正钢板上，材料病害主要表现为纤维晶体两侧出现的孔洞和微裂纹，而在变形钢板上，材料中孔洞和微裂纹的种类则更丰富。分析认为变形会使得构件受拉区的缺陷变形放大，而矫正是通过对钢板两侧进行挤压形成塑性变形，这一加工过程会使得部分缺陷由于受压而变小。裂纹在挤压过程中会使裂尖更为敏感，而孔洞内部往往有析出坚硬杂质，导致孔洞在塑性变形中不会压缩。

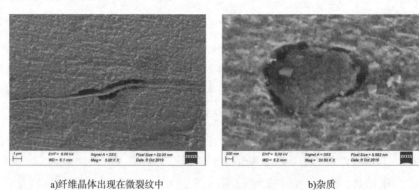

a) 纤维晶体出现在微裂纹中　　　　　　　b) 杂质

图 4.4-10　矫正钢板 0H 处缺陷

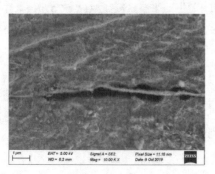 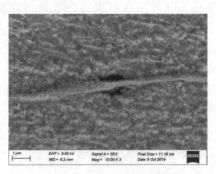

a) 纤维晶体出现在微裂纹中　　　　　　　b) 纤维晶体出现在微裂纹中

图 4.4-11　矫正钢板 1/4H 缺陷

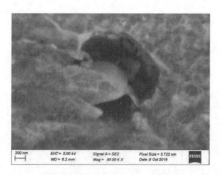 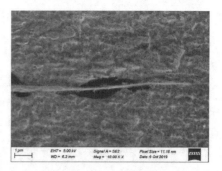

a)孔洞内出现晶粒状晶体　　　　　　　b)纤维晶体出现在微裂纹中

图 4.4-12　矫正钢板 $1/2H$ 缺陷

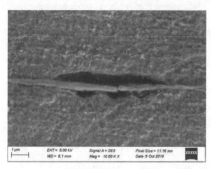 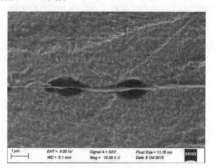

a)纤维晶体出现在微裂纹中　　　　　　b)纤维晶体出现在微裂纹中

图 4.4-13　矫正钢板 $3/4H$ 缺陷

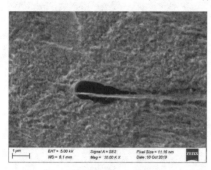 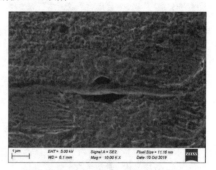

a)纤维晶体出现在微裂纹中　　　　　　b)纤维晶体出现在微裂纹中

图 4.4-14　矫正钢板 $1H$ 处缺陷

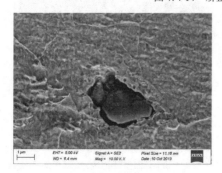 

a)缺陷内有晶体　　　　　　　　　　　b)晶体出现大量缺陷

图 4.4-15　变形钢板 $0H$ 处缺陷

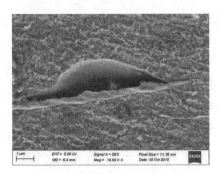

a)缺陷　　　　　　　　　　　　　　b)缺陷表面有较脆的晶体碎片

图 4.4-16　变形钢板 1/4H 处缺陷

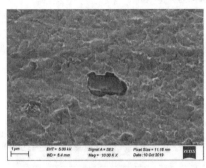 

a)缺陷内有小晶体　　　　　　　　　　　　b)缺陷

图 4.4-17　变形钢板 1/2H 处缺陷

 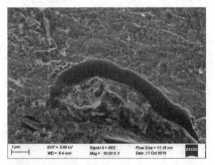

a)纤维晶体，缺陷中有小结晶　　　　　　　b)缺陷

图 4.4-18　变形钢板 3/4H 处缺陷

a)晶体间微裂缝　　　　　　　　　b)晶体间微裂缝中存在杂质

图 4.4-19　变形钢板 H 处缺陷

4.5 锈蚀构件分析

4.5.1 承载力模型

由前述病害检测可知,松浦大桥诸多主桁构件存在锈蚀现象,出于结构安全考虑,无法从实桥取样对锈蚀构件的承载能力进行试验评价。为此,假设钢构件锈蚀后承载力变化规律是相同的,则可依据其他桥梁相关试验研究来推测松浦大桥锈蚀钢构件的承载力。为获得锈蚀作用对强度的影响,上海浙江路桥采用取自实桥的锈蚀钢板研究锈蚀钢构件的承载能力[35]。试验中共加工了36块锈蚀程度各异的试件,试件构造如图4.5-1所示。

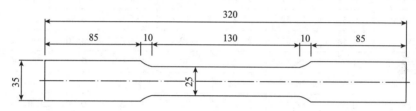

图 4.5-1 拉伸试件构造(尺寸单位:mm)

采用万能试验机对试件进行轴向拉伸加载,部分锈蚀试件的力学性能变化规律如图4.5-2所示。由图可见,当试件仅轻微锈蚀时,试件的荷载位移曲线与无锈蚀钢构件的本构关系曲线形状相似,但当构件的锈蚀程度增加时,构件的名义强度和伸长量均有所下降,屈服平台逐步缩短。当锈蚀特别严重时,试件的屈服平台将彻底消失。

桥梁钢构件大多属于欧规中规定的3、4类构件[36],按边缘纤维屈服准则控制设计,因此主要关心材料名义屈服强度随构件锈蚀程度变化的规律。在试验中测量荷载-位移曲线,再根据荷载位移曲线计算锈蚀构件的名义屈服应力

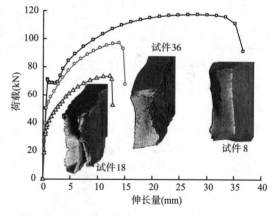

图 4.5-2 典型试件的荷载-伸长量曲线

f_{yn}、屈服伸长率δ_y。值得说明的是,试验中由于计算构件不规则截面的面积有难度,以按不考虑锈蚀的理论截面计算的名义屈服强度替代。在试验前测量构件锈损最严重处的锈蚀深度,与设计板厚相除即可计算失厚率ρ_t,试验结束后先采用喷砂方法去除试件表面锈层再称重并计算构件的失重率ρ_m。

表4.5-1为浙江路桥锈蚀构件试验数据,分别列出了36个锈蚀试件的名义屈服强度f_{yn}、屈服伸长率δ_y、失厚率ρ_t以及失重率ρ_m等数据。

浙江路桥锈蚀构件力学性能　　　　　　表 4.5-1

No.	f_{yn} (MPa)	δ_y (%)	ρ_t (%)	ρ_m (%)	No.	f_{yn} (MPa)	δ_y (%)	ρ_t (%)	ρ_m (%)
1	196.01	0.68	39.81	19.03	19	214.77	0.66	35.83	17.44
2	229.22	0.80	29.35	14.45	20	206.12	0.63	40.19	11.11
3	235.21	0.60	20.19	12.61	21	162.33	0.47	43.33	22.50
4	227.94	0.61	28.60	14.56	22	139.56	0.63	58.88	33.85
5	243.02	0.79	18.32	11.28	23	253.68	0.58	28.60	14.63
6	198.58	0.57	41.31	21.22	24	179.95	0.58	37.94	20.90
7	111.84	0.59	71.59	30.39	25	190.62	0.45	44.67	17.59
8	225.09	1.45	14.58	8.91	26	204.65	0.51	20.56	16.10
9	199.23	0.64	32.71	10.84	27	176.57	0.42	33.67	19.45
10	193.93	0.57	25.42	11.82	28	234.56	0.58	21.31	14.18
11	182.22	0.48	25.67	22.34	29	223.52	0.56	18.32	14.49
12	219.38	1.72	18.13	11.64	30	192.09	0.52	31.96	11.52
13	200.37	0.57	26.54	18.69	31	64.71	0.48	84.30	52.17
14	168.08	0.66	58.33	22.01	32	187.65	0.70	40.37	23.00
15	164.25	0.40	27.66	23.54	33	147.87	0.55	54.77	28.54
16	80.66	0.60	73.27	44.76	34	106.70	0.47	79.81	26.83
17	227.56	0.97	22.06	10.61	35	216.72	0.58	17.38	13.33
18	129.29	0.53	54.50	35.19	36	176.61	0.54	42.67	17.25

对同材性未锈蚀钢构件的测试表明完好构件的屈服强度约为 271MPa，因此以 (0,271) 作为起点对浙江路桥钢构件锈蚀后屈服强度变化趋势进行拟合，结果示于图 4.5-3 中。因为失重率反映的是构件的平均锈损情况，而失厚率反映的是构件中锈损最严重一点的锈损程度，故同一构件失厚率大于失重率，故图中失厚率拟合直线的斜率要比失重率的平坦。

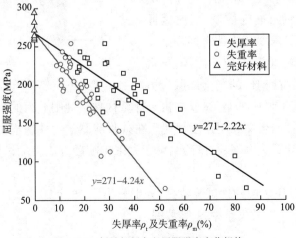

图 4.5-3　锈蚀钢板名义屈服强度变化规律

为将以上研究成果应用于松浦大桥，对图4.5-3中公式进行无量纲化处理，进一步进行等效板厚的变换后，可以得到：

$$t_c/t_0 = (1 - 0.0082\rho_t) \text{ 或 } t_c/t_0 = (1 - 0.0157\rho_m) \quad (4.5\text{-}1)$$

式中，t_c 和 t_0 分别为锈蚀后等效板厚和锈蚀前原始板厚，失重率 ρ_m、失厚率 ρ_t 均为百分数。

以上分析中采用了失重率与失厚率两种方式对钢板的承载力进行分析，其实分析的均是钢板表面锈蚀对材料抗力的影响。在实际使用中，钢板的锈蚀可区分为两类：板缘锈蚀与板面锈蚀。对于钢板边缘来说，由于板宽相对蚀坑来说要大一个数量级以上，蚀坑附近应力集中效应的影响范围有限，因此采用失重率数据来分析结构承载力更为适宜；对于钢板表面来说，由于板厚相对蚀坑深度来说差别不大，应力集中对蚀坑处整个板厚都有所影响，应力集中的影响相对上一种来说要大得多，因此宜采用失厚率来进行评估。

对于由多块板组成的结构来说，从锈蚀的影响来看，不同的板应分开考虑锈蚀的影响。在分析中，应首先按上述说明将锈蚀影响分为板缘锈蚀与板面锈蚀两类，再按式(4.5-1)计算锈蚀后构件的等效板厚，最后经由相关材料力学公式计算截面的面积和惯性矩等几何参量。

4.5.2 疲劳评估模型

由前述病害检测可知，松浦大桥诸多主桁构件存在锈蚀现象。假设钢构件锈蚀后疲劳抗力变化规律是相同的，则可依据其他桥梁相关试验研究来推测松浦大桥锈蚀钢构件的疲劳性能。为获得锈蚀作用对疲劳性能的影响，上海浙江路桥采用取自实桥的锈蚀钢板研究锈蚀钢构件的疲劳抗力[35]。疲劳试件采用线切割机加工制备，试件尺寸示于图4.5-4中。试验中共加工了13块锈蚀程度各异的试件，加工完毕并经喷砂除锈后的典型试件示于图4.5-5中。

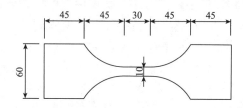

图4.5-4 疲劳试件加工尺寸(尺寸单位：mm)

图4.5-5 典型试件

对上述构件进行常幅疲劳试验。根据欧洲规范3，本次疲劳试验所用试件的疲劳细节为140，即对应于 2.0×10^6 疲劳循环的疲劳抗力为140MPa。试验疲劳荷载采用正弦波，试验应力比 $R = 0.1$。为避免试件过早破坏，选取的荷载峰值14kN、荷载谷值1.4kN、加载频率40Hz，由计算可知构件实际加载应力幅为126MPa。

达到下列条件之一时试验终止：①试件断裂失效；②试件达到换算疲劳极限寿命。欧洲规范3中规定，疲劳细节140对应的常幅疲劳极限为103MPa，该常幅疲劳极限对应的疲劳寿命为 5.0×10^6。但工程上通常以对应于 1.0×10^7 次加载循环的疲劳荷载定义为名义疲劳极限，认为低于该荷载的疲劳应力循环对试件不构成疲劳损伤。这里偏保守地取对应103MPa时 1.0×10^7 疲劳寿命为名义疲劳极限。根据换算，对应于试验荷载126MPa的循环数为 5.0×10^6，因此在试验中达到 5.0×10^6 次循环而不破坏即终止试验。各构件的疲劳寿命与锈蚀程度测量结果列于表4.5-2中。

疲劳试验结果 表4.5-2

试件编号	疲劳寿命	最大失厚率(%)	试件编号	疲劳寿命	最大失厚率(%)
1	≥5000000	25.33	8	≥5000000	18.17
2	276821	50.17	9	≥5000000	37.00
3	30657	65.67	10	≥5000000	31.17
4	16645	60.67	11	1225060	41.00
5	1544380	28.33	12	≥5000000	17.33
6	≥5000000	21.00	13	263025	27.5
7	≥5000000	30.00			

将表4.5-2中试验数据绘于图4.5-6中。

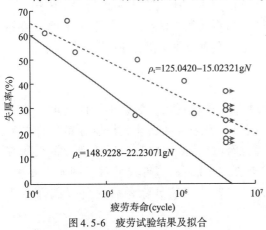

图4.5-6 疲劳试验结果及拟合

由图中数据可见随着锈蚀程度(失厚率ρ_t)的增加,钢材的疲劳寿命显著降低。且当横坐标采用对数坐标后,两者间的关系接近线性变化。由于试验疲劳应力幅达到构件的常幅疲劳极限,因此图4.5-6中的拟合曲线可看作是对锈损构件在疲劳极限荷载作用下的拟合。

在欧洲规范中,新构件(即$\rho_t = 0$)对应于5×10^6次常幅疲劳寿命的应力幅记为常幅疲劳极限。该点在图4.5-6中试验值拟合曲线(虚线)下方,表明试验材料的疲劳强度略高于规范建议值,因此按规范值进行疲劳评估将得到偏于保守的结果。为建立锈蚀构件的疲劳评估模型,偏保守的在图中再取一点(10^4,60%),该点同样在试验值拟合曲线下方,两点间的连线为图中的实线,其表达式整理后可得到式(4.5-2)。图4.5-6中的实线在试验值拟合曲线的下方,且仅有一个试验数据点略低于实线,因此认为采用实线验算锈损构件的疲劳是偏于安全的。

$$N = \exp\left(\frac{148.9228 - \rho_t}{22.2307}\right) \tag{4.5-2}$$

根据式(4.5-2)可算得在常幅疲劳极限荷载作用下,对应于失厚率ρ_t构件的疲劳寿命。但采用式(4.5-2)计算非常幅疲劳极限荷载下结构的疲劳寿命并不方便,为贴合计算习惯,这里结合《公路钢结构桥梁设计规范》(JTG D64—2015)[33]中S-N曲线公式对其进行等值变换。将式(4.5-2)代入$2 \times 10^6 \Delta\sigma_c'^3 = N\Delta\sigma_c^3$中,整理后,可得:

$$\Delta\sigma_c' = k_{ef}\Delta\sigma_c = 10^{0.133 - 0.015\rho_t}\Delta\sigma_c \tag{4.5-3}$$

式中,$\Delta\sigma_c$为构件疲劳细节抗力,MPa;$\Delta\sigma_c'$为考虑锈蚀折减后的构件折算疲劳细节抗力,MPa;k_{ef}为锈蚀构件的疲劳折减系数。

显然,当已知待评估构件的锈蚀程度后,就可采用式(4.5-3)计算得到构件的等效疲劳曲线,从而依据常规疲劳寿命评估方法对锈蚀构件进行分析。

4.5.3 锈蚀速度预测

1) 预测方法简介

调研国内外既有加速腐蚀试验研究成果可知,在目前条件下,实施加速锈蚀试验同时满足锈蚀速度快以及与自然环境相关性好两个条件的难度较大。随着锈蚀时间的增长,自然环境中钢材锈蚀退化不确定性的影响逐渐累积,使得实际锈蚀与加速锈蚀试验结果的相似度变得越来越差。目前除了采用加速锈蚀试验方法研究钢材的锈蚀速度,也有许多学者尝试对自然环境下大气腐蚀测量站内相关试验材料与环境参数进行总结,通过灰度模型或回归分析找出这些相关参数与腐蚀速度间的关系,并建立相关计算方程。

在自然环境中,一般认为钢材的锈蚀速度呈幂指数规律变化。对试验数据回归拟合得到的钢材锈蚀程度计算公式如下:

$$D = At^n \tag{4.5-4}$$

式中,D 为锈蚀程度,mm;A 为材料在第一年的锈蚀深度,mm;n 为与环境及材料成分相关的参数。

公式中计算的锈损深度是由钢板的失重率换算得到的,因此在计算中对应的锈损程度为钢板两面锈损程度的总和。

梁彩凤和侯文泰[37,38]对我国 6 个试验点(青岛、北京、武汉、广州、江津、万宁)17 种钢持续 16 年采集得到的大气腐蚀试验数据进行幂函数回归,再将所得到的函数参数 A、n 对试验钢的化学成分和试验的环境数据进行逐步回归,得到钢的大气腐蚀函数中参数与钢化学成分以及环境因素的映射关系。由此就可根据钢的化学成分和所在环境的主要气象和污染数据,预测碳钢、低合金钢的大气腐蚀状况。其中以下因素对钢构件的锈蚀速度较为敏感,分别为 RH(相对湿度)、平均气温、Cl^- 日沉降量、SO_2 日沉降量、降雨量、日照时数、Cu 含量、Mn 含量、Si 含量、P 含量、S 含量、Cr 含量。通过回归分析,给出了以上因素对幂函数参数 A、n 的影响关系表达式。式(4.5-5)、式(4.5-6)中相关参数取值列于表 4.5-3 中。

$$A = 0.031 + \sum A_i X_i \tag{4.5-5}$$

$$n = -0.079 + \sum n_i X_i \tag{4.5-6}$$

A_i 和 n_i 表 4.5-3

X_i 对应的项目	单位	n_i	A_i	备注
相对湿度	(%)/100	0.216	0	年均
T	℃/100	0	0.367	年均
Cl^-	mg/100cm² · d⁻¹	1.022	0.016	沉积速率
SO_2	mg/100cm² · d⁻¹	0.195	0.028	沉积速率
积淀物×日照时间	(mm · a⁻¹)×(h · a⁻¹)/10⁶	0.145	−0.021	一年累计量
Cu	%	−0.452	0	钢中含量
Mn	%	0	−0.013	钢中含量
Si	%	0.052	−0.022	钢中含量
P	%×10	−0.069	−0.024	钢中含量
S	%×10	0.375	0.036	钢中含量

续上表

X_i对应的项目	单位	n_i	A_i	备注
Cr	%	−0.025	−0.012	钢中含量
Ni	%	0	0	钢中含量
Mo	%	0	0	钢中含量
C	%	0	0	钢中含量

2）锈蚀程度预测

依据松浦大桥纵梁钢板化学成分检测结果，取其中最不利的情况确定各金属的含量，列于表4.5-4中。调查近10年上海气象资料得到相关环境参数，列于表4.5-5中。

松浦大桥各金属含量（%） 表4.5-4

元素	含量	元素	含量	元素	含量
Cu	0.0118	P	0.0149	Ni	0.136
Mn	1.38	S	0.0463	Mo	0
Si	0.431	Cr	0.0066	C	0.169

上海地区环境参数调查 表4.5-5

参数	单位	数值	参数	单位	数值
RH	(%)/100	0.85	SO_2	mg/100cm²·d⁻¹	0.07
T	℃/100	0.158	降雨量	mm·a⁻¹	1158
Cl^-	mg/100cm²·d⁻¹	0.0875	日照时数	h.a⁻¹	1800

根据式（4.5-4）、式（4.5-6），最终可算得：$A = 0.034$mm，$n = 0.69$。根据这个结果，可知完好钢构件在一年时间内的锈蚀深度为0.034mm。如不考虑涂装防护，钢构件使用50年的锈损深度为0.50mm。

松浦大桥主要构件受到油漆的良好保护，由相关检测结果可见，并未出现整体上的严重锈损问题。但是该桥局部构件由于渗水管失效漏水、雨水侵蚀等原因，存在较严重的锈损，最严重处的锈损深度达到了5mm。考虑到本次维修对钢结构表面全部采用喷砂除锈重新涂装，故可认为钢构件后续的锈损程度可以按全新构件进行预测。因此，在本次维护涂装后直到涂装失效前，钢构件的锈损程度即为当前检测中所发现的锈损。至于本次涂装失效后所引起的钢板锈损问题，需要分别考虑涂装失效的时间，以及管养单位重新实施涂装的时间。由于两个时间参数的随机性较高，目前找不到可靠的算法对其进行评估。这里可偏安全地假设在桥梁使用寿命中，有2/3的时间内桥梁构件得不到涂装的有效防护，则松浦大桥继续使用50年可能的锈损程度为：$D_{50} = 0.034 \times (2 \times 50/3)^{0.69} = 0.24$（mm）。

松浦大桥本次维修改造后将继续使用50年，桥梁验算时需统计桥梁当前锈蚀程度，并预测使用50年后可能的锈损。当前有、无明显锈损构件有效截面分别列于表4.5-6、表4.5-7中。

当前有明显锈损构件有效截面(mm) 表 4.5-6

杆件编号	截面编号	当前有效截面	50年后有效截面
E0qE1q	ZH4	$2 \times P760 \times 16$ $2 \times P760 \times 16$ $3 \times L200 \times 125 \times 12 + L200 \times 121.39 \times 12$ $P112 \times 16 + 406 \times 15.34 + 112 \times 16$	$2 \times P760 \times 15.62$ $2 \times P172 \times 15.62 + 416 \times 16 + 172 \times 15.62$ $3 \times L200 \times 125 \times 11.62 + L200 \times 121.39 \times 11.62$ $P112 \times 16 + 406 \times 14.97 + 112 \times 16$
E1qE2q	ZH4	$2 \times P760 \times 16$ $2 \times P760 \times 16$ $3 \times L200 \times 125 \times 12 + L200 \times 116.37 \times 12$ $P112 \times 16 + 406 \times 14.77 + 112 \times 16$	$2 \times P760 \times 15.62$ $2 \times P172 \times 15.62 + 416 \times 16 + 172 \times 15.62$ $3 \times L200 \times 125 \times 11.62 + L200 \times 116.37 \times 11.62$ $P112 \times 16 + 406 \times 14.39 + 112 \times 16$
E5qE6q	ZH3	$2 \times P760 \times 20$ $2 \times L200 \times 125 \times 16 + 2 \times L200 \times 16 +$ 125×15.84 $P115 \times 16 + 430 \times 15.84 + 115 \times 16$	$2 \times P760 \times 19.62$ $2 \times L200 \times 125 \times 15.6 + 2 \times L200 \times 15.6 + 125 \times 15.5$ $P115 \times 16 + 430 \times 15.46 + 115 \times 16$
E22qE24q	ZH4	$2 \times P760 \times 16$ $2 \times P760 \times 16$ $2 \times L200 \times 125 \times 12 + 2 \times L200 \times 12 +$ 125×11.84 $P112 \times 16 + 406 \times 15.59 + 112 \times 16$	$2 \times P760 \times 15.62$ $2 \times P172 \times 15.62 + 416 \times 16 + 172 \times 15.62$ $2 \times L200 \times 125 \times 11.6 + 2 \times L200 \times 11.6 + 125 \times 11.46$ $P112 \times 16 + 406 \times 15.21 + 112 \times 16$
E31qE32q	ZH1	$2 \times P760 \times 16$ $2 \times P760 \times 20$ $3 \times L200 \times 125 \times 12 + L200 \times 121.7 \times 12$ $P116 \times 20 + 373 \times 20 + 25 \times 19.10 + 116 \times 20$	$2 \times P760 \times 15.62$ $2 \times P170 \times 19.62 + 420 \times 16 + 170 \times 19.62$ $3 \times L200 \times 125 \times 11.62 + L200 \times 121.7 \times 11.62$ $P116 \times 20 + 373 \times 19.62 + 25 \times 18.72 + 116 \times 20$
E35E36	ZH3	$2 \times P760 \times 20$ $2 \times L200 \times 125 \times 16 + 2 \times L175 \times 16 +$ $25 \times 15.2 + 121.9 \times 14.5$ $P115 \times 16 + 430 \times 15.18 + 115 \times 16$	$2 \times P760 \times 19.62$ $2 \times L200 \times 125 \times 15.6 + 2 \times L175 \times 15.6 +$ $25 \times 14.8 + 121.9 \times 14.2$ $P115 \times 16 + 430 \times 14.80 + 115 \times 16$
E37qE38q	ZH4	$2 \times P760 \times 16$ $2 \times P760 \times 16$ $3 \times L200 \times 125 \times 12 + L200 \times 75 \times 12 +$ 48.43×11.34 $P112 \times 16 + 406 \times 15.43 + 112 \times 16$	$2 \times P760 \times 15.62$ $2 \times P172 \times 15.62 + 416 \times 16 + 172 \times 15.62$ $3 \times L200 \times 125 \times 11.62 + L200 \times 75 \times 11.62 + 48.43 \times 10.97$ $P112 \times 16 + 406 \times 15.05 + 112 \times 16$
E44E43	ZH4	$2 \times P760 \times 16$ $2 \times P760 \times 16$ $3 \times L200 \times 125 \times 12 + L200 \times 119.98 \times 12$ $P630 \times 16$	$2 \times P760 \times 15.62$ $2 \times P172 \times 15.62 + 416 \times 16 + 172 \times 15.62$ $3 \times L200 \times 125 \times 11.62 + L200 \times 119.98 \times 11.62$ $P112 \times 16 + 406 \times 15.62 + 112 \times 16$
C27E28	ZH9	$P500 \times 20 + P190 \times 20 + 50 \times 19.18 + 260 \times 20$ $P480 \times 20 + 200 \times 18.69$	$P500 \times 19.6 + P190 \times 19.6 + 50 \times 18.8 + 260 \times 19.6$ $P480 \times 19.62 + 200 \times 18.31$

当前尚无明显锈损构件有效截面(mm)　　　　　表 4.5-7

截面编号	原始截面	50 年后锈损后截面
ZH1	2×P760×16	2×P760×15.62
	2×P760×20	2×P170×19.62+420×20+170×19.62
	4×L200×125×12	4×L200×125×11.62
	P630×20	P116×20+398×19.62+116×20
ZH2	2×P500×24	2×P500×23.62
	P672×20	P672×19.62
ZH3	2×P760×20	2×P760×19.62
	4×L200×125×16	4×L200×125×15.62
	P660×16	P115×16+430×15.62+115×16
ZH4	2×P760×16	2×P760×15.62
	2×P760×16	2×P172×15.62+416×16+170×15.62
	4×L200×125×12	4×L200×125×11.62
	P630×16	P112×16+406×15.62+112×16
ZH5	2×P300×16	2×P300×15.62
	P688×12	P688×11.62
ZH6	2×P600×20	2×P600×19.62
	P680×16	P680×15.62
ZH7	2×P460×16	2×P460×15.62
	P688×16	P688×15.62
ZH8	2×P600×16	2×P600×15.62
	P688×16	P688×15.62
ZH9	2×P500×20	2×P500×19.62
	P680×20	P680×19.62
ZH10	2×P760×16	2×P760×15.62
	2×P760×20	2×P170×19.62+420×20+170×19.62
	4×L200×125×16	4×L200×125×15.62
	P630×20	P116×20+398×19.62+116×20
ZH11	2×P680×24	2×P680×23.62
	P672×24	P672×23.62
ZH12	2×P680×24	2×P680×23.62
	P672×16	P672×15.62

4.6 交通荷载模拟与评估

早期修建的桥梁,荷载水平相对较低,随着时代的发展,相关规范体系逐步完善,为保证桥梁使用安全,桥梁改造设计验算时,宜根据桥梁实际荷载调查,或根据现行标准确定相关作用及组合。交通荷载是公路桥梁上的主要荷载,特别对于钢结构桥梁,其荷载效应可达到总效应值的1/4。对松浦大桥来说,虽然由于桥跨较大,且桥面采用了钢-混凝土组合结构,交通荷载的影响相对减弱,但仍有必要引起重视。为此,首先对结构进行交通荷载调查与交通荷载模拟,将模拟交通荷载加载在典型构件的影响线上,得到活载应力历程,再根据模拟结果进一步采用 Rice 方法和雨流法进行交通荷载的分析,确定交通荷载的影响。

4.6.1 交通荷载模拟

松浦大桥上层桥面将由改造前的双车道变为六车道,且桥址所在的车亭公路也将统一拓宽,显然大桥在改造后,交通量将发生显著改变。表 4.6-1 列出了改造封交前局部交通量调查情况,调查地点在松浦大桥北公交站。由表可见,通过大桥的主要车辆类型为载重量最低的轿车,对交通荷载影响最大的拖挂车在总交通量中占比则较低。按表中交通量折算为中型载重车辆,并考虑夜间客运车辆数量大幅降低的影响后,大桥当时的总交通量约为 7000 辆。

2018 年 12 月 11 日交通量调查(辆) 表 4.6-1

时间	轿车	中客	大巴	小货	中货	大货(拖挂)	合计
9:30—10:30	306	78	42	93	48	27	594
14:50—15:50	252	50	32	82	42	31	489
占比(%)	45.6	10.5	9.1	14.3	11.0	9.5	100

规范中仅提供了 2 车道二级公路的远景设计交通量,并未对 6 车道公路的交通量进行规定。这里偏安全地按当前交通量的 3 倍进行考虑,并将货运交通量提高一倍,则可以得到偏保守的未来交通量估算结果,详见表 4.6-2。

未来交通量保守预测(辆) 表 4.6-2

交通量	轿车	中客	大客	小货	中货	大货(拖挂)	合计
一昼夜	7007	1613	637	9009	4620	2992	25878
占比(%)	27.1	6.2	2.5	34.8	17.8	11.6	100

交通荷载模拟就是对车辆类型、车辆重量以及车辆间距进行模拟。模拟采用蒙特卡洛(Monte-Carlo)方法,简称 MC 方法,是一种用数值模拟来解决与随机参量有关的实际工程问题的方法。

根据随机分布函数的特征,只要知道一种具有连续分布的随机变量,就可以通过变换或运算产生其他任意分布的随机变量。而[0,1]区间上均匀分布的随机变量是最简单最基本的分布,因此只要能够产生[0,1]区间上均匀分布的随机数列 $\xi_1, \xi_2, \cdots, \xi_n$,便可通过数学变换得到其他分布的随机数列。目前主流编程语言均提供了服从均匀分布的伪随机数模拟功能。因此 Monte-Carlo 模拟需要解决的主要问题就是通过[0,1]区间均匀分布的随机数列 $\xi_1, \xi_2, \cdots, \xi_n$,实现对任意分布随机变量的抽样。

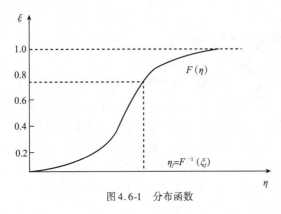

图 4.6-1 分布函数

可以证明,若变量 η 的概率分布函数 $F(x)$ 是连续函数,则随机变量 $\xi = F(\eta)$ 是 $[0,1]$ 区间上服从均匀分布的随机变量。进行变化可得: $\eta = F^{-1}(\xi)$,式中,$F^{-1}(x)$ 表示 $F(x)$ 的反函数。

图 4.6-1 示意了 ξ 和 $F(\eta)$ 的对应关系。若 $F(\eta)$ 不是某种典型的分布函数而是由统计得到的数值表(例如荷载分布),用数值方法仍可做随机抽样的计算。

根据表 4.6-2,车辆类型划分为 6 类:大货(含特重车)、中货、小货、大客、中客、轿车,车辆类型按统计结果服从均匀分布。车间距利用在市区其他路段上布置的传感器测量得到交通数据后进行拟合,车头间距均值与标准差的拟合曲线以及拟合公式示于图 4.6-2 中。

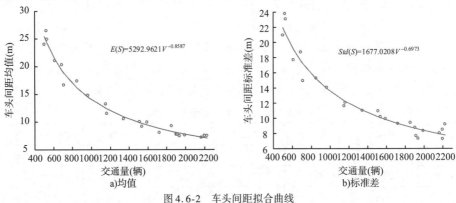

图 4.6-2 车头间距拟合曲线

根据各种参考资料以及以往的经验显示,车辆的总质量一般服从正态分布或多峰正态分布,四种主要车型的质量分布情况如图 4.6-3 所示,并对 4 种车型的质量分布进行了曲线拟合。

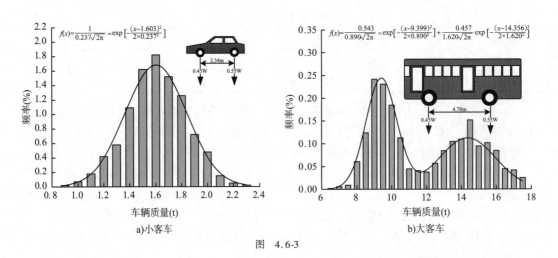

图 4.6-3

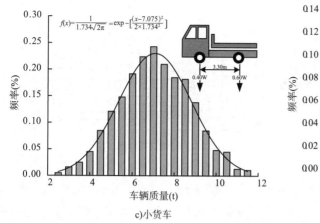
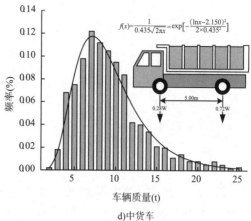

c) 小货车　　　　　　　　　　　　d) 中货车

图 4.6-3　车辆质量统计数据及拟合曲线

根据各项调查,最终确定的交通荷载模拟参数列于表 4.6-3 中,分别进行交通荷载模拟并考虑冲击系数 1.3 作为最终的交通荷载值。

各种车辆的模拟参数　　　　　　　　表 4.6-3

车辆类型	轿车	中客	大客	小货	中货	大货
代号	A	C	D	E	F	G
比例(%)	8.22	1.85	3.58	39.26	21.22	14.57
总重平均值(kN)	9	95	127	70	180	400
总重标准差(kN)	5	30	17	26	60	100
行车方向			车头←→车尾			
轴重分配	0.45 0.55	0.45 0.55	0.45 0.55	0.45 0.55	0.40 0.60	0.2 0.4 0.4
车长 l(mm)	3600	9080	11400	5500	9000	7700
轴距 d(mm)	2320	4700	5700	3600	5000	3215 1500
重量下限(kN)	7	65	60	20.5	20	100
重量上限(kN)	24	125	180	120	250	500

4.6.2　极限荷载效应

求荷载效应最大值的主流方法是基于 Rice 公式的外推荷载效应法[39]。该方法适用于外推泊松随机过程中出现的最大值或最小值,在简化后也可用于其他随机过程最大值的估算。

在很多情况下,工程人员和科研工作者倾向于关心随机变量在一确定值下的穿越次数,而不是这一随机变量的最大或者最小值。对任一随机变量 X,v 为一实数,如果存在 $x>v$,则称 $X=x$ 这一事件是对 v 的穿越。穿越次数应区别向上穿越和向下穿越,如图 4.6-4 所示。

对于桁架构件来说,车辆通过时形成的应力历程可以采用穿越次数的方式加以计数。如果分别计算对应于不同荷载效应 v 值的穿越次数,最终就可以形成如图 4.6-5 所示的穿越次数统计。显然,穿越次数是随着荷载效应规律变化的,较高的荷载效应出现的频次较少,表现为穿越次数逐步降低,并逐渐趋近于 0。从理论上来说,穿越数达到 0 时对应的荷载效应即为荷载作用的极限值。

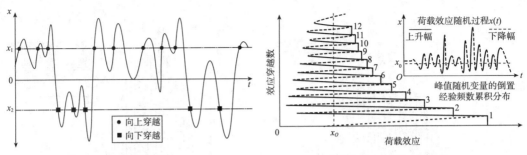

图 4.6-4 随机过程穿越次数计算示意　　图 4.6-5 穿越次数统计

按以上原理,针对松浦大桥主要受力构件进行应力历程统计分析和穿越曲线拟合,并算得穿越率,如图 4.6-6 所示。可见所有构件的尾端穿越率统计均与 Rice 公式曲线相似,说明可以采用 Rice 方法进行交通荷载极值数据的统计。Rice 公式为:

$$v_x(x)=\frac{1}{2\pi}\frac{\dot{\sigma}}{\sigma}e^{-\frac{(x-m)^2}{2\sigma^2}} \tag{4.6-1}$$

式中,σ、$\dot{\sigma}$、m 分别表示 x 的标准差;x 对时间导数的标准差以及 x 的均值。

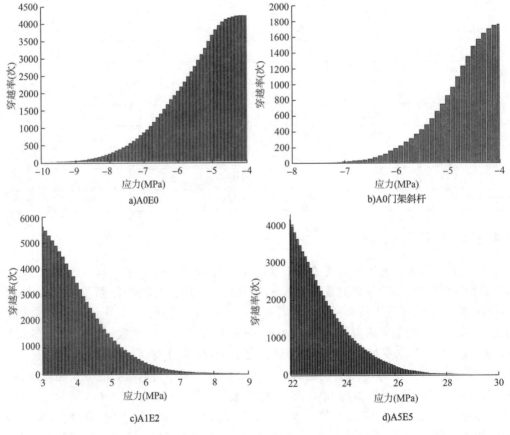

a) A0E0　　b) A0门架斜杆

c) A1E2　　d) A5E5

图 4.6-6

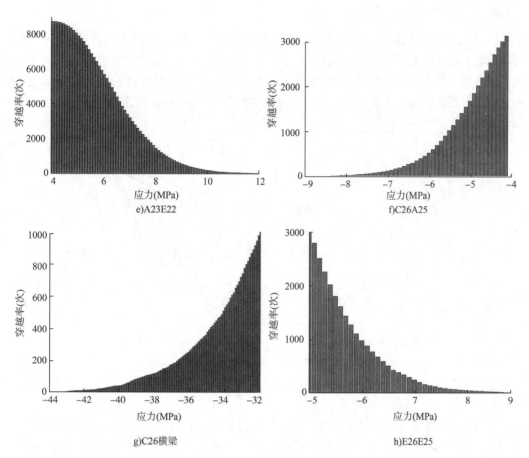

图 4.6-6 各构件穿越率

为了确定式(4.6-1)中的各个参数,对其求对数,可得:

$$y = \ln[v_x(x)] = a_0 + a_1 x + a_2 x^2 \quad (4.6-2)$$

式中, $a_0 = \ln\left(\dfrac{\dot{\sigma}}{2\pi\sigma} - \dfrac{m^2}{2\sigma^2}\right)$; $a_1 = \dfrac{m^2}{\sigma^2}$, $a_2 = -\dfrac{1}{2\sigma^2}$。

由式(4.6-2)即可在对图 4.6-6 中数据求对数后进行抛物线最小二乘法拟合,从而得到参数。算出各构件对应于 50 年重现期的车辆荷载效应极限值,如表 4.6-4 所列。

部分典型构件车辆荷载效应极限值(MPa)　　　　　　　　　　　　　　表 4.6-4

构件编号	50年极限荷载	构件编号	50年极限荷载
A0E0	−13.58	A23E22	15.75
A0 门架斜杆	−10.51	C26A25	−52.57
A1E2	12.50	C26 横梁	−10.74
A5E5	34.16	E26E25	−6.56

4.6.3 疲劳荷载效应

应力谱的计算方法有很多,如雨流法等,本桥采用工程上较为普遍的雨流法处理应力历程,获得应力谱。雨流法原理如图4.6-7a)所示,该法认为塑性的存在是疲劳损伤的必要条件,而且塑性性质表现为应力-应变的迟滞回线,如图4.6-7b)所示的应力历程可以显示出三个完整循环回线和三个半循环的应力应变响应。按照雨流计数法分别计算各构件的疲劳应力谱。

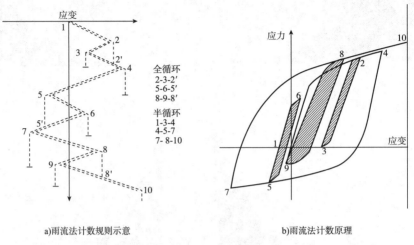

a)雨流法计数规则示意　　b)雨流法计数原理

图4.6-7　雨流计数法

松浦大桥虽然是一个桁架结构的大跨度钢桥,但其主要受力特征明显区别于传统的桁架桥梁。这表现在两个方面:

(1)桁架的下层桥面被用于慢行系统通行,人群与非机动车荷载的集度远小于机动车辆,这使得桁架桥下层传统疲劳敏感构件(如横梁、竖腹杆等)在松浦大桥上不再成为敏感构件。

(2)松浦大桥上弦结构采用栓接方式与钢-混凝土组合桥面板相连,变相增大了上弦杆的刚度,计算结果显示墩顶位置处于受拉区域内的上弦杆在车道荷载下的交通荷载效应也显著低于传统的桁架结构桥梁。

由于松浦大桥的以上特征,疲劳不再是大桥的主要破坏模式,表4.6-5中列出了部分典型构件的疲劳荷载效应。铆接钢结构的疲劳细节分级为80,对应的常幅疲劳极限为58.9MPa,大于表4.6-5中计算结果,说明这些典型构件在理论上具有无限疲劳寿命。

部分典型构件的疲劳荷载效应(MPa)　　表4.6-5

构件编号	最小应力	最大应力	最大应力幅
A0E0	−11.07	0.00	11.07
A0 门架斜杆	−8.34	0.00	8.34
A1E2	−3.15	9.88	13.03
A5E5	0.00	30.60	30.60
A23E22	−1.69	13.45	15.14
C26A25	−47.31	0.00	47.31
C26 横梁	−9.15	1.33	10.49
E26E25	−5.50	2.05	7.54

4.7 老桥技术状态识别

钢桁桥结构较为复杂,为保证工程的安全,在桥梁改造时需确定老桥的技术状态。老桥可能采用各种不同的施工方法达到不同的成桥状态,结构的损伤也将引起结构模型特征参数的相应变化。通过对支座反力和主桁架动力特性进行识别,并与理论计算结果进行对比,可验证与评估结构总体的技术状况。必要时,可通过实测响应数据进行模型修正,得到对实际结构有较高模拟精度的有限元模型,从而为后续的结构计算分析提供基础。

4.7.1 反力识别

1) 老桥施工过程分析

松浦大桥钢桁桥70年代修建时主要采用了悬臂施工,并辅以支点升降来安装主桁,施工工序较多。原桥悬臂施工由北向南逐跨进行,施工主要步骤详见图4.7-1。

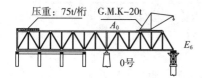

步骤一:在支架上拼装64m平衡梁至0号墩,在平衡梁上后端设置压重浮箱,每桁压重75t;架梁吊机架设第一孔钢梁48m至中间临时支墩。

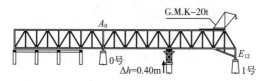

步骤二:钢梁架设过临时支墩16m后,拆除压重浮箱,临时支墩支点顶高 $\Delta h = 0.40$ m,然后架梁吊机继续前进,架设第一孔钢梁至96m支撑于1号墩。

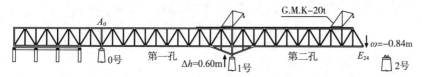

步骤三:钢梁架设过1号墩16m,1号墩支点顶高 $\Delta h = 0.6$ m,拆除临时支墩,架梁吊机继续前进,架设第二孔钢梁至96m处,此时前端最大挠度0.84m。

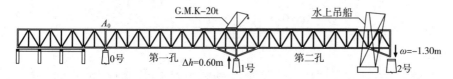

步骤四:利用水上吊船架设第二孔钢梁前端16m至2号墩,此时前端最大挠度1.3m。

图 4.7-1

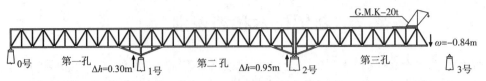

步骤五：安装两联间临时联结杆件,钢梁架设过2号墩16m后,1号墩支点降低0.3m($\Delta h = 0.3$m),2号墩支点顶高$\Delta h = 0.95$m,拆除平衡梁,架设第三孔钢梁至96m处,此时前端最大挠度0.84m。

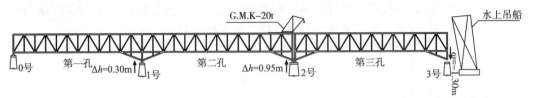

步骤六：架设第三孔钢梁前端16m至3号墩,此时前端最大挠度1.3m,设置压重浮箱于第三孔钢梁尾端。

步骤七：钢梁架设3号墩16m,顶3号墩落2号墩,拆除两联间临时联结杆件。落1号墩及2号墩支点至永久支座顶面高程。3号墩支点顶高$\Delta h = 0.46$m,架设第四孔钢梁96m至4号墩,此时前端最大挠度0.84m。

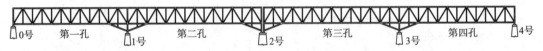

步骤八：钢梁架设至4号墩后,落3号墩及4号墩支点至永久支座顶面高程。

图4.7-1 原桥施工主要步骤

对老桥按上述施工过程复原计算,得到的各施工阶段反力值,与原施工图中反力值对比发现二者吻合较好。另进行一次落架计算,两种施工方法各墩反力对比见图4.7-2,可见原钢桁梁最终成桥状态等同于一次落架施工成桥状态。

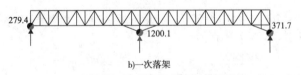

图4.7-2 原桥施工与一次落架施工反力对比

2)与实测反力对比

前文对原施工图中施工工序进行了分析,并与一次落架施工方法得到的支座反力进行了对比。下文通过对实桥支座反力进行测量,并与一次落架理论计算反力进行对比,来进一步确认老桥实际的受力状态。

松浦大桥原支座采用辊轴支座,各支座存在不同程度的锈蚀,需要进行支座更换;此外,改建后为满足通航需求,需要对中间通航孔进行整体顶升。可结合顶升及支座更换对实桥支点反力进行监测。在钢桁桥改造支座更换施工阶段,下层桥面改造已经完成,上层原桥面已经拆除,新桥面尚未安装,此时结构及所受荷载较为明确。顶升力监测主要通过顶升千斤顶油压系统的压力传感器获得。

顶升过程各墩支座的实测反力见表4.7-1,0号、1号、2号桥墩实测反力比理论反力分别大85t、83t、59t。由此可见,结构的实际受力状态与一次落架理论计算基本一致,进一步表明桥梁改造时的初始状态可按一次落架计算得到。

支座顶升反力(t)　　　　　　　　　　　　　　　　　　　表4.7-1

墩号	理论顶升力	实际顶升力	顶升力误差
0号	296	381	85
1号	1394	1477	83
2号	468	527	59

4.7.2　动力特性识别

桥梁结构的动力特性主要包括自振频率、振型以及阻尼比,是结构的固有特性,它取决于结构本身的材料特性及结构刚度、质量及其分布规律。自振特性的确定可以作为结构损伤识别和刚度评估的依据,实测结构的动力特性,既能够建立桥梁实际动力特性方面的原始档案,也可用于校核并修正理论有限元模型。

松浦大桥主桁为结构承重受力的主体结构,因此动力特性识别安排在上层桥面系拆除、主桁横向连接系安装后进行,此时主桁结构不受上层桥面系的影响,其自振特性能够准确把握。根据该结构状态自振频率的理论计算结果,振型测点布置在桥梁在各跨径L的$L/4$、$L/2$、$3L/4$以及支点处,如图4.7-3所示。

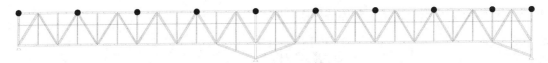

图4.7-3　自振特性测试断面布置

主桁结构前两阶自振特性理论计算与实桥测试结果对比如表4.7-2所示,前两阶振型对比详见图4.7-4。可知,一阶振型为反对称竖弯,理论振动频率为1.96Hz;二阶振型为对称竖弯,理论振动频率为3.22Hz。主桁前两阶实测振型与理论计算振型一致,实测频率均比理论计算偏大,前两阶实测阻尼比分别为6.22%和2.76%。

结构自振特性理论值与实测值对比　　　　　　　　　　表4.7-2

阶次	理论频率(Hz)	实测频率(Hz)	实测阻尼比(%)	振型特点
1	1.96	2.25	6.22	主桁反对称竖弯
2	3.22	3.52	2.76	主桁对称竖弯

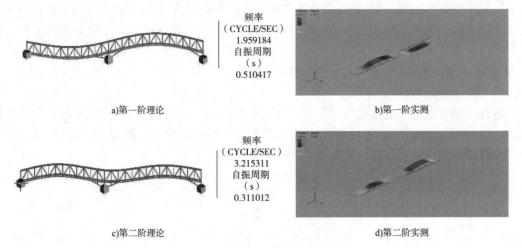

图4.7-4 振型理论值与实测值对比

上述各阶实测频率均比理论计算偏大,可以认为结构实际刚度略高于理论刚度。经分析,增加节点刚性约束以模拟节点板后,对理论频率的影响较小。以北联为例,进一步分析了支座约束对自振特性的影响,桥梁设计1号墩为固定墩,0号、2号墩为纵向滑动墩,考虑到频率测试时,激振能量较小,支座水平滑动受到约束,增加0号、2号墩纵向约束后,一阶竖弯频率为2.26,二阶竖弯频率为3.50,频率计算值与试验值吻合很好,如图4.7-5所示。

图4.7-5 增加0号、2号墩纵向约束后自振特性

由以上动力特性识别及分析可见老桥刚度与理论计算基本一致,老桥虽有局部锈蚀及船撞变形等病害,但对钢桁桥整体的影响非常有限。

4.8 小　　结

基于钢桁桥的检测、评估体系,探明松浦大桥原结构的技术状况,并对改造后大桥进行评估,为桥梁维修改造提供科学依据。首先,在构件层面,通过病害检测,量化构件锈蚀、变形、裂纹发展程度;通过化学成分检测、钢板拉伸试验、铆钉剪切试验、断裂力学试验得到原始钢材的力学性能;通过变形钢板拉伸试验、夏比冲击试验、宏微观形态分析得到变形钢板的力学性能;通过锈蚀钢板试验得到锈蚀钢构件承载力模型、疲劳抗力模型,并基于钢材化学成分及环境参数检测对钢构件锈蚀速度进行预测。其次,在荷载方面,通过现状交通调查、交通荷载模拟,得到桥梁承受的极限荷载、疲劳荷载。再次,在结构层面,结合施工过程分析、支座反力识别及刚度识别,得到结构计算精准有限元模型。最后,基于构件抗力及荷载效应对维护改造后桥梁的结构承载力及疲劳性能进行评估。

(1) 大桥加固前存在涂装病害、锈蚀、变形、船撞撕裂、连接病害,其中,主要病害为变形与锈蚀。全桥计有15根杆件明显受到船撞影响,所有被撞杆件均属于南端一联。桥梁局部构件存在严重锈损问题,部分下弦构件与节点板存在蚀坑与锈胀,但从全桥范围来说,锈损并不严重。

(2) 对大桥原始钢材进行相关材性试验:由材性检测判断旧桥钢板材质接近Q345qC,由钢板拉伸试验测得抗拉屈服强度标准值为389.6MPa;由材性检测判断原有铆钉的材质接近ML15,由铆钉剪切试验测得抗剪强度标准值为260MPa;由断裂力学试验测得其裂纹扩展公式、材料的裂纹扩展门槛值以及断裂韧性,发现其断裂特性低于当前同类钢材。

(3) 利用大桥使用钢材对不同程度变形钢板进行拉伸试验、夏比冲击试验、宏微观形态分析,研究得到强度、冲击韧性随变形量的变化趋势;结合浙江路桥的试验,提出了锈蚀构件的承载力及疲劳抗力模型,并基于大气腐蚀原理对松浦大桥未来锈蚀速度进行了预测。

(4) 在大桥交通荷载调查基础上,对交通荷载进行模拟,并通过Rice方法得到构件的极限荷载效应,通过雨流法得到疲劳荷载效应。分析可知大桥典型构件的疲劳应力幅小于铆接钢结构的常幅疲劳极限,因而主桁钢构件在理论上具有无限疲劳寿命。

(5) 按老桥施工图进行施工过程分析,可见原钢桁梁最终成桥状态等同于一次落架施工成桥状态。对桥梁顶升时支座反力及动力特性进行识别,并与理论数据对比,可见老桥受力及刚度与理论计算基本一致,为维修改造提供了基准模型。

第5章 钢桁梁原位负荷加固理论与方法

5.1 引 言

我国现存大量的钢桁梁桥。部分钢桁梁桥由于设计年代久远,技术标准偏低并长期处于超负荷运营状态,需要对其进行加固;部分钢桁梁桥不能满足当前的交通需求,拓宽改造也将使荷载大幅增加,需要进行加固。总之,由于涉及运营安全,承载能力的提升往往成为桥梁维修改造的重要内容。

桥梁加固往往需要设计与施工相结合,根据加固时钢桁梁的受力状态,加固方法可分为结构卸荷加固及结构负荷加固两类。结构卸荷加固是在原位或移位后使结构完全卸荷后加固,或将构件拆解后置换进行的加固。上海外白渡桥[40]、上海浙江路桥[35]、广州海珠桥[12]均为整体移桥后在完全卸载无应力状态下进行构件置换或加固。结构负荷加固是指在承受部分荷载条件下进行的加固,一般在桥梁原位,卸除部分恒载或活载后进行。兰州中山桥[41]、松浦大桥维护改造只能在原位无支撑条件下进行,属于负荷加固。相对卸荷加固,负荷加固工作量较小,较为简便、经济,但加固效率相对较低。一般而言,负荷加固对原有结构在加固施工时的受力性能有所要求,当结构损坏严重,或原结构的构件承载力过低时,往往需加设临时支柱、构件等采用卸荷加固方法。

另外,钢桁梁加固方法亦可分为直接加固和间接加固。间接加固如减轻荷载法[35]、预应力加固法[14]、增加桁片法[15]、改变桥型法[13]等,通过改变结构的受力体系,使主要杆件受力降低,从而达到钢桁梁加固的目的。直接加固如增大截面法[19]、钢混组合加固法等[21],主要通过增加构件的承载能力来实现对钢桁梁加固,主要杆件受力并未降低。

目前,钢结构桥梁加固理论尚不完善,相关规范体系尚不健全,对加固设计计算指导作用有限。《公路桥梁加固设计规范》(JTG/T J22—2008)[4]、《公路桥梁加固施工技术规范》(JTG/T J23—2008)[42]、《城市桥梁结构加固技术规程》(CJJ/T 239—2016)[43]对混凝土桥梁加固设计、施工方面有较为详细的规定,但对钢结构桥梁的加固未见详细的计算方法。其他钢结构桥梁设计规范,如《公路钢结构桥梁设计规范》(JTG D64—2015)[33]、《公路钢混组合桥梁设计与施工规范》(JTG/T D64—2015)[44]等均是针对新建桥梁的规范,未涉及老桥加固设计计算的内容。

相对而言,建筑领域对钢结构负荷条件下的加固研究较多,并制定了钢结构加固规范[45,46]。当然,建筑钢结构加固规范亦在发展完善之中,目前研究多聚焦于粘贴钢板加固法、粘贴纤维增强复合材料加固法、组合加固法等方面[47]。重要的是,建筑加固规范适用范围是工业、民用建筑,与桥梁工程在作用荷载、结构特点、使用环境、性能要求等方面均有所不同,对桥梁结构的加固设计指导不足。

根据总体设计要求,松浦大桥需要在维持两片主桁不变的条件下原位进行拓宽改造。大桥为铆接钢桁梁桥,主桁架由H形截面的杆件和贴于杆件两侧的节点板组成,主桁杆件与节点板采用铆钉连接。拓宽后桥梁荷载增加30%以上,加之原位负荷加固时,无法更换杆件及节点,因此改造工程面临加固方面的严重挑战。松浦大桥主桁架的加固可分为杆件加固、节点板加固和铆钉连接加固等方面,所采用的加固方法本质上属于原位负荷条件下直接加固方法。本章对铆接钢桁梁负荷条件下直接加固的计算方法及负荷程度影响进行探讨,并开展相关轴心压杆加固试验、铆钉连接加固试验、节点面外受力性能试验及成桥荷载试验验证。以上研究在保障松浦大桥加固安全的同时,为中国工程建设标准化协会在编的钢结构桥梁加固规范提供依据。

5.2 加固计算方法

松浦大桥主桁加固设计中,采用直接加固法加固,其中下弦杆、斜腹杆通过增大截面法进行加固,加劲弦通过钢混组合法进行加固,下面对直接加固计算方法进行探讨。

5.2.1 增大截面法加固

1)概述

钢结构桥梁完全卸荷状态下,采用增大截面法加固时的计算可按《公路钢结构桥梁设计规范》(JTG D64—2015)[33]的规定进行。但钢结构桥梁负荷状态下,采用增大截面法加固的计算较为复杂,可参考两本规范按两个方法进行。方法一为分批受力计算法。参考《公路钢结构桥梁设计规范》(JTG D64—2015)[33],鉴于钢结构桥梁负荷加固存在原有构件、加固件受力不同步的问题,可分别计算原有构件、加固件的内力,然后按钢结构桥梁规范进行验算。方法二为整体强度降低系数法。参考《钢结构加固设计标准》(GB 51367—2019)[45]给出的钢结构加固设计计算方法及公式,其中钢结构负荷下加固,原有构件、加固件受力差异采用加固后构件整体强度降低系数来考虑。该方法计算简单,不需考虑施工过程对原有构件、加固件内力的影响,但加固杆件按建筑使用条件进行区分,相关系数能否应用于桥梁工程需要核实确认。松浦大桥主桁加固位置如图5.2-1所示,其中斜腹杆、下弦杆采用了增大截面法加固,对上述构件可分别按上述两种方法进行加固计算,并进行对比。典型杆件加固后的截面尺寸如图5.2-2所示,阴影部分为加固件。其中受拉杆E8A9、A15E16、A17E18加固是通过在翼缘上连接钢板,增大截面面积;受压杆E14A15加固是通过在翼缘上连接角钢,增大截面面积及惯性矩。

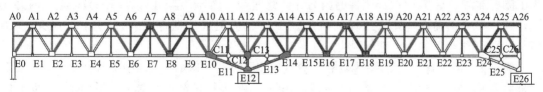

图 5.2-1 主桁加固位置

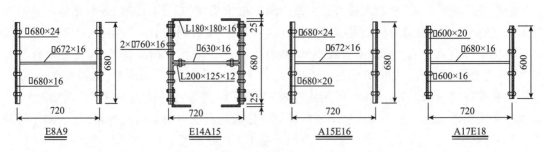

图 5.2-2　典型杆件加固后截面(尺寸单位:mm)

2)分批受力加固计算方法

本桥主要受力杆件均为标准的 H 型截面,加固方案亦采用对称加固方法,计算公式不需考虑加固前后截面形心及中性轴位置的变化。在有负荷的情况下进行加固,加固构件的受力存在两个状态:①加固前 Ⅰ,加固件未安装,原有构件未被加固,内力全部由原有构件承担,此内力称为第一批内力 $S_Ⅰ$;②加固后 Ⅱ,加固件安装完成,与原有构件连成一体,此后,结构增加的内力由原有构件、加固件共同承担,此内力称为第二批内力 $S_Ⅱ$。

加固杆件的原有构件承担的内力包括全部第一批内力 $S_Ⅰ$ 和第二批内力中分配到原有构件的部分 $S_{Ⅱ,o}$,加固件只承担第二批内力中分配的部分内力 $S_{Ⅱ,n}$。

$$S = S_Ⅰ + S_Ⅱ = S_o + S_n \tag{5.2-1}$$

式中,S 为杆件设计内力;$S_Ⅰ$ 为杆件第一批内力,由加固前原有构件承担;$S_Ⅱ$ 为杆件第二批内力,由加固后原有构件、加固件共同承担,$S_Ⅱ = S_{Ⅱ,o} + S_{Ⅱ,n}$;S_o 为原有构件设计内力,$S_o = S_{Ⅰ,o} + S_{Ⅱ,o}$;$S_{Ⅰ,o}$ 为原有构件承担的第一批内力,$S_{Ⅰ,o} = S_Ⅰ$;$S_{Ⅱ,o}$ 为原有构件承担的第二批内力;S_n 为加固件设计内力,由公式 $S_n = S_{Ⅱ,n}$ 进行计算;$S_{Ⅱ,n}$ 为加固件承担的第二批内力。

上述内力效应 S 可分别对应于轴力 N、弯矩 M。加固后构件承担的第二批轴力 $N_Ⅱ$、弯矩 $M_Ⅱ$,可按原有构件、加固件轴向刚度、弯曲刚度进行如下分配。

$$N_{Ⅱ,o} = \frac{N_Ⅱ \cdot A_o}{A_o + A_n},\ N_n = \frac{N_Ⅱ \cdot A_n}{A_o + A_n} \tag{5.2-2}$$

$$M_{Ⅱ,o} = \frac{M_Ⅱ \cdot I_o}{I_o + I_n},\ M_n = \frac{M_Ⅱ \cdot I_n}{I_o + I_n} \tag{5.2-3}$$

式中,A_o 为原有构件截面面积;A_n 为加固件截面面积;I_o 为原有构件截面惯性矩;I_n 为加固件截面惯性矩,以上截面特性均按毛截面计算。

根据桥梁改造方案,利用有限元软件,模拟实际施工过程,建立总体计算模型,按照加固杆件的实际安装顺序逐步激活,计算后分别提取原有构件、加固件的内力,进行构件受力验算。为了能更加清楚原有构件、加固件的内力计算原理,下面结合有限元计算结果验证上述内力分配计算公式的正确性。计算选择全桥加固中具有代表性的杆件 E14A15、A15E16,取"1.0 恒 +1.0 活"组合下的内力进行说明。

表 5.2-1 通过有限元整体计算结果,分别给出了杆件 E14A15、A15E16 第一批内力 $S_Ⅰ$、第二批内力 $S_Ⅱ$,表中下标"y"代表杆件截面弱轴,"z"代表杆件截面强轴,后续相同。根据上述公式及杆件截面特性,对表 5.2-1 中 $S_Ⅱ$ 进行分配,可得到原有构件、加固件设计内力公式计算

值。表 5.2-2 对上述公式计算结果与有限元直接计算结果进行对比。由表 5.2-2 可见,各分项内力的差值均在 2% 以内,可以认为两计算结果是相同的。

杆件 E14A15、A15E16 内力　　　　　　　　　　　　　　　表 5.2-1

杆件编号	杆件内力	S_I	S_{II}
E14A15	轴力 N(kN)	−2733.9	−8327.3
	弯矩 M_y(kN·m)	−111.6	−95.2
	弯矩 M_z(kN·m)	−18.0	70.6
A15E16	轴力 N(kN)	2372.2	6389.7
	弯矩 M_y(kN·m)	−65.2	38.1
	弯矩 M_z(kN·m)	−5.7	−41.6

第二批内力在原有构件、加固件中分配　　　　　　　　　　表 5.2-2

杆件编号	公式计算值①			有限元直接计算值②			(②−①)/②		
	N(kN)	M_y(kN·m)	M_z(kN·m)	N(kN)	M_y(kN·m)	M_z(kN·m)	N	M_y	M_z
E14A15-原有构件	−6421.07	−44.54	57.19	−6450.00	−45.30	57.40	0.4%	1.7%	0.4%
E14A15-加固件	−1906.23	−50.66	13.41	−1877.40	−49.90	13.20	−1.5%	−1.5%	−1.6%
A15E16-原有构件	3927.67	20.78	−22.43	3957.80	21.00	−22.70	0.8%	1.0%	1.2%
A15E16-加固件	2462.03	17.32	−19.17	2431.90	17.20	−18.90	−1.2%	−0.7%	−1.4%

根据上述内力计算方法,结合《公路钢结构桥梁设计规范》(JTG D64—2015)[33]的要求,控制原有构件应力不超过钢材强度设计值,对主桁受拉杆件进行验算。以杆件 E8A9、A15E16、A17E18 为例进行说明,杆件加固后原有构件、加固件基本组合下应力如图 5.2-3 所示。从计算结果看,加固方案可以保证原有构件应力水平满足规范要求。同一根杆件,其原有构件应力水平均高于加固件的应力水平。按照分批受力加固计算方法,起控制性作用的是被加固的原有构件,新构件承载力未充分发挥。

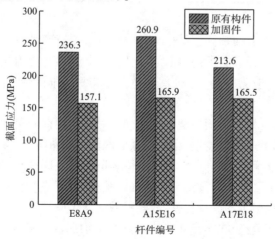

图 5.2-3　加固后原有构件、加固件应力

3) 与整体强度降低系数法对比

《钢结构加固设计标准》(GB 51367—2019)[45]中增大构件截面的加固方法,采用对构件的设计强度进行折减的方法,来考虑原有构件、加固件受力不同步的问题。按使用条件对加固构件进行了分类,如表5.2-3所示。在负荷状态下,采用螺栓连接或铆接连接加固钢结构时,原有构件应力比限值为0.85,松浦大桥满足该要求。考虑到钢桁梁桥汽车荷载作用特点,以及现行《公路钢结构桥梁设计规范》(JTG D64)按边缘屈服准则控制设计,即不考虑截面的塑性发展,偏保守认为主桁构件对应于表5.2-3中Ⅰ、Ⅱ类构件,由此可查得轴心受拉构件加固后整体设计强度折减系数为0.85。

《钢结构加固设计标准》加固构件分类　　　　　表5.2-3

类别	使用条件
Ⅰ	特繁重动力荷载作用下的结构
Ⅱ	除Ⅰ外直接承受动力荷载或振动作用的结构
Ⅲ	间接承受动力荷载作用,或仅承受静力荷载作用的结构
Ⅳ	承受荷载作用,并允许按塑性设计的结构

因为两种方法强度控制值不同,所以采用相对安全系数进行对比,计算结果如表5.2-4所示。由表5.2-4可见,两种方法获得的加固后结构安全系数几乎相同,差值基本在2%左右。

两种加固验算方法对比　　　　　表5.2-4

构件编号	验算方法	设计强度 f_d(MPa)	构件应力 σ(MPa)	安全系数 f_d/σ
E8A9	分批受力计算法	275.0	236.3	1.16
E8A9	整体强度降低系数法	233.8	204.6	1.14
A15E16	分批受力计算法	275.0	260.9	1.05
A15E16	整体强度降低系数法	233.8	218.6	1.07
A17E18	分批受力计算法	275.0	213.6	1.29
A17E18	整体强度降低系数法	233.8	183.0	1.28

4) 计算方法讨论

目前,针对负荷下增大截面加固钢结构构件的计算主要有两种方法,两种方法对加固后构件承载能力的计算原则有所不同:即加固后的构件整体共同参与受力且截面发生塑性变形后,是否考虑新、旧截面间的应力重分布,构件整体是否能采用同新构件一样的计算方法进行计算[48]。

第一种计算方法认为,构件加固后在受到比加固时的初始荷载更大的总荷载作用下新、旧截面能够共同工作,但不考虑塑性变形后新、旧截面间的应力重分布。因而该方法的原则是加固时荷载由原有构件独立承担,加固后新增荷载由新旧截面共同承担,最后由原有构件截面边缘屈服作为控制条件。第一种计算方法采用的准则被称为"原有构件截面边缘屈服"的准则。

第二种计算方法是采用了加固后构件的新、旧截面发生应力重分布的概念,此概念的最早推出,是建立在苏联从20世纪60年代开始的对钢结构加固的大量研究之上的。该计算准则被称为"加固后的全截面边缘屈服"的准则。因为忽略了应力应变滞后效应,同时考虑到施工条件对加固后构件承载能力的影响,而引入了一个加固折减系数,对钢材的强度设计值进行折减,保证加固后构件承载能力的可靠性。

《钢结构检测评定及加固技术规程》(YB 9257—1996)[46]同时采用两种计算方法,分别应用在不同的两种条件下,即静力荷载作用和动力荷载作用。对承受动力荷载的加固构件采用方法一,不考虑应力重分布;而对承受静力荷载的加固构件采用方法二计算,考虑塑性变形后的应力重分布。规定承受动力荷载的构件应按方法一计算,其条文说明中指出,对于承受动力荷载的构件是否可以引入应力重分布的原则缺乏相关研究和经验积累。而在《钢结构加固设计标准》(GB 51367—2019)中的设计方法则统一采用第二种计算方法,只是按照构件不同的使用条件和不同的设计内容,即根据是否承受动力荷载,以及承受轴心受力、受弯、拉弯、压弯等的不同,采用了不同的加固折减系数。

前文简单算例表明两种方法结果较为吻合,实际上《钢结构加固设计标准》(GB 51367—2019)的规定是否适合于桥梁结构尚需做大量的对比工作。我国《钢结构设计标准》(GB 50017—2017)[49]中规定承受动力荷载的结构不考虑塑性发展系数,考虑到桥梁钢结构规范并不考虑截面的塑性发展,这一点与国标中规定承受动力荷载的结构不考虑塑性发展相一致。另外,还应考虑桥梁结构的重要性和工作条件的特殊性。因此,新的钢结构桥梁加固设计规范颁布之前,为与《公路钢结构桥梁设计规范》(JTG D64—2015)[33]保持一致,建议按照原有构件截面边缘屈服准则,考虑施工过程的应力叠加方法进行钢结构增大截面法计算。

5.2.2 钢-混凝土组合法加固

1)计算方法综述

钢混组合加固法是在既有结构加固方法以及钢混组合结构基础上发展起来的一种新型加固方法。近年来,组合加固法在我国得到了较快的发展和应用,其中,利用组合结构的原理对混凝土结构进行加固的方法已经成功应用于许多实际工程之中[50]。相比之下,利用组合结构的原理和方法对钢结构进行加固相对较少,但是从原理上而言完全可行。目前用于钢结构的组合加固法主要包括三种:内填混凝土加固法、部分包覆钢混组合加固法和外包混凝土加固法,如图5.2-4所示。

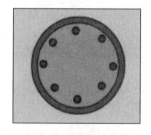
a)内填混凝土加固法
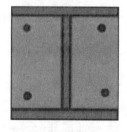
b)部分包覆钢混组合加固法

c)外包混凝土加固法

图5.2-4 钢-混凝土组合加固法示意

内填混凝土加固法主要用于钢管构件,由于钢管为封闭结构,使用它进行钢筋绑扎、混凝土浇筑相对比较困难,故实际桥梁加固应用相对较少。采用部分包覆钢-混凝土组合加固法和外包混凝土加固法时,往往是由于钢构件承受荷载的水平较高,其他增大截面法已不适用。部分包覆钢混组合加固法与外包混凝土加固法相比,钢材利用效率更高,同时对模板要求低,节点构造更容易处理,在钢结构加固设计中具有更好的前景。由于原构件承受较高的荷载水平,外包混凝土相对于原钢构件而言存在应力滞后现象,加固后构件与普通的劲性混凝土柱的受力性能存在差异,因此需要研究加固后截面承载力设计方法。

大多数学者对部分包覆钢-混凝土组合构件(Partially-Encased Composite Steel and Concrete Member,PEC)[51]的研究多针对新建构件。殷占忠认为 PEC 柱表现出型钢强度高和混凝土抗压能力强等优点,具有良好的抗震性能[52]。清华大学王元清等开展了负荷下外包混凝土加固钢构件的试验研究和数值分析工作[53,54]:试验研究表明,增布栓钉可以在一定程度上提高试件的峰值荷载,并且更快地完成截面由型钢至后浇混凝土的应力重分布,促使两者更好地共同工作;有限元分析表明,使用外包钢筋混凝土加固钢柱,初应力系数小于 20% 时,可按新建结构计算、初应力系数 40% 以内折减系数 0.9、初应力系数 60% 以内折减系数 0.8。

《钢结构加固设计标准》(GB 51367—2019)[45]是专门针对钢结构加固编写的规范,该规范纳入了外包钢筋混凝土的加固法。对钢结构采用外包钢筋混凝土加固,存在着二次受力和二次施工影响等问题。规范引入了新增钢筋混凝土的强度折减系数来考虑钢结构初应力的影响;在型钢与混凝土界面的传力构造上,引入了栓钉作为抗剪连接件。在此基础上,参照《钢骨混凝土结构技术规程》(YB 9082—2006)[55]的规定,给出了压弯和偏压构件的正截面承载力验算公式,并按国家标准《混凝土结构设计规范》(GB 50010—2010)[56]的规定,给出了考虑二阶弯矩对轴向压力偏心距影响的偏心距增大系数。该规范规定的计算方法及其参数的取值均较为稳健,采用的是叠加原理,并未要求钢构件与混凝土共同作用,而实际存在的共同作用效应,则仅作为安全储备。

2)加劲弦钢混组合加固法计算

松浦大桥加劲弦必须在原位无临时墩支承状态下进行加固,加固时原钢构件不可避免承受较高的荷载水平,新浇混凝土相对原钢构件不可避免存在应力滞后现象,导致加固后组合构件与普通新建组合构件的受力性能存在差异。现行桥梁规范并无针对负荷状态下钢混组合结构加固设计相关内容,为此参考《钢结构加固设计标准》(GB 51367—2019)[45],采用强度折减系数的概念来考虑原钢结构初应力影响,并结合桥梁设计规范相关要求,推导了加固后组合截面的承载能力验算公式。

(1)正截面承载能力

采用外包钢筋混凝土加固压弯构件和偏心受压构件,其正截面承载力应按下列公式验算:

$$\gamma N \leq \eta_{cs}(N_{su} + N_{cu}) \quad (5.2\text{-}4)$$

$$\gamma M \leq \eta_{cs}(M_{su} + M_{cu}) \quad (5.2\text{-}5)$$

式中,γ 为桥梁结构重要性系数,按行业标准《公路桥涵设计通用规范》(JTG D60—2015)取值;N、M 分别为构件加固后的轴向压力设计值和考虑偏心距增大系数后控制截面的弯矩设计值;N_{su}、M_{su} 为分别为钢结构的轴心受压承载力及相应的受弯承载力,当为对称截面时可按式(5.2-6)、式(5.2-7)计算;N_{cu}、M_{cu} 为分别为钢筋混凝土部分承担的轴心受压承载力及相应的受弯承载力;η_{cs} 为被加固构件的强度修正系数,按表 5.2-5 取值,其中 σ_{0max} 为原构件最大名义应力,f_d 为钢材强度设计值。

η_{cs} 系数取值   表 5.2-5

方法	类别			
	$\sigma_{0max}/f_d \leq 0.2$	$0.2 < \sigma_{0max}/f_d \leq 0.4$	$0.4 < \sigma_{0max}/f_d \leq 0.65$	$\sigma_{0max}/f_d > 0.65$
外包钢筋混凝土加固	0.90	0.85	0.80	0.75

钢结构和新增钢筋宜布置成双向对称矩形截面,并可按下列简化方法设计。对于非对称布置的外包混凝土加固构件,当非对称性不是很大时,可偏安全地换算成对称截面,再进行计算;当非对称性很大时,可按基于平截面假定的有限元方法进行承载能力极限状态验算。

① 先计算钢结构部分的轴心受压承载力及相应的受弯承载力,钢结构部分承担的轴力及相应的受弯承载力可按下列公式计算:

$$N_{su} = \frac{N - N_b}{N_{u0} - N_b} N_{s0} \tag{5.2-6}$$

$$M_{su} = \left[1 - \left(\frac{N_{su}}{N_{s0}}\right)^m\right] M_{s0} \tag{5.2-7}$$

② 再确定钢筋混凝土部分承担的轴力和弯矩设计值,钢筋混凝土部分承担的轴力设计值及相应的弯矩设计值可按下列公式计算:

$$N_c = 1.25(N - N_{su}) \tag{5.2-8}$$

$$M_c = 1.25(M - M_{su}) \tag{5.2-9}$$

$$N_{u0} = N_{s0} + N_{c0} \tag{5.2-10}$$

$$N_{s0} = f_d A_0 \tag{5.2-11}$$

$$N_{c0} = f_c A_c + f'_{st} A_s \tag{5.2-12}$$

$$N_b = 0.5 \beta f_c b h \tag{5.2-13}$$

$$M_{s0} = W_{0n} f_d \tag{5.2-14}$$

式中,N_c、M_c 分别为钢筋混凝土部分承担的轴力和弯矩设计值;N_{u0} 为加固后,组合构件短柱轴心受压承载力;N_{s0} 为钢结构的轴心受压承载力;N_{c0} 为钢筋混凝土部分的轴心受压承载力;N_b 为界限破坏时的轴力;M_{s0} 为钢结构的受弯承载力;m 为 N_{su} – M_{su} 相关线性形状系数,按表 5.2-6 取值;f_d 为钢材强度设计值;f_c 为混凝土抗压强度设计值;f'_{st} 为钢筋抗压强度设计值;A_c 为混凝土截面面积;A_s 为纵向钢筋截面面积;β 为混凝土等效矩形应力图系数,按行业标准《公路钢筋混凝土及预应力混凝土桥涵设计规范》(JTG 3362—2018)[57] 确定;W_{0n} 为钢结构净截面抵抗矩。

N_{su} – M_{su} 相关线性形状系数 m 表 5.2-6

型钢形式	工字形绕强轴弯曲	工字形绕弱轴弯曲	十字形及箱形
$N \geq N_b$	1.0	1.5	1.3
$N < N_b$	1.3	3.0	2.6

③然后可按行业标准《公路钢筋混凝土及预应力混凝土桥涵设计规范》(JTG 3362—2018)计算钢筋混凝土部分偏心受压正截面承载力及其配筋。

(2)斜截面受剪承载能力

外包钢筋混凝土加固钢结构时,其斜截面受剪承载力应符合下列规定:

$$\gamma V \leq V_{su} + \alpha_v V_{cu} \quad (5.2\text{-}15)$$

$$V_{su} = t_w h_w f_{vd} \quad (5.2\text{-}16)$$

其受剪截面应符合下列限制条件:

$$V \leq 0.45\beta_c f_c b h_0 \quad (5.2\text{-}17)$$

$$f_{vd} t_w h_w \geq 0.1\beta_c f_c b h_0 \quad (5.2\text{-}18)$$

$$V_{cu} \leq 0.25\beta_c f_c b h_0 \quad (5.2\text{-}19)$$

式中,V 为加固后构件的剪力设计值;V_{su} 为钢结构的受剪承载力;V_{cu} 为外包钢筋混凝土部分的受剪承载力,可按行业标准《公路钢筋混凝土及预应力混凝土桥涵设计规范》(JTG 3362—2018)的规定计算;α_v 为新增钢筋混凝土的强度修正系数,取 0.85;t_w、h_w 分别为钢结构腹板的厚度和腹板的高度,$t_w h_w$ 应计入与受剪方向一致的所有钢板的面积;f_{vd} 为钢材的抗剪强度设计值,MPa。β_c 为混凝土强度影响系数,当混凝土强度等级不高于 C50 时,取 1.0;当混凝土强度等级为 C80 时,取 0.8;其间按线性内插法确定。

松浦大桥加劲弦采用钢混组合加固法加固,以受力最不利的加劲弦斜杆 E10E12 为例,加固前后横截面如图 5.2-5 所示。杆件初始应力为 74.5MPa,折减系数为 0.85,考虑折减后组合柱压弯承载能力满足要求。加固后组合截面与原钢截面相比,轴压承载力可提高 88%,轴向刚度、抗弯刚度分别可提高 88%、139%。桁架杆件所承受剪力较小,抗剪强度能满足要求。

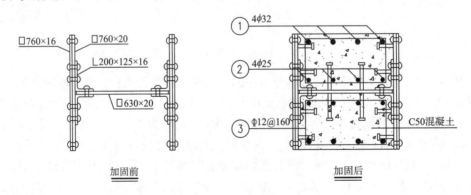

图 5.2-5 E10E12 加固前后横截面(尺寸单位:mm)

5.3 负荷程度影响分析

由于桥梁原位加固通常是在负荷下进行的,故增大截面法存在加固件相对原有构件应变滞后的现象,需要考虑加固构件的分阶段受力。为充分发挥加固件的加固潜能,减小原有构件内力,需要尽可能增大卸载程度。虽然负荷下增大截面加固法在桥梁加固中得到广泛应用,但对于负荷程度对钢桁梁加固效果的影响研究较少。

下面以松浦大桥拓宽加固工程为背景,详细模拟了三种不同负荷程度条件下加固的结构受力。通过比较原有构件、加固件间的内力分配,从构件安全度、加固材料利用率、加固材料用量三方面分析负荷程度对钢桁梁加固效果的影响。

5.3.1 施工过程分析

1) 加固时机选择方案

根据设计资料,该桥的拓宽改造和加固施工主要包含如下主要内容和环节:(1) 拆除下层原铁路桥面系;(2) 安装下层新人非通道桥面系;(3) 拆除上层原公路桥面系;(4) 安装上层新公路桥面系;(5) 主桁加固。结构随着原桥面系的拆除其自重在逐渐减少,随着新桥面系的安装自重在逐渐增加,根据加固时机的不同,可选择如下三种不同的施工组织方案。

方案 A:先拆除原下层桥面系,再加固主桁结构,然后安装新的下层桥面及上层桥面的更换;

方案 B:先更换下层桥面,再拆除原上层桥面系后,随后进行主桁结构加固,再进行上层新桥面系的安装;

方案 C:先拆除上、下层原有桥面系,再进行主桁结构加固,然后安装上、下层新桥面系。

对加固时机的选择应综合考虑加固效果、交通影响及施工组织等因素。不同的加固施工方案对应着不同的负荷程度,统计桥梁各组成部分的重量,原下层桥面、新下层桥面、原上层桥面、新上层桥面、主桁重分别约 100t、400t、1350t、2600t、1600t,三种施工方案主桁加固时对应的桥梁恒载分别约 2950t、2000t、1600t。交通影响方面,上述三个施工方案,方案 A 和方案 B 未完全中断交通,方案 C 则完全中断了交通。

2) 有限元计算

建立钢桁梁有限元模型,桁架构件采用梁单元 BEAM188 模拟,新建上层桥面板的钢结构部分采用壳单元 SHELL181 模拟,桥面板混凝土采用实体单元 SOLID185 模拟,详见图 5.3-1。

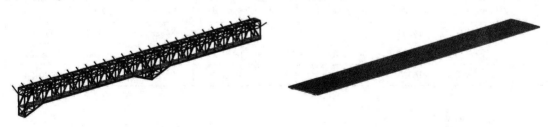

a) 桁架有限元模型　　　　　　　　　　b) 新建上层桥面系有限元模型

图 5.3-1　钢桁梁有限元模型

为计算加固过程中的应变滞后效应,在相同位置分别建立原有构件与加固件有限元模型,并将对应节点的六个自由度进行耦合,通过有限元单元生死功能先后激活原有构件和加固件实现分阶段受力,横截面如图 5.3-2 所示。

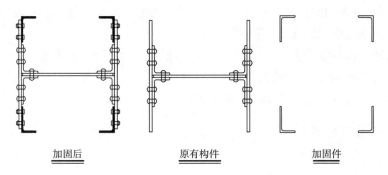

加固后　　　　　原有构件　　　　加固件

图 5.3-2　杆件加固横截面示意

原桥钢材采用 16Mnq 普通低合金钢,重度为 78.5kN·m^{-3},弹性模量为 2.06×10^5 MPa,泊松比为 0.3。新建钢结构的钢板、球扁钢采用 Q345qD,型钢采用 Q345C 低合金高强度结构钢。考虑的荷载包括桥梁恒载、上层桥面车道荷载、下层桥面人群荷载、温度作用、基础变位。通过单元生死技术模拟三种加固施工过程至成桥状态后,根据各加固杆件的最不利荷载工况按照《公路桥涵设计通用规范》(JTG D60—2015)[58]进行组合,将组合后的荷载继续施加在成桥状态上,计算得到典型杆件中原有构件、加固件的内力及应力,如表 5.3-1 所示。

三种加固施工典型杆件计算结果　　　　表 5.3-1

杆件	构件	截面面积 A_{eff}(mm^2)	截面内力 N_d(kN)			截面应力(MPa)		
			方案 A	方案 B	方案 C	方案 A	方案 B	方案 C
E6A7	原有构件	30208	4832.30	4564.50	4462.48	159.97	151.10	147.73
	加固件	14400	1286.64	1554.44	1656.46	89.35	107.95	115.03
E8A9	原有构件	43392	7976.64	7476.93	7284.13	183.83	172.31	167.88
	加固件	21760	2066.62	2566.33	2758.53	94.97	117.94	126.77
A13E14	原有构件	43392	7934.44	7410.03	7242.22	182.85	170.77	166.90
	加固件	21760	1931.71	2456.12	2623.93	88.77	112.87	120.59
A15E16	原有构件	43392	8914.86	8200.60	7947.15	205.45	188.99	183.15
	加固件	27200	2589.54	3303.80	3557.25	95.20	121.46	130.78
A17E18	原有构件	34880	5907.64	5499.49	5346.43	169.37	157.67	153.28
	加固件	19200	1617.13	2025.28	2178.34	84.23	105.48	113.45
E24A25	原有构件	43392	7412.01	7058.00	6929.27	170.82	162.66	159.69
	加固件	16320	1481.24	1835.25	1963.98	90.76	112.45	120.34

5.3.2　负荷程度影响

负荷水平可表达为负荷系数或初应力比,负荷水平越高相当于卸载程度越低。负荷系数 ψ 可定义为加固前杆件内力与加固后杆件承受总内力的比值,初应力比 α 可定义为加固前原有构件应力与原有构件设计强度的比值。

1) 负荷水平与安全度的关系

现定义原有构件截面面积为 A_o,加固件截面面积为 A_n;原有构件初始内力为 $N_{I,o}$,原有构

件总内力为 N_o,加固件内力为 N_n,杆件加固后总内力为 $N = N_o + N_n$;原有构件初始应力为 $\sigma_{\mathrm{I},o}$,原有构件最终应力 σ_o,加固后,原有构件与加固件共同承担荷载产生的应力为 $\sigma_{\mathrm{II},o} = \sigma_n$,$\sigma_{\mathrm{II},o}$ 为原有构件应力、σ_n 为加固件应力。

经推导可知原有构件应力为 $\sigma_o = N(1 + \psi A_n/A_o)/(A_n + A_o)$,加固件应力为 $\sigma_n = N(1 - \psi)/(A_n + A_o)$。由于 $1 + \psi A_n/A_o > 1 - \psi$,故桥梁加固后原有构件应力恒大于加固件应力,即桥梁结构加固时原有构件受力起控制作用,而新增加固件承载力仍有富余。加固时负荷系数 ψ 越小,加固完成后原有构件应力越小,越是可以取得良好的加固效果。极端情况完全卸载状态加固时,$\psi = 0$,则原有构件、加固件应力相同;完全负荷状态加固时,$\psi = 1$,则加固件应力接近于零,无法起到加固作用。

(1) 负荷系数与安全度的关系:

根据负荷系数 ψ 的定义,有:

$$\psi = \frac{N_{\mathrm{I},o}}{N} = \frac{A_o \cdot \sigma_{\mathrm{I},o}}{N} = \frac{A_o}{N}(\sigma_o - \sigma_{\mathrm{II},o}) = \frac{A_o}{N}(\sigma_o - \sigma_n) = \frac{A_o}{N}\left(\sigma_o - \frac{N_n}{A_n}\right) = \frac{A_o}{N}\left(\sigma_o - \frac{N - N_o}{A_n}\right)$$

$$= \frac{A_o}{N}\left(\sigma_o - \frac{N - N_o}{A_n}\right) = \frac{A_o}{N}\left(\sigma_o - \frac{N - A_o \cdot \sigma_o}{A_n}\right) = \sigma_o \cdot \frac{A_o}{N}\left(1 + \frac{A_o}{A_n}\right) - \frac{A_o}{A_n} \tag{5.3-1}$$

假设:$n = \frac{A_o}{A_n}$、$m = \frac{A_o}{N}\left(1 + \frac{A_o}{A_n}\right)$,则:

$$\psi = \sigma_o \cdot m - n \tag{5.3-2}$$

根据安全度 k 的定义:$k = f_{o,d}/\sigma_o$,并代入负荷系数表达式可得:

$$k = \frac{m \cdot f_{o,d}}{\psi + n} \tag{5.3-3}$$

(2) 初应力比与安全度的关系:

根据初应力比 α 的定义:$\alpha = \frac{\sigma_{\mathrm{I},o}}{f_{o,d}}$,可得:$\sigma_o = \sigma_{\mathrm{I},o} + \sigma_{\mathrm{II},o} = \alpha \cdot f_{o,d} + \sigma_{\mathrm{II},o} = \alpha \cdot f_{o,d} + \sigma_n = \alpha \cdot f_{o,d} + \frac{N_n}{A_n}$,进一步变换可得:

$$\alpha = \left(1 + \frac{A_o}{A_n}\right) \cdot \frac{\sigma_o}{f_{o,d}} - \frac{N}{A_n \cdot f_{o,d}} \tag{5.3-4}$$

假设:$n' = \frac{N}{A_n \cdot f_{o,d}}$、$m' = 1 + \frac{A_o}{A_n}$,则:

$$\alpha = m' \cdot \frac{\sigma_o}{f_{o,d}} - n' \tag{5.3-5}$$

根据安全度 k 的定义:$k = f_{o,d}/\sigma_o$,并代入初应力比表达式可得:

$$k = \frac{m'}{\alpha + n'} \tag{5.3-6}$$

讨论安全度 k 与负荷水平 ψ 或 α 的关系,应采用控制变量的原则。即总轴力、原有构件面积、加固件面积以及原有构件设计强度均保持不变,这与设计情况是符合的,所以 m、n、m'、n' 为常数,具体计算详见表 5.3-2。

各杆件计算参数 表 5.3-2

编号	$f_{o,d}$(MPa)	A_o(mm²)	A_n(mm²)	N(kN)	m	n	m'	n'
E6A7	275	30208	14400	6118.94	0.015	2.098	3.098	1.545
E8A9	275	43392	21760	10043.26	0.013	1.994	2.994	1.678
A13E14	275	43392	21760	9866.15	0.013	1.994	2.994	1.649
A15E16	275	43392	27200	11504.40	0.010	1.595	2.595	1.538
A17E18	275	34880	19200	7524.77	0.013	1.817	2.817	1.425
E24A25	275	43392	16320	8893.25	0.018	2.659	3.659	1.982

从式(5.3-3)、式(5.3-6)可以看出,安全度 k 与负荷水平 ψ 或 α 为反比例函数关系,各杆件关系曲线详见图 5.3-3、图 5.3-4。

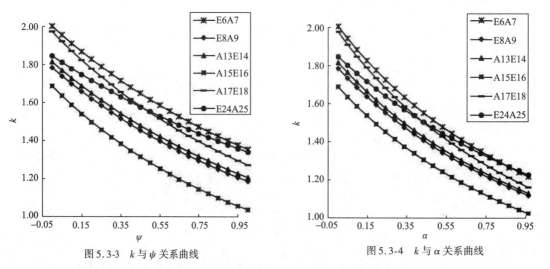

图 5.3-3 k 与 ψ 关系曲线   图 5.3-4 k 与 α 关系曲线

需要说明的是,为方便说明问题,算例安全度 k 计算时,杆件效应仅为轴力作用下、毛截面的名义应力,因此安全系数 k 值相对较大,下文相关内容,采用相同处理。实际设计验算时,采用有效截面并考虑节点次弯矩效应后,k 值基本接近于 1.0。

从图 5.3-3、图 5.3-4 可见,安全度与负荷水平的关系相同,均随负荷水平的提高而降低,可通过求导数更直观地看出两者之间的变化关系,如式(5.3-7)所示,并计算得到各杆件关系曲线,如图 5.3-5、图 5.3-6 所示。

$$k' = -\frac{m \cdot f_{o,d}}{(\psi + n)^2}, k' = -\frac{m'}{(\alpha + n')^2} \tag{5.3-7}$$

通过上述 k' 与负荷水平的关系可知,负荷水平较低时,对安全度的影响较大,负荷水平在 20% 以内时,k' 的值更接近于 1,也就是安全度与负荷水平的变化接近 1:1;负荷水平越高,对安全度的影响越小。

以初应力比表达的安全度为例,探讨上述 A、B、C 三个方案之间的不同。初始应力可由表 5.3-1 原有构件应力减去加固件应力获得,由初始应力计算初应力比,并通过安全度与初应力比的关系式计算结构安全度,如表 5.3-3 所示。

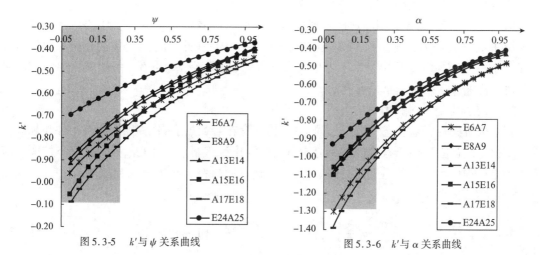

图 5.3-5　k' 与 ψ 关系曲线　　　　　图 5.3-6　k' 与 α 关系曲线

初始应力计算结果　　　　　　　　　　　　　　　　表 5.3-3

杆件	原有构件初始正应力（MPa）			初应力比 α			安全度 k		
	方案 A	方案 B	方案 C	方案 A	方案 B	方案 C	方案 A	方案 B	方案 C
E6A7	70.60	43.20	32.70	0.26	0.16	0.12	1.72	1.82	1.86
E8A9	88.80	54.40	41.10	0.32	0.20	0.15	1.50	1.60	1.64
A13E14	94.10	57.90	46.30	0.34	0.21	0.17	1.50	1.61	1.65
A15E16	110.20	67.50	52.30	0.40	0.25	0.19	1.34	1.46	1.50
A17E18	85.20	52.20	39.80	0.31	0.19	0.14	1.62	1.74	1.79
E24A25	80.00	50.20	39.40	0.29	0.18	0.14	1.61	1.69	1.72
平均值	—	—	—	0.32	0.20	0.15	1.55	1.65	1.69

初应力比及结构安全度均为无量纲的参数，又因为各施工方案均为整体水平的卸载，各构件的应力变化规律大体相同，因此可对上述几根杆件计算结果取平均值，以从整体角度考察初应力比与安全度的关系，并将平均值计算结果绘制成曲线，计算结果如图 5.3-7 所示。

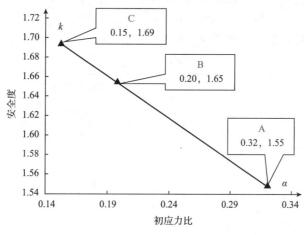

图 5.3-7　初应力比与安全度关系

由图 5.3-7 可直观地看出,方案 A 到方案 B 初应力比减小约 12%,安全度增加约 10%;方案 A 到方案 C 初应力比减小约 17%,安全度增加约 14%;在此区间,α 与 k 的比例系数均接近 1.2(初始应力含有组合系数 1.2,不考虑组合系数时,比例系数为 1.0),由此可见加固前尽量卸载对结构加固后结构安全是有利的。

2)初应力比与材料利用率的关系

钢结构桥梁在负荷状态下进行加固,原有构件存在着初始应力,加固后原有构件与加固件共同受力。设计时采用原有构件截面边缘屈服准则作为控制条件,因此,设计状态下加固件应力小于原有构件应力。可通过加固件应力 σ_n 表达加固材料的利用率 ρ,定义加固件设计强度 $f_{n,d}$,材料利用率可用下式表示:

$$\rho = \frac{\sigma_n}{f_{n,d}} = \frac{f_{o,d} - \sigma_{I,o}}{f_{n,d}} = \frac{f_{o,d} - \alpha \cdot f_{o,d}}{f_{n,d}} = (1-\alpha) \cdot \frac{f_{o,d}}{f_{n,d}} \tag{5.3-8}$$

由上式可见,材料利用率与原有构件初应力比为线性关系,若加固件与原有构件设计强度相同,则材料利用率可进一步表达为:

$$\rho = 1 - \alpha \tag{5.3-9}$$

从初应力比计算表可知,方案 A 到方案 B 初应力比减小约 12%、方案 A 到方案 C 初应力比减小约 17%,可知方案 B、C 与方案 A 相比,材料利用率分别提高 12%、17%。

3)初应力比与加固材料用量的关系

不同的施工方案会导致原有构件不同的负荷水平,采用原有构件截面边缘屈服准则作为控制条件则需要不同的加固件截面面积 A_n,可通过分析 A_n 与 α 的关系进行量化说明:

$$A_n = \frac{N_n}{\sigma_n} = \frac{N - N_o}{\sigma_{II,o}} = \frac{N - A_o \cdot f_{o,d}}{f_{o,d} - \sigma_{I,o}} = \frac{N - A_o \cdot f_{o,d}}{f_{o,d} - \alpha \cdot f_{o,d}} = \frac{N - A_o \cdot f_{o,d}}{f_{o,d}(1-\alpha)} \tag{5.3-10}$$

从上式可知加固材料用量 A_n 与 $1-\alpha$ 为反比例函数关系。上文所列举的各杆件均只考虑了其轴力作用,因此杆件应力相对设计强度均尚有较大空间,实际设计时考虑弯矩效应,原有构件应力已达到设计强度。此处讨论按照原有构件与加固件内力分配关系,将各杆件内力放大至原有构件应力到达设计强度,如表 5.3-4 所示。由表 5.3-4 内力及式(5.3-10)可得到不同施工方案下各杆件的加固材料用量 A_n,见表 5.3-5。

杆件内力换算　　　　　　　　　表 5.3-4

杆件	$f_{o,d}$(MPa)	A_o(mm²)	N(kN)
E6A7	275	30208	11645.77
E8A9	275	43392	16733.64
A13E14	275	43392	16656.98
A15E16	275	43392	17576.11
A17E18	275	34880	13870.04
E24A25	275	43392	15601.49

不同施工方案加固材料用量 表5.3-5

项目	初始应力水平 α			加固材料用量 A_n (mm^2)			相对加固用量		
	A	B	C	A	B	C	A/B	B/B	C/B
E6A7	0.26	0.16	0.12	16333.5	14402.8	13778.6	1.13	1.00	0.96
E8A9	0.32	0.20	0.15	25783.2	21762.6	20525.2	1.18	1.00	0.94
A13E14	0.34	0.21	0.17	26114.8	21760.4	20656.6	1.20	1.00	0.95
A15E16	0.40	0.25	0.19	34243.4	27196.7	25340.4	1.26	1.00	0.93
A17E18	0.31	0.19	0.14	22539.7	19201.2	18188.9	1.17	1.00	0.95
E24A25	0.29	0.18	0.14	18813.8	16319.8	15571.7	1.15	1.00	0.95
平均	0.32	0.20	0.15	23971.41	20107.25	19010.25	1.19	1.00	0.95

通过绘制函数关系曲线,可以更加明确初应力比 α 与加固材料用量 A_n 两者之间的关系,如图5.3-8所示。三个方案典型杆件的平均初应力与平均相对加固材料用量的关系,如图5.3-9所示。

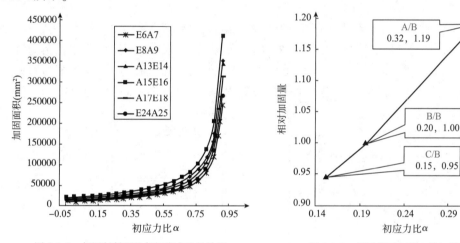

图5.3-8 加固材料用量与初应力比的关系   图5.3-9 相对施工方案B的加固量

由图5.3-8可知,加固材料用量 A_n 随着初应力比 α 的增加逐渐增加,在 α 大于0.6以后,A_n 急剧增长($\alpha>0.6$ 以后,$A_n>A_o$)。由图5.3-9可知,三个施工方案,A相对B方案加固材料用量平均增加约20%,C相对于B平均减少5%。从加固材料用量方面来看,施工方案B优于施工方案A,B方案与C方案相差不大。

4) 结论

通过分析初应力比 α 与安全度 k、加固材料利用率 ρ、加固材料用量 A_n 的关系,对上述三个施工方案进行了对比,将上述结果汇总,列入表5.3-6。

三个施工方案结果汇总 表5.3-6

项目	施工方案		
	A	B	C
初始应力水平水平 α	0.32	0.20	0.15
结构安全度 k	1.55	1.65	1.69
加固材料利用率 ρ	0.68	0.80	0.85
加固材料用量 A_n 相对值	1.19	1.00	0.95

由表5.3-6可见,三个施工方案由A向C,初应力比依次降低12%、5%,结构安全度依次增加10%、4%,加固材料利用率依次增加12%、5%,加固材料用量依次减少19%、5%,可见施工方案A与施工方案B之间的差别较大,方案B与方案C差别相对较小。另考虑方案B相比方案C不全部中断交通,加固时可保证非机动车通行,因此,选择施工方案B可同时取得较好的经济效益与社会效益,为最终选用方案。

5.4 轴心压杆加固试验

为研究初始荷载、加固钢材材质、加固长度、杆件长细比等因素对轴心受压杆件加固后稳定承载力的影响,开展了相关试验研究。

5.4.1 试验情况

1)试件设计

试件以主桁架受力最不利的斜腹杆A7E8为原型,设计缩尺模型进行试验。斜腹杆A7E8原截面ZH12类型,加固角钢采用L180×180×16,如图5.4-1所示。根据《公路钢结构桥梁设计规范》(JTG D64—2015)[33],斜腹杆A7E8的计算长度为12m,加固前绕截面弱轴的长细比为71、绕强轴的长细比为48,加固后绕弱轴的长细比为52、绕强轴的长细比为49。

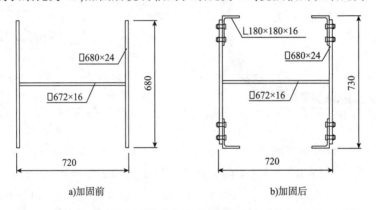

图5.4-1 主桁架斜腹杆A7E8加固前后截面(尺寸单位:mm)

13个轴心受压加固试件汇总详见表5.4-1。试件1研究未加固杆件的稳定承载力作为参考数据。试件2~试件6的初始荷载分别为0、300kN、600kN、900kN和1200kN,以研究初始荷载对轴压杆加固后承载力的影响。试件7~试件9采用Q235角钢进行加固,并分别施加300kN、600kN、900kN的初始荷载,以研究加固角钢材质对轴压杆加固后承载力的影响。试件10和试件11的加固角钢长度分别为3m和2m,以研究加固角钢的长度的影响。试件12和试件13的总长度分别为3m和2m,以研究不同长细比的轴压杆加固后的稳定承载力。

轴心受压试件汇总 表5.4-1

试件	初始荷载(kN)	试件长度(m)	加固长度(m)	加固角钢材质
1	—	4	—	—
2	0	4	4	Q345

续上表

试件	初始荷载(kN)	试件长度(m)	加固长度(m)	加固角钢材质
3	300	4	4	Q345
4	600	4	4	Q345
5	900	4	4	Q345
6	1200	4	4	Q345
7	300	4	4	Q235
8	600	4	4	Q235
9	900	4	4	Q235
10	600	4	3	Q345
11	600	4	2	Q345
12	600	3	3	Q345
13	600	2	2	Q345

13个轴心压杆试件截面设计如图5.4-2所示。加固前截面为焊接H形截面,截面高260mm,宽240mm,翼缘板尺寸为240mm×10mm,腹板尺寸为240mm×6mm。加固后截面由H形截面和加固角钢两部分组成,加固角钢为L63×63×6,布置在H形截面的四角并向外伸出9mm,角钢与H形截面杆采用10.9级M16高强摩擦型螺栓连接,螺栓孔径18mm。在试件设计时,考虑了截面因螺栓孔削弱的比例与原桥斜腹杆一致。按照缩尺比,翼缘板厚度本应为9mm,但由于该规格钢板采购困难,最终翼缘板厚度采用10mm。各试件实测截面尺寸如图5.4-3所示,结果汇总于表5.4-2中。

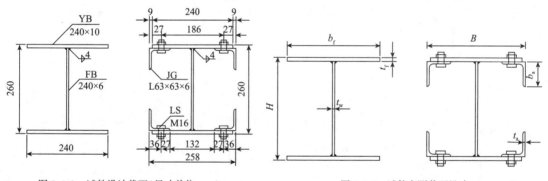

图5.4-2 试件设计截面(尺寸单位:mm)　　图5.4-3 试件实测截面尺寸

试件实测截面尺寸　　　　　　　　　　　表5.4-2

试件	试件宽度 B (mm)	试件高度 H (mm)	H形截面翼缘宽度 b_f (mm)	H形截面翼缘厚度 t_f (mm)	H形截面腹板厚度 t_w (mm)	加固角钢肢宽 b_a (mm)	加固角钢厚度 t_a (mm)	截面面积 A (mm²)
设计	258	260	240	10	6	63	6	9155.2
试件1	—	263.9	241.5	9.91	5.80	—	—	6202.8
试件2	260.1	263.0	241.0	9.88	5.80	63.2	5.93	9061.6
试件3	259.9	262.2	241.0	9.83	5.80	63.1	5.91	9019.8
试件4	259.8	263.0	240.4	9.90	5.80	63.3	5.89	9043.9

续上表

试件	试件宽度 B (mm)	试件高度 H (mm)	H形截面翼缘宽度 b_f (mm)	H形截面翼缘厚度 t_f (mm)	H形截面腹板厚度 t_w (mm)	加固角钢肢宽 b_a (mm)	加固角钢厚度 t_a (mm)	截面面积 A (mm²)
试件5	259.1	262.6	240.2	9.87	5.80	63.0	5.86	8995.6
试件6	259.6	261.6	240.6	9.91	5.80	63.9	5.86	9060.0
试件7	262.0	261.5	240.1	9.84	5.80	62.9	5.65	8865.2
试件8	260.3	263.1	240.4	9.89	5.80	63.2	5.67	8929.8
试件9	260.9	264.0	239.8	9.87	5.80	63.4	5.68	8929.1
试件10	259.0	262.9	240.0	9.81	5.80	63.8	5.93	9037.8
试件11	260.5	262.2	240.6	9.79	5.80	63.8	5.93	9036.8
试件12	259.7	263.6	240.2	9.83	5.80	64.0	5.92	9058.5
试件13	259.4	262.6	240.5	9.87	5.80	63.8	5.86	9040.4

2）材料特性

对翼缘板、腹板、Q345角钢和Q235角钢分别取样进行了材性试验,每种钢材取3个材性试件,共计12个试件。材性试验获得的应力应变曲线如图5.4-4所示,可见翼缘板、腹板和Q345角钢都没有明显的屈服平台,因此取应变为2000με时作为名义屈服强度,Q235角钢有明显的屈服平台。

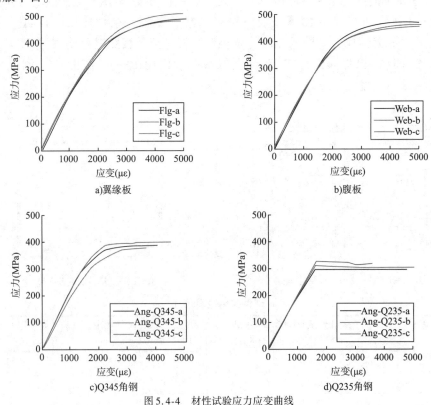

a)翼缘板　　　　　　　　b)腹板

c)Q345角钢　　　　　　　d)Q235角钢

图5.4-4　材性试验应力应变曲线

3）加载装置

试验在反力架上进行,反力架水平放置,通过垫块架设离开地面一定高度,如图5.4-5所示。为实现试件两端铰接的边界条件,在试件的两端安装球铰支座,球铰上的螺栓扣起保护作用,防止球铰两半分离且不影响球铰的转动。同时,为约束球铰支座的侧向位移,将后端的球铰支座固定连接在反力架上,将前端的球铰支座与约束梁固定连接,约束梁则被夹在反力架中,约束梁与反力架之间设置滚轴,使约束梁的侧向移动受限而仅能在加载方向移动。此外,约束梁与地面垫块间也放置了滚轴以减小摩擦。试验通过3500kN的液压千斤顶进行单调静力加载,荷载值则通过安装在约束梁上的压力传感器模块进行测量。

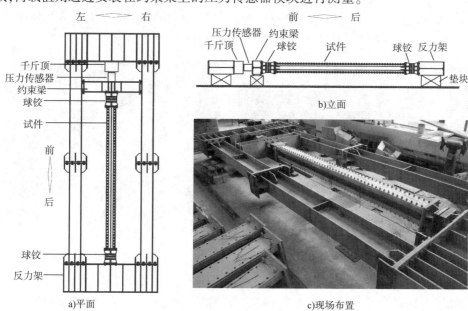

图 5.4-5 试验装置

4) 破坏形态

试件1研究未加固压杆的稳定承载力。试件最终发生整体绕弱轴的弯曲,且伴随向上的弯曲和轻微扭转,同时翼缘板和腹板发生明显的翘曲,如图 5.4-6 所示。

试件2研究无初始荷载时用 Q345 角钢进行加固后的稳定承载力。最终发生整体绕弱轴的弯曲,且伴随向上的弯曲和轻微扭转,同时翼缘板、腹板和加固角钢发生明显的翘曲,螺栓无破坏现象,如图 5.4-7 所示。

图 5.4-6 试件 1 破坏形态　　　　　图 5.4-7 试件 2 破坏形态

试件3研究初始荷载为300kN时用Q345角钢进行加固后的稳定承载力。在初始加载时,螺栓先不拧紧,模拟杆件初始负荷状态,在加载至301kN时开始拧螺栓进行加固,在所有螺栓都拧紧后荷载下降至270kN。最终试件3发生整体绕弱轴的弯曲,无明显扭转,同时翼缘板、腹板和加固角钢发生明显的翘曲,螺栓无破坏现象,如图5.4-8所示。

试件4研究初始荷载为600kN时用Q345角钢进行加固后的稳定承载力。在初始加载时,螺栓处于未拧紧的状态,在加载至611kN时开始拧螺栓进行加固,在所有螺栓都拧紧后荷载下降至580kN。最终试件4发生整体绕弱轴的弯曲,且有略微向下的弯曲和轻微扭转,同时翼缘板、腹板和加固角钢发生明显的翘曲,螺栓无破坏现象,如图5.4-9所示。

图5.4-8 试件3破坏形态　　　　　　　图5.4-9 试件4破坏形态

试件5研究初始荷载为900kN时用Q345角钢进行加固后的稳定承载力。在初始加载时,螺栓处于未拧紧的状态,在加载至910kN时开始拧螺栓进行加固,在所有螺栓都拧紧后荷载下降至了872kN。最终试件5发生整体绕弱轴的弯曲,伴有向下的弯曲和扭转现象,同时翼缘板、腹板和加固角钢发生明显的翘曲,螺栓无破坏现象,如图5.4-10所示。

试件6研究初始荷载为1200kN时用Q345角钢进行加固后的稳定承载力。在初始加载时,螺栓处于未拧紧的状态,在加载至1184kN时开始拧螺栓进行加固,在所有螺栓都拧紧后荷载下降至了1145kN。最终试件6发生整体绕弱轴的弯曲,伴有向下的弯曲和扭转变形,同时翼缘板、腹板和加固角钢发生明显的翘曲,螺栓无破坏现象,如图5.4-11所示。

图5.4-10 试件5破坏形态　　　　　　　图5.4-11 试件6破坏形态

试件 7 研究初始荷载为 300kN 时采用强度低于原结构的 Q235 角钢进行加固后的稳定承载力。在初始加载时,螺栓处于未拧紧的状态,在加载至 356kN 时开始拧螺栓进行加固,在所有螺栓都拧紧后荷载下降至 321kN。最终试件 7 发生整体绕弱轴的弯曲,伴有向下的弯曲和扭转,同时翼缘板、腹板和加固角钢发生明显的翘曲,螺栓无破坏现象,如图 5.4-12 所示。

试件 8 研究初始荷载为 600kN 时用强度低于原结构的 Q235 角钢进行加固后的稳定承载力。在初始加载时,螺栓处于未拧紧的状态,在加载至 610kN 时开始拧螺栓进行加固,在所有螺栓都拧紧后荷载下降至了 580kN。最终试件 8 发生整体绕弱轴的弯曲,伴有向上的弯曲和扭转,同时翼缘板、腹板和加固角钢发生明显的翘曲,螺栓无破坏现象,如图 5.4-13 所示。

图 5.4-12　试件 7 破坏形态　　　　　　　图 5.4-13　试件 8 破坏形态

试件 9 研究初始荷载为 900kN 时采用强度低于原结构的 Q235 角钢进行加固后的稳定承载力。在初始加载时,螺栓处于未拧紧的状态,在加载至 919kN 时开始拧螺栓进行加固,在所有螺栓都拧紧后荷载下降至了 896kN。最终试件 9 发生整体向左向上的弯曲,扭转变形明显,同时翼缘板、腹板和加固角钢发生明显的翘曲,螺栓无破坏现象,如图 5.4-14 所示。值得指出的是,试件 9 在接近极限承载力时,整个试验装置发生向上顶起的情况,反力架的前端与地面垫块都脱空了。这是试验装置的缺陷造成的,由于试验装置在竖直面内的刚度比较弱,这也会对试验结果产生一定的影响。

试件 10 研究采用 3m 长的角钢对 4m 长的试件进行加固后的稳定承载力。在初始加载时,螺栓处于

图 5.4-14　试件 9 破坏形态

未拧紧的状态,在加载至 607kN 时开始拧螺栓进行加固,在所有螺栓都拧紧后荷载下降至了 582kN。最终试件 10 在未加固区段发生翼缘板和腹板的板组翘曲,杆件整体无明显弯曲或扭转变形,同时加固区段的翼缘板、腹板和加固角钢均未发生翘曲,螺栓无破坏现象,如图 5.4-15 所示。

试件 11 研究采用 2m 长的角钢对 4m 长的试件进行加固后的稳定承载力。在初始加载时,螺栓处于未拧紧的状态,在加载至 607kN 时开始拧螺栓进行加固,在所有螺栓都拧紧后荷载下降至了 583kN。最终试件 11 在未加固区段发生翼缘板和腹板的板组翘曲,杆件整体无明

显弯曲或扭转变形,同时加固区段的翼缘板、腹板和加固角钢均未发生翘曲,螺栓无破坏现象,如图5.4-16所示。

图5.4-15 试件10破坏形态

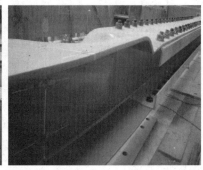

图5.4-16 试件11破坏形态

试件12研究长度为3m的压杆在初始荷载为600kN时进行加固后的稳定承载力。加固后绕弱轴弯曲的长细比为42,绕强轴弯曲的长细比为31。在初始加载时,螺栓处于未拧紧的状态,在加载至607kN时开始拧螺栓进行加固,在所有螺栓都拧紧后荷载下降至了578kN。试件12最终发生整体向上向右的弯曲,伴有扭转变形,同时下翼缘板、腹板和加固角钢发生明显的翘曲,螺栓无破坏现象,如图5.4-17所示。值得指出的是,试件12在接近极限承载力时,整个试验装置发生向上顶起的情况,反力架的前端与地面垫块出现脱空。这是试验装置的缺陷造成的,由于试验装置在竖直面内的刚度比较弱,这也会对试验结果产生一定的影响,如图5.4-17所示。

试件13研究长度为2m的压杆在初始荷载为600kN时进行加固后的稳定承载力。加固后绕弱轴弯曲的长细比为30,绕强轴弯曲的长细比为22。在初始加载时,螺栓处于未拧紧的状态,在加载至649kN时开始拧螺栓进行加固,在所有螺栓都拧紧后荷载下降至了622kN。试件13在接近极限承载力时,整个试验装置发生向上顶起的情况,反力架的前端与地面垫块出现脱空。这是试验装置的缺陷造成的,由于试验装置在竖直面内的刚度比较弱,这也会对试验结果产生一定的影响。试件破坏后,试件13没有明显的整体弯曲变形或扭转变形,主要破坏现象是下翼缘板及下翼缘上的加固角钢发生明显的翘曲,螺栓无破坏现象,如图5.4-18所示。

图5.4-17 试件12破坏形态

图5.4-18 试件13破坏形态

5)试验结果

13 个试件的研究变量和试验获得的极限承载力以及对应极限承载力时刻的位移汇总于表 5.4-3 中。表中的横向位移为中间位置的横向位移计 D6 和 D7 的平均值,竖向位移为中间位置的竖向位移计 D10 的数据。

加固轴心压杆试验结果汇总 表 5.4-3

试件	初始荷载（kN）	试件长度（m）	加固长度（m）	加固角钢材质（MPa）	极限承载力（kN）	横向位移（mm）	竖向位移（mm）
试件 1	—	4	—		2144.7	32.88	10.63
试件 2	0	4	4	Q345	2747.4	29.95	9.85
试件 3	300	4	4	Q345	2884.5	21.19	2.32
试件 4	600	4	4	Q345	2907.3	28.13	2.15
试件 5	900	4	4	Q345	2860.9	18.64	6.47
试件 6	1200	4	4	Q345	2875.0	23.78	10.98
试件 7	300	4	4	Q235	2626.5	20.82	6.69
试件 8	600	4	4	Q235	2835.3	22.78	6.89
试件 9	900	4	4	Q235	2686.9	7.25	14.91
试件 10	600	4	3	Q345	2470.8	4.60	0.54
试件 11	600	4	2	Q345	2229.7	12.59	1.11
试件 12	600	3	3	Q345	3100.0	17.32	13.09
试件 13	600	2	2	Q345	2979.7	5.86	32.43

根据试验现象和试验数据可以看出:以斜腹杆 A7E8 为原型的缩尺模型试件,加固后杆件的极限承载力至少可达 2747kN,根据缩尺比推算得到实桥斜腹杆承载力可达 20000kN,远远高于设计基本组合内力 8092kN,因此实桥结构是足够安全的。

5.4.2 试验分析

为分析加固轴心压杆稳定承载力,可参考冶金行业标准《钢结构检测评定及加固技术规程》(YB 9257—1996)、公路行业标准《公路钢结构桥梁设计规范》(JTG D64—2015)、国家标准《钢结构加固设计标准》(GB 51367—2019)计算。结合规范规定及试验结果,就初始荷载大小、加固件钢材等级、加固长度范围对稳定承载力的影响进行讨论。根据桥梁结构受力特点,在选择《钢结构检测评定及加固技术规程》(YB 9257—1996)、《钢结构加固设计标准》(GB 51367—2019)计算公式及相关参数时,均按照承受动力或间接承受动力荷载的构件进行考虑。

1)设计承载力相关规范规定

(1)《钢结构检测评定及加固技术规程》(YB 9257—1996)[59]

该规程对承受动力荷载的轴心受压构件稳定计算采用式(5.4-1),该公式考虑了施工过程以及原有构件与加固件分批受力的影响,通过控制原有构件应力不超过其设计强度,来保证加固后构件具有足够的稳定性。为保证加固后构件中加固件强度不超过其设计强度,尚应对加固件的应力进行限制。

$$\gamma_0 \left(\frac{N_{I,d}}{\chi_o A_o} + \frac{N_d - N_{I,d}}{\chi(A_o + A_n)} \right) \leq f_{o,d} \text{ 且 } \frac{N_d - N_{I,d}}{\chi(A_o + A_n)} \leq f_{n,d} \tag{5.4-1}$$

式中,χ_o、χ 为加固前、后轴心受压构件的稳定系数;A_o 为原有构件的毛截面面积(mm^2);A_n 为加固件的毛截面面积(mm^2);$f_{o,d}$ 为原有构件的设计强度(MPa);$f_{n,d}$ 为加固件的设计强度(MPa);$N_{I,d}$ 为加固过程中实有荷载(包括施工荷载)作用下的轴心力(N);N_d 为加固后构件需承受的轴心力(N)。

(2)《公路钢结构桥梁设计规范》(JTG D64—2015)[33]

规范未直接给出加固构件轴心受压稳定承载力计算公式,现不考虑加固构件初始荷载的影响,直接利用加固后构件截面特性及总轴力进行稳定承载力计算,设计强度取原有构件及加固件设计强度的较小值。

$$\gamma_0 \frac{N_d}{\chi A} \leq \min(f_{o,d}, f_{n,d}) \tag{5.4-2}$$

式中,χ 为轴心受压构件稳定系数;A 为加固后构件的截面面积(mm^2);N_d 为加固后构件需承受的轴心力(N);$f_{o,d}$ 为原有构件的设计强度(MPa);$f_{n,d}$ 为加固件的设计强度(MPa)。

(3)《钢结构加固设计标准》(GB 51367—2019)[45]

公式直接利用加固后构件特性及总轴力计算加固后构件应力,根据加固前原有构件应力水平,对设计强度进行折减来保证构件的稳定性。对采用不同设计强度的钢材,按照各自的截面特性及设计强度得到换算强度,作为加固后构件的设计强度。

$$\gamma_0 \frac{N_d}{\chi A} \leq \eta_n f^* \tag{5.4-3}$$

式中,χ 为轴心受压构件稳定系数;A 为加固后构件截面面积;η_n 为轴心受力构件加固强度修正系数;N_d 为加固后构件需承受的轴心力。

f^* 为钢材换算强度设计值:a)当 $f_{o,d} \leq f_{n,d} \leq 1.15 f_{o,d}$ 时,可取 f^* 等于 $f_{o,d}$;b)当 $f_{n,d} > 1.15 f_{o,d}$ 时,可按下式计算:

$$f^* = \sqrt{\frac{(A_n f_{n,d} + A_o f_{o,d})(I_n f_{n,d} + I_o f_{o,d})}{(A_n + A_o)(I_n + I_o)}} \tag{5.4-4}$$

式中,$f_{o,d}$、$f_{n,d}$ 分别为原有构件、加固件钢材的强度设计值;A_o、A_n 分别为原有构件、加固件的截面面积;I_o、I_n 分别为原有构件、加固件截面对形心主轴的惯性矩。

系数 η_n 可按表5.4-4取值,其中 σ_{0max} 为原构件最大名义应力。

η_n 取值　　　　　　　　　　　　　　　表5.4-4

初始应力水平	轴心受压			
	$\sigma_{0max}/f_{o,d} \leq 0.2$	$0.2 < \sigma_{0max}/f_{o,d} \leq 0.4$	$0.4 < \sigma_{0max}/f_{o,d} \leq 0.65$	$\sigma_{0max}/f_{o,d} > 0.65$
螺栓、铆钉连接加固	0.90	0.85	0.8	0.75

2)分析讨论

为方便描述,将各公式稳定承载力计算值依次记为 P_{YB}、P_{JTG}、P_{GB},稳定承载力试验值记为 P_u。采用公式进行计算时,截面尺寸采用实测值,用钢材屈服强度代替公式中设计强度,弹性模量取 $E = 2.06 \times 10^5 MPa$,Q345钢材屈服强度均取345MPa,Q235钢材屈服强度取235MPa。试验装置两端设置了球铰,计算长度均按照两端铰接取杆件实际长度。

(1) 初始荷载的影响

试件 2~6 加固件材质均为 Q345，加固长度均为 4m，加固前原有构件初始荷载分别为 0kN、300kN、600kN、900kN、1200kN。不同初始荷载下试件 2~6 稳定承载力计算值及试验值详见表 5.4-5、图 5.4-19，其中 P_X 分别代表 P_{YB}、P_{GB}、P_{JTG}（下同）。

不同初始荷载下稳定承载力计算值及试验值（kN）　　表 5.4-5

试件编号	2	3			4			5			6		
		YB	JTG	GB	YB	JTG	GB	YB	JTG	GB	YB	JTG	GB
$N_{I,d}$	0	300			600			900			1200		
P_X	2364	2120	2352	2117	1892	2356	2003	1649	2340	1872	2120	2352	2117
P_u	2747.4	2884.5			2907.3			2860.9			2875.0		

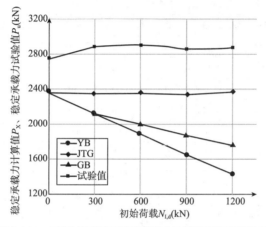

图 5.4-19　不同初始荷载下稳定承载力计算值及试验值（kN）

由表 5.4-5、图 5.4-19 可见，按照 YB 9257 及 GB 51367 方法，设计承载力随着初始荷载的增加而逐渐减小，按照 JTG D64 方法，设计承载力在不同初始荷载作用下基本保持不变，与试验规律基本一致。三种计算方法的安全度依次为 JTG < GB < YB，可见规范 YB 9257、GB 51367 偏于保守。

下面进一步分析初始荷载对加固构件稳定承载力的影响机理。通过失稳破坏前构件较稳定状态下的截面应力分析，可查看原有构件及加固件对极限承载力的贡献。此时试件 2~6 的加载大小依次为 2700kN、2800kN、2800kN、2800kN、2800kN，为极限承载力试验值的 97%~98%。试件 2~6 跨中截面应变测点布置见图 5.4-20，结合材料本构关系曲线，可计算跨中截面各测点应力分布。临近极限状态时实测应变、应力见表 5.4-6。

图 5.4-20　试件 2~6 应变片布置

临近极限状态时跨中截面实测应变　　　　表5.4-6

应变片编号		试件2		试件3		试件4		试件5		试件6	
		应变值($\mu\varepsilon$)	应力值(MPa)	应变值($\mu\varepsilon$)	应力值(MPa)	应变值($\mu\varepsilon$)	应力值(MPa)	应变值($\mu\varepsilon$)	应力值(MPa)	应变值($\mu\varepsilon$)	应力值(MPa)
原构件工字钢	1	850	170	1150	235	1200	240	1450	275	2250	390
	2	1900	345	2750	450	4150	500	3500	465	3350	460
	3	2425	405	2275	410	2850	460	3575	470	3150	455
	4	2200	385	1725	340	2700	445	2375	405	2425	405
	5	1900	345	825	175	1000	210	1275	250	1100	215
	6	1000	200	950	200	800	170	1150	225	1700	315
	7	2000	360	1400	280	2600	440	3400	455	3650	470
	8	2300	395	2750	450	2350	420	2925	440	2500	410
	9	2200	385	2000	380	1625	320	2050	365	1750	325
	10	1150	225	650	140	600	130	825	160	850	170
	11	1125	225	1550	310	400	80	—	345	1800	330
	12	1000	200	1000	210	350	70	—	345	1250	250
	13	1350	270	2200	400	4000	465	1100	220	2400	400
	14	1375	275	1800	350	3300	440	1250	250	—	345
加固件角钢	15	1400	285	2925	395	2950	395	2500	395	3150	395
	16	900	190	1350	280	1125	235	1100	230	1050	220
	17	1150	240	2925	395	2800	395	2050	370	1950	360
	18	900	190	1275	250	1175	245	900	190	950	200
	19	2750	395	1100	230	900	190	1050	210	800	180
	20	1350	280	850	180	900	190	850	180	500	110
	21	3100	395	1350	280	900	190	1250	250	900	190
	22	1375	280	950	200	625	140	800	170	500	110

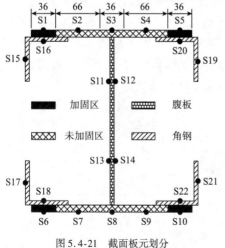

图 5.4-21　截面板元划分

由表5.4-6可见,在试件失稳破坏时,均出现明显的塑性变形,截面存在明显的应力重分布现象。对截面进行如图5.4-21所示板元划分。将表5.4-6各试件截面应力按照翼缘未加固区(测点2~4、7~9)、翼缘加固区(测点1、5、6、10)、腹板(测点11~14)、角钢(测点15~22)分类,分别求平均值并绘于图5.4-22。由表5.4-6、图5.4-22可见,试件截面不同区域应力分布有较大差别,其中翼缘未加固区应力在400MPa上下,加固角钢应力在250MPa上下。结合图5.4-21所示截面板元划分,可依次分段计算截面内力,最后求和作为构件临近极限状态的承载力,详见表5.4-7、图5.4-23。

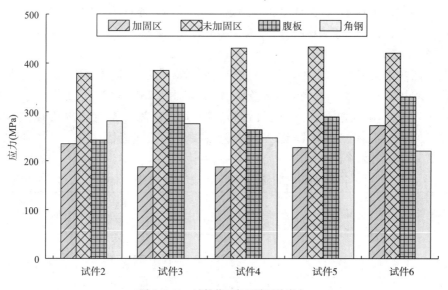

图 5.4-22　试件截面各区域平均应力

临近极限状态内力计算值与试验值比较　　　　表 5.4-7

试件编号	2	3	4	5	6
初始内力(kN)	0	300	600	900	1200
原有构件内力(kN)	1922.8	1957.1	2067.0	2156.1	2247.7
加固角钢内力(kN)	805.5	785.6	703.9	702.3	640.8
计算总内力(kN)	2728.3	2742.7	2770.9	2858.3	2888.6
对应试验值(kN)	2700.0	2800.0	2800.0	2800.0	2800.0
差值(%)	1.0	−2.0	−1.0	2.1	3.2

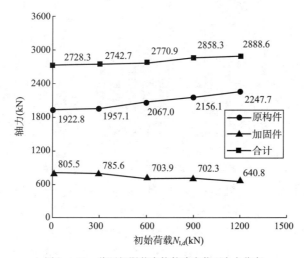

图 5.4-23　临近极限状态构件跨中截面内力分布

从表 5.4-7 差值百分比看,计算内力与试验值之间的差值均在 ±5% 以内,说明内力计算较为准确。由图 5.4-23 可见,随着初始荷载的增加,临近极限状态下原有构件的轴力依次递增,加固角钢的轴力依次递减,体现出随着初始荷载的提高,原有构件的贡献逐渐增大,加固件的贡献逐渐减小,最终各试件极限承载力差异不大。

(2)加固件材质的影响

试件3、试件7在初始荷载300kN下,试件4、试件8在初始荷载600kN下,试件5、试件9在初始荷载900kN下,加固长度均为4m,分别用Q345和Q235钢材进行加固。采用YB 9257及GB 5167方法,对试件稳定承载力进行计算。按GB 5167计算时,虽规范要求加固件强度高于原构件强度,但整体截面换算强度仍按所列强度换算公式进行计算。承载力计算值及试验值详见表5.4-8、图5.4-24。

不同加固材料时稳定承载力计算值及试验值(kN)　　　　表5.4-8

初始荷载	试件编号	承载力		
		P_{YB}	P_{GB}	P_u
300	3	2119.8	2116.7	2884.5
	7	1874.8	1773.0	2626.5
600	4	1892.5	2002.9	2907.3
	8	1873.4	1683.8	2835.3
900	5	1648.5	1872.2	2860.9
	9	1640.0	1583.4	2686.9

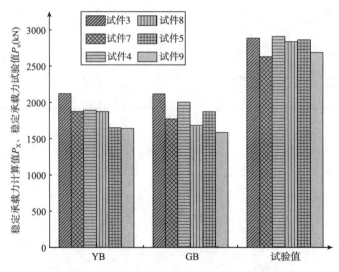

图5.4-24　不同加固材料时稳定承载力计算值及试验值(kN)

由表5.4-8、图5.4-24可见,采用Q235角钢(试件7、8、9)进行加固的构件极限承载力计算值及试验值,总体小于采用Q345角钢(试件3、4、5)加固的值。试件7~9试验承载力平均值为试件3~5试验承载力平均值的0.94。按YB 9257计算时,试件7加固件应力为266.5MPa,超过了加固件屈服强度235MPa,因此加固件设计强度控制试件稳定承载力的计算。试件8、试件9加固件屈服强度不控制试件稳定承载力的计算,如不考虑试件实测截面的不同,试件8与试件4,试件9与试件5对应的稳定承载力的计算值应相同。这也意味着,初始荷载越大,对加固件材料等级的要求越低,反之亦然。根据上述试验分析讨论,建议在对受压构件进行加固时,加固件采用与原构件等强度或更高强度的钢材。

(3)加固长度的影响

试件4、试件10、试件11均为初始荷载600kN下用Q345进行加固,加固长度分别为4m、3m、2m,试件1未进行加固。建立有限元杆系模型计算临界荷载,通过欧拉公式反算杆件等效惯性矩,由等效惯性矩及加固后截面面积得到回转半径,并由此得到杆件长细比,最后按加固前面积计算承载力,结果详见表5.4-9、图5.4-25。

不同加固长度下承载力计算值及试验值　　　　　表5.4-9

试件编号	1	11		10		4	
		P_{YB}	P_{GB}	P_{YB}	P_{GB}	P_{YB}	P_{GB}
$N_{I,d}$(kN)	0	600					
加固长度(m)	0	2		3		4	
P_X(kN)	1341.2	1372.9	1225.2	1437.7	1326.3	1892.5	2002.9
P_u(kN)	2144.7	2229.7		2470.8		2907.3	

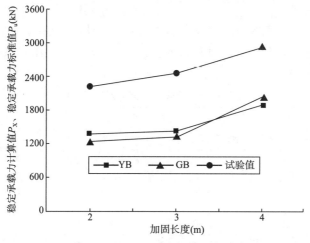

图5.4-25　不同加固长度下承载力计算值及试验值

由表5.4-9、图5.4-25可见,试件4、试件10、试件11、试件1承载力试验值分别为2907.3kN、2470.8kN、2229.7kN、2144.7kN。加固长度越长,承载能力越高,相对于未加固试件,加固2m、3m、4m试件的承载力分别提高4%、15%、35%,从计算值也可以看出该规律。全长加固或未加固的试件最终发生整体绕弱轴的弯曲;未全长加固的试件最终在未加固区段发生翼缘板和腹板的板组翘曲,杆件整体无明显弯曲或扭转变形,同时加固区段的板件均未发生翘曲。可见加固角钢的长度对加固后压杆的破坏形态和极限承载力有显著的影响。根据以上分析讨论,受压构件建议沿杆件全长进行加固。

(4)合理计算公式建议

上述《钢结构检测评定及加固技术规程》(YB 9257—1996)计算公式,分别采用$\chi_\circ$、χ对加固前原有构件及加固后构件的承载力进行折减,因一个构件的压溃失稳状态仅有一个,稳定折减系数也应只有一个,所以公式存在一定的不合理性,从计算结果上看是偏于保守的。《钢结构加固设计标准》(GB 51367—2019)计算公式,采用加固后构件的稳定折减系数χ,并对设计强度进行折减来考虑初始荷载的影响,而强度折减系数分类、取值是否适用于桥梁结构,需要进一步研究。JTG D64 计算公式,不考虑初始荷载的影响,将负荷加固构件看作新构件直接进行稳定承载力计算,存在明显的不合理性。基于上述计算方法现状,有必要进行详细分析,提出理论相对明确、安全度相对适中的桥梁负荷加固构件稳定承载力计算公式的建议。

从采用压溃理论计算稳定承载力的角度出发,$\frac{N_d}{A} \leq \frac{\sigma_{cr}}{\gamma} = \frac{\sigma_{cr}}{f_y} \frac{f_y}{\gamma} = \chi \cdot f_d$,即$\frac{N_d}{\chi A} \leq f_d$,其中稳定折减系数$\chi = \frac{\sigma_{cr}}{f_y}$,考虑初始缺陷以及不同的残余应力水平,通过有限元计算σ_{cr},进而获得轴心受压构件的柱子曲线。

负荷加固构件存在两个受力过程,加固前原有构件处于正常使用状态;加固后荷载逐步增加,达到压溃状态,此时对应截面为加固后截面。因此,稳定折减系数χ应按加固后截面进行计算。考虑到加固件可能控制承载力计算,尚应补充加固件应力验算条件。最终提出轴心压杆负荷加固后承载力计算公式:

$$\frac{1}{\chi}\left(\frac{N_{I,d}}{A_o} + \frac{N_d - N_{I,d}}{A_o + A_n}\right) \leq f_{o,d}, \frac{N_d - N_{I,d}}{\chi(A_o + A_n)} \leq f_{n,d} \qquad (5.4\text{-}5)$$

为方便描述,将上述计算称之为改进的计算方法 GJ,计算结果记为P_{GJ}。其合理性可通过对本书试件及王元清[60]试件的计算进行说明,其中王元清试件采用翼缘焊接钢板加固,计算结果详见表 5.4-10、图 5.4-26。

采用新计算公式后承载力对比(kN)　　　　　表 5.4-10

初始荷载	本书试件					王-试件		
	0	300	600	900	1200	0	500	800
P_{YB}	2363.6	2119.8	1892.5	1648.5	1432.2	1098.6	941.4	822.7
P_{JTG}	2363.6	2351.9	2356.4	2340.3	2360.7	1098.6	1103.5	1091.1
P_{GB}	2363.6	2116.7	2002.9	1872.2	1770.5	1098.6	938.0	872.9
P_{GJ}	2363.6	2213.1	2079.9	1928.2	1804.9	1098.6	949.5	841.9
P_u'	2747.4	2884.5	2907.3	2860.9	2875.0	1672.9	1619.6	2021.7

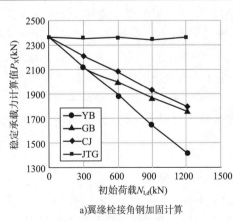
a)翼缘栓接角钢加固计算

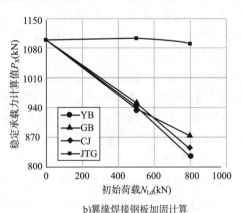
b)翼缘焊接钢板加固计算

图 5.4-26 采用新计算公式后承载力对比

从表 5.4-10 可以看出,各方法的计算值均低于试验值,均具有足够的安全度。由图 5.4-26 可见,JTG 结果最大,最接近试验值,但因其未考虑初始荷载影响,因此不建议设计时采用;改进后的 GJ 公式相对 YB 公式计算值均有所提高,同时又具有足够的安全度。对比两类试件的 YB、GB、GJ 三种方法还可以看出,本文试件三种方法计算值之间的差距比王元清试件的要大,主要是因为两类试件不同的加固方式对弱轴抗弯惯性矩的提高不同,进而导致稳定折减系数的变化不同。本文试件加固前、后稳定折减系数分别为 0.63、0.76,提高 20%,王元清试件加固前、后稳定折减系数分别为 0.46、0.47,仅提高 2%。由此也说明,对于加固后稳定折减系数提高较多的情形,YB 计算公式更偏于保守,本文改进计算方法 GJ 则更趋合理。

5.5 铆钉连接加固试验

松浦大桥杆件与节点板间采用铆接连接,在主桁加固时,为使新老连接类型一致,连接加固亦采用铆接。由于采用原位负荷加固,在加固施工前原有的铆钉群受到初始荷载的作用,加固施工后新增铆钉与原有铆钉分担后续的荷载。对于这种分批受力的铆钉群,目前的设计规范还没有涉及,也没有相关的研究资料可以提供可靠的参考。为了保证工程安全,需探究分批受力对铆钉群承载力的影响,特开展相关试验研究。

5.5.1 试验设计

1)试件设计

设计了 8 种类型的试件(图 5.5-1),考虑了铆钉数量、铆钉剪切状态、初始荷载、铆钉群布局等参数。每种试件 1 组 3 个(编号 A、B、C),制作了共 24 个试件进行试验。

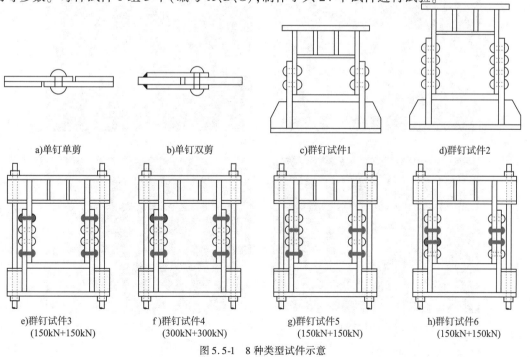

图 5.5-1 8 种类型试件示意

铆钉采用实桥上使用的 φ25 铆钉,对应孔径为 26mm。铆钉试件分为单钉试件和群钉试件。单钉试件分为 2 组,分别为单剪和双剪。群钉试件共 6 组,每组间预加力大小、铆钉群布置等参数各不相同。群钉试件 1 包含 8 个铆钉,铆钉布局为 $2\times2\times2$,即有左右两侧 2 个铆钉群,每侧铆钉群 2 排 2 列;群钉试件 2~6 的一个试件则包含 16 个铆钉,铆钉布局为 $2\times4\times2$,即有左右两侧 2 个铆钉群,每侧铆钉群 4 排 2 列。此外,群钉试件 3~6 的铆钉分两批施工,先施工图中未加阴影的铆钉,然后张拉预应力拉索至设计值,然后再在施工图中加阴影的铆钉。

本试验主要研究铆钉群在初始荷载作用下,通过新增铆钉对铆钉群进行加强,该加强后铆钉群的承载力。单钉试件主要提供铆钉的材性数据;群钉试件 1 作为对照组,代表原有铆钉群的承载力;群钉试件 2、群钉试件 3、群钉试件 4 研究初始荷载大小的影响,群钉试件 2 的初始荷载为 0,群钉试件 3 和 4 新增铆钉位于原有铆钉的外侧,群钉试件 3 的初始荷载为 2×150kN,群钉试件 4 的初始荷载为 2×300kN;群钉试件 3、5、6 研究铆钉群布局的影响,初始荷载均为 2×150kN,但群钉试件 5 的新增铆钉与原有铆钉间隔排列,群钉试件 6 的新增铆钉位于原有铆钉的内侧。

2)试件加工

铆钉(图 5.5-2)的施工主要包括紧固构件、修孔、铆钉加热、接钉与穿钉、顶钉、热镦、检查。对于群钉试件 3~6,采用钢绞线和夹片锚来施加预加力,每个试件包含左右两套拉索,两套拉索同步张拉。在张拉时,在拉索的锚杯与试件的钢板间安装了振弦式索力计,以监测和控制预加力。

a)铆钉加热

b)顶钉与热镦

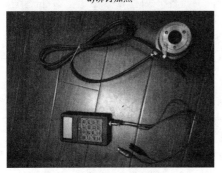

c)振弦式索力计与测读仪

d)张拉拉索

图 5.5-2　试件加工

3）加载测试

由于试件分为单钉和群钉两种类型,因此加载测试也分为两个系统:单钉的单剪和双剪试验在万能试验机上进行,对试件进行拉伸使铆钉受剪,如图 5.5-3a)所示;群钉试验在反力架上进行,对试件施加压力使铆钉受剪,如图 5.5-3b)所示。

a)万能试验机　　　　　　　　b)反力架

图 5.5-3　试验装置

每个单钉试件安装一台位移计,荷载则通过万能试验机获取。群钉试件的荷载通过安装在千斤顶和试件之间的压力传感器获取。对于群钉试件 3~6 等带有预应力拉索的试件,其荷载包含两个方面,一个是预应力拉索施加的压力,一个是千斤顶施加的压力。千斤顶的压力通过压力传感器获取,而拉索的力通过振弦式索力计获取。每个群钉试件布置 4 台位移计,其中 2 台测量整体变形,数据包含了整个铆钉群的变形和钢板的变形,还有 2 台测量铆钉的错动滑移变形,如图 5.5-4 所示。

图 5.5-4　群钉试件加载与测试装置

5.5.2 试验结果及分析

单钉单剪的破坏形态与单钉双剪的破坏形态有所不同。单剪的破坏断面很平整,如图5.5-5a)所示,而双剪的破坏断面凹凸不平,如图5.5-5b)所示。可以推断出,单剪下铆钉主要受剪力,发生剪切破坏,而双剪下铆钉同时受到剪力和弯矩作用,发生弯剪破坏。

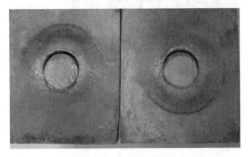
a) 单钉单剪破坏形态

b) 单钉双剪破坏形态

图5.5-5 单钉试件破坏形态

当群钉试件加载至极限状态时,随着嘣的一声巨响,铆钉群被剪断,试件上安装的位移计等都被震飞,部分剪断的铆钉也被震出。除了试件1A是两侧铆钉群先后剪断,如图5.5-6a)所示,其余17个试件典型破坏现象都是试件一侧的铆钉群剪断,如图5.5-6b)所示,对于群钉试件3~6等有预应力拉索的试件,铆钉剪断侧的拉索脱空,铆钉未剪断侧的拉索则还绷紧,如图5.5-6c)所示。

a) 群钉试件1A

b) 群钉试件2B

c) 群钉试件3B

图5.5-6 群钉试件破坏形态

将剪断后的群钉取出,观察铆钉的破坏面,如图5.5-7所示。可以看到同一个铆钉群中各个铆钉的破坏面形态也略有不同,有的比较平整,可见主要受剪;有的略有不平,可见受到弯曲,但总体而言,以剪切破坏的形态为主。

将所有试件的极限荷载与极限位移汇总于表5.5-1,表中数据是每组三个试件的平均值。

  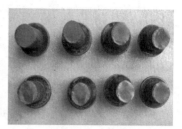

a)群钉试件2C　　　　　　　b)群钉试件4A　　　　　　　c)群钉试件6C

图 5.5-7　群钉试件的剪断铆钉

铆钉剪切试验结果　　　　　　　　　　　　　　　表 5.5-1

试件类型	极限荷载(kN)	单个剪切面承载力(kN)	极限滑移位移(mm)
单钉单剪	226.3	226.3	6.08
单钉双剪	418.6	209.3	5.14
群钉试件 1	1644.8	205.6	6.94
群钉试件 2	3134.4	195.9	5.70
群钉试件 3	3027.2	189.2	6.20
群钉试件 4	2820.8	176.3	5.27
群钉试件 5	2977.6	186.1	5.66
群钉试件 6	3006.4	187.9	5.87

通过对 8 组共 24 个铆钉试件的试验研究,可以得到以下结论:

(1)由表 5.5-1 可见,目前使用的 BL2 铆钉,以单钉单剪为基准,铆钉的极限剪切强度为 426MPa,极限位移大致在 5～7mm 的范围。

(2)对比表 5.5-1 中单钉单剪与单钉双剪的承载力,可见双剪的平均单个剪切面承载力比单剪时低,约为单剪时的 92.5%。铆钉在单剪下主要受剪力,发生剪切破坏;而在双剪下,铆钉同时受到剪力和弯矩作用,发生弯剪破坏。因此,双剪的平均单个剪切面承载力比单剪时低。

(3)对比表 5.5-1 中单钉单剪、群钉试件 1 和群钉试件 2 的承载力,可见随着铆钉数量的增加,平均单钉承载力降低。群钉试件 1 包含 8 个铆钉,平均单钉承载力为单钉单剪的 90.8%,群钉试件 2 包含 16 个铆钉,平均单钉承载力为单钉单剪的 86.6%。值得指出的是,《钢结构设计标准》(GB 50017—2017)[49]中仅对长列铆钉群考虑群钉效应折减系数,而按照规范,本试验中的铆钉群均不属于长列铆钉群,因此即使不是长列铆钉群,也应该考虑群钉效应。

(4)对比表 5.5-1 中群钉试件 2、群钉试件 3、群钉试件 4 的承载力,可见分批受力的铆钉群的承载力随着初始荷载的增大而降低。群钉试件 2 的初始荷载为 0,其群钉承载力最高。群钉试件 3 的初始荷载设计值为 150kN + 150kN(约占总承载力 10%),其承载力相比群钉试件 2 降低了 3.4%,群钉试件 4 的初始荷载设计值为 300kN + 300kN(约占总承载力 21%),其承载力相比群钉试件 2 降低了 10.0%。因此对松浦大桥的铆钉进行连接加固时,应考虑初始荷载的不利影响。

(5)对比表 5.5-1 中群钉试件 3、群钉试件 5 和群钉试件 6 的承载力,承载力最大相差不到

2%,可认为在初始荷载相当的情况下,文中所述三种新增铆钉的布局方式对分批受力的铆钉群承载力几乎没有影响。

5.6 钢桁梁抗扭加固及验证

松浦大桥改造工程在维持两片主桁不变的条件下,将上层桥面由 2 车道拓宽为 6 车道。由于外侧挑臂桥面上布置有新增的 2 个车道,且外侧车道往往重车居多,故原先主要承担竖向面内荷载作用的钢桁梁,在偏载作用下,将承受较大的扭矩。这将对横联受力带来不利影响,需要置换加强;同时,更为重要的是,上弦节点也将受到额外的面外弯矩作用。

历史上曾发生的钢桁架桥坍塌事故,如美国 I-35W 桥、韩国圣水桥等,均与节点破坏有关。美国 I-35W 桥为 80m+139m+80m 的三跨连续钢桁梁桥(图 5.6-1),1967 年建成通车,2007 年突然破坏。事故分析认为该桥 U10 节点板设计较弱,破坏前节点板已存在明显的弯曲变形(图 5.6-2),设计不合理是整个结构体系破坏的主要因素[61]。韩国圣水桥是横跨汉江的悬臂桥梁,1979 年建成通车,1994 年中间挂孔整体跌落水中(图 5.6-3)。事故分析认为竖杆与节点区铰接板焊接存在严重质量缺陷,导致后期运营过程中出现疲劳破坏(图 5.6-4)[5]。

图 5.6-1 美国 I-35W 桥

图 5.6-2 U10 节点破坏前变形

图 5.6-3 韩国圣水桥挂孔落水

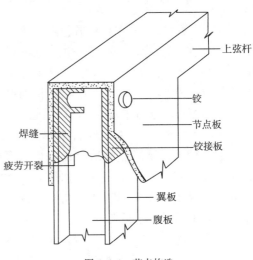

图 5.6-4 节点构造

因此,有必要将桁架结构的节点作为结构上的一个关键构件加以考虑。在对改造后松浦大桥进行分析后,发现其上弦小节点为所有节点中的最薄弱环节,可能存在面外疲劳破坏风险。为此开展上弦节点抗疲劳性能研究,具体研究内容包括基于局部疲劳分析方法的精细化有限元分析以及节点面外疲劳荷载试验。

5.6.1 有限元分析

原松浦大桥主桁主要承受竖向荷载,横联按照构造要求进行设计,斜撑截面为"T"形、横撑截面为"工"字形(图5.6-5)。松浦大桥拓宽改造完成后,大桥上层桥面外挑,斜撑上端支承桥面系,下端连接横联横撑,以传递桥面系荷载。在上层桥面汽车偏心荷载作用下,横联受力较大,需通过构件置换的方式进行加强(图5.6-6),并由原来的16m一道横联,加密至8m一道。

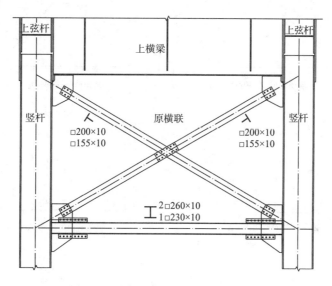

图5.6-5 主桁原横联构造(尺寸单位:mm)

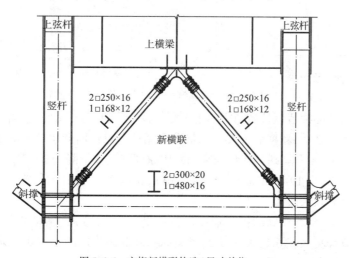

图5.6-6 主桁新横联构造(尺寸单位:mm)

经总体计算可知,横联及主桁节点板在汽车横向偏载时面外受力效应最大,且中支点位置竖杆面外弯矩最大,可作为研究对象,下文均基于此处构件进行讨论。中支点处横联有限元模型如图5.6-7所示,汽车偏载下横梁受力计算结果如图5.6-8所示。

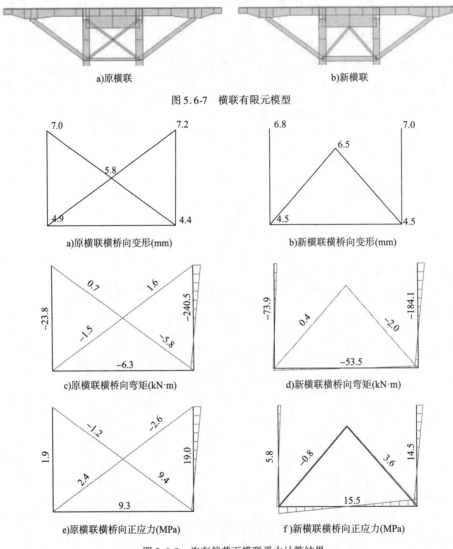

图5.6-7　横联有限元模型

图5.6-8　汽车偏载下横联受力计算结果

竖杆与横梁交点即为节点位置,该处内力及变形可反映节点面外受力情况。从汽车偏载作用下结构横向变形来看,新横联方案比原横联方案的节点横向转角有所减小;偏载侧节点横向弯矩由 −240.5kN·m 下降到 −184.1kN·m,比原横联方案下降约23.5%;汽车偏载下横桥向弯矩引起的正应力,由 19.0MPa 下降至 14.5MPa,比原横联方案降低23.7%,可见新横联对节点横向受力性能有较大改善。

从横联自身受力来看,横联斜撑及横撑均会承受压力,原横联、新横联受压杆件基本组合下强度及稳定验算详见表5.6-1、表5.6-2,可见原横联截面难以满足稳定需求,加固后新横联截面可以满足稳定需求。

基本组合下原横联受压状态下强度及稳定验算　　　　表 5.6-1

横撑				
截面尺寸	$b_f(mm)$	$t_f(mm)$	$h_w(mm)$	$t_w(mm)$
	240	10	230	10
内力	$N_d(kN)$	$M_y(kN·m)$	$M_z(kN·m)$	
	-533.4	-10.87	-23.58	
结果	强度验算	y 轴稳定验算	z 轴稳定验算	
	0.78	1.28	1.66	
斜撑				
截面尺寸	$b_f(mm)$	$t_f(mm)$	$h_w(mm)$	$t_w(mm)$
	200	10	155	10
内力	$N_d(kN)$	$M_y(kN·m)$	$M_z(kN·m)$	
	-741.5	-22.43	-3.59	
结果	强度验算	y 轴稳定验算	z 轴稳定验算	
	0.65	3.07	9.55	

基本组合下新横联受压状态下强度及稳定验算　　　　表 5.6-2

横撑				
截面尺寸	$b_f(mm)$	$t_f(mm)$	$h_w(mm)$	$t_w(mm)$
	300	20	479	16
内力	$N_d(kN)$	$M_y(kN·m)$	$M_z(kN·m)$	
	-722.5	-185.5	2.38	
结果	强度验算	y 轴稳定验算	z 轴稳定验算	
	0.34	0.36	0.63	
斜撑				
截面尺寸	$b_f(mm)$	$t_f(mm)$	$h_w(mm)$	$t_w(mm)$
	240	12	176	10
内力	$N_d(kN)$	$M_y(kN·m)$	$M_z(kN·m)$	
	-983.5	-8.92	-0.877	
结果	强度验算	y 轴稳定验算	z 轴稳定验算	
	0.55	0.70	0.98	

5.6.2 节点面外疲劳试验

松浦大桥改造工程桥面大幅拓宽后,在汽车偏载作用下钢桁梁扭转效应明显,为验证横联加强后上弦节点受力,特开展节点面外疲劳荷载试验,试件构造如图 5.6-9 所示。为了提高试验效率,试件中将节点设在钢梁的中部,而与节点相连的竖杆则设置在两边。试件中节点板、垫板、铆钉直径及间距、竖杆等尺寸规格均与原桥相同。但为了确保节点板在跨中加载下不出现过度的变形,额外在试件梁体跨中的节点板上设置了加劲肋。

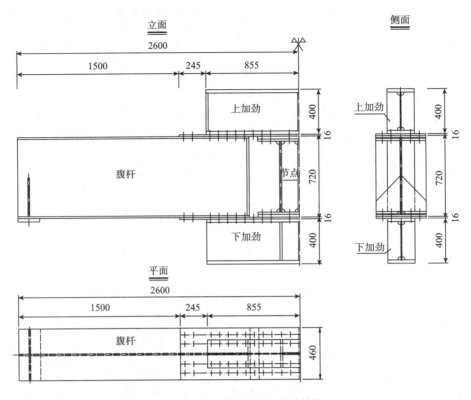

图 5.6-9 节点面外疲劳试件构造(尺寸单位:mm)

经 Midas 分析,该节点在汽车荷载偏载作用下的最大弯矩为 184.1kN·m。试验中疲劳作动器的加载幅度为 3～35t。每个竖杆对应 160kN 的荷载,试件中疲劳细节到支座的距离为 1.68m,因此在竖杆的疲劳敏感截面实际承载为 268.8kN·m,实验室疲劳荷载为构造细节理论承载的 1.46 倍。

节点在面外弯矩作用下的疲劳试验步骤如下:①疲劳试件设计、下料、加工与安装;②固定疲劳助动器头,在试件两侧安装防崩构件;③加载,至规定的疲劳寿命后结束试验。试验加载过程如图 5.6-10 所示。本次试验原定加载 2×10^6 次,但试件在加载 2×10^6 次后未见任何损伤,因此额外对试件追加了 2×10^6 次的疲劳荷载循环,仍未出现任何疲劳损伤。

图 5.6-10 节点面外疲劳试验加载

考虑到松浦大桥原结构仅有 2 车道,在本次改造前上弦节点受到的疲劳损伤可以忽略。如果以松浦大桥继续使用 50 年进行分析,则换算下来平均每天承受 200 次极限偏载不会对结构产生疲劳影响。如果该桥继续使用 100 年,平均每天可承受 100 次极限偏载状态下的换算应力幅。实际结构上多辆车辆共同加载恰好达到桥梁偏载极限状态的概率很低,更遑论一天之内就达到 100 次的极限偏载,因此可认为松浦大桥上弦节点在偏载的交通荷载作用下不会出现疲劳破坏。

5.7 成桥试验验证

5.7.1 试验设计

松浦大桥原位加固较为复杂,且加固后桥梁承受的设计荷载比老桥增加30%以上,改造完成后进行成桥试验,可检验桥梁加固设计、施工质量,结合理论分析验证实桥受力状况与理论计算的吻合性。一方面,可通过成桥试验荷载作用下钢桁桥的整体响应及自振特性测试,从宏观上把握桥梁的整体受力性能;另一方面,可通过钢桁梁加固后原有构件、加固件的局部响应及荷载传递及分配情况,从微观上对钢桁梁采用板桁结合、增大截面法、钢混组合法等加固设计进行验证。

1)试验内容及方法

静载试验根据荷载效率要求及主要控制断面的设计内力计算结果,选用21辆35t汽车作试验车辆,主要设计6个加载工况并确定了车辆加载位置及数量,详见图5.7-1、表5.7-1,现场部分加载工况见图5.7-2。松浦大桥的设计荷载标准为公路Ⅱ级,本次试验荷载适当提高,相对于设计活载的1.1倍左右。

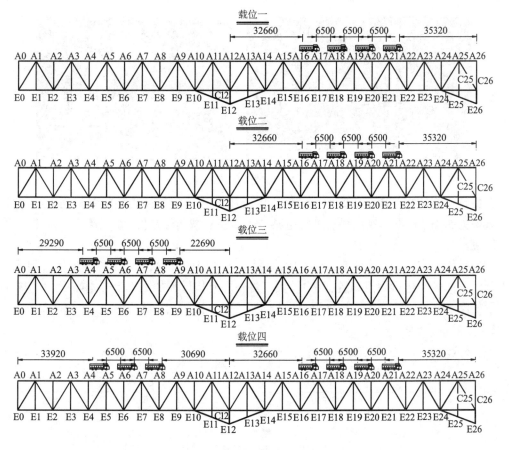

图 5.7-1

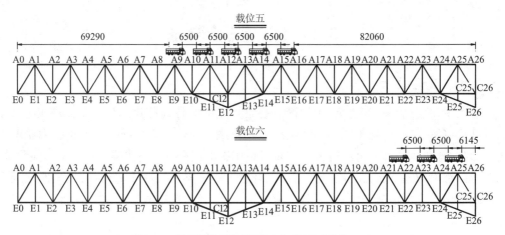

图 5.7-1 静载试验工况车辆纵向加载(尺寸单位:mm)

静载试验工况汇总 表 5.7-1

工况编号	一	二	三	四	五	六
工况名称	中跨跨中满载	中跨跨中偏载	边跨跨中满载	中支点偏载	中支点偏载	中跨边支点满载
车辆总数	16	12	16	21	15	18

图 5.7-2 部分工况现场加载

自振特性测试主要用于判断桥梁整体刚度及质量分布。本次试验采用车辆余振法,测试采样频率为50Hz,依据车辆出桥后结构上某点的余波衰减信号来估算模态频率。

2)测点布设

桁架结构静应力测点布设覆盖了主桁加固及未加固的杆件,如图5.7-3所示。可根据杆件类型的不同分类进行测点布置,其中加固杆件在原有构件和加固件上分别布设,典型杆件测点布置如图5.7-4所示。主桁挠度测点布置于主跨及边跨跨中,横桥向上、下游各布置1个测点,共4个。

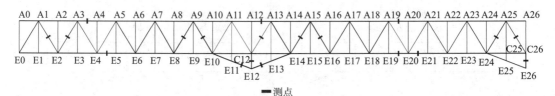

图 5.7-3 主桁杆件测点布设立面

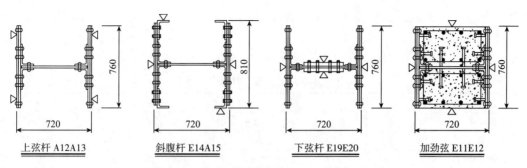

图 5.7-4 典型杆件测点布设断面(尺寸单位:mm)

主梁动力特性参数测试前,在主、边跨跨中对应的横截面处布设横向动力拾振器和竖向动力拾振器,测点布置横断面详见图 5.7-5。

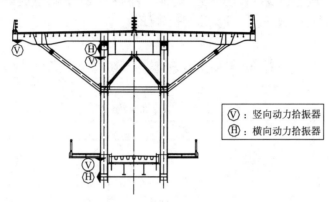

图 5.7-5 动力拾振器测点布置横断面

5.7.2 试验结果及分析

1)整体分析

(1)竖向挠度

静载试验主桁跨中挠度实测值及与计算值的比较见表 5.7-2。

主桁跨中挠度实测值与计算值比较　　　　　表 5.7-2

工况		一		二		三		四	
	位置	上游	下游	上游	下游	上游	下游	上游	下游
112m 跨	实测值(mm)	−27.0	−25.0	−30.0	−13.0	10.0	10.0	−25.0	−7.0
	计算值(mm)	−30.0	−30.0	−32.0	−13.0	10.4	10.4	−26.6	−7.0
	校验系数	0.90	0.83	0.94	1.00	0.96	0.96	0.94	1.00
96m 跨	实测值(mm)	10.0	10.0	5.0	5.0	−20.0	−20.0	−10.0	0.0
	计算值(mm)	10.6	10.6	7.3	8.6	−24.2	−24.2	−15.4	−1.0
	校验系数	0.94	0.94	0.68	0.58	0.83	0.83	0.65	—

由表 5.7-2 可见,最不利加载工况一实测主跨跨中挠度值为 30mm,按加载效率换算到设计活载作用下的挠跨比为 1/3888,说明钢桁梁刚度很大;各工况钢桁梁实测变形均小于计算值,主跨主要测点的挠度校验系数在 0.83~1.00 之间;偏载工况二、四,两片主桁的变形有较

大差别,表明单侧偏载时主桁存在明显的扭转效应。

(2)杆件应力

静载试验下主桁典型杆件应力实测值及与计算值的比较见表5.7-3。

典型杆件应力实测值与计算值的比较　　表5.7-3

工况	一	三	三	四	四	六
杆件位置	下弦杆	斜腹杆	上弦杆	斜腹杆	斜腹杆	斜腹杆
杆件编号	E19E20	E8A9	A12A13	A9 E10	E14A15	E24A25
实测值(MPa)	18.2	23.8	4.3	−30.9	−30.5	30.4
计算值(MPa)	26.4	22.8	8.6	−32.6	−35.2	31.3
校验系数	0.69	1.04	0.5	0.95	0.87	0.97

由表5.7-3可见应力校验系数在0.5~1.04之间,其中腹杆应力实测值与计算值吻合较好,上弦杆活载应力校验系数较小,应力水平也较低。

(3)动力特性

表5.7-4给出了桥梁加固改造后固有振动特性参数,包括实测和理论计算的固有振动频率和振型特征。

加固后固有振动特性参数(Hz)　　表5.7-4

阶次	频率		振型
	实测值	计算值	
1	0.830	0.840	主桁侧向+扭转弯曲
2	1.050	0.932	主桁侧向+扭转弯曲
6	1.880	1.310	主桁一阶反对称竖弯
12	2.881	2.414	主桁一阶对称竖弯

由表5.7-4可见,桥梁整体状况与设计基本相符,整体刚度大于理论计算值。

2)局部分析

为了解加固后杆件及节点的荷载传递及分配情况,成桥试验时选择了比较典型的杆件及节点,在一定区域范围内集中布置了应力测点,进行了更细化的数据采集,结合测试结果分析如下。

(1)板桁结合

上弦杆通过板桁结合方式加固,以杆件A12A13在工况四下的响应为例,进行上弦杆板桁结合设计验证。测点布设于杆身中点附近截面桥面系纵梁腹板下缘,上弦杆翼缘及腹板处,见图5.7-6,实测应力见表5.7-5。

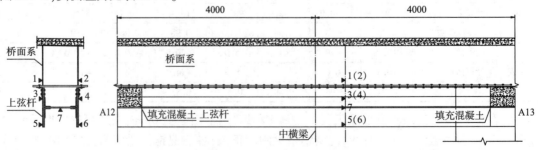

图5.7-6　板桁结合测点布设

板桁结合处实测应力(MPa)   表5.7-5

测点	纵梁		上弦杆				
	1	2	3	4	5	6	7
实测应力	3.501	3.503	3.626	3.708	3.502	3.624	3.509
平均值	3.502		3.594				

由表5.7-5可见,上弦杆各测点应变几乎相同,接近轴向受拉;纵梁测点应力与上弦杆测点应力十分接近,板桁连接效果好;板桁结合后上弦杆活载应力较小。

(2)斜腹杆节点连接

对应于斜腹杆贴板加固,在节点区域通过铆接拼接的方式对杆件及节点之间的连接予以加固。以斜腹杆A15E16节点在工况四下的响应为例,进行斜腹杆节点连接设计验证。本验证主要察看连接构造与实际传力路径是否匹配,测点按照假定传力路径多点布设,见图5.7-7,实测应力见表5.7-6。

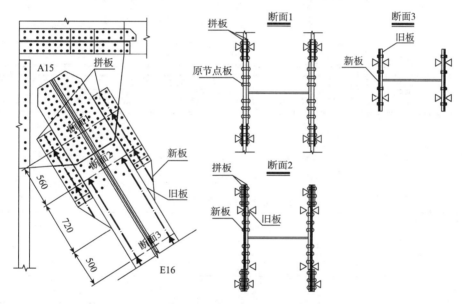

图5.7-7 斜腹杆节点连接加固测点布设(尺寸单位:mm)

斜腹杆节点处实测应力   表5.7-6

断面	板件	尺寸(mm)	实测应力(MPa)	面积(mm²)	内力(kN)	面积占比	内力占比
断面3	旧	680×24	24.1	16320	393.3	54.5%	55.1%
	新	680×20	23.9	13600	321.0	45.5%	44.9%
断面2	旧	680×24	19.6	16320	319.9	29.9%	41.2%
	新	1160×20	13.1	23200	303.9	42.5%	39.2%
	拼	235×16×4	10.1	15040	151.9	27.6%	19.6%
断面1	拼	235×16×4	11.6	15040	174.5	—	—

由表5.7-6可见,杆件A15E16离节点区域较远的断面3处新、旧板应力几乎相同,可认为受力、变形已经协调。断面2处新、旧板件内力占比相对应断面3均有不同程度降低,可见传

力路径是有效的。断面2测点位于拼缝单侧铆钉群中间,理论上此位置连接已累积传力近50%,断面2拼板内力/断面3新板内力=47%,接近设计传力比例。拼板在断面1及断面2测点均位于拼缝单侧铆钉群中间位置,所测应力接近,与理论相符。由以上分析可见,节点连接传力路径有效,进一步验证了节点连接加固设计的合理性。

(3)下弦杆及连接

下弦杆采用腹板贴钢板并通过节点的方式对杆件及节点进行加强。以下弦杆E18节点区域在工况一下的响应为例进行下弦杆及连接加固设计验证。其中测点1~5断面仅在新板上布设应变片,测点6断面在新板、旧板上均贴应变片,见图5.7-8,实测应力见表5.7-7、图5.7-9。

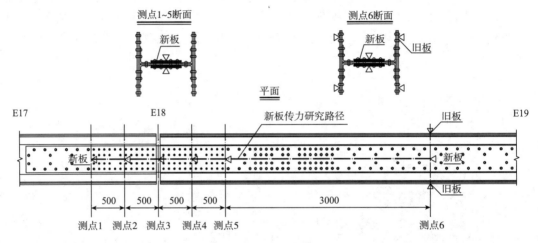

图5.7-8 下弦杆及连接测点布设

下弦杆及连接实测应力(MPa) 表5.7-7

测点断面	1	2	3	4	5	6	
测点位置	新板	新板	新板	新板	新板	新板	旧板
实测应力	9.7	10.6	11.2	13.6	16.9	17.3	17.5

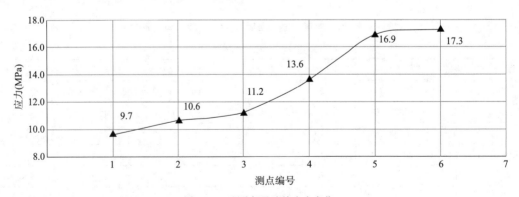

图5.7-9 下弦杆及连接应力变化

由表5.7-7、图5.7-9可见:测点1~3为新板连接锚固区,测点3处内力即为连接作用力,说明起到了节点连接加固作用;测点3~5新板应力逐渐增加,为E18E19旧杆件传递给新板,起杆身加固作用;测点6新板、旧板应力水平相同,说明新、旧板已协调受力,杆身达到加固效果;测点5、测点6新板应力几乎相同,进一步说明测点5处杆身已达到加固效果,杆身薄弱面(节点区最外侧一排铆钉位置),处于测点5~6之间,已得到加固。

(4) 钢混组合加固

为验证加固后组合柱传力可靠性以及混凝土与工字形弦杆是否共同参与受力,对加劲弦斜杆E11E12、E12E13及竖杆C12E12中部断面进行应力测试。为了更准确判断组合柱应力分布情况,仅考虑轴力效应影响,对钢结构和混凝土上测点的应力进行了加权平均,结果如表5.7-8所示。

主桁钢混组合加固试验结果　　　　　　　　表5.7-8

杆件测点位置	C12E12		E11E12		E12E13	
	钢材	混凝土	钢材	混凝土	钢材	混凝土
实测值(MPa)	−19.9	−5.0	−10.0	−1.4	−7.5	−1.0
计算值(MPa)	−23.3	−3.8	−8.8	−1.5	−9.1	−1.5
校验系数	0.85	1.29	1.13	0.96	0.83	0.64

由表5.7-8可见:竖杆C12E12实测值相比计算值,混凝土承担较多内力,钢结构内力相应减小;斜杆E11E12实测值与计算值吻合程度最好,误差基本在10%左右;斜杆E12E13实测值相比计算值,混凝土和钢结构应力均偏低,但变化趋势一致。根据静载试验结果,加固后混凝土与钢结构共同参与受力,实测值与理论值差异较小,加固效果显著。

5.8 小　　结

松浦大桥维修改造须面对荷载大幅增加,两片主桁不变,只能原位加固等挑战。目前钢结构桥梁加固理论尚不完善,也没有加固设计计算规范。围绕铆接钢桁梁负荷加固,对负荷直接加固的计算方法进行深入探讨,分析了卸载程度对加固效果的影响,开展了构件轴心受压分批受力、铆钉群分批受力、节点面外疲劳及成桥加载等一系列试验,为钢结构桥梁加固规范的制定提供依据。

(1) 针对负荷状态下钢桁梁增大截面加固,考虑到钢结构桥梁规范并不考虑截面的塑性发展,与钢结构设计国家标准中规定承受动力荷载的结构不考虑塑性发展相一致,因此建议按照原有构件截面边缘屈服准则,考虑施工过程的应力叠加后,根据现有钢结构桥梁规范对增大截面法加固进行验算。

(2) 钢混凝土组合加固法是通过对负荷钢结构外包混凝土形成组合结构的一种新型加固方法,通过理论分析并结合相关规范,提出了适用于钢结构桥梁的钢混组合加固详细计算方法。松浦大桥加劲弦加固算例表明,钢混凝土组合法加固后轴压强度、轴向刚度可提高88%,抗弯刚度可提高139%,加固效果显著。

(3) 结合有限元分析及理论公式推导,从构件安全度、加固材料利用率、加固材料用量三方面分析了卸载程度对钢桁梁加固效果的影响。初应力水平越低,加固后构件安全度及加固材料利用率越高;初始应力比小于0.2时,安全度变化斜率接近于1;初始应力比大于0.6以后,加固材料用量将急剧增长。兼顾加固效果并考虑交通影响,松浦大桥最终确定采用先更换下层桥面,拆除原上层桥面系后,再进行主桁结构加固的施工方案。

(4)轴心压杆加固试验表明,在负荷下加固轴心受压杆件,初始荷载未对承载力产生影响,而现行规范[45,46]计算方法偏保守。针对以上问题,提出了分批计算施工过程构件应力,并采用加固后构件的稳定折减系数对强度进行折减的承载力确定方法。该方法与现行桥梁设计规范体系保持一致,理论明确、安全度适中。根据试验结果,建议对轴心受压构件加固时,加固件的强度应不小于原有构件强度,并应对构件进行全长加固。

(5)铆钉连接加固试验表明,分批受力的铆钉群的承载力随着初始荷载的增大而降低,应考虑初始荷载的不利影响,由此可见,加固前应尽量卸除原结构承担的荷载,并尽量避免对原铆钉的拆除,以降低既有铆钉的初始荷载水平。铆钉双剪时单个剪切面承载力比单剪时低;随着铆钉数量的增加,平均单钉承载力有所降低,即使不是长列铆钉群,也应该考虑群钉效应;在初始荷载相当的情况下,新增铆钉的布局方式对分批受力的铆钉群承载力几乎没有影响。

(6)主桁维持不变,桥面大幅拓宽后,在汽车偏载作用下钢桁梁整体扭转效应明显,应视情况对横联进行加强,并对节点面外受力予以关注。松浦大桥在对横联加强基础上,通过上弦最不利节点足尺面外疲劳试验,验证了节点在车辆偏载作用下不会出现疲劳问题。

(7)加固完成后进行了成桥荷载试验。总体来说,结构变形、应力、动力特性等实测值与理论计算值基本吻合,这表明桥梁具有足够的刚度及承载能力。局部加固区域应力测试和分析表明,结构实际传力路径与理论分析一致,验证了设计提出的板桁结合加固方法、增大截面加固方法、钢混凝土组合加固方法的有效性。

第6章 钢与高强韧性混凝土组合桥面体系

6.1 引 言

桥面系由于直接受到车辆荷载作用而成为桥梁结构中最易损部件之一,桥面修复加固、置换调整往往为桥梁维修改造的重要组成部分。目前在实际工程中常用的桥面形式按照材料划分主要有混凝土桥面板和正交异性钢桥面板。混凝土桥面板构造简单、造价低廉,但是自重较大,限制了其在桥梁维修改造中的应用。正交异性钢桥面板自重轻、承载能力高,非常适合在大跨桥梁维修改造中应用,但是钢结构疲劳和铺装易损一直是该种桥面结构的"顽疾"。针对疲劳问题,国内外学者开展了相关研究,提出了不同的改进措施,如提高面板厚度、改善U肋与桥面板的焊接工艺、改变过焊孔形状等。钢-混凝土组合桥面板的出现为解决正交异性钢桥面板的疲劳和铺装易损问题提供了一种新思路。混凝土板通过剪力连接件与钢桥面板连接在一起,混凝土板参与结构受力,提高了钢结构抗疲劳性能,同时解决了桥面板的铺装问题。

近年来,逐步开发并应用了多种组合桥面形式。组合桥面板根据构造的不同,大体可分为平钢板-混凝土组合桥面板[62]、正交异性波形钢板-混凝土组合桥面板[63]、正交异性组合桥面板[64]等形式。其中正交异性组合桥面板是在正交异性钢桥面板的基础上,将带有纵向加劲肋的钢板与混凝土板通过开孔板或焊钉等剪力连接件连接起来,使钢和混凝土共同参与受力,具有构造简单、施工方便的优点。

组合桥面板根据上层混凝土材料的不同,可分为超高性能混凝土组合板[65]、纤维混凝土组合板、普通混凝土组合板[66]。其中活性粉末超高性能混凝土(UHPC)具有高强度、高延性和高耐久性三大特点,越来越多的工程在组合桥面板中采用UHPC[67,68],通过UHPC优良的力学性能可有效提高组合桥面板的抗开裂能力,同时又可以进一步降低混凝土板厚以减轻桥面板自重。但UHPC价格昂贵,且施工中超高性能混凝土需要的高温蒸汽养护,限制了其规模化应用。为克服UHPC的缺点,并根据工程实际需求,近年来低收缩高强韧性混凝土(Low-Shrink High-Strength Ductile Concrete,SSDC)逐步得以研发并应用,其总体性能略低于UHPC,但使用成本较为适中。

正交异性钢桥面系多采用闭口肋。开口肋抗扭刚度小,传递横向荷载的能力不如闭口肋,用钢量相对较大,应用不如闭口肋广泛,但其与顶板连接采用双面角焊缝,易加工和维护,能较大幅度提高该部位的抗疲劳性能。当采用组合桥面板后,混凝土贡献的刚度提高了桥面板横向传递荷载的能力,开口肋的缺点被大大削弱,应用优势更加突出。带开口肋的组合桥面板,当球扁钢作为加劲肋使用时,扩大的球头能有效地增大母板惯性矩和稳定性,提高材料使用效率。

对松浦大桥而言,首先,需在维持两片主桁不变的前提下实现交通功能的大幅提升,因此对桥面重量需严格限制;其次,考虑到大桥上有较多的货车通行,需要保证改造后桥面系的耐久性能;再者,为了降低对现状交通的影响,需减少维修改造中的封闭交通时间。结合上述要求,研发了一种预制轻型钢-混凝土正交异性组合桥面板,应用于其上层公路桥面系更新。具体研究分为几个方面,其一为SSDC配合比优化与材料性能,其二为SSDC组合桥面板力学性能,其三为组合桥面板裂缝宽度计算方法,其四为湿接缝界面处理方式。

首先,在材料性能方面,对含粗集料的低收缩高强韧性混凝土SSDC的研究相对较少,未见国外颁布相关规范。为探究SSDC的性能,进行了力学及收缩性能试验,并与普通C50混凝土、UHPC进行了对比。提出了纤维混凝土弯曲韧性评价新方法,并对SSDC、UHPC的弯曲韧性进行了对比评估。

其次,在组合桥面板力学性能方面,上层采用SSDC、钢顶板采用球扁钢加劲的正交异性组合桥面板的应用较少,其结构形式的选取、结构尺寸的布置及结构的受力性能尚处于探究阶段。在静力性能方面,对新型组合桥面板进行了正、负弯矩共6个试件的受弯加载试验,以及1个桥面板局部抗冲剪试验[69]。在疲劳性能方面,对球扁钢加劲肋采用对接焊连接和摩擦型高强螺栓连接共3个试件的疲劳加载试验[70];通过1个试件,同时对组合桥面板负弯矩区混凝土开裂性能、钢横梁过焊孔的疲劳性能进行了研究。最后,为研究组合桥面板钢顶板局部区域疲劳性能,对带球扁钢肋组合桥面板试件和正交异性钢桥面板试件进行了对比试验。

再次,为研究普通混凝土组合桥面板在负弯矩作用下裂缝宽度计算方法,对5块组合桥面板进行负弯矩加载试验,推导了组合桥面板混凝土开裂后截面钢筋应力,在此基础上提出了混凝土裂缝宽度计算公式,并通过试验进行验证。为研究纤维混凝土组合桥面板在负弯矩作用下裂缝宽度计算方法,基于35组纤维混凝土梁三点加载缺口梁试验数据进行回归分析,得到了残余应力计算公式,在此基础上,提出了纤维混凝土组合桥面板负弯矩区裂缝宽度计算方法,并通过试验进行验证。

最后,在钢-SSDC组合桥面板湿接缝界面处理方面,针对该混凝土界面人工凿毛困难的问题,提出了环氧树脂处理和高压水枪凿毛等新型界面处理方式。为了检验采用涂刷环氧树脂、高压水枪凿除细集料和高压水枪凿除粗集料处理后湿接缝的抗裂性能,进行了钢-SSDC组合桥面板湿接缝足尺模型轴心受拉试验,并与不设湿接缝的桥面板进行试验对比。

6.2 SSDC材料性能

传统混凝土桥梁结构自重大、材料抗拉强度低,同时耐久性差、环境影响大等问题不容忽视。近年来,随着科技进步和发展,面对传统材料存在的局限和弊端,国内外学者开展了一系列新型高性能混凝土材料的研发工作。这些新型高性能混凝土凭借其优异的力学性能及耐久性能得到了桥梁工程师的青睐,在钢桥面加强、预制结构湿接缝连接等方面得到了广泛的应用。

UHPC系指根据颗粒最紧密堆积理论、水胶比小于0.25并通过纤维增强等原则设计,制备出具有超高强度、超高韧性、超高耐久性的新型水泥基复合材料。UHPC实现超高性能的主要途径有:①剔除粗集料,以提高集料的均匀性;②优化细集料的级配,增大集料的密实度;③掺入硅粉、粉煤灰等超细矿物掺合料,使其具有良好的微粉填充效应,并通过化学反应降低孔隙率,减小孔径,优化内部孔结构;④硬化过程中通过热养护和加压减少化学收缩,并改善材料的微观结构;⑤掺加微细钢纤维,在提高抗拉强度的同时,提高韧性和延性。UHPC材料在基于以上措施实现超高性能的同时,导致其生产成本过高,通过对 UHPC 原材料的分析发现其成本均在 4000~8000 元/m^3;此外,UHPC 因水胶比较低,自收缩量较大,致使 UHPC 在早期浇铸过程中易发生收缩开裂。高造价与高收缩量严重制约了 UHPC 在桥梁结构中的大规模推广与应用。

针对松浦大桥上层桥面不同区域的受力需要,开发应用了三种低收缩高强韧性混凝土,低收缩高强韧性混凝土系列预混料由核心组分(活性粉末胶凝材料、高强度钢纤维和高性能减水剂)、细集料和粗集料等原材料组成。低收缩高强韧性混凝土Ⅰ(SSDC-Ⅰ)是在超高性能混凝土 UHPC 基体中加入一定数量的 5~10mm 优质粗集料,以降低 UHPC 材料的收缩,又称含粗集料的超高性能混凝土(Coarse Aggregate UHPC,CA-UHPC)。低收缩高强韧性混凝土Ⅱ(SSDC-Ⅱ)是在超高强混凝土中掺入 1% 以上体积率的高强度钢纤维,以提高超高强混凝土的韧性。低收缩高强韧性混凝土Ⅲ(SSDC-Ⅲ)是在高强混凝土中掺入优质膨胀剂和不超过 1% 体积率的高强度钢纤维,以补偿高强混凝土的收缩,提高高强混凝土的韧性。基于这三种材料形成的组合桥面构造,分别应用于中支点负弯矩区、跨中正弯矩区和边支点正弯矩区。

鉴于国内对低收缩高强韧性混凝土的应用还处于起步阶段,因此有必要对其基本力学性能进行研究。此外,桥梁结构中承受汽车活载冲击作用的桥面板,对韧性具有较高的要求。超高韧性是 SSDC 区别于高强混凝土的显著特征,SSDC-Ⅰ若因为添加粗集料而导致韧性大幅降低便偏离了开发该种混凝土的初衷,而且目前弯曲韧性评价方法尚不完善。本节对比了 SSDC 与普通 C50 混凝土、UHPC 等材料的基本性能,另在优化纤维混凝土弯曲韧性评价方法的基础上,对 SSDC 及 UHPC 混凝土的弯曲韧性进行了对比评估[71]。

6.2.1 材料性能试验

为探究三种 SSDC 材料的性能,对包括坍落度、扩展度、初终凝时间、表观密度、抗拉强度、抗弯拉强度、收缩、受压徐变、冻融(F300)、抗渗性、抗弯疲劳、线膨胀系数等性能指标进行测试,并与传统 C50 混凝土和 UHPC 进行了对比。普通 C50 混凝土配合比由商业混凝土拌和站提供,UHPC 引自文献[72,73]。五种混凝土的配合比汇总于表 6.2-1。由表 6.2-1 可见,SSDC-Ⅰ的基体材料、钢纤维掺量与 UHPC 相近,只是部分活性粉末被天然粗集料所取代。

不同混凝土配合比(kg/m^3) 表 6.2-1

混凝土品种	活性粉末	河砂(<3mm)	砾石1(5~10mm)	砾石2(10~20mm)	钢纤维	减水剂	水
普通 C50	由商品混凝土拌和站提供						
SSDC-Ⅰ	1031	737	397	—	156(微细)	22.68	155
SSDC-Ⅱ	640	692	311	727	78(端钩)+16(微细)	15.36	117.3
SSDC-Ⅲ	560	780	300	700	40(端钩)+30(微细)	5.60	155
UHPC[72]	2100	—	—	—	157(微细)	—	168

上述混凝土材料性能测试按照《普通混凝土拌合物性能试验方法标准》(GB/T 50080—2016)[74]、《活性粉末混凝土》(GB/T 31387—2015)[75]、《普通混凝土力学性能试验方法标准》(GB/T 50081—2002)[76]、《纤维混凝土试验方法标准》(CECS 13:2009)[77]、《普通混凝土长期

性能和耐久性能试验方法标准》(GB/T 50082—2009)[78]、《混凝土外加剂应用技术规范》(GB 50119—2013)[79]、《水工混凝土试验规程》(SL/T 352—2020)[80]等标准和规范进行。

1)测试方法

混凝土性能的测试涵盖了拌合物性能、力学性能、热物理性能、长期性能和耐久性能,其主要测试方法分述如下。

(1)混凝土拌合物性能

依据《普通混凝土拌合物性能试验方法标准》(GB/T 50080—201)进行混凝土拌合物性能试验检测,包括坍落度、扩展度、凝结时间和表观密度。根据第4.1、5.1条进行坍落度及扩展度试验,根据第11条进行凝结时间试验,根据第14条进行表观密度试验。

(2)混凝土力学性能检测

①抗压强度、抗弯拉强度(四点弯曲)、静力受压弹性模量试验

UHPC、SSDC等材料按照《活性粉末混凝土》(GB/T 31387—2015)中第9.3条规定进行试验:抗压强度试验应采用100mm×100mm×100mm立方体试件,加载速率应为1.2~1.4MPa/s;抗弯拉强度试验应采用100mm×100mm×400mm棱柱体试件,加载速率应为0.08~0.1MPa/s;弹性模量试验应采用100mm×100mm×300mm棱柱体试件,加载速率应为1.2~1.4MPa/s;抗压强度与抗弯拉强度试验值均不应乘以尺寸换算系数。C50普通混凝土按照《普通混凝土力学性能试验方法标准》(GB/T 50081—2002)的规定进行试验。

纤维混凝土的弯曲韧性按照《纤维混凝土试验方法标准》(CECS 13:2009)中无切口梁四点弯曲方法进行,选用100mm×100mm×400mm棱柱体试件,标准常温养护28d后进行加载试验,加载方案及装置如图6.2-1所示。

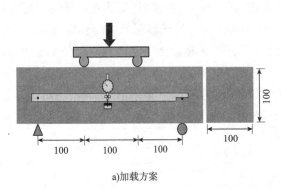

a)加载方案　　　　　　　　　　　　　　b)加载装置

图6.2-1　弯曲韧性试验加载方案及装置(单位:mm)

②轴心抗拉强度试验

根据《纤维混凝土试验方法标准》(CECS 13:2009)中第6.7条,混凝土轴向拉伸试件尺寸选用6.7.2(c)型,试验如图6.2-2所示。测量变形的夹具及仪表的测量标距为150mm;试样养护至28d龄期后进行测试,对试件连续均匀加荷;最大荷载前的加荷速度取0.4MPa/min,其后按变形控制,取0.1~0.2mm/min。轴心抗拉强度计算公式如下:

$$f_{fe,t} = \frac{F_{tmax}}{A} \qquad (6.2\text{-}1)$$

式中,$f_{fe,t}$为纤维混凝土轴心抗拉强度,MPa;A为轴心抗拉试件的截面面积,mm²;F_{tmax}为轴

拉极限荷载。

a) 加载　　　　　　　　b) 破坏

图 6.2-2　抗拉试验

③劈裂强度试验

根据《普通混凝土力学性能试验方法标准》(GB/T 50081—2002)中第 9 章要求进行试验：标准试件尺寸为150mm×150mm×150mm，一组 3 个试件；试件标准养护至 28d 龄期后进行测试；试验时，劈裂承压面和劈裂面应与试件成型时的顶面垂直；加载速率取 0.08~0.10MPa/s。

(3) 混凝土热物理性能检测

根据《水工混凝土试验规程》(SL/T 352—2020)中 4.17 条，混凝土线膨胀系数试验采用试模直径 200mm、高 500mm 的带盖白铁皮筒进行，如图 6.2-3 所示。试件成型至少养护 7d 后将试件放入恒温水箱内，箱中水面应没过试件顶面 50mm 以上；本试验水的初始温度为 15℃，控制水温使其恒定，观察两侧应变计的电阻和电阻比，并测读水温，当试件中心温度和水温一致时记下读数，即为试件初始温度的测值；调节恒温箱温度，使水温上升至 58℃，恒温后记下试件中心温度与水温一致时的电阻、电阻比和水温，即为试验终止时的测值。混凝土的线膨胀系数按下式计算：

$$\alpha = \frac{\varepsilon_m}{\Delta\theta} \tag{6.2-2}$$

式中，α 为混凝土的线膨胀系数，$10^{-6}/℃$；$\Delta\theta$ 为试件终止温度与初始温度之差，℃；ε_m 为试件混凝土的应变值，10^{-6}。

a) 测定仪　　　　　　　　b) 试件

图 6.2-3　混凝土线膨胀系数试验

(4)混凝土长期性能和耐久性能检测

①混凝土自收缩试验

根据《普通混凝土长期性能和耐久性能试验方法标准》(GB/T 50082—2009)中第8.1条,进行早龄期混凝土的自由收缩变形及无约束状态下混凝土自收缩变形的测定,如图6.2-4所示。试件为100mm×100mm×515mm的棱柱体,试验过程为:试模内侧各放置一片聚四氟乙烯(PTFE)片,并均匀涂抹一层润滑油,并将反射靶固定在试模两端;将混凝土拌合物浇筑入试模后,振动成型并抹平,然后立即带模移入恒温恒湿室;成型试件的同时,应测定混凝土初凝时间,当混凝土初凝时,应开始测读试件左右两侧的初始读数,此后按设定每隔15min测定试件两侧的变形读数。混凝土收缩率按下式计算:

$$\varepsilon_{st} = \frac{(L_{10} - L_{1t}) + (L_{20} - L_{2t})}{L_0} \tag{6.2-3}$$

式中,ε_{st}为测试期为$t(h)$的混凝土收缩率;t从初始读数时算起;L_{10}为左侧非接触法位移传感器初始度数,mm;L_{1t}为左侧非接触法位移传感器测试期为$t(h)$的读数,mm;L_{20}为右侧非接触法位移传感器初始读数,mm;L_{2t}为右侧非接触法位移传感器测试期为$t(h)$的读数,mm;L_0为试件的测量标距,mm,等于试件长度减去试件中两个反射靶沿试件长度方向埋入试件中的长度之和。作为相对比较的混凝土早龄期收缩值以3d龄期测试得到的混凝土收缩值为准。

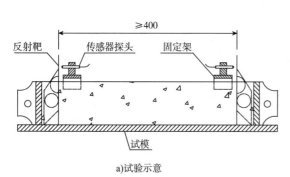 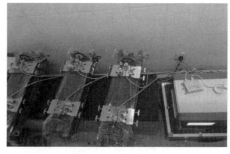

a)试验示意   b)试验过程

图6.2-4 自收缩试验(尺寸单位:mm)

②混凝土干燥收缩试验

《普通混凝土长期性能和耐久性能试验方法标准》(GB/T 50082—2009)中第8.2条,适用于测定在无约束和规定的温湿度条件下硬化混凝土试件的收缩变形性能,试验如图6.2-5所示。试件为100mm×100mm×515mm的棱柱体,试件两端预埋卧式收缩试验用不锈钢测头,收缩试件成型养护1d后拆模放入标准养护室养护;养护至3d龄期,将试件从标准养护室取出,立即移入温度为20℃±2℃、相对湿度在60%±5%的恒温恒湿室测定其初始长度;此后按1d、3d、7d、28d、60d、90d、120d、150d、180d、360d时间间隔测量其变形读数(从移入恒温恒湿室内计时)。混凝土收缩率按下式计算:

$$\varepsilon_{st} = \frac{L_0 - L_t}{L_b} \tag{6.2-4}$$

式中,ε_{st}为试验期为$t(d)$的混凝土收缩率,从测定初始长度时算起;L_b为试件的测量标距,用混凝土收缩仪测量时应等于两测头内侧的距离,即等于混凝土试件长度(不计测头凸出部分)减去两个测头埋入深度之和,mm;L_0 为试件长度的初始读数,mm;L_t 为试件在试验期为 t(d)时测得的长度读数,mm。

a)干燥收缩仪　　　　　　　　　　　　b)试验过程

图 6.2-5　干燥收缩试验

③混凝土限制膨胀率

《混凝土外加剂应用技术规范》(GB 50119—2013)附录 B,适用于测定掺膨胀剂混凝土的限制膨胀率及限制干缩率,试验如图 6.2-6 所示。试件尺寸为 100mm×100mm×355mm,其中混凝土部分尺寸为 100mm×100mm×300mm,一组试件有 3 条试件。试件在成型时需在试模中预埋纵向限制器,然后将混凝土装入试模、振实、抹平,终凝后 1h 脱模,并立即测定试件初长;测完初长后立即放入至 20℃±2℃的恒温水槽养护,在 1d、3d、7d 测量试件的长度变化;7d 后,将试件移入温度为 20℃±2℃、湿度为 60%±5% 恒温恒湿室内养护,测量试件在空气中 28d 后的长度变化。试件各龄期的限制膨胀率按下式计算:

$$\varepsilon = \frac{L_t - L}{L_0} \times 100 \tag{6.2-5}$$

式中,ε 为所测龄期的限制膨胀率,%;L_t 为所测龄期的试件长度测量值,mm;L 为初始长度测量值,mm;L_0 为试件的基准长度,取 300mm。

a)比长仪　　　　　　　　　　　　b)收缩试件

图 6.2-6　混凝土限制膨胀率试验

④混凝土受压徐变试验

《普通混凝土长期性能和耐久性能试验方法标准》(GB/T 50082—2009)中第 10 章,适用于测定混凝土试件在长期恒定轴向压力作用下的变形性能,试验如图 6.2-7 所示。试件为

100mm×100mm×400mm 的棱柱体,养护至 28d 龄期;在加荷徐变试件前,检测棱柱体抗压试块的抗压强度;将试件安放好后,开始加荷,加荷应力取棱柱体抗压强度的 40%;加荷后各龄期测读试件的变形值至 360d,在测读徐变试件的变形读数的同时,测量同条件放置、参比用收缩试件的收缩值。徐变应变按下式计算:

$$\varepsilon_{ct} = \frac{\Delta L_t - \Delta L_0}{L_b} - \varepsilon_t \quad (6.2\text{-}6)$$

式中,ε_{ct} 为加荷 $t(d)$ 后的徐变应变,mm/m;ΔL_t 为加荷 $t(d)$ 后的总变形值,mm;ΔL_0 为加荷时测得的初始变形值,mm;L_b 为测量标距,mm;ε_t 为同龄期的收缩值,mm/m。

a)试验仪器

b)试件

图 6.2-7 混凝土受压徐变试验

徐变度应按下式计算:

$$C_t = \frac{\varepsilon_{ct}}{\delta} \quad (6.2\text{-}7)$$

式中,C_t 为加荷 $t(d)$ 的混凝土徐变度,MPa^{-1},计算精确至 $1.0 \times 10^{-6} MPa^{-1}$;$\delta$ 为徐变应力,MPa。

徐变系数应按下列公式计算:

图 6.2-8 混凝土抗弯拉疲劳试验

$$\varphi_t = \frac{\varepsilon_{ct}}{\varepsilon_0} \quad (6.2\text{-}8)$$

式中,φ_t 为加荷 $t(d)$ 的徐变系数;ε_0 为在加荷时测得的初始应变值,mm/m,精确至 0.001mm/m。

⑤混凝土抗弯拉疲劳试验

按照《普通混凝土长期性能和耐久性能试验方法标准》(GB/T 50082—2009)中第 13 章和《普通混凝土力学性能试验方法标准》(GB/T 50081—2002)中抗弯拉强度(四点弯曲)试验要求,进行混凝土抗弯拉疲劳试验,如图 6.2-8 所示。试件为 150mm×150mm×550mm 的棱柱体,经 2×10^6 次加载循环试验,测定混凝土在等幅重复荷载作用下的疲劳累计变形。

⑥混凝土抗渗性(逐级加压法)

根据《普通混凝土长期性能和耐久性能试验方法标准》(GB/T 50082—2009)中第6.2条,通过逐级施加水压力来测定混凝土抗水渗透性能,如图6.2-9所示。试件为上口内部直径为175mm、下口内部直径为185mm和高度为150mm的圆台体。试件养护至28d龄期时,从养护室取出试件,并擦拭干净;待表面晾干,用石蜡密封,试件准备好之后,将试件安装至抗渗仪上,并开通6个试位下的阀门,水压从0.1MPa开始,此后每隔8h增加0.1MPa水压,并观察试件端面渗水情况;当6个试件中有3个试件表面出现渗水时,或加至规定压力(设计抗渗等级)在8h内6个试件中表面渗水试件少于3个时,可停止试验,并记下此时的水压力。混凝土抗渗等级以每组6个试件中有4个试件未出现渗水时的最大水压力乘以10来确定。混凝土抗渗等级按下式计算:

$$P = 10H - 1 \tag{6.2-9}$$

式中,P 为混凝土抗渗等级;H 为6个试件中有3个试件渗水时的水压力,MPa。

a)试验装置　　　　　　　　b)试件

图6.2-9　抗渗性能(逐级加压法)试验

⑦混凝土抗冻性试验

《普通混凝土长期性能和耐久性能试验方法标准》(GB/T 50082—2009)中第4.2条,适用于测定混凝土试件在水冻水融条件下,以经受的快速冻融循环次数来表示的混凝土抗冻性能。快冻法抗冻试验采用尺寸为100mm×100mm×400mm的棱柱体试件,每组试件3块。在标准养护室内在养护龄期为24d时将冻融试验的试件从养护地点取出,随后应将冻融试件放在20℃±2℃水中浸泡,浸泡时水面高出试件顶面20~30mm。在水中浸泡4d,试件在28d龄期时开始进行冻融试验。当试件养护龄期达到28d应及时取出试件,用湿布擦除表面水分后对外观尺寸进行测量,试件的外观尺寸应满足标准要求,并应编号、测量试件初始质量 W_{oi},然后按标准规定测定其横向基频的初始值 f_{oi}。本试验每隔50次冻融循环测量一次试件的横向基频 f_{ni},测量前将试件表面浮渣清洗干净并擦干表面水分,然后检查其外部损伤并称量试件的质量 W_{ni}。当冻融循环出现下列情况之一时,可停止试验:a.达到规定的冻融循环次数;b.试件的相对动弹性模量下降到60%;c.试件的质量损失率达5%。相对动弹性模量应按下式计算:

$$P_i = \frac{f_{ni}^2}{f_{oi}^2} \times 100 \tag{6.2-10}$$

式中，P_i 为经 n 次冻融循环后第 i 个混凝土试件的相对动弹性模量，%，精确至 0.1；

$$P = \frac{1}{3}\sum_{i=1}^{3} P_i \tag{6.2-11}$$

式中，P 为经 n 次冻融循环后一组混凝土试件的相对动弹性模量，%，精确至 0.1；相对动弹性模量 P 应以 3 个试件试验结果的算术平均值作为测定值。当最大值或最小值与中间值之差超过中间值的 15% 时，应剔除此值，并应取其余两值的算术平均值作为测定值；当最大值和最小值与中间值之差均超过中间值的 15% 时，应取中间值作为测定值。

2）测试结果

按照上述测试方法，对普通 C50 混凝土、SSDC-Ⅰ、SSDC-Ⅱ、SSDC-Ⅲ、UHPC 共五种混凝土进行了基本性能的测试，试验结果详见表 6.2-2。图 6.2-10 给出了五种混凝土的四点弯曲韧性试验的荷载—跨中位移曲线。

混凝土材料基本性能　　　　表 6.2-2

分类	试验项目	普通 C50	SSDC-Ⅰ	SSDC-Ⅱ	SSDC-Ⅲ	UHPC
拌合物性能	坍落度（mm）	170	230	230	50	—
	扩展度（mm）	—	385	490	—	—
	密度（kg/m³）	2380	2480	2560	2540	—
	初凝时间（min）	5:25	6:45	8:25	3:10	—
	终凝时间（min）	8:15	8:20	9:45	4:20	—
力学性能	28d 抗压强度 f_{cc}（MPa）	55.2	136.0	126.9	107.7	143
	28d 抗弯拉强度 f_{tm}（MPa）	4.9	24.6	13.4	14.6	25.0
	28d 弹性模量 E_c（10^4 MPa）	4.2	4.7	5.3	5.0	4.28
	28d 抗拉强度 f_{ct}（MPa）	2.9	7.4	7.2	6.8	—
	28d 劈裂抗拉强度（MPa）	—	14.2	10.4	10.0	—
长期性能及耐久性能	自收缩（3d,με）	117	375	436	—	1008
	干燥收缩（91d,με）	323	298	270	—	479
	限制膨胀率	—	—	—	水中 7d 转空气 28d 的限制膨胀率 0.005%；91d 总收缩 162με	—
	徐变（180d,28d 加载）	0.626	0.437	—	0.612	—
	抗弯拉疲劳（2×10^6 次）	—	无变形	—	无变形	—
	抗渗性	>P20	>P20	>P20	>P20	—
	抗冻性能（相对动弹性模量,%）	88.7	98.3	—	—	—
热物理性能	线膨胀系数（10^{-6}/℃）	—	11.7	—	8.4	—

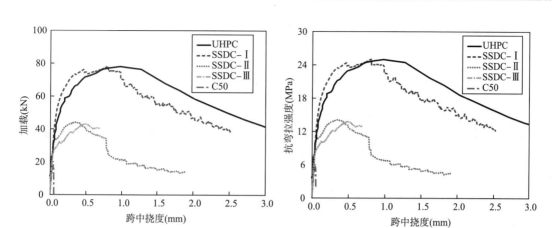

图 6.2-10 五种混凝土的荷载-跨中位移曲线对比

(1) 力学性能

对上述五种混凝土的基本性能进行对比,根据图 6.2-10、表 6.2-2 结果分析可知:

① 与普通 C50 混凝土相比,松浦大桥采用的三种 SSDC 混凝土的抗压强度、抗拉强度、抗弯拉强度、弹性模量、延性能力等关键力学性能指标均有较大幅度的提升。

② SSDC-Ⅰ 的基体材料、钢纤维掺量与 UHPC 类似,只是部分活性粉末被天然粗集料所取代。相比于 UHPC,SSDC-Ⅰ 的弹性模量提高了约 10%,立方体抗压强度降低了 15%,而抗弯拉强度仅降低了 6%。由图 6.2-10 可看出:SSDC-Ⅰ 与 UHPC 的荷载-跨中挠度曲线发展十分接近,说明添加粗集料并未显著降低 UHPC 的抗弯拉强度及延性。

③ SSDC-Ⅰ 与 SSDC-Ⅱ、SSDC-Ⅲ 混凝土相比,抗弯拉强度显著提高,约为 1.8 倍,SSDC-Ⅱ 与 SSDC-Ⅲ 两种混凝土的力学性能基本相当。因此,SSDC-Ⅰ 应用于松浦大桥连续钢桁梁的负弯矩区,SSDC-Ⅱ、SSDC-Ⅲ 则应用于正弯矩区。

(2) 收缩性能

将混凝土的早期自由收缩与硬化后自由收缩叠加得到龄期 0～91d 的全过程总收缩。全过程收缩不仅能反映不同养护龄期所产生的不同类型的收缩,包括自收缩和干燥收缩,且全过程收缩与工程实践中混凝土的实际收缩更为贴近,能够更好地预测收缩的发展趋势。为此,对比了 C50、UHPC、SSDC-Ⅰ、SSDC-Ⅱ、SSDC-Ⅲ 共五种混凝土材料的全过程收缩发展情况,如图 6.2-11 所示。值得注意的是,SSDC-Ⅲ 采用膨胀剂补偿混凝土收缩,其水中 7d、水中 7d 转空气中 28d 限制干缩率分别为 0.023%、0.005%,符合《混凝土外加剂应用技术规范》(GB 50119—2013)[79] 关于补偿收缩混凝土的限制膨胀率的要求,是全过程收缩应变发展为混凝土硬化后的自由收缩值和膨胀剂作用的综合结果。对比五种混凝土的收缩性能,主要得出以下几点结论:

① 5 种混凝土的全过程收缩发展趋势相似,大致呈现明显的 3 个阶段。阶段Ⅰ,龄期 0～3d,收缩急剧发展阶段,且龄期 3d 时 UHPC、SSDC-Ⅰ、SSDC-Ⅱ、SSDC-Ⅲ、C50 的收缩量分别占到总收缩量(以龄期 91d 为终点)的 68%、56%、62%、48% 和 46%;阶段Ⅱ,龄期 3～31d,收缩发展放缓阶段,龄期 31d 时 UHPC、SSDC-Ⅰ、SSDC-Ⅱ 的收缩量分别占到总收缩量的 95%、94% 和 90%,而 SSDC-Ⅲ、普通 C50 混凝土在该节点的收缩量占比分别为 82%、80%;阶段Ⅲ,龄期 31～91d,收缩发展稳定阶段。

② 与普通 C50 混凝土收缩性能相比,UHPC、SSDC-Ⅰ 和 SSDC-Ⅱ 等高性能混凝土早期收缩

量相对大、发展相对快,后期收缩量相对小、发展相对慢。SSDC-Ⅲ的收缩应变发展规律则与普通 C50 混凝土相似。

③对于总收缩量,SSDC-Ⅰ在 0~91d 的收缩量与 SSDC-Ⅱ基本相同,相比之下,UHPC 的收缩量远大于 SSDC-Ⅰ和 SSDC-Ⅱ,普通 C50 混凝土的收缩量则小于 SSDC-Ⅰ和 SSDC-Ⅱ。如不计自收缩应变,仅统计 3~91d 时间段,C50、SSDC-Ⅰ、SSDC-Ⅱ的收缩量分别为 323με、270με、298με,三者相差并不显著;UHPC 的收缩量为 479με,在五种混凝土中最大,SSDC-Ⅲ的收缩量(含膨胀剂作用)为 162με,在五种混凝土中最小。

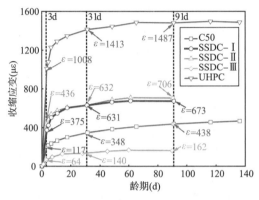

图 6.2-11　五种混凝土材料的全过程收缩发展

进一步,对比 SSDC-Ⅰ、UHPC 在龄期 3d、31d 及 91d 的收缩量,详见表 6.2-3。

SSDC-I 与 UHPC 收缩性能对比　　　　表 6.2-3

龄期(d)	SSDC-Ⅰ	UHPC	$(\varepsilon_2 - \varepsilon_1)/\varepsilon_2$
	$\varepsilon_1(\mu\varepsilon)$	$\varepsilon_2(\mu\varepsilon)$	
3	375	1008	63%
31	631	1413	55%
91	673	1487	55%

由表 6.2-3 可见,龄期 31d、91d 时 SSDC-Ⅰ的收缩量相比 UHPC 均降低了 55%;且龄期 3d 时 SSDC-Ⅰ的收缩量相比 UHPC 降低了 63%。说明通过添加粗集料可以大大降低 UHPC 的总收缩量及早期收缩量,且早期收缩量的降幅高于龄期 91d 的收缩量,可以大大降低混凝土早期收缩开裂的风险。

6.2.2　材料弯曲韧性

弯曲韧性用来考察纤维等高强度、高延性材料对混凝土开裂后的增韧效果,一般用纤维混凝土在弯曲破坏过程中吸收的能量来进行计算和评价。国内外对混凝土弯曲韧性的评价方法可分为能量比值法、变形比值法、绝对能量法和强度法[81]。UHPC(SSDC)试件从弯曲受荷至完全破坏需要经过微裂缝的引发阶段、微裂缝的稳定扩展阶段、裂缝贯通阶段及钢纤维拔出阶段[82]。由于钢纤维具有较强的变形能力以及钢纤维与混凝土基体之间有较强的黏结力以及摩擦力,钢纤维对于混凝土中微裂缝的形成具有抑制作用,对微裂缝的扩展以及贯通有阻碍作用,同时钢纤维的拔出需要消耗很多能量。针对 UHPC(SSDC)材料特殊的韧性性能,选用合适的弯曲韧性评价方法至关重要。

1)原有的评价方法

(1)ASTM C1018 标准

ASTM C1018[83]标准采用弯曲韧性指数 I_5、I_{10}、I_{20} 及残余强度系数 $R_{5,10}$、$R_{10,20}$ 来表征纤维混凝土的弯曲韧性。I_5、I_{10}、I_{20} 及 $R_{5,10}$、$R_{10,20}$ 表达式见式(6.2-12)、式(6.2-13)。

$$\begin{cases} I_5 = T_3/T_1 \\ I_{10} = T_{5.5}/T_1 \\ I_{20} = T_{10.5}/T_1 \end{cases} \tag{6.2-12}$$

$$\begin{cases} R_{5,10} = 20(I_{10} - I_5) \\ R_{10,20} = 10(I_{20} - I_{10}) \end{cases} \tag{6.2-13}$$

如图 6.2-12 所示,初裂点对应的跨中挠度为 δ。

式中,T_1、T_3、$T_{5.5}$、$T_{10.5}$ 分别表示 δ、3δ、5.5δ 及 10.5δ 荷载-挠度曲线面积,kN·mm,即图中 OAB、OACD、OAEF 及 OAGH 的面积。根据 ASTM C1018 标准规定,对于理想弹塑性材料,I_{10}、I_{20} 为图 6.2-13 里对应梯形面积和三角形面积 OAB 的比值,比值刚好分为 5、10、20,R 值由式 6.2-13 求得 $R_{5,10} = 100$、$R_{10,20} = 100$。若材料 R 值小于 100,说明该材料韧性相对较差;对于素混凝土,R 值接近于 0。

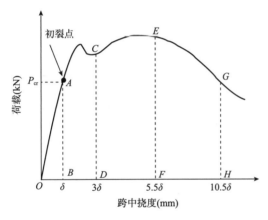

图 6.2-12 基于 ASTM C1018 荷载-跨中位移曲线

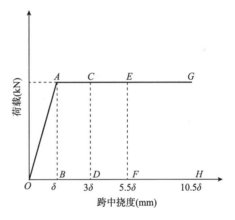

图 6.2-13 理想弹塑性材料荷载-跨中位移曲线

该方法本质上属于能量比法,它基于理想弹塑性材料的弯曲韧性评价纤维混凝土的韧性,其物理意义明确。因采用无量纲的方法,故不受试件尺寸、加载方法(如 3 点弯曲试验与 4 点弯曲试验)的限制。但该方法也存在不足之处:

①初裂点位置的确定存在随意性

ASTM C1018 规定初裂点为荷载-跨中挠度曲线偏离线性段的点,但基于此方法,不同人对初裂点取值差异较大、随意性强。而初裂点挠度直接关系到 T_1、T_3、$T_{5.5}$、$T_{10.5}$ 面积的计算,对弯曲韧性指数及残余强度系数的影响较大。按照 ASTM C1018,对试件 SSDC-I,基于不同初裂点(图 6.2-14)的弯曲韧性计算结果的影响见表 6.2-4。其中 A 点为曲线首次偏离直线的点,B 点为

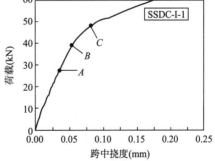

图 6.2-14 基于 ASTM C1018 的初裂点确定

曲线第二次偏离直线的点，C 点为明显偏离点。由计算结果可知，虽然 A、C 点的挠度相差仅 0.046mm，但 I_{20} 的差异高达 41%。

不同初裂点的计算结果　　　　表6.2-4

初裂点	δ(mm)	I_5	I_{10}	I_{20}
A	0.032	6.95	16.93	40.65
B	0.051	5.88	13.68	31.33
C	0.078	5.08	11.40	23.80

② 难以评价材料受载全过程的弯曲韧性

UHPC(SSDC)梁弯曲受拉开裂过程中，由于钢纤维的桥接作用，第一条可视裂缝的出现滞后于实际初始裂缝，故第一条可视裂缝对应的开裂挠度 δ_{crv} 大于实际初裂挠度 δ_{cr}。基于对 SSDC-I 弯曲韧性试验观察，各试件第一条可视裂缝对应的 $10.5\delta_{crv}$ 与峰值挠度 δ_m 对比见表6.2-5。对比发现，SSDC-I 梁的峰值挠度 δ_m 均大于 $10.5\delta_{crv}$，故 ASTM C1018 标准不足以评估该类材料峰值荷载点及峰值后的弯曲韧性。因此，ASTM C1018 标准对于全面评价材料的弯曲韧性存在缺陷。

可视初裂点挠度与峰值挠度对比(mm)　　　　表6.2-5

试件	第一条可视裂缝对应挠度 δ_{crv}	$10.5\delta_{crv}$	峰值对应挠度 δ_m
SSDC-I-1	0.0640	0.6720	1.012
SSDC-I-2	0.0570	0.5985	0.789
SSDC-I-3	0.0670	0.7035	0.952

(2) JSCE—SF4 标准

JSCE—SF4[84] 标准采用等效抗弯强度 f_e 来表征纤维混凝土的弯曲韧性，见式(6.2-14)。式中，L 为试件跨径；b、h 为试件截面宽度和高度；T_k 为跨中挠度 δ_k 对应的荷载-跨中挠度曲线面积。如图6.2-15所示，δ_k 取 $L/150$。

$$f_e = \frac{T_k L}{b h^2 \delta_k} \quad (6.2\text{-}14)$$

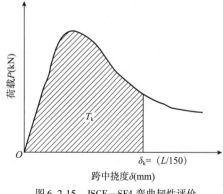

图6.2-15　JSCE—SF4 弯曲韧性评价

该方法规避了人为确定初裂点随意性大的缺点，形式简洁，便于应用，但仍存在以下不足：

① $\delta_k = L/150$ 的取值理论依据不足，桥梁结构在正常使用阶段的变形在位于该挠度范围内；但当遭遇极端荷载如地震荷载作用及偶然过载情况下，结构变形超过 $\delta_k = L/150$ 时，该方法便不再适用于评估大变形对应的弯曲韧性。

② $\delta_k = L/150$ 位于峰值挠度之后，故该方法不能评价峰值荷载点及峰值前材料的弯曲韧性。

③ 等效抗弯强度 f_e 采用量纲的形式，难以对采用不同试件尺寸、不同加载方法(如4点弯曲试验与3点弯曲试验)的材料的弯曲韧性进行比较。

(3) CECS 13:2009 标准

CECS 13:2009[77]标准借鉴了 ASTM C1018[83]和 JSCE—SF4[84],采用弯曲韧性指数 I_5、I_{10}、I_{20}[式(6.2-12)]及弯曲韧性比 $Re = f_e/f_{cr}$ 表征纤维混凝土的弯曲韧性。式中,f_e 为 $\delta_k = L/150$ 对应的等效抗弯强度,f_{cr} 为初裂强度。

该方法的优点是在 JSCE—SF4 的基础上,采用无量纲的 R_e 可适用于不同试件尺寸的弯曲韧性的比较,但其缺点依旧是难以对峰值前及极端荷载下大变形对应的弯曲韧性进行评估。

(4) Banthiar 方法

加拿大英属哥伦比亚大学的 Banthia[85]提出了峰值后的等效抗弯强度方法 PCS_m,如图 6.2-16 及式(6.2-15)所示。

$$PCS_m = \frac{T_{post,m} L}{[(L/m) - \delta_{peak}] bh^2} \quad (6.2-15)$$

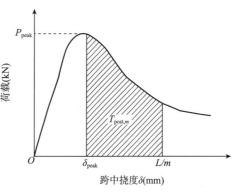

图 6.2-16 Banthiar 弯曲韧性评价方法

式中,δ_{peak} 为峰值荷载对应的跨中挠度;$T_{post,m}$ 为峰后挠度区间 δ_{peak} 至 L/m 对应的荷载-挠度曲线面积,m 为设定的变量,推荐范围为 150～3000。

该方法本质上属于强度法,能反映纤维混凝土峰值挠度后的弯曲韧性。但一方面完全不利用峰值荷载前的荷载-位移曲线数据欠妥;另一方面类似于 JSCE—SF4 标准采用量纲方法评估,不适用于不同试件尺寸的比较。

2) 优化的评价方法

对于 UHPC(SSDC)材料,钢纤维在延缓基体开裂、提高抗弯拉强度的同时,极大增强了材料的韧性及延性,因此钢纤维是否完好将直接影响材料的抗拉强度及弯曲韧性。尤其当应用于桥面板时,由于其直接承受着重复轮载及温度等不利影响,当混凝土开裂后,随着水滴的渗入势必会加速钢纤维的锈蚀,进而影响材料的强度及耐久性,对桥梁的耐久性及安全性构成威胁。故初始开裂状态对该类材料的力学性能、耐久性及其应用于桥梁结构的长期性能均至关重要。

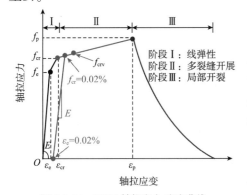

图 6.2-17 UHPC 轴拉应力-应变曲线

(1) 弯曲韧性初裂点确定方法

对于轴拉状态下的纤维混凝土,文献[86]中论及初裂点判断准则主要有 3 种:①应力-伸长曲线上升段线性关系偏离点;②可视裂缝;③可渗透裂缝。其中可渗透裂缝指受拉构件两部分完全贯通的裂缝,暂不讨论。

UHPC 材料典型的轴拉应力-应变曲线如图 6.2-17 所示,其中 f_e 对应应力-伸长曲线上升段线性关系偏离点,为 UHPC 基体的开裂强度,但同时受到钢纤维的掺量、几何形状及分布方向的影响,此时钢纤维尚未发挥桥联作用,对于 f_e 点的确定因人而异,随意性较大。f_{cr} 为 UHPC 作为掺加钢纤维的水泥基复合材料真正意义上的开裂强度,对应 UHPC 的开裂点,但该点的确定同样因人而异,随意性较大。从原点 O 至 f_{cr} 被划分为阶段 Ⅰ:线弹性阶段,该阶段 UHPC 材料被认为是理想的完好材料直至达到 f_{cr} 出现第一条裂缝,此时肉眼难以观察到该裂缝。从 f_{cr} 至 f_p 被划分为阶段 Ⅱ:多裂缝开展阶段,在该阶段早期出现了第一条肉眼可视裂缝,对应可视初裂强度 f_{crv}, UHPC 的最小可视初裂裂缝宽度约为 0.02mm。但因为对可视初裂裂缝的捕捉因人而异,误差也较大。为了量化 UHPC 试件在轴拉力作用下的初裂点,方便工程应用,FHWA[87]提出了 0.02% 偏移法,即在应变轴上以 $\varepsilon=0.02\%$ 为截距,以弹性模量 E 为斜率得到的直线与轴拉应力-应变曲线的交点确定初裂点,对应图 6.2-17 中的 $f_{cr0.02\%}$。FHWA 基于大量轴拉试验通过对比 0.02% 偏移法初裂点 $f_{cr0.02\%}$ 与可视初裂点 f_{crv} 验证了该方法具有较高的精度,并推荐在设计中采用 0.02% 偏移法确定初裂点。选取 $\varepsilon=0.02\%=200\mu\varepsilon$ 的原因是 UHPC 基体的开裂应变约为 $200\mu\varepsilon$。

基于 UHPC 轴拉应力-应变曲线确定初裂点的 0.02% 偏移法,针对 UHPC 材料弯曲韧性试验荷载-跨中位移曲线初裂点难以捕捉的现状,提出了 $\delta_{0.02\%}$ 偏移法用来量化弯曲韧性试验的初裂点 $A(P_{cr},\delta_{cr})$,如图 6.2-18 所示。Rafiee[88]基于开裂 UHPC 材料的腐蚀试验得出结论:当裂缝宽度在 0.05mm 以内,UHPC 材料可视为完好的材料;而 UHPC 可视初裂裂缝宽度一般在 0.02mm 以内,故可将 UHPC 在萌生可视初裂裂缝及之前的阶段视为匀质、连续的线弹性材料。对于如图 6.2-19 所示 4 点弯曲试验,基于结构力学图乘法可推导得到荷载 P 与跨中挠度关系,见式(6.2-16),其中 I 为截面惯性矩;基于材料力学可得到受拉边缘 UHPC 的应力-应变、应力-荷载关系分别见式(6.2-17)、式(6.2-18),联立式(6.2-16)~式(6.2-18)得到当受拉区边缘应变 $\varepsilon_{0.02\%}=200\mu\varepsilon$ 时对应的跨中挠度 $\delta_{0.02\%}$,见式(6.2-19)。由式(6.2-16)可推得线弹性范围内的荷载-跨中位移曲线的斜率 $K=432EI/(11L^3)$。荷载-跨中位移曲线中取截距为 $\delta_{0.02\%}$、斜率为 $K=432EI/(11L^3)$ 的直线与曲线的交点即可得到 $\delta_{0.02\%}$ 偏移法得到的初裂点。

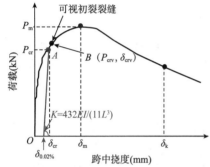

图 6.2-18 弯曲韧性荷载-跨中位移曲线

$$\delta=\frac{11PL^3}{432EI} \quad (6.2\text{-}16)$$

$$\sigma=E\varepsilon \quad (6.2\text{-}17)$$

$$\sigma=\frac{PL}{bh^2} \quad (6.2\text{-}18)$$

$$\delta_{0.02\%}=\frac{11bh^2L^2\varepsilon_{0.02\%}}{432EI} \quad (6.2\text{-}19)$$

对于如图 6.2-20 所示的三点弯曲试验,同样可由 $\delta_{0.02\%}$ 偏移法取 $\delta_{0.02\%}=bh^2L^2\varepsilon_{0.02\%}/72$, $K=48EI/(11L^3)$ 求得初裂点。

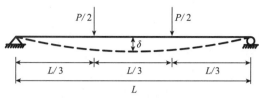

图 6.2-19 四点弯曲试验

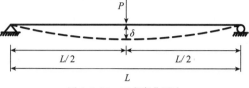

图 6.2-20 三点弯曲试验

对比 $\delta_{0.02\%}$ 偏移法得到的初裂点及试验过程中可视初裂点如表 6.2-6 所示，表中 P_{cr}、δ_{cr} 为 $\delta_{0.02\%}$ 偏移法得到的初裂荷载及对应的跨中挠度，P_{crv}、δ_{crv} 为试验过程中可视初裂点荷载及对应跨中挠度。由表 6.2-6 可知，两种方法得到的初裂点差异较小且 $\delta_{0.02\%}$ 偏移法得到的初裂点早于可视初裂点的发生，验证了 $\delta_{0.02\%}$ 偏移法具有良好的适用性。$\delta_{0.02\%}$ 偏移法物理意义明确、操作简便，可定量确定弯曲韧性试验过程的初裂点，大大降低了 ASTM C1018 规定的偏离线性点法确定初裂点的随机性，建议该方法作为 UHPC（SSDC）弯曲韧性试验捕捉初裂点的方法。

$\delta_{0.02\%}$ 偏移法的验证 表 6.2-6

试件	P_{cr}(kN)	δ_{cr}(mm)	P_{crv}(kN)	δ_{crv}(mm)
SSDC-I	39	0.0551	42	0.064

(2) 弯曲韧性评价新方法

钢纤维对混凝土性能的改善与混凝土所处的受力阶段有关。钢纤维针对混凝土峰值荷载前的改善主要表现在提高峰值抗弯强度、峰值位移及韧性；对峰值荷载后的改善主要表现在提高混凝土的残余抗弯强度及持荷能力。针对现有纤维混凝土弯曲韧性评价方法难以全面评价材料弯曲韧性的现状，基于所提出的量化确定初裂点的 $\delta_{0.02\%}$ 偏移法，优化提出了弯曲韧性评价新方法。

新方法分别从能量比与强度比两个角度对 UHPC 加载全过程的弯曲韧性进行评价，能量比形式的弯曲韧性指数 I 与强度比形式的弯曲韧性比 R 分别见式(6.2-20)、式(6.2-21)。弯曲韧性指数 I 由峰前指数 I_k、峰值指数 I_m 及峰后指数 I_{mk} 组成，用来评价 UHPC 从初裂到变形强化段、峰值点、变形软化段全过程的弯曲韧性。

$$I = \begin{cases} I_k = \dfrac{T_k}{T_{cr}} \delta_{cr} \leqslant \delta_k < \delta_m \\ I_m = \dfrac{T_m}{T_{cr}} \delta_k = \delta_m \\ I_{mk} = \dfrac{T_{mk}}{T_m} \delta_m < \delta_k \end{cases} \qquad (6.2\text{-}20)$$

$$R = \begin{cases} R_k = \dfrac{f_{ek}}{f_{cr}} \delta_{cr} \leqslant \delta_k < \delta_m \\ R_m = \dfrac{f_{em}}{f_{cr}} \delta_k = \delta_m \\ R_{mk} = \dfrac{f_{emk}}{f_{tm}} \delta_m < \delta_k \end{cases} \qquad (6.2\text{-}21)$$

式(6.2-20)中,δ_{cr}为依据$\delta_{0.02\%}$偏移法确定的初裂点跨中挠度;δ_m为峰值荷载点跨中挠度;δ_k表示加载全过程阶段的跨中挠度,$\delta_k = L/k$,建议k取值为1000、900、800、700、600、500、400、300、200、150、120、100,具体依据试验结果确定不同区间段k的取值;T_{cr}、T_k、T_m分别表示从原点至δ_{cr}、δ_k、δ_m范围荷载-挠度曲线面积;T_{mk}表示从δ_m至δ_k范围荷载-挠度曲线面积,详见式(6.2-22)。

$$T_{mk} = T_k - T_m \tag{6.2-22}$$

弯曲韧性比R由峰前韧性比R_k、峰值韧性比R_m及峰后韧性比R_{mk}组成,分别以强化等效强度、峰值等效强度、残余等效强度来评价UHPC梁加载全过程的弯曲韧性。式(6.2-21)中,f_{ek}、f_{em}、f_{emk}分别表示强化等效强度、峰值等效强度及残余等效强度,详见式(6.2-23)~式(6.2-25);f_{cr}、f_{tm}分别为初裂强度(依据$\delta_{0.02\%}$偏移法确定的初裂点)和抗弯拉强度。

$$f_{ek} = \frac{T_k L}{bh^2 \delta_k} \tag{6.2-23}$$

$$f_{em} = \frac{T_m L}{bh^2 \delta_m} \tag{6.2-24}$$

$$f_{emk} = \frac{(T_k - T_m) L}{bh^2 (\delta_k - \delta_m)} \tag{6.2-25}$$

与前述几种方法相比,UHPC弯曲韧性评价新方法具有以下优点:①可全面评价UHPC在变形强化段、峰值点、变形软化段全过程的弯曲韧性。②物理意义明确:I_k、I_m值越大,表明弯曲韧性越好,钢纤维对弯曲韧性的贡献越大;I_{mk}越大,表明弯曲韧性越好、残余持荷能力越强。R_k、R_m值越大,表明强化段等效抗弯拉强度越高、钢纤维的阻裂能力越强,钢纤维对平均抗弯拉强度的提高、对阻裂能力的增强贡献越大;R_{mk}越大,表明残余等效强度越高。③可分别适用于不同的设计理念:当基于UHPC耐久性设计理念时,可采用峰值荷载前的I_k与R_k,若试验条件允许可采用精密的裂缝宽度观测仪测得强化段不同挠度对应的UHPC的裂缝宽度;当基于延性设计理念时,可采用能量比形式的弯曲韧性指数I;当基于强度设计理念时,可采用强度比形式的弯曲韧性比R。④适用性强,采用无量纲的形式,不受同试件尺寸及弯曲加载方法的限制。

3)弯曲韧性评估

基于图6.2-10中混凝土的四点弯曲荷载-跨中挠度曲线,采用所提出的新方法对SSDC-Ⅰ的弯曲韧性进行对比。鉴于SSDC-Ⅱ基体更接近于普通混凝土,这与UHPC的基体为致密胶凝材料不同,采用偏移法求SSDC-Ⅱ的初裂点时,参考CEB—FIP[89]对普通混凝土开裂应变的取值为150με,故选取偏移应变$\varepsilon = 0.015\% = 150\mu\varepsilon$。由于SSDC-Ⅱ峰值荷载点处$L/\delta_m = 849$,而SSDC-Ⅰ、UHPC峰值荷载点的$L/\delta_m$分别为373和343,为统一在相同挠度位置进行比较,选取峰值前$k=1000$和900、峰值后$k=300$和200,对三种混凝土的I、R进行对比,结果如表6.2-7、表6.2-8所示。

三种混凝土弯曲韧性指数 I 对比　　　　　　　　　　　　　　　　　表 6.2-7

弯曲韧性指数	I_k		I_m	I_{mk}	
k 值	1000	900	—	300	200
δ_k (mm)	0.3	0.33	—	1	1.5
SSDC-Ⅰ	15.39	17.66	50.93	0.27	0.85
SSDC-Ⅱ	16.06	18.26	19.61	1.66	2.36
UHPC	17.53	20.33	71.59	0.17	0.82

三种混凝土弯曲韧性比 R 对比　　　　　　　　　　　　　　　　　表 6.2-8

弯曲韧性比	R_k		R_m	R_{mk}	
k 值	1000	900	—	300	200
δ_k (mm)	0.3	0.33	—	1	1.5
SSDC-Ⅰ	1.34	1.39	1.65	0.96	0.84
SSDC-Ⅱ	1.23	1.26	1.27	0.76	0.61
UHPC	1.50	1.59	2.10	0.99	0.94

由表 6.2-7 可得,当峰值荷载前挠度较小时,三种混凝土的 I 值相差不大,峰值点处 SSDC-Ⅰ及 UHPC 的 I 值分别是 SSDC-Ⅱ的 2.6 倍和 3.7 倍,表现出优越的弯曲韧性。峰值荷载后 SSDC-Ⅱ的 I 值远高于 SSDC-Ⅰ、UHPC,这并不能说明 SSDC-Ⅱ的峰值点后的弯曲韧性较优异,这是因为 SSDC-Ⅰ、UHPC 的峰值点挠度与 $k=300$、200 对应的挠度较接近,而 SSDC-Ⅱ的峰值点却相距较远。由表 6.2-8 可得,峰值荷载前 SSDC-Ⅰ及 UHPC 相比 SSDC-Ⅱ表现出优异的强化段抗弯拉强度,峰值荷载后表现出优异的残余抗弯拉强度。

SSDC-Ⅰ与 UHPC 的峰值点挠度比较接近,进一步比较二者加载全过程的 I 值、R 值,如图 6.2-21、图 6.2-22 所示。由图 6.2-21 可知,峰值荷载点之前,SSDC-Ⅰ的峰前指数 I_k 均小于 UHPC,且随着挠度的增大二者的差距越大;峰值点处二者的差异达到最大约为 28%,这说明粗集料加入降低了 UHPC 峰值荷载前的弯曲韧性。峰值荷载点之后,挠度为 1mm 和 1.5mm 时,SSDC-Ⅰ的峰后指数 I_{mk} 大于 UHPC;随着挠度继续增大,二者差异逐渐减小且 UHPC 的 I_{mk} 值呈现逐渐大于 SSDC-Ⅰ的趋势。总体上二者的峰后指数差异在 10% 以内,这说明粗集料加入对 UHPC 峰值荷载后的弯曲韧性影响较小。

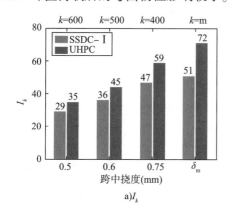
a) I_k

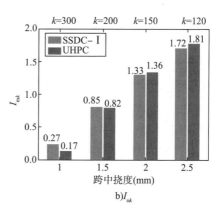
b) I_{mk}

图 6.2-21　SSDC-Ⅰ与 UHPC 弯曲韧性指数 I 对比

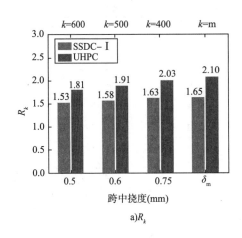
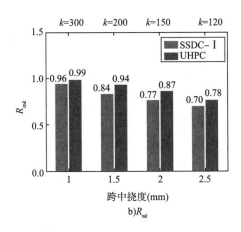

图 6.2-22 SSDC-Ⅰ 与 UHPC 弯曲韧性比 R 对比

图中，弯曲韧性指数 I 由峰前指数 I_k、峰值指数 I_m 及峰后指数 I_{mk} 组成；弯曲韧性比 R 由峰前韧性比 R_k、峰值韧性比 R_m 及峰后韧性比 R_{mk} 组成。δ_k 表示加载全过程阶段的跨中挠度，$k=m$ 表示此时挠度为峰值挠度。

由图 6.2-22 可知，加载全过程中，UHPC 的韧性比 R 均大于 SSDC-Ⅰ。二者的峰前韧性比 R_k 差距随着挠度的增大而增大，峰值点处二者差异达到 22%；二者的峰后韧性比 R_{mk} 差距较小，总体保持在 11% 以内。再次验证了粗集料加入对 UHPC 峰值前弯曲韧性比影响较大，对峰后弯曲韧性比影响较小。

6.3 组合桥面板静力性能

对于弯矩加载试验，按照 3 种混凝土各自对应正、负弯矩 2 种加载方式设计制作了 6 个试件；对于局部冲剪试验，试件混凝土采用 SSDC-Ⅲ。静力性能试件汇总详见表 6.3-1。

静力性能试件汇总　　　　表 6.3-1

试件编号	混凝土种类	荷载类型
S-P1	SSDC-Ⅰ	正弯矩
S-P2	SSDC-Ⅱ	正弯矩
S-P3	SSDC-Ⅲ	正弯矩
S-N1	SSDC-Ⅰ	负弯矩
S-N2	SSDC-Ⅱ	负弯矩
S-N3	SSDC-Ⅲ	负弯矩
S-PS	SSDC-Ⅲ	冲剪

各试件横断面相同，如图 6.3-1 所示。试件宽 1m，高 0.372m；钢顶板厚 12mm，采用两条型号 280×11 的球扁钢作为加劲肋，肋间距 500mm；混凝土板厚 80mm，纵横向钢筋布置为 ϕ16 @150mm；采用 ϕ13mm×50mm 的焊钉作为连接件，焊钉纵横间距均为 300mm。

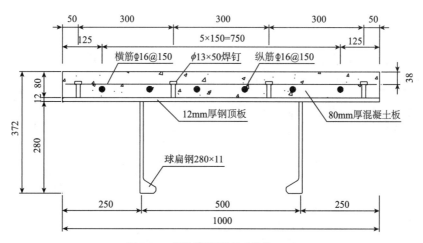

图 6.3-1　试件横断面(尺寸单位:mm)

6.3.1　正弯矩试验

1) 试件设计

正弯矩试件总长 4.2m，两端设置支承隔板，支承间距 4m，如图 6.3-2 所示。

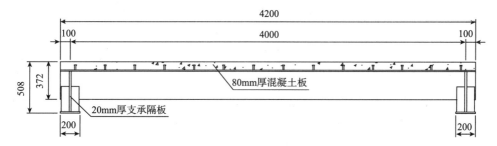

图 6.3-2　正弯矩试件立面(尺寸单位:mm)

2) 加载方案

试验采用跨中对称两点加载，两个加载点间距 1.4m，如图 6.3-3 所示。

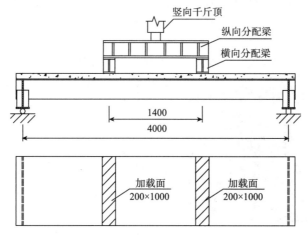

图 6.3-3　正弯矩受弯加载方案(尺寸单位:mm)

3)测点布置

正弯矩试件的跨中、横向分配梁处、四分之一跨径处 3 个截面位置布置纵向应变测点(图 6.3-4)。两端支点和跨中各布置位移计 2 个,两端钢-混界面各布置 2 个滑移计(图 6.3-5)。

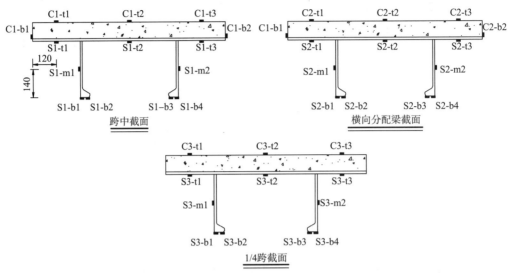

图 6.3-4　正弯矩试件横截面应变测点布置(尺寸单位:mm)

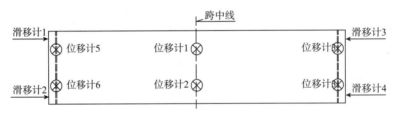

图 6.3-5　正弯矩试件位移计和滑移计布置

4)材性试验

对试件主要材料的材性进行了测试,其中三种混凝土的抗压强度分别为 123.2MPa、114.6MPa、104.6MPa,抗折强度分别为 14.3MPa、13.2MPa、10.7MPa。整理得到这 3 种混凝土的极限抗压应变分别为 2970$\mu\varepsilon$、2310$\mu\varepsilon$、1785$\mu\varepsilon$,极限抗拉应变分别为 344$\mu\varepsilon$、265$\mu\varepsilon$、183$\mu\varepsilon$。

5)试验结果

3 个正弯矩试验加载如图 6.3-6 所示。荷载较小时,试件基本无明显变化,试件呈弹性变形;荷载增加至 700kN,钢加劲肋开始发生屈服,混凝土板在两个加载点之间也出现开裂;荷载增加至 800kN 以后,端部钢-混界面开始出现错动;随后加载荷载进一步增加,直至构件破坏。受正弯矩荷载极限破坏过程表现为钢肋屈服、变形加快、混凝土板在钢-混界面附近产生裂缝、变形过大无法继续承载。

试验明显的破坏现象是加载点下方纯弯段向弯剪段过渡处混凝土板的竖向和斜向开裂,裂缝

图 6.3-6　正弯矩试验加载

排布间距约 0.3m(图 6.3-7)。采用 SSDC-Ⅰ的试件 S-P1 最终的混凝土开裂深度较其余两种混凝土试件更浅。试件 S-P1 最终滑移量 2.5mm,试件 S-P2 和 S-P3 最终滑移量 3.5mm。S-P2 端部钢混滑移错动如图 6.3-8 所示。

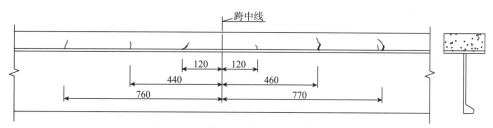

图 6.3-7 混凝土裂缝分布(尺寸单位:mm)

图 6.3-8 S-P2 端部钢混滑移错动

正弯矩 3 个试件试验加载各阶段的截面弯矩统计如表 6.3-2 所示,荷载-跨中位移曲线对比见图 6.3-9。

正弯矩试件截面弯矩　　　　表 6.3-2

试件编号	屈服荷载 (kN)	屈服弯矩 (kN·m)	混凝土开裂荷载 (kN)	混凝土开裂弯矩 (kN·m)	极限荷载 (kN)	极限弯矩 (kN·m)
S-P1	800	520	1000	650	1130	735
S-P2	800	520	1000	650	1100	715
S-P3	800	520	920	598	1190	774

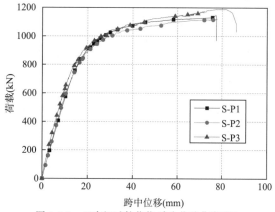

图 6.3-9 正弯矩试件荷载-跨中位移曲线对比

由表6.3-2、图6.3-9可见,3种混凝土的组合板,在承受正弯矩荷载作用时,结构的受荷响应、抗弯承载力相近,并无明显优劣之分。整个加载过程都呈现明显的弹性和弹塑性变形两个阶段,都表现出了较为良好的延性。实桥横隔板间距4m,可计算得到单位宽桥面板承受最大的正弯矩为37.7kN·m。试验得到的承载力远高于此值,所以可看出该种形式的组合桥面板具有很高的正弯矩承载力。

6.3.2 负弯矩试验

1) 试件设计

负弯矩试件总长2.8m,加载时两端支承点间距长2.6m,如图6.3-10所示。

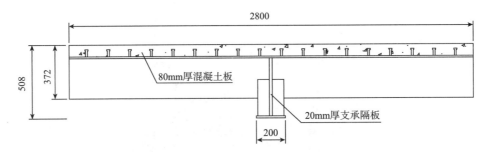

图6.3-10 负弯矩试件立面(尺寸单位:mm)

2) 加载方案

负弯矩试验采用跨中单点加载,在试件跨中设置支承隔板,如图6.3-11所示。

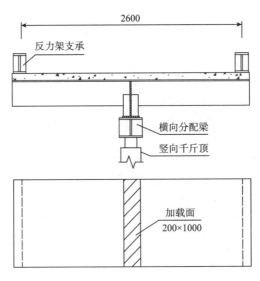

图6.3-11 负弯矩受弯加载方案(尺寸单位:mm)

3) 测点布置

负弯矩试件的跨中和四分之一跨径处布置纵向应变测点(图6.3-12),两端支点和跨中各布置2个位移计(图6.3-13)。

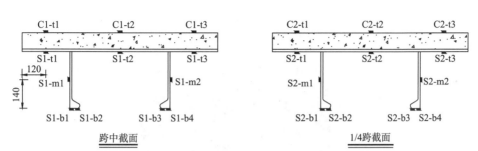

图 6.3-12 负弯矩试件横截面应变测点布置(尺寸单位:mm)

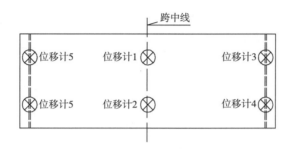

图 6.3-13 负弯矩试件位移计布置

4) 材性试验

材性试验结果同前正弯矩试验。

5) 试验结果

3 个负弯矩试验加载如图 6.3-14 所示。荷载较小时,试件基本无明显变化,试件呈弹性变形;随着荷载增大,支承隔板位置混凝土板开始出现裂缝,且随着荷载进一步增大,裂缝数目增大,以其中 1~2 条裂缝为主裂缝,其宽度逐渐增大,直至钢顶板球扁钢加劲肋屈曲破坏。受负弯矩荷载极限破坏过程表现为混凝土板开裂、钢肋屈服、变形加快、球扁钢肋屈曲导致变形过大无法继续承载。

图 6.3-14 负弯矩试验加载

试验明显的破坏现象是中支点处球扁钢肋的屈曲(图 6.3-15),且该屈曲包括了较长阶段的球头的逐渐侧弯过程。采用 SSDC-Ⅰ 的试件 S-N1 在负弯矩荷载作用下,最终破坏时的裂缝只有 1 条粗裂缝,而采用 SSDC-Ⅱ 的试件 S-N2 和采用 SSDC-Ⅲ 的试件 S-N3,最终的裂缝都为 2 条粗裂缝和多条细裂缝(图 6.3-16)。

图 6.3-15 加劲肋屈曲形态

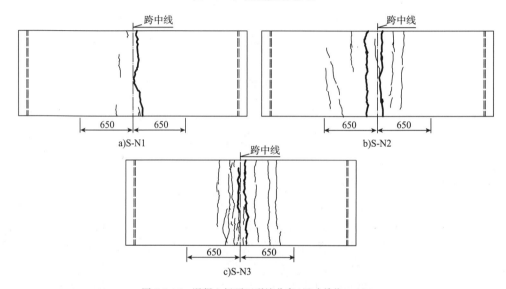

图 6.3-16 混凝土板顶面裂缝分布(尺寸单位:mm)

3个负弯矩试件加载各阶段的截面弯矩统计如表6.3-3所示,荷载-跨中位移曲线对比见图6.3-17。从极限承载力看,3种不同混凝土的组合板没有太大差别,因为最后破坏阶段跨中混凝土基本已经退出受力,荷载主要由钢梁承担,破坏现象都是中支点截面的球扁钢肋屈曲。3种混凝土的组合板,在承受负弯矩荷载作用时,结构的受荷响应大致相近,整个加载过程都呈现明显的弹性和弹塑性变形两个阶段,都表现出了较为良好的延性变形性能。实桥横隔板间距4m,可计算得到单位宽桥面板承受最大的负弯矩为26kN·m。试验得到的单位宽度试件承载力远高于此值,截面的开裂弯矩也高于此值,所以该种形式的组合桥面板具有很高的负弯矩承载力。

负弯矩试件截面弯矩   表6.3-3

试件编号	混凝土开裂荷载(kN)	混凝土开裂弯矩(kN·m)	屈服荷载(kN)	屈服弯矩(kN·m)	极限荷载(kN)	极限弯矩(kN·m)
S-N1	100	65	300	195	1030	670
S-N2	150	97.5	300	195	1000	650
S-N3	160	104	280	182	980	637

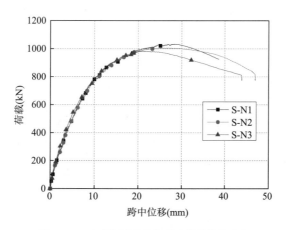

图 6.3-17 负弯矩试件荷载-跨中位移曲线对比

负弯矩受弯试件裂缝宽度开展情况见图 6.3-18。从试验现象看，试件 S-N2 和 S-N3 的裂缝开展时，横贯表面的同一条裂缝在各处的宽度大致接近。而试件 S-N1 出现的同一裂缝在宽度方向的两侧表现出完全不同的开展过程，左侧裂缝宽度开展很缓慢，在大约 700kN 以后才迅速扩大；而右侧开裂较早，宽度增加也较快，推测右侧可能是由于初始缺陷导致过早开裂（加载开始时，两条肋的变形和应变都没有明显差异，随着裂缝出现，之后差异逐渐增大，原因不明）；在 700kN 以后两侧裂缝宽度逐渐接近。在试件受弯的试验结果中，采用 SSDC-Ⅱ、SSDC-Ⅲ 的试件 S-N2 和 S-N3 开裂荷载接近，裂缝宽度开展情况也相近，0.2mm 宽度对应荷载都在 380kN 左右。结合材性试验的结果，SSDC-Ⅰ、SSDC-Ⅱ 和 SSDC-Ⅲ 三种混凝土的抗折强度分别在 14MPa、13MPa 和 11MPa 左右，SSDC-Ⅰ 相对来说有更高的抗拉强度，但由于裂缝开展不对称，使用 SSDC-Ⅰ 的试件 S-N1 开裂更早，其开裂荷载并不能直观地体现其抗裂性。

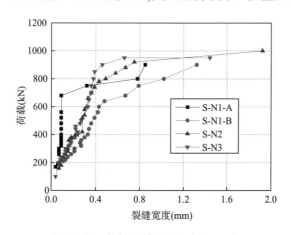

图 6.3-18 负弯矩试件裂缝宽度开展对比

6.3.3 冲剪试验

1）加载方案

局部冲剪试件长 1.2m，支撑梁间距 0.6m。试验采用两肋间单点竖向施荷的方式，按照单个车轮的面积取加载面为300mm×200mm(横×纵),试验时加载至700kN,观察桥面板的受力状态,如图6.3-19所示。

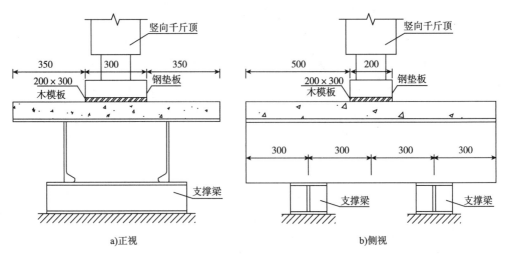

图6.3-19 局部冲剪加载方案(尺寸单位:mm)

2)测点布置

局部冲剪试件的测点布置在钢顶板的下表面,包括6个纵向测点和6个横向测点,分布在加载面下方300mm×200mm的范围内(图6.3-20)。

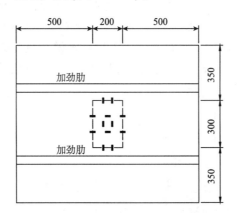

图6.3-20 局部冲剪应变测点布置(尺寸单位:mm)

3)材性试验

本次试验对试件主要材料的材性进行了测试。其中混凝土的抗压强度为104.6MPa,抗折强度为10.7MPa。整理得到混凝土的极限抗压应变为1785$\mu\varepsilon$,极限抗拉应变为183$\mu\varepsilon$。

4)试验结果

冲剪试验加载如图6.3-21所示,加载结束后的冲剪部位的混凝土外观如图6.3-22所示,未观察到混凝土板出现损坏,也未观察到试件边界的钢混截面受影响,在冲剪面下方钢顶板纵向应变均在250$\mu\varepsilon$以下,横向应变均在700$\mu\varepsilon$以下,说明该种组合板具有足够的局部抗冲剪能力。

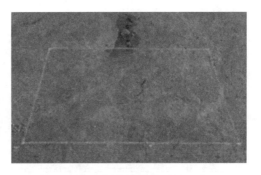

图6.3-21 冲剪加载　　　　图6.3-22 冲剪施荷点的混凝土顶面

6.4 组合桥面板疲劳性能

组合桥面板疲劳性能试验按照关注对象的不同,主要分为3类:球扁钢加劲连接桥面系负弯矩区和钢顶板局部。试验共计6个试件,7个研究点,详见表6.4-1。

疲劳试验试件汇总　　　　　　　　　　　表6.4-1

疲劳区域	疲劳敏感点	试件编号	混凝土种类	荷载类型
球扁钢加劲连接	加劲肋对接焊连接构造	S-F1	SSDC-Ⅰ	正弯矩
	加劲肋非对称栓接连接构造	S-F2	SSDC-Ⅰ	正弯矩
	加劲肋对称栓接连接构造	S-F3	C60	正弯矩
桥面系负弯矩区	混凝土开裂	S-F4	SSDC-Ⅰ	负弯矩
	钢横梁过焊孔			
钢顶板局部	加劲肋与顶板焊缝交界附近、肋间钢顶板	S-P	C60	车轮局部
		S-ADD	—	

6.4.1 球扁钢加劲连接

正交异性钢桥面板在长期运营中存在钢结构疲劳开裂和铺装破坏两大问题,主要由钢面板刚度小引起。为此而提出的正交异性钢-混凝土组合桥面板,利用了混凝土面板提供的刚度,大大降低了桥面板的疲劳风险,近些年来广泛被研究并逐步应用于实际工程。由于混凝土面板也能提高桥面板的横桥向抗扭刚度,使得正交异性钢桥面板中较少用于行车道面板的开口加劲肋有了新的应用空间。球扁钢是一种典型的开口加劲肋,作为一种船舶专用型钢,因其扩大球头能高效地增大母板惯性矩和稳定性,提高材料使用效率,也常在桥梁工程中应用。

组合桥面板在制作、运输、安装时,除去混凝土施工,其钢结构的部分与常规正交异性钢桥面板相似,一般可在工厂分段预制,再在工地现场安装连接。钢面板通常采用焊接,纵肋则可采用焊接或高强螺栓连接。球扁钢作为一种非对称截面型钢,本身在纵向平面内受弯时会产生非对称弯曲,受力情况并不直观清晰。为研究组合桥面板球扁钢加劲肋接头的力学性能[90],采用有限元模型对接头进行受力分析,并设计制作了3个组合板试件,通过疲劳和静力加载试验测试了接头的受力性能。

1)有限元分析计算

由于球扁钢在受弯时会因截面不对称而产生侧弯翘曲,其受力难以通过简单方法计算。为了确定试验试件采用的拼板形式和尺寸,对不同拼接形式的螺栓连接构造进行了分析。

在断开处采用双拼接板摩擦型高强螺栓连接,螺栓计2排8列,如图6.4-1所示。两侧的拼板组合,设计了5种,算上1个完整不断开的肋作为对比,一共有6种截面形式,分别命名为Sec-1~Sec-6,如图6.4-2所示。

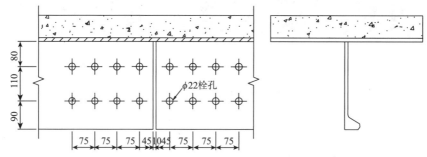

图6.4-1 球扁钢肋上的栓孔布置(尺寸单位:mm)

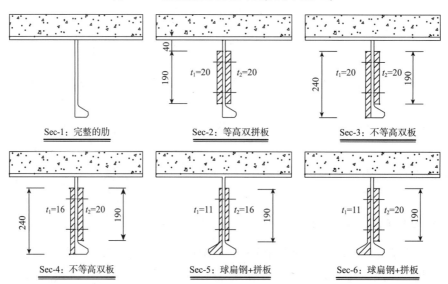

图6.4-2 拼接板的各种组合形式(尺寸单位:mm)

简要计算6种截面的换算截面特性(钢、混凝土弹性模量比值取5),结果如表6.4-2所示。

换算截面特性 表6.4-2

截面编号	特征	惯性矩 (m^4)	形心至上缘距离 (m)	形心至下缘距离 (m)	上缘抵抗矩 (m^3)	下缘抵抗矩 (m^3)
Sec-1	完整肋	1.85×10^8	108	264	1708520	698940
Sec-2	等高双板	1.72×10^8	118	203	1460248	848814
Sec-3	不等高双板	2.22×10^8	128	243	1737430	915189
Sec-4	不等高双板	2.03×10^8	123	249	1646616	813389
Sec-5	球扁钢+拼板	2.25×10^8	123	248	1831836	908531
Sec-6	球扁钢+拼板	2.4×10^8	128	243	1877766	989111

从以上结果可以看到,采用等高双板的 Sec-2,其断开处的截面刚度有一定的削弱,而采用"不等高双板"或者"球扁钢+拼板"的形式,其断开处的截面刚度有一定的增强。

建立 Sec-1～Sec-6 共 4 种拼接形式的带 1 条球扁钢加劲肋的组合板有限元模型(图 6.4-3),长 2.6m,宽 0.5m;混凝土板厚 80mm,钢顶板厚 12mm。球扁钢肋在跨中断开,所有加载均为跨中施加 140kN 的集中力。螺栓规格为 M20,预紧力 150kN,钢板间摩擦系数取 0.3。

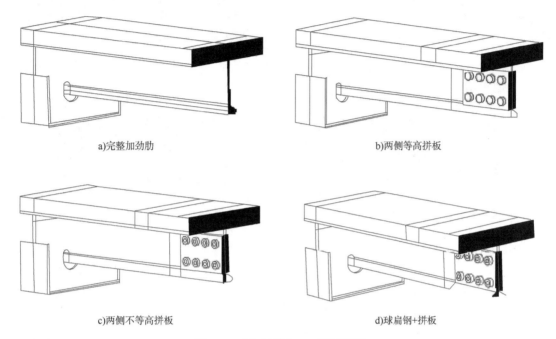

a) 完整加劲肋　　　　　　　　　　b) 两侧等高拼板

c) 两侧不等高拼板　　　　　　　　d) 球扁钢+拼板

图 6.4-3　不同连接的 1/2 有限元模型

有限元计算主要关注:①试件的竖向挠度 f_d;②母板上最大的 Mises 应力 σ_s(均出现在最外一列底下的栓孔边缘);③肋断开处跨中截面拼板 1 和拼板 2 底部的内外侧应力;④拼板 1 和拼板 2 上的最大 Mises 应力 σ_{p1} 和 σ_{p2} 以及其出现的位置。应力关注点位置如图 6.4-4 所示,计算结果如表 6.4-3 所示。

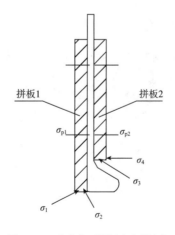

图 6.4-4　跨中截面拼板应力关注点

6 种截面有限元计算结果 表 6.4-3

编号	f_d(mm)	σ_s(MPa)	σ_1(MPa)	σ_2(MPa)	σ_{p1}(MPa)	σ_3(MPa)	σ_4(MPa)	σ_{p2}(MPa)
Sec-1	1.53	129	肋底两侧应力 129 和 98					—
Sec-2	1.70	170	84	136	193(位置 L1)	80	176	191(位置 L1)
Sec-3	1.63	165	54	109	150(位置 L1)	57	161	173(位置 L1)
Sec-4	1.66	168	70	120	173(位置 L1)	60	176	176(位置 L2)
Sec-5	1.71	171	20	108	176(位置 L1)	60	207	207(位置 L2)
Sec-6	1.67	177	20	98	164(位置 L1)	60	174	174(位置 L2)

表 6.4-3 中"位置 L1"指拼板中间底部孔边缘,如图 6.4-5a)所示;"位置 L2"指拼板中间底部,如图 6.4-5b)所示。

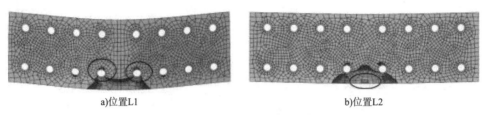

a)位置 L1 b)位置 L2

图 6.4-5 拼板应力位置说明

有限元计算时,影响最终结果的因素较多。但是,通过不同截面形式计算结果的对比,可反映出改变截面形式后结构响应的一些变化规律。由表 6.4-3 可见,采用不等高的拼板,或者其中一侧采用球扁钢肋代替,这两种方式比采用等高的拼板更高效。球扁钢在受弯时会因截面不对称而产生侧弯翘曲,采用螺栓连接时,母板在断开处的该效应尤其明显,即便是常规的对称设计,两侧拼接板尺寸大小一样,在截面实际受弯时两块板却呈现非对称受力。以两侧对称拼接截面 Sec-2 为例,受弯时两侧相同尺寸的拼板同高度的对应点应力最大值为 176MPa,最小值为 80MPa,大值约为小值的 2 倍;无侧弯影响的平均应力为 119MPa,最大应力较平均应力增大 48%。

完整球扁钢肋与拼板栓接的典型变形(底视图,变形放大 100 倍)如图 6.4-6 所示。完整球扁钢肋在竖平面内弯矩作用下,伴随发生了向球背一侧的横弯,导致球背侧应力增大;而栓接球扁钢肋在竖平面内弯矩作用下,伴随发生了向球头一侧的横弯,导致球头侧拼接板应力增大。

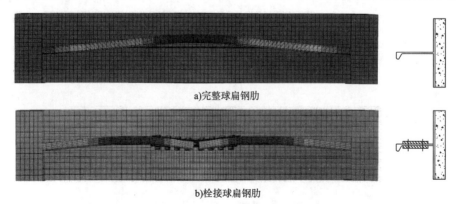

a)完整球扁钢肋

b)栓接球扁钢肋

图 6.4-6 完整球扁钢肋与栓接肋的侧弯比较

后续高强螺栓连接构造疲劳试验分别按对称拼接和非对称拼接(图6.4-7)两种情况进行。

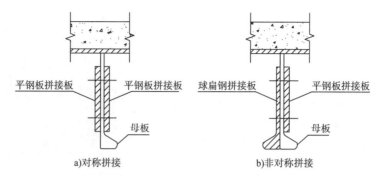

a)对称拼接　　　　　　　　b)非对称拼接

图6.4-7　疲劳试验高强螺栓连接截面形式

2)对接焊连接构造疲劳试验

(1)试件设计

针对"对接焊连接构造"设计1个试验试件,编号为S-F1,结构尺寸如图6.4-8所示。试件长2.6m(跨径2.4m)、宽1m、截面高0.372m;混凝土采用低收缩高强韧性混凝土Ⅰ(SSDC-Ⅰ),球扁钢型号280×11;焊钉ϕ13mm×50mm,纵横向布置间距均为300mm;纵向钢筋$\underline{\Phi}$16,布置间距150mm。试件包括2条加劲肋,只在其中一条肋的跨中截面断开,采用焊接连接构造,另一条肋保持完整。

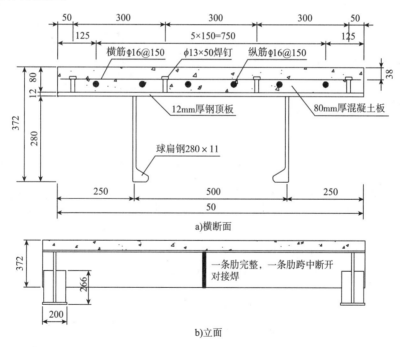

图6.4-8　试件S-F1结构尺寸(尺寸单位:mm)

(2)加载方案及装置

采用50t的疲劳试验机和应变动态采集仪。球扁钢肋对接焊疲劳试验,加载方式和装置分别如图6.4-9、图6.4-10所示。

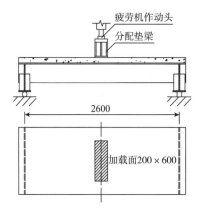

图 6.4-9 疲劳加载方案(尺寸单位:mm)

图 6.4-10 加载装置

(3)测点布置

试件 S-F1,在完整的加劲肋跨中底部布置 2 个纵向应变测点;断开的加劲肋上,对接焊缝底部 3 个位置,在焊缝两侧都布置,球头及加劲肋腹板上只在焊缝单侧布置,如图 6.4-11 所示。

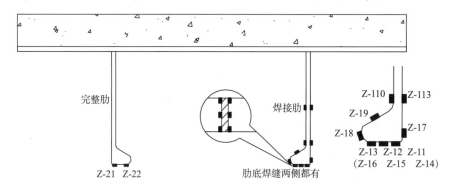

图 6.4-11 试件 S-F1 测点布置

(4)材性试验

本次试验中采用了低收缩高强韧性混凝土 SSDC-Ⅰ,混凝土实测抗压强度为 114.2MPa。

(5)试验结果

对桥面板节段建立实体板壳有限元模型,计算得到疲劳荷载模型Ⅲ作用下加劲肋连接处等效常值应力幅约 32.4MPa。以该值为控制条件进行加载,荷载下限值初定为 20kN,通过调整荷载上限进行试加载,当上限值为 90kN 时,最大测点应力幅约 34MPa。最终按照此荷载限值加载 200 万次,再增大荷载幅加载。整个加载过程中,有 4 次不同的荷载变幅。具体加载历程如表 6.4-4 所示。

试件 S-F1 加载历程 表 6.4-4

阶段加载次数(万次)	累计加载次数(万次)	荷载上限(kN)	荷载下限(kN)	荷载幅值(kN)
200	200	90	20	70
70	270	220	20	200
130	410	320	20	300
335	745	360	20	340

最终加载至 745 万次后,焊缝出现了破坏。在 720 万次左右,已经观察到混凝土板与钢顶板脱开较为严重。最终焊缝处疲劳开裂,裂缝从肋底焊肉与母材交界附近沿着焊肉向上延伸 9cm 左右折向母材。卸载后测出开口宽度约 4mm,端部钢混界面明显脱开,且能观察到焊钉断裂。焊缝疲劳裂缝及破坏特征如图 6.4-12 所示。

图 6.4-12 试件 S-F1 焊缝疲劳裂缝及其他破坏特征

将肋底焊缝附近的 6 个测点,在加载 500 万次以后的应力幅值变化曲线整理得到图 6.4-13,由图可见在 500 万次以后所有测点应力幅值均在增大,结合试验现象分析其原因,应与部分钢-混界面连接失效、焊钉断裂造成试件截面的抗弯刚度削弱有关。

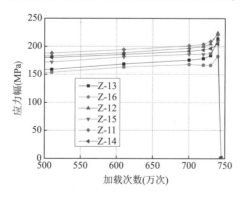

图 6.4-13 肋底焊缝测点最后阶段应力幅变化曲线

从以上试验结果可以看到,测点"Z-11"和"Z-14"处受力最大,由图 6.4-6 也可看到竖弯时球扁钢肋有背离球头方向的侧弯,这会增加测点"Z-11"和"Z-14"处的拉应力,与试验测试结果相符。

以幅值最大测点"Z-11"的应力历程,按线性累计损伤原则换算到740万次对应的等效应力幅值为147MPa,换算到200万次对应的等效应力幅值为228MPa,远高于规范规定的该种疲劳细节90MPa。从试验结果可以看出,在保证焊接质量的情况下,球扁钢肋的对接焊缝具有足够好的抗疲劳性能。

3)高强螺栓不对称拼接连接构造疲劳试验

(1)试件设计

针对"高强螺栓不对称拼接连接构造"设计1个试验试件,编号为S-F2,结构尺寸如图6.4-14所示。试件长2.6m(跨径2.4m),宽1m,截面高0.372m;混凝土采用低收缩高强韧性混凝土SSDC-Ⅰ;球扁钢型号280×11;焊钉φ13mm×50mm,纵横向布置间距均为300mm;纵向钢筋Φ16,布置间距150mm。试件包括2条加劲肋,只在其中一条肋的跨中截面断开,采用栓接的连接构造,另一条肋保持完整。在母板加劲肋的球头一侧采用20mm厚平钢板,在母板另一侧采用同规格球扁钢加工成的拼接板,采用M20摩擦型高强螺栓连接,螺栓扭矩值为450N·m。

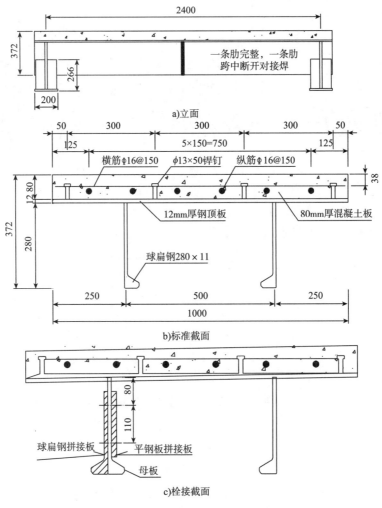

图6.4-14 试件S-F2结构尺寸(尺寸单位:mm)

(2) 加载方案及装置

采用 50t 的疲劳试验机和应变动态采集仪。对球扁钢肋进行对接疲劳试验,加载方式和装置分别如图 6.4-15、图 6.4-16 所示。

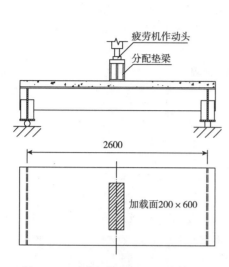

图 6.4-15 疲劳加载方案(尺寸单位:mm)

图 6.4-16 加载装置

(3) 测点布置

在试件 S-F2 完整的加劲肋上,跨中底部布置 2 个纵向应变测点;在断开的加劲肋上,两侧的拼接板及球扁钢肋上布置纵向应变测点。测点布置如图 6.4-17 所示。

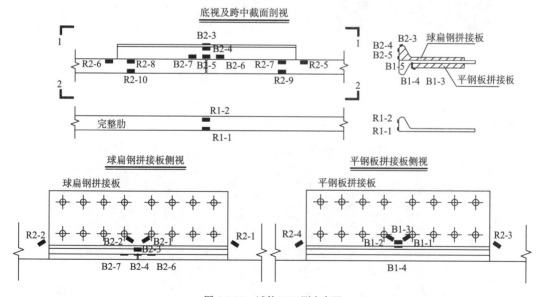

图 6.4-17 试件 S-F2 测点布置

(4) 材性试验

本次试验采用了低收缩高强韧性混凝土 SSDC-Ⅰ,混凝土抗压强度为 114.2MPa。

(5)试验结果

高强螺栓连接的试件,加载时以拼板上最大应力幅值达到规范规定的疲劳细节110MPa控制。由于栓接构造的疲劳强度还与应力绝对值有关,在难以确定具体的上下限值时,荷载下限值应尽可能小且保持稳定。荷载下限值初定为20kN,通过调整荷载上限进行试加载,当上限值为260kN时,最大测点应力幅值约为110MPa。最终按照此荷载限值加载200万次,再增大荷载幅并根据试件的受荷响应状态进行加载,至发现钢板开裂停止。累计共加载1800万次,具体加载历程如表6.4-5所示。

S-F2 加载历程　　　　　　　　　　　　　　表6.4-5

阶段加载次数(万次)	累计加载次数(万次)	荷载上限(kN)	荷载下限(kN)	荷载幅值(kN)
200	200	260	20	240
800	1000	360	20	340
500	1500	360	20	340
300	1800	400	60	340

加载至1000万次时,两条肋及拼接板都未出现破坏,而端头的钢混凝土界面在加载至400万次时已经可见脱开现象,并在后续加载过程中更加明显,试验现象如图6.4-18所示。

a)加载中的拼接板　　　　　　　　　b)端部钢混界面脱开

图6.4-18　S-F2 前1000万次试验现象

继续加载至1600万次时,在跨中加劲肋断开处的钢顶板发现横向开裂,其中内侧延伸约5cm,外侧延伸约6cm,外观和位置如图6.4-19所示。

a)顶板内侧裂缝　　　　　　　　　b)顶板外侧裂缝

图6.4-19　试件S-F2 加载1600万次损坏状态(断肋处顶板开裂)

继续加载至 1800 万次时,顶板裂缝内侧延长了约 2cm,外侧延长了约 5cm,如图 6.4-20 所示。

a)顶板内侧裂缝延长

b)顶板外侧裂缝延长

图 6.4-20　试件 S-F2 加载 1800 万次损坏状态(断肋处顶板开裂)

最终在球扁钢加劲肋的最外侧底排螺栓孔附近发现开裂,外观和位置分别如图 6.4-21a)、b)所示。此时端部钢混界面脱开非常明显,如图 6.4-22 所示。

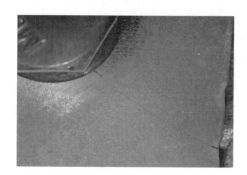
a)球扁钢拼接板边缘裂缝

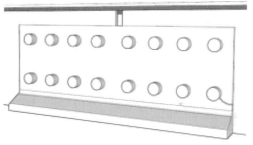
b)开裂的位置示意

图 6.4-21　试件 S-F2 加载 1800 万次损坏状态(拼接板开裂)

图 6.4-22　试件 S-F2 加载 1800 万次损坏状态(端部钢-混脱开)

由于测点较多,筛掉应力值较小的点,选取完整肋跨中底部的2个点和拼接板的主要几个测点(图6.4-23)。将拼接板上主要测点,对200万次以后的应力幅值变化曲线整理如图6.4-24所示。

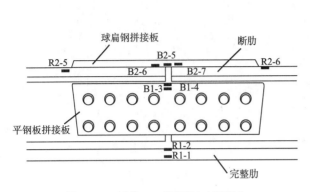

图6.4-23 试件S-F2拼接板上主要测点

图6.4-24 拼接板主要测点应力幅变化曲线

加载前期应力幅值增大与钢-混界面的连接削弱有关。所有测点中,平钢板拼接板中间下缘的测点"B1-3"为测值最大的点。球扁钢拼接板上测值最大点为"B2-5",相对平钢板最大测点小很多。对比试验加载和理论计算的结果,整理两块拼接板跨中截面的4个关键点的应力结果如表6.4-6所示。

试件S-F2拼接板理论与实测应力结果对比　　　表6.4-6

类别	荷载幅值(kN)	关键点应力(MPa)				
		A	B	C	D	
理论计算(静载)	$F=280$	20	98	60	174	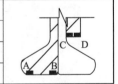
实际加载(动载)	$F=240$	23	79	84	120	

理论计算静载280kN比动载幅240kN大,但此处动载下试件的响应还包括了冲击效应。不能简单比较单个关键点的理论实测值,但可以从4个关键点的应力分布看出侧弯对同一拼接板上同等高度不同点的影响,理论计算和实测都表现出弯曲趋势为球扁钢拼接板受压和平钢板受拉。

所有测点中测值最大的点"B1-3",1800万次加载换算的等效应力幅为180MPa,最终在拼接板受力较大的地方都没有出现疲劳开裂。由试验可见,采用球扁钢和平钢板的不对称拼接板组合的高强螺栓连接构造,具有良好抗疲劳性能。

4)高强螺栓对称拼接连接构造疲劳试验

(1)试件设计

高强螺栓对称拼接连接构造疲劳试验设计1个试件,编号为S-F3。试件长4.2m,支承跨径为4m,其中横截面宽1500mm、高406mm,包括间距750mm的2条球扁钢(型号280×11)加劲肋、6mm厚钢顶板、120mm厚C60钢筋混凝土面板,采用$\phi13mm \times 80mm$焊钉连接件(纵向间距200mm、横向间距300mm),具体尺寸如图6.4-25a)所示。

螺栓接头可按照接头截面与母材截面的承载能力关系进行设计,参照常规螺栓连接,拟定的螺栓布置方式为:14mm厚的双面对称拼接板(长480mm,宽180mm)、10.9级M22摩擦型高强螺栓(预紧力190kN)、栓孔直径24mm、每道连接板布置6列×2排(竖×横)螺栓,详细尺寸关系如图6.4-25b)所示。接头布置在1/4跨截面处,这样的接头设计较为经济合理。若以钢截面底部应力达到屈服强度作为承载极限状态的指标,计算得到试件的接头截面(即球扁钢肋断开处)和母材截面(即非栓接处)的理论承载弯矩分别为502kN·m和580kN·m,前者约为后者的87%。为便于后文叙述,两条肋分别命名为A肋和B肋,螺栓接头横向对称布置,分别命名为接头A和接头B。

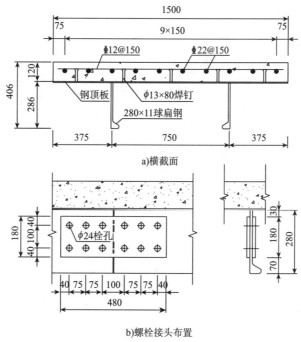

图6.4-25 试件S-F3结构尺寸(尺寸单位:mm)

(2)加载方案

疲劳加载方式及装置分别如图6.4-26、图6.4-27所示。加载时采用一端固定铰支座、一端滚动铰支座的简支支承,跨径4m。在试件跨中施加单点荷载,加载面大小为200mm×600mm(纵×横),采用PMS-500疲劳试验机进行200万次常幅荷载的疲劳试验。

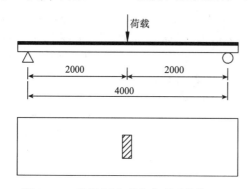

图6.4-26 疲劳试验加载方式(尺寸单位:mm)

图6.4-27 加载装置

(3)测点布置

为关注球扁钢肋螺栓接头受力,在接头处 A 和 B 两条肋上靠近跨中侧的第一排螺栓对应的肋底及肋侧布置 3 个纵向应变测点,此外在内外两块拼接板上各布置 4 个测点,位于拼接板中间底部和附近的螺栓孔下部,具体位置及编号如图 6.4-28 所示(只给出 A 接头情况,B 接头由横向对称类推;Ar-0 为母板肋底,Ai 和 Ao 分别为内侧和外侧拼板测点),为防止贴片时打磨对拼板棱边造成较大初始缺陷,应变片实际位置距拼板底缘约 10mm。

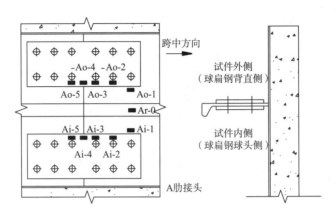

图 6.4-28　A 肋接头测点布置

(4)材料性能

混凝土及钢板的材性均依照标准材性试验进行测试。得到 C60 混凝土立方体抗压强度 79.6MPa,弹性模量 4.16×10^4 MPa。钢顶板、球扁钢肋板和拼接板的屈服强度分别为 341MPa、387MPa 和 367MPa,抗拉强度分别为 478MPa、532MPa 和 490MPa。钢材弹性模量取 2.06×10^5 MPa,不再单独测试,据此换算得三种钢板屈服应变分别约为 $1655\mu\varepsilon$、$1877\mu\varepsilon$ 和 $1780\mu\varepsilon$。

(5)试验结果

采用等幅荷载循环加载,以拼接板底最大应力(即加劲肋断开处的拼板截面底部)达到规范[33]规定的相应疲劳细节值 110MPa 作为试验荷载值控制的指标。按照拼接板与钢顶板、混凝土板组成的接头截面计算可知,跨中单点施荷 300kN,拼板底最大应力约 103MPa,接近疲劳细节值。故试验前先进行 300kN 静力预载,得到拼接板各测点应力值如表 6.4-7 所示。从结果看到,最大应力测点位于拼接板中部底缘测点(肋断开截面处),但球头侧和背直侧的两个测点(例如 Ai-4 和 Ao-4)受力不对称,且前者较理论值大了约 1/3,后者较理论值小了约 1/3,前者约为后者 2 倍。考虑到球扁钢具有非对称截面,平面内弯矩作用时,会发生非对称弯曲,具体到本试验,球扁钢的螺栓接头也为非对称截面,竖平面内弯矩作用时,伴随发生了往球头一侧的横弯,导致球头侧拼接板应力增大(测点 Ai-4 和 Bi-4)。

试件 S-F3 静力预载应力结果(MPa)　　表 6.4-7

测点	Ao-5	Ao-4	Ao-3	Ao-2	Ao-1	Ar-0
应力	63	72	70	41	61	59
测点	Ai-5	Ai-4	Ai-3	Ai-2	Ai-1	
应力	94	147	101	46	58	

续上表

测点	Bi-5	Bi-4	Bi-3	Bi-2	Bi-1	Br-0
应力	93	136	106	60	42	63
测点	Bo-5	Bo-4	Bo-3	Bo-2	Bo-1	
应力	63	68	73	38	57	

静载结果显示实测应力偏大,但疲劳试验仍偏不利地将荷载上峰值确定为300kN,下峰值为30kN,进行200万次循环加载,每10万次采集一次应变数据。若按照规范[58]车辆荷载进行桥面系的受力计算,横隔板布置间距4m的桥面板单位宽度承受最大正弯矩约38kN·m,远小于此处试验单位板宽的弯矩值200kN·m,故可认为本次疲劳加载模拟实际桥面板超载受力的5.26倍。

试验结束未发现开裂,且整个加载过程中,测点应变幅值稳定。由于试验应变数据受基线漂移的影响,许多测点的应变绝对值并不稳定,仅以加载初期测得的应变上峰值为准,幅值则以20次采集结果平均值为准,下峰值由上述两者相减,整理得到断肋处拼接板的测点应力结果如表6.4-8所示。

试件 S-F3 疲劳试验应力结果（MPa） 表6.4-8

测点	应力		
	上峰值	下峰值	幅值
Ao-4	80	15	65
Ai-4	154	25	129
Bi-4	143	21	123
Bo-4	78	11	66

根据《钢结构设计标准》(GB 50017—2017)[49],对于非焊接部位,正应力幅值 $\Delta\sigma$ 按式(6.4-1)计算,其中 σ_{max} 和 σ_{min} 分别对应应力上下峰值。

以测点"Ai-4"结果为依据,计算得到本次试验200万次正应力幅 $\Delta\sigma$ 为136.5MPa,高于规范[33]规定200万次容许正应力幅为110MPa,说明了该种构造尺寸的球扁钢螺栓接头具有足够的抗疲劳性能。

$$\Delta\sigma = \sigma_{max} - 0.7\sigma_{min} \quad (6.4\text{-}1)$$

此外,200万次加载过后,钢与混凝土的结合界面有分离,如图6.4-29所示。这说明,在实际结构中球扁钢加劲肋采用高强螺栓拼接板连接时,螺栓连接的抗疲劳性能优于混凝土面板与钢板之间的连接性能。

图6.4-29 试件S-F3疲劳加载结束后的钢混界面

6.4.2 桥面系负弯矩区

1) 试件设计

桥面板负弯矩区疲劳试验包含混凝土板疲劳试验及钢横梁过焊孔处疲劳试验两项内容，试件编号 S-F4，结构尺寸如图 6.4-30 所示。试件长 2.6m、宽 1.8m，带 3 根加劲肋，截面高 0.372m；混凝土采用低收缩高强韧性混凝土 SSDC-Ⅰ，球扁钢型号为 280×11；焊钉 ϕ13mm×50mm，纵横向布置间距均为 300mm；纵向钢筋 $\underline{\Phi}$16mm，布置间距 150mm；横隔板厚 20mm、高 800mm；通过对纵肋横隔板处过焊孔形状在局部荷载作用下的受力性能进行有限元分析，得到"苹果形"过焊孔详细尺寸。

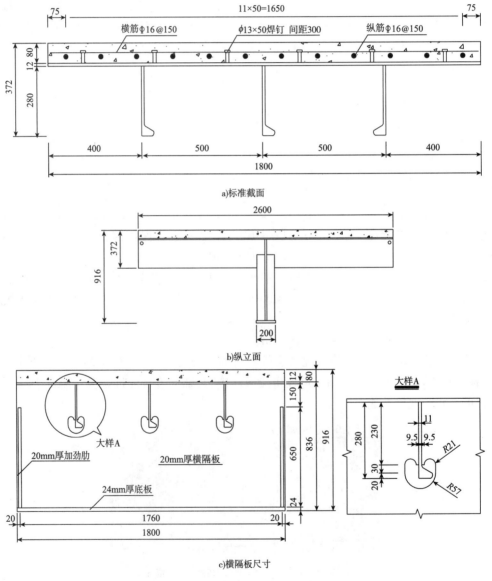

图 6.4-30 试件 S-F4 结构尺寸(尺寸单位:mm)

2)加载方案及装置

负弯矩区混凝土及过焊孔疲劳试验的加载方式和装置分别如图 6.4-31、图 6.4-32 所示。

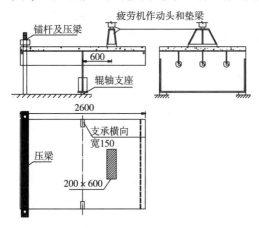

图 6.4-31　疲劳加载方案(尺寸单位:mm)

图 6.4-32　加载装置

3)测试内容及测点布置

考察混凝土抗疲劳耐久性时,主要测试钢横梁截面顶板的纵向拉应变和钢筋的应变,如图 6.4-33 所示。在钢横梁截面上,纵筋布置为Φ16@150,共 12 根钢筋,中间 6 根钢筋上表面预贴纵向应变片,编号为 RB-1~RB-6;与钢筋应变片位置对应的混凝土板上表面布置纵向应变测点,共 6 个,编号为 C-1~C-6。

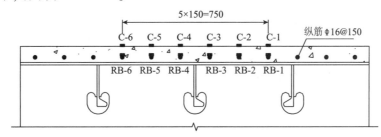

图 6.4-33　钢横梁截面钢筋混凝土测点布置(尺寸单位:mm)

通过计算可知,过焊孔受力最不利处的主拉应力值与切向应力接近,如图 6.4-34 所示,故评估过焊孔的抗疲劳性能时,测试过焊孔周的切向应变。

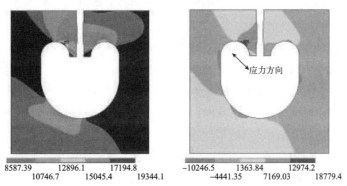

图 6.4-34　过焊孔最不利点的主拉应力与切向应力(单位:kPa)

钢横梁有两个面,按照图6.4-31方式加载时,可分为面向加载侧的面和背向加载侧的面,根据计算知,过焊孔在背向加载侧的面上的主拉应力更高,故最终在该面的3个过焊孔周布置沿圆周切向的应变测点。3个孔分布命名为K1、K2和K3,其中K1布置9个测点(编号K1-1~K1-9),K2布置14个测点(编号K2-1~K2-14),K3布置9个测点(编号K3-1~K3-9),如图6.4-35所示。

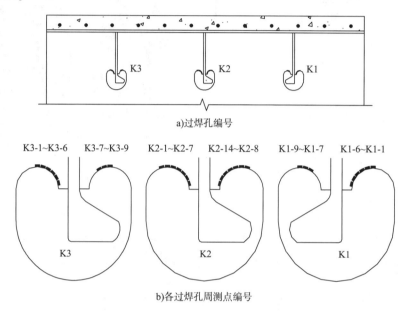

a)过焊孔编号

b)各过焊孔周测点编号

图6.4-35 过焊孔测点布置示意

4)材性试验结果

本次试验中采用了低收缩高强韧性混凝土SSDC-Ⅰ,混凝土的抗压强度为123.2MPa,抗折强度为14.3MPa。本次试验钢材应力均远在屈服强度以下,故强度结果略。

5)试验结果

(1)负弯矩区混凝土板疲劳性能

根据有限元计算,二期恒载作用下横隔板处混凝土的最大拉应力约为2.9MPa,疲劳荷载模型Ⅲ作用下应力幅变化为3.5MPa左右。试验时,控制混凝土最大拉应变上下峰值分别约为$154\mu\varepsilon$(6.4MPa)和$70\mu\varepsilon$(2.9MPa),加载200万次(第1阶段)。然后提高荷载加载至混凝土开裂(材性试验抗折极限拉应变约$344\mu\varepsilon$,实际加载时以观察到开裂为准),继续加载200万次(第2阶段)。负弯矩区混凝土疲劳加载试验中过焊孔周的应力水平较小,之后试验转为关注过焊孔的最不利位置的主拉应力。提高荷载,使过焊孔上最大应力等于计算得到的等效应力幅值$\Delta\sigma_{E2}$(64MPa)作为控制条件,继续加载200万次(第3阶段)。

先按照第3阶段的荷载加载100万次(第4阶段);由于裂缝开展较慢,再把接下来的100万次分为3个阶段,每个阶段的荷载上限在前阶段基础上增加30kN(第5~7阶段);最后再把上限提高到设备所能达到的上限330kN加载100万次(第8阶段)。由于最后混凝土裂缝开展已较为明显,宽度超过0.2mm,且裂缝局部有多处崩裂,故900万次加载完毕即停止。加载历程如表6.4-9所示。

试件 S-F4 加载历程　　　　　　　　　表 6.4-9

阶段加载次数 （万次）	累计加载次数 （万次）	荷载上限 (kN)	荷载下限 (kN)	荷载幅值 (kN)
200	200	83	45	38
200	400	120	10	110
200	600	200	30	170
100	700	200	30	170
35	735	230	30	200
35	770	260	30	230
30	800	290	30	260
100	900	330	30	300

试验现象如下：

第 1 阶段：0～200 万次

最大应变的测点 C-3 应变上下峰值分别为 $152\mu\varepsilon$ 和 $70\mu\varepsilon$，C-4 测点应变片损坏。200 万次结束后，没有裂缝出现。说明桥面板负弯矩区在车辆活载作用下具有良好的抗疲劳性能。

第 2 阶段：200 万～400 万次

静载加到 150kN 时，C-3 测点处出现开裂，此时 C-3 应变约 $270\mu\varepsilon$（小于材性试验抗折极限应变 $344\mu\varepsilon$）。C-4 处、C-3 处的裂缝宽度约 0.06mm，此时的分布如图 6.4-36 所示。200 万～400 万次动态加载后裂缝有所扩展，此时的裂缝分布如图 6.4-37 所示。裂缝最大宽度在 C-4 处，空载情况下接近 0.05mm，静载 150kN 情况下约 0.08mm。

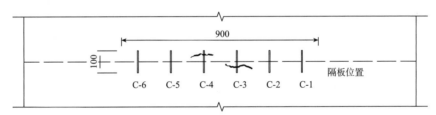

图 6.4-36　第 2 阶段前静力预加载 150kN 后的裂缝分布（尺寸单位：mm）

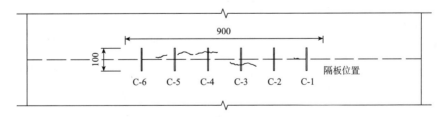

图 6.4-37　第 2 阶段加载结束后的裂缝分布（尺寸单位：mm）

第 3 阶段：400 万～600 万次

该阶段 6 个应变片附近的混凝土都相继开裂。600 万次加载完毕后，再仔细检查混凝土表面，C-4 与 C-3、C-2 和 C-1 之间的裂缝并未彻底贯通。裂缝最大宽度在 C-4 处，空载情况下接近0.10mm,静载150kN情况下约0.14mm(图6.4-38)。600万次加载结束后裂缝的外观如图6.4-39所示。

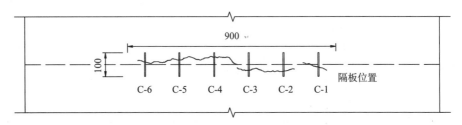

图6.4-38 第3阶段结束后卸载下的裂缝分布(尺寸单位:mm)

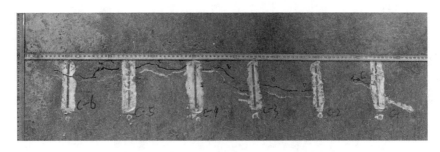

图6.4-39 第3阶段结束600万次的裂缝分布

第4阶段:600万～700万次

裂缝没有明显的延伸,分布同前阶段。

第5阶段:700万～735万次

测点"C-6"和"C-1"处裂缝向外各延伸约4cm,分布如图6.4-40所示。

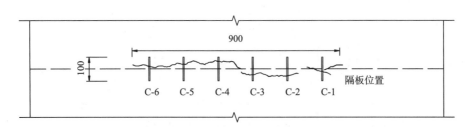

图6.4-40 第5阶段结束后卸载下的裂缝(尺寸单位:mm)

第6阶段:735万～770万次

裂缝横向基本贯通,分布位置及侧面裂缝开展深度分别如图6.4-41、图6.4-42所示。

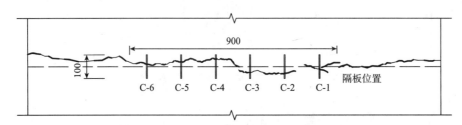

图6.4-41 第6阶段结束后卸载下的裂缝分布(尺寸单位:mm)

 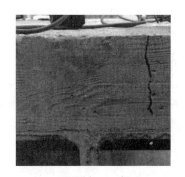

a)近测点C-6一侧　　　　　　　　　　b)近测点C-1一侧

图 6.4-42　侧面裂缝开展深度分布

第 7 阶段:770 万 ~ 800 万次

裂缝宽度有增加,局部破碎坑洞增多。测点 C-4 处的裂缝宽度增加到约 0.18mm;静载 150kN 下,宽度约 0.20mm。此时已经能较为明显看到裂缝的两侧边线已经不再光滑,且裂缝出现新的分叉,疲劳损伤较为明显。

第 8 阶段:800 万 ~ 900 万次

裂缝宽度有增加,局部破碎坑洞增多。测点 C-4 处的裂缝宽度增加到约 0.24mm;静载 150kN 下,宽度约 0.28mm。第 8 阶段结束后的裂缝外观如图 6.4-43 所示。

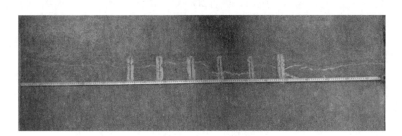

图 6.4-43　第 8 阶段结束的裂缝(白线,粗细大致代表宽度)

整理混凝土测点"C-4"附近的裂缝开展情况及加载过程中荷载变化,如图 6.4-44 所示。

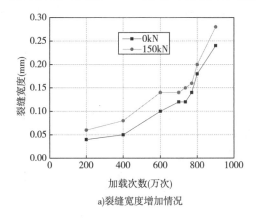　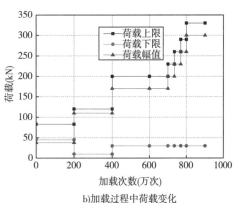

a)裂缝宽度增加情况　　　　　　　　　　b)加载过程中荷载变化

图 6.4-44　测点"C-4"处的裂缝开展情况

从以上裂缝开展图,可以看到裂缝增宽的速度与荷载大小大致呈正相关;考虑到空载0kN与静载150kN两者的裂缝宽度差值基本不变,即荷载作用下裂缝增宽的程度无太大变化,可以看出带裂缝状态下采用低收缩高强韧性混凝土SSDC-Ⅰ的组合板仍具有较好的抵抗开裂能力。

从以上试验结果可以看到,以疲劳车辆的等效荷载作用进行200万次反复加载,混凝土表面没有出现裂缝,由此从试验的角度,在一定程度上验证了该种组合桥面板的混凝土在实桥中经历车辆荷载反复作用下的良好抗裂性。

200万次加载之后,将上峰荷载提高到混凝土开裂荷载,此状态下再加载200万次,裂缝长度扩展较明显,但宽度变化很小(增量0.01左右),这跟低收缩高强韧性混凝土SSDC-Ⅰ中掺入的钢纤维在裂缝较小时的桥接作用有关,此阶段的加载结果依然可以表明低收缩高强韧性混凝土SSDC-Ⅰ在疲劳荷载作用下的良好抗裂性。此外,静力加载到150kN混凝土开裂,此时的应变约$270\mu\varepsilon$,小于材性试验抗折极限应变$344\mu\varepsilon$,抗裂强度降低了约20%,除了受试件尺寸等条件影响外,还应与组合板中钢板对混凝土的约束力导致收缩时产生非均匀收缩有关,此种非均匀收缩会引起混凝土板出现受拉应力。

400万次之后进行的第3阶段加载,以钢板过焊孔应力水平作为荷载控制准则,荷载大大提高,故较难结合混凝土的性能进行抗裂评估,仅从此阶段裂缝宽度开展看,裂缝增宽加快,并且卸载后的静态裂缝宽度也有增加,但最终仍小于0.2mm。

在后期的5个阶段共计300万次加载中,不断提高荷载,最终在800万次以后最大裂缝宽度超过0.2mm。由于本次试验加载的荷载大小和次数都大大超过了实际桥梁运营会经受的情况,表明低收缩高强韧性混凝土SSDC-Ⅰ具有较好的抗疲劳性能。

(2)钢横梁过焊孔疲劳性能

过焊孔周边的最不利测点"K2-5"处的应力幅历程如表6.4-10所示。

过焊孔测点"K2-5"应力历程 表6.4-10

加载次数	应力幅(MPa)	加载次数	应力幅(MPa)
0~200万	13.5	700万~735万	79.3
200万~400万	39.4	735万~770万	93
400万~600万	67.6	770万~800万	114.6
600万~700万	65.9	800万~900万	132.9

三个过焊孔最终的外观如图6.4-45所示,仔细检查无疲劳裂纹。

表6.4-10中应力历程换算为200万次的等效应力幅为129MPa,换算为900万次的等效应力幅为78MPa。所测值为圆周切向的应力,以之近似代替主拉应力值,高于疲劳荷载模型Ⅲ作用下的过焊孔周边主拉应力最不利位置处的等效应力幅计算值64MPa。该试验验证了设计的过焊孔具有良好的抗疲劳性能。

a)K2孔左侧　　　　　　　　　　　b)K2孔右侧

图 6.4-45　试件 S-F4 过焊孔外观

6.4.3　钢顶板局部区域

1）试件设计

对带球扁钢肋组合桥面板试件和正交异性钢桥面板试件进行对比试验,通过车轮静力加载的方式,检验球扁钢肋组合桥面板钢顶板局部区域的疲劳性能。正交异性组合桥面板试件,编号为 S-P,长 4000mm、宽 1500mm、高 406mm,带 2 条型号 280×11 的球扁钢肋、采用 $\phi 13mm \times 80mm$ 焊钉(纵向间距 200mm、横向间距 300mm)、混凝土强度等级 C60、布置直径 22mm 的纵筋(间距 150mm)及直径 12mm 的横向分布筋(间距 150mm),截面见图 6.4-46a)。正交异性钢桥面板试件,编号为 S-ADD,长 4000mm、宽 1200mm、高 296mm,带 2 条型号 300×280×8 的 U 肋、钢顶板厚 16mm,截面见图 6.4-46b)。

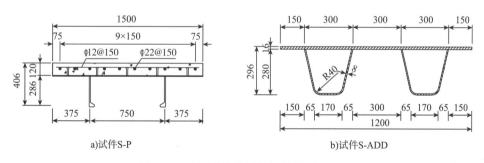

a)试件S-P　　　　　　　　　　　b)试件S-ADD

图 6.4-46　试件的横截面尺寸(尺寸单位:mm)

2）试验加载方案和装置

试件 S-P 进行模拟车轮荷载作用的加载,测试桥面板局部受力,并与进行同样方式加载的试件 S-ADD 对比。加载点按《公路桥涵设计通用规范》(JTG D60—2015)[58]中车辆一个后轮着地面积取 600mm×200mm,布置在跨中。规范中车后轮荷载 70kN,为减小测量误差,结合现有统计得到的车辆超载情况,车辆超载 4 倍以上的比例不到 2%,因此在试件弹性受力范围内将标准轮载值放大 4 倍,确定试验荷载为 280kN。加载方式如图 6.4-47 所示,加载装置如图 6.4-48 所示。

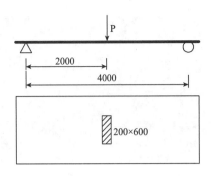

图 6.4-47 加载方案(尺寸单位:mm)

图 6.4-48 加载测试装置

3)测试内容及测点布置

模拟车轮荷载作用的局部加载,主要在加劲肋与顶板焊缝交界附近布置测点,应变片贴近焊缝,肋间钢顶板中部也布置一测点,如图 6.4-49 所示。

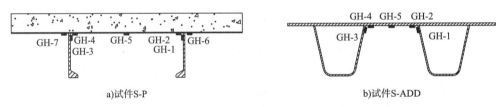

图 6.4-49 跨中截面横向应变测点布置(尺寸单位:mm)

4)材性试验结果

本次试验对试件的主要受力板件的材性进行了测试,其中钢材的主要力学性能指标如表 6.4-11 所示。测试混凝土的抗压强度,为 79.6MPa。

钢材力学性能指标   表 6.4-11

材料名称	厚度(mm)	屈服强度(MPa)	抗拉强度(MPa)
钢板	6	340.9	477.8
钢板	11	386.6	531.6
钢筋	22	482.2	656.2

5)试验结果

局部作用荷载达到 280kN 时,所测跨中截面钢板横向应变结果如图 6.4-50 所示。焊接疲劳主要受应力幅值影响,此处以静载施荷后的应变水平来近似评估。

理论上,混凝土层提高了桥面局部刚度[9],所以由图 6.4-50 可见,试件 S-P 相应位置应变小于试件 S-ADD。其中,肋间钢顶板中部的测点应变,试件 S-P 为 110με,是试件 S-ADD 测值 158με 的 0.7 倍。而在易发生疲劳开裂的加劲肋与顶板的连接焊缝附近,试件 S-P 钢顶板上贴近焊缝处测点应变最大为 24με,远远小于试件 S-ADD 对应的测点最大测值 257με;试件 S-P 球扁钢肋上贴近焊缝处测点应变最大为 51με,也远远小于试件 S-ADD 对应的测点最大测值 671με。由以上结果知,带球扁钢肋的组合板试件 S-P,其肋与顶板连接焊缝附近的应力水平,只相当于同样荷载作用下的正交异性钢桥面板试件 S-ADD 的 1/10 甚至更小。可见采用这种新形式的组合板,能大大改善正交异性钢桥面板加劲肋与钢顶板连接焊缝的疲劳问题。

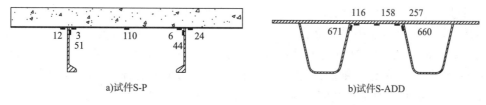

图 6.4-50　车轮荷载作用下试件横向应变(单位:με)

6.5　组合桥面板裂缝宽度计算方法

当组合桥面板处于整体结构的负弯矩区或局部负弯矩区时混凝土会出现开裂问题,为了保证结构的耐久性,除了在铺装层中增设防水层等构造措施,避免钢筋和下层钢结构的锈蚀外,还需要在设计中通过限制结构在正常使用极限状态下的裂缝宽度值来保证结构的耐久性。下面分别针对普通混凝土组合桥面板及纤维混凝土组合桥面板,提出裂缝宽度计算方法,并进行试验验证。

6.5.1　普通混凝土组合桥面板

1)概述

目前混凝土构件受拉裂缝宽度的研究已经比较成熟,其裂缝宽度计算公式主要分为两种类型,一种是半经验半理论公式,以《混凝土结构设计规范》(GB 50010—2010)[56](后简称《混凝土规范》)为代表;另一种是经过数理统计得到的经验公式,以《公路钢筋混凝土及预应力混凝土桥涵设计规范》(JTG 3362—2004)[96](后简称《公预规》)为代表。《公路钢结构桥梁设计规范》(JTG D64—2015)[33](后简称《钢桥规范》)中规定,组合梁负弯矩区混凝土裂缝宽度可以先按照开裂截面特性计算负弯矩区钢筋应力,再按照《公预规》中轴心受拉构件计算裂缝宽度。

对于组合桥面板,虽然与组合梁构造上相似,但是仍有其特殊之处。例如,组合桥面板混凝土板厚度与组合梁相比较薄,一般只布置一层钢筋。组合梁桥面板下部的钢结构为正交异性钢桥面板,其宽度与混凝土板相同,所以剪力滞效应没有组合梁明显。目前有关组合桥面板中混凝土裂缝宽度计算的方法尚不成熟,因此有必要对组合桥面板负弯矩区混凝土裂缝宽度的计算方法进行研究。本节通过对 5 个简支组合桥面板试件进行试验研究,分析研究了钢筋应力、连接件形式、钢筋直径、混凝土强度等级等因素对裂缝宽度的影响。提出了适合组合桥面板的负弯矩区钢筋应力计算公式,并基于现有规范提出了适合组合桥面板的负区混凝土裂缝宽度计算方法[91]。

2)试验研究

(1)试验试件及加载方案

试验共设计了 5 个组合桥面板试件,编号为 S1～S5。每个试件的长度为 4.3m。以试件 S1 为例详细介绍试件的结构形式。试件 S1 截面主要由混凝土顶板、钢顶板、U 形加劲肋以及连接件和钢筋组成。其混凝土强度等级为 C60，钢材强度等级为 Q345，试件宽度为 1800mm、高度为 406mm，其中混凝土板厚 120mm、加劲肋高 280mm、钢顶板厚度为 6mm，混凝土和钢顶板之间通过焊钉连接，焊钉在试件长度和宽度方向的间距为 300mm；试件宽度范围内有两个 U 肋，U 肋板厚 6mm；混凝土中纵向钢筋直径为 22mm、钢筋间距 150mm，横向钢筋直径为 12mm、钢筋间距 150mm。以试件 S1 作为基准试件，其他 4 个试件与试件 S1 的不同之处在于：试件 S2 采用直径为 16mm 的纵向钢筋；试件 S3 采用高强钢纤维混凝土；试件 S4 采用型号为 280×11 的球扁钢加劲肋，同时试件宽度改为 1500mm；试件 S5 剪力连接件采用开孔板连接件，开孔板连接件的厚度为 12mm、高度为 120mm、孔径为 50mm、孔中心间距为 150mm。5 个试件的设计变量如表 6.5-1 所示，标准断面如图 6.5-1 所示。

组合桥面板混凝土开裂试验试件汇总　　　　　　表 6.5-1

试件编号	S1	S2	S3	S4	S5
混凝土等级	C60	C60	钢纤维高强	C60	C60
钢筋直径(mm)	22	16	22	22	22
加劲肋类型	U 肋	U 肋	U 肋	球扁钢	U 肋
试件宽度(mm)	1800	1800	1800	1500	1800
剪力连接件类型	焊钉	焊钉	焊钉	焊钉	开孔板

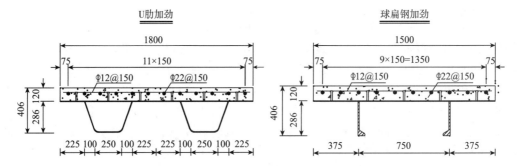

图 6.5-1　试件标准断面(尺寸单位：mm)

试件的支承跨度均为 4m，在试件的两端约束竖向位移，在跨中下部设置一油压千斤顶施加向上的力使得跨中组合桥面板承受负弯矩作用。试件加载方式见图 6.5-2，现场加载见图 6.5-3。

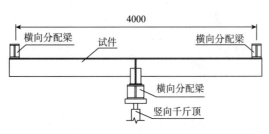

图 6.5-2　加载方式(尺寸单位：mm)

图 6.5-3　现场加载

(2) 材性试验

材性试验结果如表6.5-2~表6.5-4所示。

混凝土材性试验结果（MPa）　　　　　　　　　　　　　表6.5-2

标号	试样编号	抗压强度		弹性模量
		实测值	平均值	
C60	1	78.59	79.72	41569
	2	80		
	3	80.56		
纤维混凝土	1	111.64	113.09	49511
	2	113.74		
	3	113.88		

钢板材性试验结果（MPa）　　　　　　　　　　　　　表6.5-3

钢板	试样编号	屈服强度		极限强度	
		实测值	平均值	实测值	平均值
6mm钢板	1	323.1	324.87	454.09	461.85
	2	327.58		467.48	
	3	323.91		463.98	
11mm球扁钢	1	382.58	378.21	525.84	523.24
	2	375.67		521.04	
	3	376.36		522.82	

钢筋材性试验结果　　　　　　　　　　　　　表6.5-4

钢筋直径（mm）	强度类型	实测值（MPa）	平均值（MPa）
16	屈服强度	517.52	517.52
		522.49	
		512.54	
	抗拉强度	629.48	627.99
		634.95	
		619.53	
22	屈服强度	486.39	482.18
		475.86	
		484.29	
	抗拉强度	671.16	656.24
		646.94	
		650.63	

(3) 裂缝特征

各试验试件的荷载-裂缝宽度曲线如图6.5-4所示，由于S4试件的宽度与其他试件不同，这里为了方便与其他试件比较,将其对应的荷载放大1.2倍进行正则化处理。可以看出,达到相同的裂缝宽度时采用高强钢纤维混凝土的试件 S3 所能承受的荷载更大,采用 ϕ16 钢筋的试件 S2 比采用 ϕ22 钢筋的试件 S1 裂缝扩展的速度更快。采用球扁钢的试件 S4 比采用 U 肋的试件 S1 裂缝扩展速度略快。同时,试件 S1 与 S5 的裂缝扩展速率基本相同,说明剪力连接件的类型对负弯矩区裂缝的扩展影响不大。

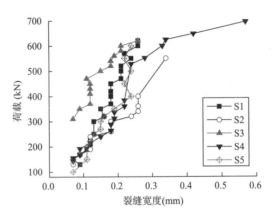

图 6.5-4 试件荷载-裂缝宽度曲线

各试件在最终破坏时的裂缝分布如图 6.5-5 所示。

由图 6.5-5 可见,对于试件 S1、S2、S3 和 S5 的混凝土裂缝主要集中在跨中 $L/2$(2m 范围,L 为跨度),而试件 S4 裂缝分布范围较大,在 $3L/4$ 范围内。对于试件 S3,由于采用纤维混凝土,混凝土裂缝较少且稀疏,裂缝在试件宽度方向也没有形成通长裂缝,而其他试件均在试件宽度方向形成了通长裂缝。

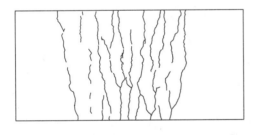 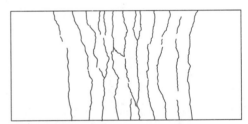

a)试件 S1　　　　　　　　　　b)试件S2

图 6.5-5

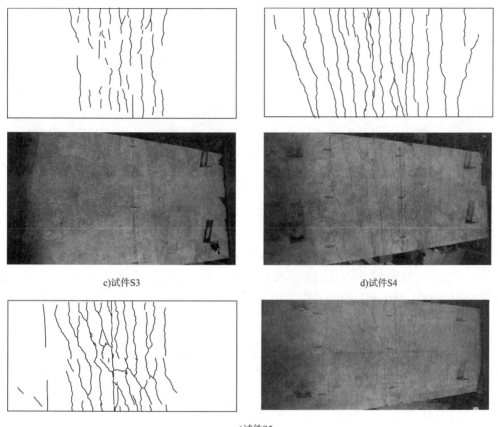

图 6.5-5 试件裂缝分布

3) 混凝土裂缝宽度计算方法

(1) 钢筋应力

目前混凝土裂缝宽度的计算公式中将裂缝截面钢筋应变作为一个主要影响因素考虑在内,因此准确计算开裂截面钢筋应力是混凝土裂缝宽度计算分析的基础。目前《钢桥规范》中对于组合梁受弯构件钢筋应力的计算采用如下方法:采用不考虑混凝土作用的开裂截面模量,按照受弯构件的截面应力计算公式计算,在弯矩 M 作用下钢筋的应力 σ_{ss} 计算如下:

$$\sigma_{ss} = \frac{M y_r}{I_{cr}} \tag{6.5-1}$$

式中,y_r 为混凝土中受拉钢筋距开裂截面中性轴的距离;I_{cr} 为开裂截面惯性矩。

将采用式(6.5-1)计算的钢筋应力换算成应变,与试验测得的钢筋应变对比如图 6.5-6 所示。对比发现,式(6.5-1)的计算值明显偏小。将上述试件混凝土裂缝宽度达到 0.2mm 时跨中开裂截面的钢筋、钢顶板、U 肋(或球扁钢)下缘应变按照截面高度位置绘于图 6.5-7 中。可以看出,开裂截面应变已不再符合平截面假定,钢筋应变明显大于用钢顶板、加劲肋底部应变按照平截面假定外推得到的应变。同时,对于常规混凝土试件,二者的差别较大;对于采用高强钢纤维混凝土的试件,二者的差别较小。可见,式(6.5-1)中认为开裂截面仍然符合平截面假定,是导致计算结果偏小的原因。

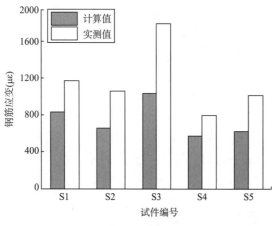

图6.5-6 钢筋应变对比

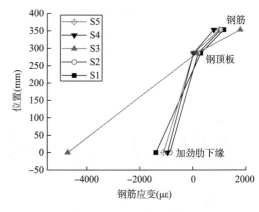

图6.5-7 开裂截面应变

基于上述试验结果和理论分析,现提出计算组合桥面板负弯矩区混凝土开裂截面钢筋应力的公式。计算中假定:①混凝土与钢顶板之间的剪力连接件完好,不会发生破坏,能够有效传递剪力;②混凝土与钢筋之间的黏结完好,二者之间不发生滑移;③未开裂截面仍符合平截面假定。

取图6.5-8的状态进行分析,此时,截面2的位置弯矩值刚好为开裂弯矩M_{cr},跨中弯矩为M,在跨中截面1位置已经产生了一条贯通裂缝。取出截面2到截面1之间的组合桥面板段的混凝土板进行分析,其内力如图6.5-9所示。

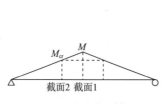

图6.5-8 计算状态

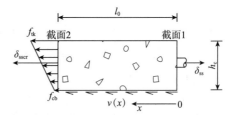

图6.5-9 混凝土段内力

图6.5-8中,$M_{cr} = \dfrac{f_{tk} n_{sc} I_0}{y_{ct}}$,$y_{ct}$为混凝土板顶缘到组合截面形心的距离;$n_{sc}$为钢与混凝土的弹性模量比;$f_{tk}$为混凝土抗拉强度标准值;$I_0$为换算截面惯性矩。

由图6.5-9所示混凝土段x方向的合力为0可得:

$$\sigma_{ss} A_r = \frac{1}{2}(f_{tk} + f_{cb}) h_c b + b \int_0^{l_0} v(x) \mathrm{d}x + \sigma_{sscr} A_r \qquad (6.5\text{-}2)$$

式中,σ_{ss}为开裂截面(截面1)钢筋应力;A_r为钢筋截面积;f_{tk}为混凝土抗拉强度标准值;f_{cb}为开裂弯矩作用下混凝土截面下缘应力,即$f_{cb} = M_{cr} \cdot y_{cb}/I_0$;$y_{cb}$为混凝土下缘距组合截面中性轴的距离;$I_0$为组合桥面板(或组合梁)换算截面惯性矩;$h_c$为混凝土高度;$b$为混凝土板宽度;$v(x)$为混凝土与钢界面之间的剪应力;$l_0$为截面1和2之间的距离;$\sigma_{sscr}$为开裂弯矩作用下钢筋应力,$\sigma_{sscr} = \dfrac{M_{cr} y_r}{I_0}$,$y_r$为钢筋形心到组合截面形心的距离。

对于承受跨中集中荷载的简支梁,截面1和2之间剪力分布$F_v(x)$为:

$$F_v(x) = \frac{dM(x)}{dx} = \frac{M - M_{cr}}{l_0} = \frac{\Delta M}{l_0} \tag{6.5-3}$$

由此可以得到从截面 1 到截面 2 钢与混凝土之间的剪应力分布 $v(x)$ 为:

$$v(x) = \frac{F_v(x)S^*}{I_0 b} = \frac{\Delta M S^*}{I_0 b l_0} \tag{6.5-4}$$

其中 S^* 为混凝土板面积和钢筋面积对组合截面中性轴的静矩。

$$S^* = \frac{1}{n_{sc}} A_c y_c + A_r y_r \tag{6.5-5}$$

其中 y_c 为混凝土板形心到组合截面形心的距离。

将式(6.5-4)和式(6.5-5)代入式(6.5-2)得:

$$\sigma_{ss} = \frac{(f_{tk} + f_{cb})h_c b}{2A_r} + \frac{\Delta M \left(\frac{1}{n_{sc}} A_c y_c + A_r y_r \right)}{I_0 A_r} + \sigma_{sscr} \tag{6.5-6}$$

进行简化得到钢筋应力计算公式:

$$\sigma_{ss} = \frac{(f_{tk} + f_{cb})h_c b}{2A_r} + \frac{\Delta M A_c y_c}{n_{sc} I_0 A_r} + \frac{\Delta M y_r}{I_0} + \sigma_{sscr} \tag{6.5-7}$$

上式中第一项和第四项的物理意义为混凝土截面开裂瞬间,原来混凝土所承担的力全部传递给钢筋承担,会使钢筋应力由 σ_{sscr} 瞬间产生一个增量。此后随着荷载的增加,产生的钢筋应力增量由第二项和第三项计算得到。

此外,需要特别说明的是,即使在截面 1(跨中开裂截面)和截面 2(弯矩值等于开裂弯矩的截面)之间还有其他裂缝,也不会影响此公式计算的精度,因为,只要混凝土和下部钢结构的剪力连接完好,混凝土和钢筋之间的黏结完好,就能保证剪力的顺畅传递,式(6.5-2)就能成立,由此计算得到的钢筋应力就具有足够的精度。

将由式(6.5-7)计算得到的钢筋应变、由《钢桥规范》推荐的式(6.5-1)计算得到的钢筋应变及实测值进行比较,绘于图 6.5-10 中。

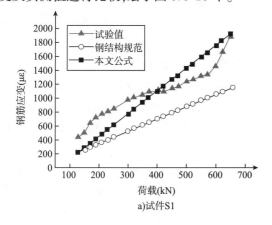
a)试件S1

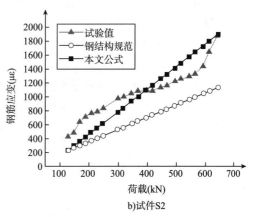
b)试件S2

图 6.5-10

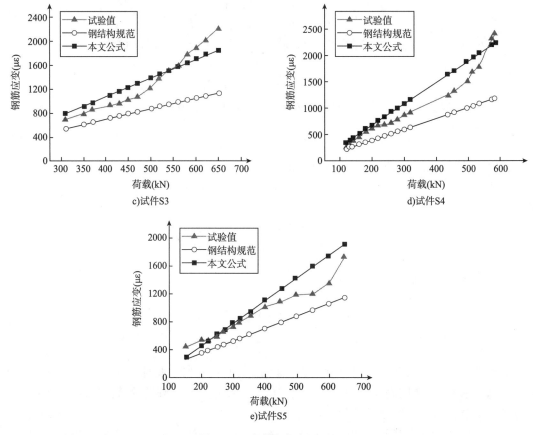

图 6.5-10 钢筋应变对比($\mu\varepsilon$)

由图 6.5-10 可见,本文提出的公式(6.5-7)钢筋应变的计算与实测值吻合较好,《钢桥规范》中推荐的式(6.5-1)计算出的结果明显小于实测值,而且变化趋势也与实测结果不符。可见平截面假定在开裂截面并不成立,基于此假定计算的钢筋应力、应变也会产生较大的偏差。

B. B. Borms、L. A. Lutz 和 G. D. Base 等[92-95]通过将红墨水或树脂注入裂缝观察混凝土开裂时的裂缝分布,得到了很多重要的结论,其中对混凝土开裂的特征做了如下描述:①裂缝表面是一个规则的曲面。混凝土裂缝宽度沿截面发生显著变化,在钢筋周界处的宽度最小,构件表面的混凝土裂缝宽度最大,二者相差 3~7 倍。②钢筋周界处混凝土裂缝宽度很小,表明钢筋和混凝土的相对滑移小,即使是光圆钢筋,相对滑移也很小。③构件的受拉裂缝,除了表面垂直于钢筋轴线、间距和宽度都较大的主裂缝外,还有自钢筋表面横肋处向外延伸的内部裂缝(即次裂缝),如图 6.5-11 所示。这些裂缝首先在裂缝截面附近产生,次裂缝数量较多,间距小,从钢筋向外延伸,但未到达构件表面。可以看出,在裂缝截面附近,混凝土与钢筋虽然黏结完好,但由于次裂缝的存在二者的应变并不协调,钢筋应变要比周围混凝土应变大。这个现象进一步验证了上述推导的假定。

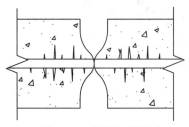

图 6.5-11 混凝土开裂示意

(2) 混凝土裂缝宽度计算与结果对比

组合桥面板混凝土裂缝宽度与许多因素有关,除了上面提到的开裂截面钢筋应力外,还与组合结构力比、横向钢筋间距、配筋率、剪力钉间距、保护层厚度等诸多因素有关,以《公预规》和《混凝土规范》为代表的两类混凝土裂缝宽度计算公式分别不同程度地考虑了上述因素的影响。现采用四种方法计算试验中试件的混凝土裂缝宽度,并将其与试验值进行对比。

方法一,采用式(6.5-7)计算得到的钢筋应力,按照《公预规》[96]中的混凝土裂缝宽度计算公式,式(6.5-8)取用偏心受拉构件的系数计算。

$$W_{tk} = C_1 C_2 C_3 \frac{\sigma_{ss}}{E_s} \left(\frac{30+d}{0.28+10\rho} \right) \quad (6.5\text{-}8)$$

式中,C_1 为钢筋表面形状系数,对带肋钢筋取 1.0;C_2 为作用长期效应影响系数,由于为试验试件,不考长期效应的影响,取 1.5;C_3 与构件受力性质有关的系数,这里取偏拉构件系数 1.1;σ_{ss} 钢筋应力,用式(6.5-7)计算;E_s 为钢筋弹性模量;d 为钢筋直径;ρ 为混凝土板配筋率。

由于组合桥面板在混凝土板下层还有正交异性钢加劲板通过剪力连接件与混凝土连接,当混凝土开裂后,正交异性钢加劲板的钢顶板也承受拉应力,和普通钢筋一样具有限制裂缝开展的作用,因此,在计算配筋率时也应该考虑这部分钢板的作用,经过笔者试算,发现不论普通钢筋如何配置,在考虑了钢顶板后,配筋率均会超过《公预规》公式的上限值 0.02,所以,这里 5 个试件的配筋率均取为 0.02。

方法二,采用《钢桥规范》推荐的方法,即采用式(6.5-1)计算得到的钢筋应力 σ_{ss},按照《公预规》中的混凝土裂缝宽度计算公式(6.5-8),取用轴心受拉构件的系数 $C_3 = 1.2$ 计算,其他系数取值同方法一。

方法三,采用文献[97]提出的组合梁负弯矩区混凝土裂缝宽度计算公式,具体如下:

$$w_m = 1.45 \psi' \varepsilon_r l_{cr} \quad (6.5\text{-}9)$$

式中,$\psi' = 1.1 - \dfrac{1.5 R f_{tk}}{\rho_{ct} \sigma_r}$ 为钢筋应力不均匀系数;R 为组合梁力比,$R = \dfrac{A_r f_{ry}}{A_s f_y}$;$A_r$ 为普通钢筋面积;f_{ry} 为普通钢筋屈服强度;A_s 为钢梁面积;f_y 为钢梁屈服强度;ρ_{ct} 为混凝土板配筋率;σ_r 为钢筋应力;其他符号意义同前。

l_{cr} 为裂缝平均间距,计算公式如下:

$$l_{cr} = 1.1 \left(2.7 c + \frac{0.11}{\rho_{ct}/d + 0.25 R^2/p} \right) \nu \quad (6.5\text{-}10)$$

式中,c 为最外层受拉区钢筋的保护层厚度;d 为钢筋直径;p 为栓钉连接件间距;ν 为与钢筋有关的系数,带肋钢筋为 0.7,光圆钢筋为 1.0;ε_r 为钢筋应变。

方法四,采用文献[98]提出组合梁负弯矩区混凝土裂缝宽度计算公式,具体如下:

$$w_{max} = \alpha_{cr} \varphi (\sigma_{rk}/E_r) l_{cr} \quad (6.5\text{-}11)$$

式中,φ 为钢筋应力不均匀系数,计算公式如下:

$$\varphi = 1.1 - 0.65 \frac{f_{tk} \sqrt{R_p}}{\rho_{te} \sigma_{rk}} \quad (6.5\text{-}12)$$

式中 f_{tk} 为混凝土抗拉强度标准值;ρ_{te} 为混凝土板配筋率;σ_{rk} 为钢筋应力,采用式(6.5-1)计算;E_r 为钢筋弹性模量;l_{cr} 为裂缝间距,计算公式如下:

$$l_{cr} = l_a(1 - R_p^3) \tag{6.5-13}$$

式中，R_p为考虑了预应力钢筋后的综合力比；对于组合桥面板，计算公式同方法三，α_{cr}为构件的受力特征系数，取1.0；l_a为混凝土板横向钢筋间距；其他符号意义同前。

需要说明的是，对于组合桥面板，由于混凝土板厚度较小，只配置一层钢筋，中性轴一般在混凝土和钢交界的位置，负弯矩区开裂时混凝土全截面承受拉应力，因此在计算截面配筋率时，不宜按照《公预规》中规定将轴心受拉构件受拉钢筋面积取一半，而应取所有受拉钢筋面积计算配筋率。试验结果与上述各种计算方法的结果对比如图6.5-12所示。

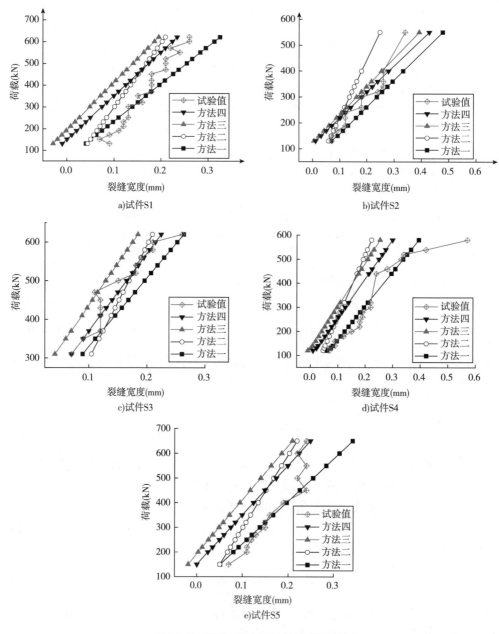

图6.5-12 混凝土裂缝宽度计算结果及对比

由图 6.5-12 可以看出,对于试件 S1,方法一的计算结果与实测值吻合较好,方法二、方法三和方法四计算结果偏小。对于试件 S2,方法一、方法三和四计算结果均与实测值吻合较好,其中方法一在混凝土裂缝宽度小于 0.3mm 时计算结果较为准确,混凝土裂缝宽度大于 0.3mm 后计算结果偏大;S3 混凝土采用了钢纤维混凝土,方法一计算结果趋近试验值的上限,计算结果较为保守,方法二和方法四与试验值吻合较好,方法三结果偏小。对于试件 S4 和 S5,方法一计算结果与试验值较为吻合,方法二、三和四的结果均偏小。总体而言方法一的计算结果与试验结果的吻合情况最好。

由上述分析可以看出,对于组合桥面板,在进行负弯矩区混凝土裂缝宽度验算时,采用本文提出的方法计算钢筋应力,并使用《公预规》提出的混凝土裂缝宽度计算公式按照偏心受拉构件计算,可以得到与实测值较为吻合的结果,且概念清晰。推荐在进行桥面板负弯矩区混凝土裂缝宽度验算时使用。对于采用钢纤维混凝土的组合桥面板,此方法计算结果略微保守。

6.5.2 纤维混凝土组合桥面板

1) 概述

纤维混凝土(包括纤维高强混凝土和超高性能混凝土)有较强的抗裂性与韧性,应用于桥面结构后可以有效限制裂缝发展,提高结构耐久性。对纤维混凝土组合桥面结构的裂缝宽度预测仍然有十分重要的意义,可以使设计人员对于结构中纤维掺量、纤维尺寸、配筋率等参数做出较为准确地计算,从而使结构布置趋于合理。

此前许多学者对不同纤维参量、纤维种类、多种纤维混杂、受疲劳荷载作用等的纤维混凝土进行研究,结果表明纤维对裂缝的抑制作用是由于开裂后钢纤维对裂缝两侧混凝土有桥接作用,在开裂后的断面中仍然存在一定等效残余应力。因此,为了准确预测纤维混凝土结构在开裂后的各种响应,例如裂缝宽度,对上述残余应力的合理取值必不可少。

目前确定纤维混凝土开裂后残余应力的方法主要是通过试验。国内针对纤维混凝土组合结构的设计规范有《纤维混凝土结构技术规程》(CECS 38:2004)[99](后简称《规程》)。《规程》中建议在进行正常使用阶段设计时应按照现行混凝土设计规范计算不考虑纤维作用的混凝土构件最大裂缝宽 ω_{max},在此基础上乘以考虑纤维作用的折减系数 $(1-\beta_{ew}\lambda_f)$ 得到纤维混凝土正常使用阶段的裂缝宽度预测值。此折减系数中的 β_{ew} 建议通过试验获得,缺少试验数据且混凝土等级不高于 CF45 时建议采用规范中提供的经验值。《规程》中考虑的参数较少,很难考虑市场上多种形状的纤维,而不同形状的纤维在混凝土开裂后发挥的作用也不尽相同。欧洲在 2010 年修订 FIB 模式规范[100]时加入了针对纤维混凝土结构的设计方法。模式规范建议通过缺口梁试件的三点加载试验得到纤维混凝土开裂后残余应力-裂缝宽度曲线,继而算出正常使用极限状态计算公式中需要考虑的纤维残余应力均值 f_{Ftsm}。近期的研究表明常规缺口梁三点加载试验由于试件尺寸较小,构件边界会对内部纤维的方向造成较大影响,使其更倾向于平行于构件轴线,得到偏不安全的结果。

针对上述问题,基于欧洲规范 4[101]提出了一种针对纤维混凝土组合桥面板负弯矩区开裂后裂缝宽度的完全理论化的预测方法,以纤维长度、直径、弯钩尺寸、混凝土强度等级等为参数,利用纤维的空间分布和单根纤维的拔出等方面的研究成果确定影响残余应力的主要变量,将这些主要变量对文献中记载的试验数据进行回归分析得到残余应力的预测公式,并在相应的裂缝宽度计算方法中考虑此残余应力的有利作用,最后通过一组组合桥面板负弯矩加载试验对此计算方法进行验证[102]。此方法省去了试验确定残余应力的过程,提供了一定的便利,为在设计中考虑纤维混凝土中钢纤维的有利作用提供另外一种计算思路。

2) 裂缝宽度计算方法

纤维混凝土的抗压性能、弹性模量等参数与常规混凝土相近,而抗拉性能成为其区别常规混凝土的重要方面。现在欧洲规范4[101]中对组合结构正常使用极限状态裂缝宽度验算方法的基础上,考虑纤维的有利作用,提出了一种纤维混凝土组合桥面板正常使用极限状态裂缝宽度的验算方法。

(1) 裂缝宽度

欧洲规范4裂缝宽度的计算公式引用了欧洲规范2[103],但在钢筋应力计算中考虑组合结构的受力特点。欧洲规范2中裂缝宽度定义为钢筋与混凝土的平均应变差值乘以裂缝间距,如式(6.5-14)所示。

$$w_{\max} = S_{r,\max}(\varepsilon_{sm} - \varepsilon_{cm}) \tag{6.5-14}$$

$$(\varepsilon_{sm} - \varepsilon_{cm}) = \max\left\{\frac{\sigma_s - 0.6 f_{ctm}(1 + \alpha_e \rho_{p,\mathrm{eff}})/\rho_{p,\mathrm{eff}}}{E_s}, \frac{0.6\sigma_s}{E_s}\right\} \tag{6.5-15}$$

式中,$S_{r,\max}$ 为裂缝间距;ε_{sm} 为钢筋平均应变,需计入受拉刚化效应;ε_{cm} 为裂缝间混凝土的平均应变,$\varepsilon_{sm} - \varepsilon_{cm}$ 可由式(6.5-15)计算。σ_s 为钢筋应力;后一项 $0.6 f_{ctm}(1 + \alpha_e \rho_{p,\mathrm{eff}})/\rho_{p,\mathrm{eff}}$ 为裂缝产生瞬间裂缝处的最大钢筋应力,其中0.6为短期荷载的经验系数,用以得到裂缝间距范围内的平均应变;α_e 为钢筋与混凝土的弹性模量比;E_s 为钢筋弹性模量;$\rho_{p,\mathrm{eff}}$ 为有效受拉断面的配筋率,对于组合桥面板有效受拉断面可取整个混凝土断面;f_{ctm} 为混凝土抗拉强度平均值。

对于纤维混凝土,由于开裂后钢纤维承担了一定的力,钢筋所承担的力较尺寸相同的常规钢筋混凝土小,所以式(6.5-15)需要做出相应的修正以考虑纤维的作用。首先对于裂缝产生瞬间裂缝处的最大钢筋应力 $f_{ctm}(1 + \alpha_e \rho_{p,\mathrm{eff}})/\rho_{p,\mathrm{eff}}$,常规混凝土开裂瞬间原来由混凝土承担的力 $f_{ctm} A_c$ 全部转由钢筋承担,而对于纤维混凝土,由于残余应力 f_{Ftsm} 的存在,开裂后能够传递大小为 $f_{Ftsm} A_c$ 的力,所以传递到钢筋上的力降低为 $(f_{ctm} - f_{Ftsm}) A_c$。因此,此项修正为 $(f_{ctm} - f_{Ftsm})(1 + \alpha_e \rho_{p,\mathrm{eff}})/\rho_{p,\mathrm{eff}}$。

(2) 钢筋应力

欧洲规范4中,给出组合结构钢筋应力的计算方法,由两项构成,如式(6.5-16)所示,$\sigma_{s,0}$ 是按照开裂截面的特性和断面所承受的弯矩直接计算的应力。对于钢纤维混凝土,由于开裂面位置的钢纤维可以承受一定的力,因此开裂面位置的钢筋应力较常规混凝土结构会相应减小。钢纤维在整个断面中的作用可以分为弯矩作用 M_f 和轴力 F_f 作用,若整个截面承受的弯矩为 M_{out},轴力为0,那么开裂断面(不包括混凝土)所承受的弯矩为 $M_{out} - M_f$,轴力为 $-F_f$。由此,可通过式(6.5-17)计算不考虑受拉刚化效应的开裂断面钢筋应力;$\Delta\sigma_s$ 是由于受拉刚化效应开裂截面钢筋所承受的额外应力,同样由于纤维的作用,使得受拉刚化效应减弱,修正后的值按式(6.5-18)计算。

$$\sigma_s = \sigma_{s,0} + \Delta\sigma_s \tag{6.5-16}$$

$$\sigma_{s,0} = \frac{(M_{out} - M_f) \cdot y}{I_{cr}} - \frac{F_f}{A_{cr}} \tag{6.5-17}$$

$$\Delta\sigma_s = \frac{0.4(f_{ctm} - f_{Ftsm})}{\alpha_{st}\rho_s} \tag{6.5-18}$$

式(6.5-17)中，M_f 和 F_f 可以通过图 6.5-13 所示各内力之间的相互关系得到：

$$M_f = f_{Ftsm} \cdot A_c(h_{cr} - 0.5h_{con}) \tag{6.5-19}$$

$$F_f = f_{Ftsm} \cdot A_c \tag{6.5-20}$$

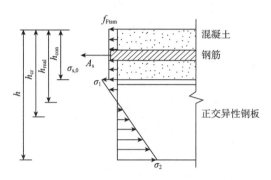

图 6.5-13　开裂后断面的应力分布（不考虑受拉刚化效应）

对开裂截面的真实中性轴位置 h_{real} 处取矩，得到弯矩平衡方程：

$$M_{cr} + M_f = M_{out} \tag{6.5-21}$$

断面轴力合力为 0 可得到轴力平衡方程：

$$F_{cr} + F_f = F_{out} \tag{6.5-22}$$

单独考虑开裂截面，其承受弯矩 M_{cr} 和轴力 F_{cr}，导致其中性轴 h_{cr} 偏移到了整个断面真实中性轴位置 h_{real}，由此可以计算出开裂断面自身中性轴位置 h_{cr} 处的应力 $\sigma_{s,neu}$ 为：

$$\sigma_{s,neu} = \frac{M_{cr}(h_{cr} - h_{real})}{I_{cr}} \tag{6.5-23}$$

开裂断面所承受的轴力 F_{cr} 可表示为：

$$F_{cr} = \sigma_{s,neu} A_{cr} \tag{6.5-24}$$

将式(6.5-22)~式(6.5-24)联立，得到截面考虑纤维残余应力影响的实际中性轴位置 h_{real}，如式(6.5-25)所示。其中 h 为截面高度，h_{con} 为混凝土板厚度，A_c 为混凝土板面积，I_{cr}、A_{cr}、h_{cr} 分别为开裂截面的惯性矩、面积和中性轴位置。同时需验证实际中性轴位置是否位于混凝土区域之外，当 h_{real} 小于 h_{con} 时需迭代计算。

$$h_{real} = h_{cr} - \frac{F_f I_{cr}}{A_{cr} M_{cr}} (0 < h_{real} < h) \tag{6.5-25}$$

（3）裂缝间距

欧洲规范 2 中混凝土裂缝间距可按式(6.5-26)计算，考虑了保护层厚度、钢筋直径和配筋率的影响。

$$S_{r,max} = 3.4c + 0.425 k_1 k_2 \phi / \rho_{p,eff} \tag{6.5-26}$$

式中 c 为钢筋保护层厚度;ϕ 为钢筋直径;k_1 为考虑钢筋与混凝土黏结性能的系数,带肋钢筋取 0.8;k_2 为考虑截面应力分布的系数,对受弯构件取 0.5。

对于钢筋纤维混凝土结构,开裂后纤维作用将降低裂缝间钢筋与混凝土的应变差,裂缝间距减小。但对纤维混凝土组合桥面板,由于板厚较薄,混凝土裂缝间距不仅受到上述参数的影响,还可能受到横向钢筋配置、连接件分布等的影响。横向钢筋及连接件对混凝土截面的削弱不能忽略。目前较少有文献探讨上述因素之间的相互影响,为了使公式中的参数简单明确,这里暂时不考虑钢纤维、横向钢筋和剪力连接件的影响,直接引用了欧洲规范 4 中建议的计算公式。

3) 开裂后残余应力的确定

由前文知,残余应力 f_{Ftsm} 是纤维混凝土开裂后裂缝宽度计算的主要影响参数之一。FIB 模式规范中建议采用缺口梁三点加载试验确定 f_{Ftsm}。本书将基于已有纤维混凝土受拉本构关系及缺口梁三点加载试验数据提出一个 f_{Ftsm} 的经验计算公式。

钢纤维混凝土开裂后的宏观和微观力学行为受到广泛关注,相关研究可归结为纤维空间分布研究和单根纤维拔出机理研究等。纤维混凝土开裂后的残余应力与开裂位置纤维的数量、方向、埋入深度等参数密切相关,它是开裂断面纤维拔出过程的总和。

(1) 纤维方向与分布影响

Stroeven[104]基于空间几何概率理论提出了考虑纤维方向和分布影响的纤维混凝土开裂后应力-裂缝宽度计算方法,如式(6.5-27)。

$$\sigma_f = \frac{1}{3}\alpha \tau_f^* V_f(1+f)\left(1+\frac{1}{2}\omega_2\right)\left(1-\frac{kw}{l_f}\right) \quad (6.5\text{-}27)$$

式中,α 为纤维特征参数 $\alpha = l_f/d_f$;V_f 为纤维的体积百分率;f 为纤维与混凝土之间的摩擦系数;ω_2 表示由于构件边界导致的纤维方向趋于受力方向水平面的程度;k 为不同纤维的系数,当为平直纤维时 $k=8$,当为带弯钩纤维时 $k=4$;w 为裂缝宽度;l_f 为纤维长度,d_f 为纤维直径;τ_f^* 为纤维自然黏结应力 τ_1 与弯钩等锚固构造发挥作用时在纤维埋入长度范围内的等效黏结应力 τ' 二者之和。其中,根据 FIB 模式规范可知,$\tau_1 = 0.1\sqrt{f_{cm}}$,$f_{cm}$ 为混凝土抗压强度平均值;τ' 与单根纤维拔出机理有关,可按式(6.5-29)计算。

(2) 纤维拔出机理

Sadoon Abdallah[105]指出带弯钩纤维(图 6.5-14)的拔出过程中会在弯钩处产生两个塑性铰,如图 6.5-15 所示,所需拉拔力在此时达到最大,可按式(6.5-28)计算。随着纤维继续拔出,当纤维末端经过第一个弯折位置后,相应塑性铰消失,所需拔出力降低,随后两个塑性铰均消失。

$$\Delta P' = \frac{\frac{\sigma_y \pi r_f^2}{3\cos\theta}\left[1+\frac{f\cos\beta}{1-f\cos\beta}\right]}{1-f\cos\beta} \quad (6.5\text{-}28)$$

式中,σ_y 为纤维屈服强度;r_f 为纤维半径;f 为钢纤维与混凝土之间的摩擦系数;θ 如图 6.5-14 所示;$\beta = (180° - \theta)/2$。

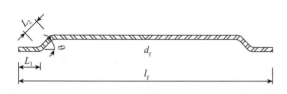

图 6.5-14　带端部弯钩的纤维形状　　　　图 6.5-15　纤维拔出过程示意

由此可以得到：

$$\tau' = \frac{\Delta P'}{\pi d_f \dfrac{l_f}{2}} \tag{6.5-29}$$

将式(6.5-28)和式(6.5-29)代入式(6.5-27)可得式(6.5-30)：

$$\sigma_f = \frac{1}{3}\left(2C_1 V_f \sigma_y + 0.1\sqrt{f_{cm}}aV_f\right)\left(1 - \frac{kw}{l_f}\right)(1+f)\left(1 + \frac{1}{2}\omega_2\right) \tag{6.5-30}$$

其中：

$$C_1 = \frac{1}{12\cos\theta(1 - f\cos\beta)^2} \tag{6.5-31}$$

式中,假定纤维各向均匀分布,即 $\omega_2 = 0$；纤维混凝土之间的摩擦系数 f 为定值,目前结构中常用的带端部弯钩的钢纤维,其端部弯钩形状相似,即 θ、β 为定值；考虑缺口梁三点加载试验中 CMOD 为 0.5mm、掺入纤维为带 2D 弯钩钢纤维的情况,即 $\sigma_f = f_{R,1}$。式(6.5-30)可以写为：

$$f_{R,1} = A_1 \sigma_y V_f\left(1 - \frac{2}{l_f}\right) + A_2\sqrt{f_{cm}}aV_f\left(1 - \frac{2}{l_f}\right) \tag{6.5-32}$$

式中,A_1 和 A_2 为常数。影响 $f_{R,1}$ 的主要变量为两个相互耦合的变量：$\sigma_y V_f(1-2/l_f)$，$f_{cm}^{0.5}aV_f(1-2/l_f)$。

将上述两个变量对 35 组(表 6.5-5)文献中记载的符合 EN 14651 规定的钢纤维混凝土三点加载缺口梁试验数据[106-112]进行线性回归分析,得到常数 A_1 和 A_2 的取值,分别为：0.084 和 1.180,$f_{R,1}$ 预测值的标准差为 3.04。因此,有 95% 保证率的 $f_{R,1}$ 预测值如式(6.5-33)所示：

$$f_{R,1} = \max\left[0.084\sigma_y V_f\left(1 - \frac{2}{l_f}\right) + 1.18\sqrt{f_{cm}}aV_f\left(1 - \frac{2}{l_f}\right) - 5.00, 1.26\right] \tag{6.5-33}$$

其中 1.26 为 35 组试件中得到的 $f_{R,1}$ 最小值。

文献中记载的三点加载缺口梁试验数据　　　　表 6.5-5

文献	纤维屈服强度 σ_y(MPa)	纤维直径 d_f(mm)	纤维的体积百分率 V_f	纤维长度 l_f(mm)	混凝土抗压强度平均值 f_{cm}(MPa)	纤维残余应力均值 f_{Ftsm}(MPa)
CARMONA S[107]	1115	1.050	0.0039	50	45	1.26
	1115	1.050	0.0064	50	44	3.05
GIACCIO G[109]	2500	0.500	0.0026	30	37.4	2.42
	2500	0.500	0.0051	30	56	5.31
	2500	0.500	0.0103	30	59.7	7.86
	1100	0.750	0.0051	60	53.6	3.50
SARMIENTO E V[110]	1160	0.896	0.0220	60	86	18.71
	1160	0.896	0.0180	60	86	18.71
	1160	0.896	0.0190	60	86	18.71
	1160	0.896	0.0160	60	86	18.44
	1160	0.896	0.0190	60	86	17.25
	1160	0.896	0.0180	60	86	18.23
TIBERTI G[111]	1270	0.620	0.0050	30	39.7	5.00
	1270	0.620	0.0100	30	25.4	5.79
	1270	0.620	0.0100	30	36.4	5.09
	2300	0.380	0.0050	30	75.7	8.98
	2300	0.380	0.0100	30	52.8	10.08
	2300	0.380	0.0150	30	56.8	7.38
	1100	0.550	0.0150	30	41.7	6.71
	1100	1.050	0.0150	50	75	7.66
	1270	0.620	0.0050	30	40.8	4.12
	1270	0.620	0.0100	30	27.4	5.43
AMIN A[106]	1340	0.550	0.0050	35	56.2	1.92
	1340	0.550	0.0100	35	60.1	3.11
	1340	0.550	0.0040	35	61.3	1.93
	1340	0.550	0.0080	35	63.8	2.95
DE-MONTAIGNAC R[108]	1225	0.750	0.0100	60	63.2	3.26
	1345	0.550	0.0100	35	46.9	2.35
	1345	0.550	0.0125	35	56.1	3.03
BENCARDINO F[112]	1050	0.625	0.0100	50	82.7	13.80
	1050	0.625	0.0100	50	80.7	11.80
	1050	0.625	0.0100	50	78.2	8.00
	1050	0.625	0.0200	50	78.4	14.10
	1050	0.625	0.0200	50	76	13.70
	1050	0.625	0.0200	50	80.2	13.50

回归分析的结果如图 6.5-16 所示。

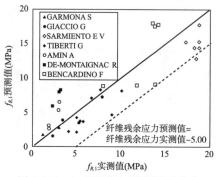

图 6.5-16　$f_{R,1}$ 预测值和实测值关系曲线

得到 $f_{R,1}$ 后即可按式(6.5-34)计算正常使用阶段验算中使用的残余应力值 f_{Ftsm}。[100] 由缺口梁试验数据计算 $f_{R,1}$ 的过程中假定了应力沿缺口梁断面线性分布,而实际的应力分布并非如此,假定正常使用极限状态下,开裂断面真实残余应力沿断面均匀分布,0.45 为真实残余应力特征值与 $f_{R,1}$ 之间的转换系数。系数 0.7 将正常使用极限状态残余应力特征值转化为均值。

$$f_{Ftsm} = 0.45 f_{R,1}/0.7 \tag{6.5-34}$$

4）试验验证

（1）试验布置

通过纤维混凝土组合桥面板负弯矩加载试验的实测结果对上述裂缝宽度的计算方法进行验证。试件跨度 4m,宽度 1.8m,中间设一道横梁作为负弯矩加载位置,试件结构尺寸如图 6.5-17 所示。混凝土采用 C80 高强混凝土,其 28 天立方体抗压强度为 113.09MPa,抗拉强度和弹性模量分别为 5.3MPa 和 36535MPa。采用长度为 35mm、直径为 0.55mm 带端部弯钩的钢纤维,其长径比为 64、屈服强度为 1100MPa、纤维掺量为 1%。纵向钢筋直径 22mm、屈服强度 482.2MPa,横向钢筋直径 16mm、屈服强度 517.5MPa。试件两端施加竖向约束,通过千斤顶在中间横梁位置施加荷载,如图 6.5-18 所示。

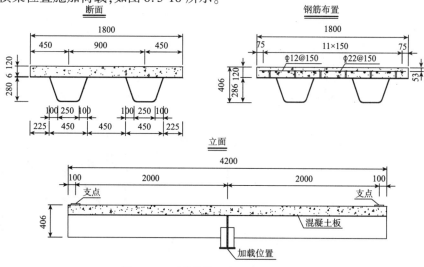

图 6.5-17　试件结构尺寸(尺寸单位:mm)

图 6.5-18 加载现场

(2)结果对比

根据式(6.5-33)和式(6.5-34)计算得到试件正常使用阶段验算采用的残余应力值:$f_{Ftsm} = 0.45 f_{R,1}/0.7 = 1.18 MPa$。

由式(6.5-16)~式(6.5-18)可以得到钢筋应力曲线,如图 6.5-19 所示。图 6.5-19 中,开裂前钢筋应力采用未开裂截面的截面特性进行计算。可以看出,开裂前和开裂后的钢筋应力均与试验值吻合较好。当荷载达到 450kN 时,底部 U 肋发生屈曲,整个断面刚度降低,导致实测钢筋应力相对荷载的增幅变大。

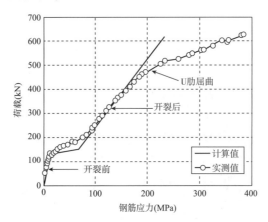

图 6.5-19 荷载-钢筋应力曲线

裂缝分布如图 6.5-20 所示,负弯矩最大位置(横向坐标 0)处裂缝间距最大值为 390mm、最小裂缝间距为 50mm,通过式(6.5-26)计算得到的最大裂缝间距为 319mm,接近实测的最大裂缝间距。

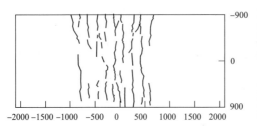

图 6.5-20 裂缝分布

裂缝宽度方面,如图6.5-21所示,各级荷载下式(6.5-14)均给出了与实测值接近但偏安全的估计。针对此桥面板试件在开裂初期给出了较大的裂缝宽度预测值,但在接近极限荷载时实测裂缝宽度与计算值较为接近。同时也可以看出纤维混凝土具有较强的抑制裂缝开展的性能,在结构接近破坏(U肋屈曲)的荷载(590kN)作用下其最大裂缝宽度为0.2mm。

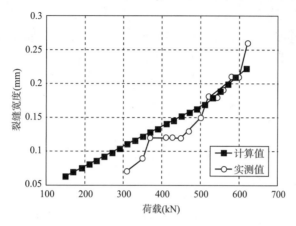

图6.5-21 裂缝宽度-荷载曲线

通过对文献中记录的三点加载缺口梁试验数据进行回归分析得到具有95%保证率的拟合公式,可以省去试验确定残余应力的过程,为设计过程提供了一定的便利。但是目前用于拟合的样本数据较少,且由于样本仅仅使用了掺入带2D弯钩的钢纤维的常规混凝土,强度范围为25.4~86MPa,因此对于掺入直钢纤维、混杂纤维、合成纤维的混凝土、超高性能混凝土的适用性需要进一步研究。

6.6 组合桥面板湿接缝界面处理

在组合桥面板的施工中,由于现浇混凝土施工需要大量人工并且对环境影响较大,可选择在工厂分段预制,养护达到龄期之后,运输至现场安装。组合桥面板节段钢结构连接完成后,混凝土往往需要通过湿接缝进行连接。由于组合桥面板中接缝的存在,该部位的SSDC是否能够保证桥面板整体均有足够的抗拉强度值得深入研究。通常情况下,桥面板接缝往往是桥面板结构中最薄弱的位置,一方面因为钢纤维在接缝处不连续分布,另一方面因为桥面板接缝处存在新旧混凝土收缩徐变不一致等状况。因此,湿接缝处的接缝材料、接缝形式、新旧混凝土的界面处理方法、钢筋连接方式等直接影响结构的整体性能和承载力。

近年来国内外学者对高性能材料组合桥面板湿接缝的接缝形式和构造开展了相关研究。赵灿晖等[113]测试了活性粉末混凝土(Reactive Powder Concrete,RPC)组合桥面板燕尾形湿接缝的弯拉性能,并借助于数值计算分析了钢筋配筋率和燕尾形倾角对裂缝宽度、应变分布等的影响。邵旭东等[114]通过钢-RPC组合桥面板湿接缝弯曲试验发现了增加钢筋配筋率和采用异形钢板接头的湿接缝抗裂性能优于常规湿接缝。樊健生等[115]对比了倾斜界面、锯齿形界面、矩形齿块界面、增加湿接缝纵筋配筋以及添加异形钢板接头的五种钢-RPC组合桥面板新型湿接缝的抗拉性能,并建议使用基于耐久性的 RPC 拉伸应力代替初始开裂应力,以进行更为经济的桥面板设计。上述研究主要侧重于高性能材料组合桥面板湿接缝处的接缝形状、钢筋连接方式和构造对接缝受力性能的影响,对于新旧混凝土界面通过施工工艺处理的方法研究较少。在工程实际中,普通混凝土结构的湿接缝处界面处理主要还是以人工凿除为主,但是 SSDC 的高强度特点给人工凿除带来一定的困难。另外,根据笔者所在团队之前的研究,普通 C50 混凝土湿接缝的连接界面通过环氧树脂处理后,在拉力作用下的破坏形式为:C50 混凝土被拉裂,连接界面未脱开。对于 SSDC 现浇湿接缝,环氧树脂处理的效果如何有待进一步研究。针对上述情况,本节提出采用环氧树脂处理和高压水枪凿毛的新型界面处理方式。为分析混凝土界面处理方法对接缝受力的影响,本节通过钢-SSDC 组合桥面板湿接缝足尺模型的轴向拉伸试验来测试环氧树脂处理和高压水枪凿毛界面处理方式下的接缝受力性能,以期为实际工程应用提供参考[116]。

6.6.1 试验设计

组合桥面板混凝土接缝界面处理试验依托松浦大桥改造工程进行。改造工程以原钢桁梁桥为基础,为降低结构自重,将上层桥面系改为钢-SSDC 组合桥面板体系,为了缩短现场施工时间,采用了预制组合桥面板。组合桥面板的钢结构在现场采用焊接连接,预制 SSDC 之间采用现浇 SSDC 的湿接缝连接。由于钢桁架的桁高较高,根据结构的整体计算发现,在上层负弯矩区的组合桥面板的受力状态为拉弯,且以受轴向力为主,弯曲效应较小,混凝土的最大名义拉应力为 6.8MPa。

设计了 5 个足尺试件来测试负弯矩区组合桥面板湿接缝的轴向抗拉性能,试件汇总详见表 6.6-1。第 1 个试件湿接缝为直缝,采用了环氧树脂处理;第 2~4 个试件湿接缝为凹凸形状缝,分别采用了环氧树脂处理、高压水枪凿除细集料和高压水枪凿除粗集料三种接缝界面处理方式,如图 6.6-1 所示;另外为了把前 4 种不同的界面处理方式与无湿接缝的情况进行对照,第 5 个试件不设湿接缝,采用 SSDC 一次浇筑成型。在试验过程中,测量了 SSDC 表面的应变和裂缝宽度,预制板和接缝处钢筋的应变,钢板底面和加劲肋处的应变。然后对荷载-应变曲线进行分析,比较相同荷载下不同界面处理方式的裂缝宽度、裂缝分布和裂缝发展情况,基于平截面假定计算 SSDC 的名义拉应力,研究不同湿接缝界面处理方式的抗裂性能,为实际工程应用提供依据。

不同界面处理方式试件汇总 表 6.6-1

编号	界面处理方式	界面形状
SN-1	环氧树脂处理	直缝
SN-2	环氧树脂处理	凹凸缝
SN-3	高压水枪凿除细集料	凹凸缝
SN-4	高压水枪凿除粗集料	凹凸缝
SN-5	不设湿接缝	

第6章 钢与高强韧性混凝土组合桥面体系

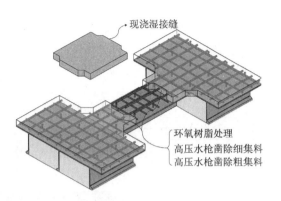

图 6.6-1 试件混凝土接缝界面处理示意

1）试件设计

试验试件设计为中间窄两头宽的哑铃型组合桥面板结构，试件结构尺寸如图 6.6-2 所示。试件编号为 SN-1、SN-2、SN-3、SN-4 和 SN-5，分别代表湿接缝采用环氧树脂处理（直缝）、环氧树脂处理（凹凸缝）、高压水枪凿除细集料处理（凹凸缝）、高压水枪凿除粗集料处理（凹凸缝）和不设湿接缝。5 个试件除界面处理方式不同外其余构造均相同。试件全长 2.6m、宽 1.4m、高 0.372m，分为钢结构、桥面板混凝土和哑铃端填充混凝土三部分。中间用于测试的部分长 1.2m，宽 0.5m；两边长 0.7m，宽 1.4m 的哑铃端用于顶住千斤顶进行轴向对称加载。钢结构分为钢顶板和球扁钢加劲肋。钢顶板厚度为 12mm，球扁钢加劲肋为 280mm×11mm，共三道球扁钢加劲肋。钢顶板上表面采用 $\phi 13mm \times 50mm$ 的焊钉，横向间距和纵向间距均为 300mm，用于连接钢板和 SSDC；钢顶板下表面采用 $\phi 25mm \times 180mm$ 的焊钉，横向间距 500mm，纵向间距 200mm，用于连接钢结构与哑铃端 C40 填充混凝土。桥面板混凝土厚度为 80mm，预制板混凝土左右长各为 1m，接缝混凝土长 0.6m。桥面板钢筋单层布置，纵向钢筋为 $\phi 20$，间距 150mm，在接缝处钢筋搭接长度为 0.5m，采用单面焊缝连接；横向钢筋为 $\phi 16$，在预制板部分间距为 150mm，在接缝部分按 50mm+2×75mm+2×100mm+2×75mm+50mm 进行布置；横向钢筋与纵向钢筋之间采用绑扎进行连接。

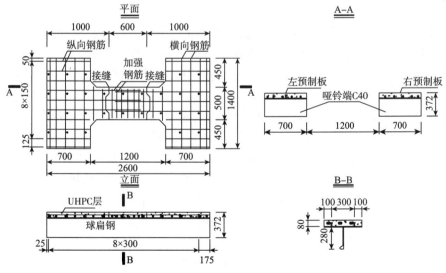

图 6.6-2 试件结构尺寸（尺寸单位：mm）

试件制作过程如图 6.6-3 所示。为了形成预制桥面板和现浇湿接缝之间的混凝土交界面，每个试件的 SSDC 分两次浇筑完成。对不同试件的混凝土界面采取不同的方式处理，并且每次浇筑完成后覆盖土工布保暖和保湿，养护至龄期。

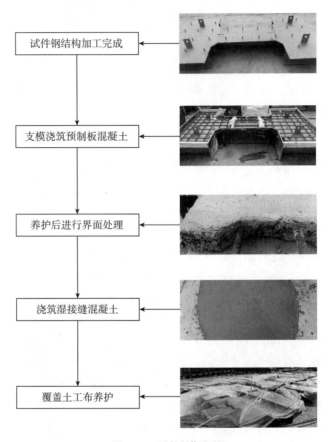

图 6.6-3　试件制作流程

在试件制作过程中，选择在预制桥面板养护 24h 后，对试件 SN-3 和 SN-4 的湿接缝连接界面进行高压水枪凿毛处理，同时在试件 SN-1 和 SN-2 的湿接缝连接界面上涂刷环氧树脂。为测试高压水枪凿毛效果，同一混凝土界面分别采用高压水枪凿毛处理和人工拿风镐凿毛处理。对比发现，高压水枪凿毛比人工凿毛效果更佳，高压水枪凿毛不仅可以适应超高性能混凝土的高强度，还可以定点去除混凝土界面的粗集料或细集料，使得混凝土界面上的钢纤维一部分嵌固在旧混凝土中，一部分外露出来与新浇筑混凝土进行结合，确保了新旧混凝土界面处纤维的连续性。高压水枪凿毛时通过调节水枪的距离和角度，可以从细集料清除到粗集料清除，实现对凿毛深度的控制。如图 6.6-4 所示，在操作中，调节水压至 90MPa，冲刷约 2min 可以实现灰浆和砂粒等细集料清除；调节水压至 100MPa，冲刷约 3min 可以实现碎石等粗集料清除。与之相比，短时间内人工凿毛操作困难，用力过轻无法凿毛，用力过大则整个混凝土石块剥离，凿毛深度很难控制，并且不能保留界面上的钢纤维。涂刷环氧树脂的界面处理方式没有将新旧混凝土界面凿毛，而是借助于环氧树脂的黏结性能使得接缝连续。

图 6.6-4 界面处理效果

2）加载测试

5 组试验的加载方式相同,加载设备为 2 个 500t 的液压千斤顶,加载前均对千斤顶进行了标定。2 个千斤顶相对于试件的纵向轴线对称布置,如图 6.6-5a) 所示。试验时在试件两侧哑铃端下表面各垫上两根粗钢筋模拟滑动支承,采用千斤顶对顶的方式进行对称静力加载使得试件中间部分受拉,如图 6.6-5b) 所示。正式加载前取预估开裂荷载的 30% 进行预加载,通过观测横向两侧混凝土的应变判断千斤顶是否对称加载。正式加载时按每级 50kN 进行分级加载,直至试件混凝土裂缝宽度达到 0.2mm,在每级荷载下持荷 2min 用裂缝测宽仪测量裂缝宽度,并记录各级荷载下对应的裂缝宽度;之后连续加载至试件钢结构屈服,获得极限荷载。

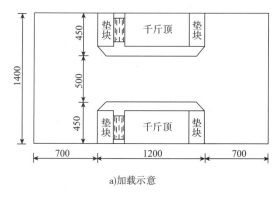

a) 加载示意　　　　　　　　　　　b) 现场加载

图 6.6-5 加载设备(尺寸单位:mm)

在试验过程中测量了混凝土板上表面的应变、钢结构的应变与混凝土内部各钢筋不同位置处的应变,如图 6.6-6 所示。每个试件在接缝中部与新旧混凝土交界面处的钢筋上布置应变片,钢筋应变片总计 20 个;在现浇混凝土板与预制混凝土板顶面布置应变片,混凝土应变片总计 35 个;在钢板下表面和球扁钢加劲肋处布置应变片,钢结构应变片总计 24 个。

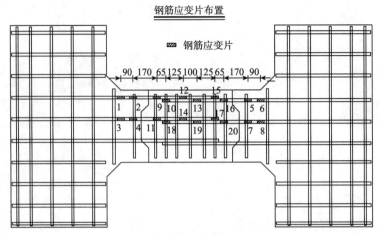
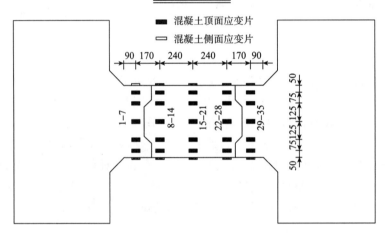
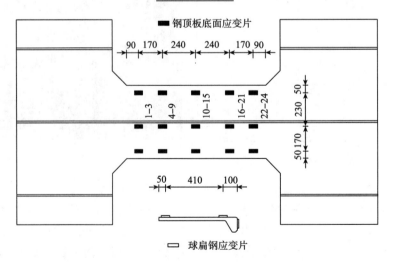

图 6.6-6 试件应变片布置(尺寸单位:mm)

试验时千斤顶施加的荷载和试件各部位的应变分别通过荷载传感器和应变采集仪连接至数据采集系统，数据保存在计算机中。

3) 材料性能试验

试验模型中采用的 SSDC 由核心组分（活性粉末、高强度钢纤维和高性能减水剂）、细集料和粗集料等原材料组成，质量密度为 2597kg/m³，质量配比如表 6.6-2 所示。本试验中的细集料采用公称直径不大于 5mm 的天然河砂，粗集料采用最大粒径不大于 20mm 的碎石。高性能钢纤维包括平直型微细钢纤维和端钩型钢纤维两种，其纤维体积掺量分别为 0.2% 和 1.0%；其中，平直型微细钢纤维的直径为 0.18～0.22mm，长径比为 60～65；端钩型钢纤维的直径为 0.58～0.62mm，长径比为 45～55。两种类型钢纤维的抗拉强度均大于 1000MPa。

试验模型 SSDC 质量配比(%)　　表 6.6-2

活性粉末	细集料	粗集料	平直型微细钢纤维	端钩型钢纤维	高性能减水剂	水
24.7	26.6	40.0	0.6	3.0	0.6	4.5

在现场取样制作试块，经试验测得 SSDC 的立方体抗压强度为 123.2MPa，抗折强度为 14.3MPa，抗压弹性模量为 4.15×10^4 MPa。

6.6.2 结果及分析

1) 试件裂缝发展与分布

设置湿接缝试件 SN-1～SN-4 的试验破坏过程类似。在加载初期，试件的混凝土板和钢结构共同承担荷载，当荷载达到一定数值时，试件的混凝土板均在新旧混凝土交界面附近出现初始裂缝。随着荷载的不断增加，裂缝宽度不断扩大，并伴随有 SSDC 内部钢纤维拔出的"砰砰"声，混凝土逐渐退出工作状态，荷载由钢筋和钢结构承担，试件的最终破坏形态为钢筋和钢结构进入屈服阶段，钢筋的屈服位置发生在新旧混凝土交界面上，混凝土裂缝主要分布在新旧混凝土交界面附近。试件 SN-1～SN-4 混凝土裂缝分布如图 6.6-7～图 6.6-9 所示。

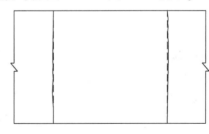

图 6.6-7　试件 SN-1 混凝土裂缝分布

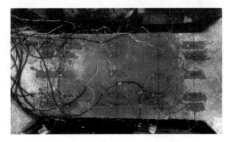
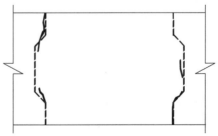

图 6.6-8　试件 SN-2～SN-4 初始开裂时混凝土裂缝的分布

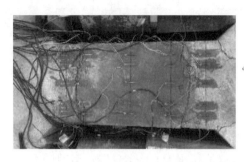 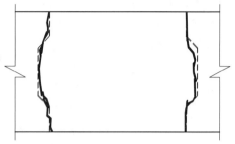

图 6.6-9　试件 SN-2～SN-4 极限状态混凝土裂缝的分布

与前 4 个试件不同的是，不设湿接缝的试件 SN-5 初始裂缝出现在 SSDC 层的较薄弱处，初始裂缝的位置具有不确定性。随着荷载的不断增加，裂缝相继出现并均匀分布在混凝土板上，如图 6.6-10 所示。伴随着 SSDC 内部钢纤维拔出的声响，裂缝宽度扩大，不断发展至裂缝贯通，混凝土退出工作状态。综合 5 个试件可以发现，SSDC 预制部分和现浇湿接缝的新旧混凝土交界面是桥面板结构的最薄弱部分，在承受拉力时，交界面首先开裂并释放掉大量断裂能，使得裂缝一直沿着交界面发展至贯通，而不再产生新的裂缝。

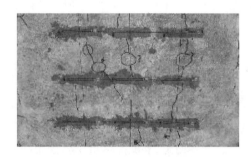 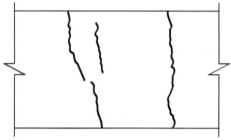

图 6.6-10　试件 SN-5 混凝土裂缝分布

2）试验结果

在试验中获得了湿接缝采用 4 种不同界面处理方式和不设湿接缝的混凝土初始开裂时对应的荷载、裂缝宽度达到 0.2mm 对应的荷载、钢结构屈服时的极限荷载，结果详见表 6.6-3。表 6.6-3 中的荷载为加载时两个千斤顶的轴向力之和。初始开裂荷载为分级加载下 SSDC 表面出现第一条肉眼可见裂缝的荷载传感器读数，裂缝测宽仪测出此时的裂缝宽度即为初始裂缝宽度。当裂缝宽度发展至 0.2mm，对应的荷载传感器读数为裂缝达到 0.2mm 的荷载。由于液压千斤顶的油压加载精度有限，持荷过程中读数会略微上下跳动，表 6.6-3 中的荷载值为测完裂缝宽度时记录下的荷载传感器读数。

从表 6.6-3 可以看出，对同样采取环氧树脂处理的 SN-1、SN-2 开裂荷载、裂缝达到 0.2mm 对应的荷载相差不大。对同样采取凹凸缝处理的 SN-2～SN-4，就初裂荷载而言，试件 SN-3 和试件 SN-4 分别比试件 SN-2 提高了 71.5% 和 52.5%；就裂缝达到 0.2mm 对应的荷载而言，试件 SN-3 和试件 SN-4 分别比试件 SN-2 提高了 27.4% 和 13.1%，试件 SN-4 的初裂荷载和裂缝达到 0.2mm 对应的荷载均比 SN-3 略小。与不设接缝相比，试件 SN-1、SN-2、SN-3、SN-4 的初裂荷载分别为 SN-5 的 50.5%、53.7%、92.2%、81.9%。五个试件的极限荷载比较接近，因为此时混凝土板均已经退出工作，荷载由钢结构和钢筋承担，极限荷载以二者进入屈服阶段为标志。

不同界面处理方式的试验荷载(kN)　　　　　表6.6-3

编号	初裂荷载	裂缝达到0.2mm对应荷载	极限荷载
SN-1	561	1697	5212
SN-2	596	1618	5204
SN-3	1022	2061	4984
SN-4	908	1830	5006
SN-5	1109	2964	5125

3)相关讨论

为了研究不同界面处理方式的SSDC湿接缝抗裂性能,把不同试件的试验荷载计算成在轴向拉力作用下的SSDC名义拉应力。在试验加载前期混凝土处于弹性阶段,随着荷载增加混凝土逐渐开裂,至钢结构屈服。为了直观比较,这里对3个试件按弹性方法进行计算。

根据材性试验结果,钢筋、钢板和SSDC的弹性模量分别为 1.98×10^5 MPa、2.09×10^5 MPa、4.15×10^4 MPa。按照平截面假定计算湿接缝新旧混凝土界面处的名义拉应力,将钢筋的面积等效成混凝土,再将混凝土的面积等效成钢材,如图6.6-11所示。考虑钢材和SSDC的弹性模量比 $n = E_s/E_c$,轴心拉力作用下接缝处的名义拉应力可按下式计算。

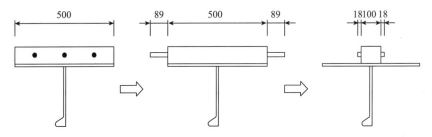

图6.6-11　弹性阶段换算截面(尺寸单位:mm)

$$\sigma_c = \frac{P}{nA_0} \tag{6.6-1}$$

式中,P 为轴心拉力;A_0 为换算截面面积。

接缝界面处SSDC的名义拉应力-应变曲线如图6.6-12所示,接缝界面位置的应变为接缝两侧对应位置测量应变的平均值。

由图6.6-12可见,当应力较小时,接缝SSDC的应变基本呈线性分布,采用不同界面处理方式的接缝应变没有显著的差异。随着应力增加,接缝应变开始分化并呈非线性变化趋势,说明此时接缝已经开裂。通过对比3个试件非线性段的名义拉应力-应变曲线可知,高压水枪界面处理的试件比起环氧树脂处理的试件具有开裂晚、裂缝发展慢的特点,且高压水枪凿除细集料比高压水枪凿除粗集料的界面处理方式更优。

关于高性能材料初始裂缝,目前有三种判断准则:(a)拉应力-应变曲线上升段线性关系转折点;(b)肉眼可见裂缝;(c)可渗透性裂缝。由于混凝土初始裂缝位置的不确定性,很难通过特定位置处的应变片采集拉应力-应变曲线的转折点来判断初始开裂。大尺寸试件的试验一般通过肉眼判断混凝土是否开裂,肉眼可见裂缝一般在0.05mm左右。以工程中常用的肉眼可见裂缝为判别准则,绘制接缝处SSDC的名义拉应力-裂缝宽度关系曲线如图6.6-13所示。

由于肉眼判断宏观裂缝的能力有限,分级加载时试件 SN-3 和 SN-4 在上一级荷载作用时还未观察到裂缝,在下一级荷载下肉眼分辨出裂缝,但是裂缝测宽仪测量的宽度已经大于0.05mm。由图 6.6-13 可见,采用环氧树脂处理的试件首先在界面处产生细小的裂缝。与之相比,高压水枪凿毛的试件较晚观测到裂缝,可见高压水枪凿毛的接缝抗裂性能更好。分析图 6.6-13 的 SSDC 名义拉应力-裂缝宽度曲线可以得出如下结论:当试件的 SSDC 表面开裂时,采用高压水凿除细集料和高压水凿除粗集料界面处理的接缝处 SSDC 的名义拉应力已经大于 6.8MPa。从工程实际应用的角度来看,这 2 种界面处理方式的接缝抗裂性能均能够满足实桥使用荷载的要求。与之相比,使用环氧树脂处理,SSDC 初始开裂的名义拉应力略小,不能满足要求。

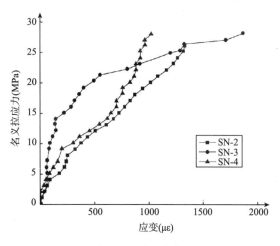 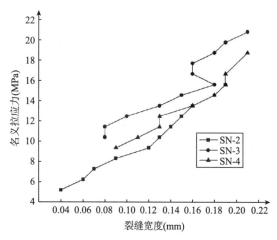

图 6.6-12 接缝 SSDC 名义拉应力-应变曲线　　图 6.6-13 SSDC 名义拉应力-裂缝宽度曲线

钢-SSDC 组合桥面板在不同界面处理方式下的接缝受力机理如图 6.6-14 所示。由图 6.6-14a)可见,环氧树脂处理后新旧混凝土界面的钢纤维没有暴露出来。开裂之前混凝土与钢筋共同变形,SSDC 接缝处的拉力主要由环氧树脂的黏结力 F_g 和钢筋的拉力 F_s 承担。随着荷载增加,环氧树脂达到黏结强度,接缝出现初始裂缝。试验结果表明,由于新旧混凝土界面没有凿毛,SSDC 连接界面处钢纤维不连续使得接缝抗裂性较差。由图 6.6-14b)可见,高压水枪凿除细集料后,SSDC 接缝处的拉力主要由新旧混凝土界面的集料咬合力 F_b、钢纤维的拉力 F_f 和钢筋的拉力 F_s 承担。高压水枪凿除细集料后,SSDC 中杂乱无章的钢纤维外露,并在新旧混凝土界面趋向于定向分布,暴露出来的钢纤维使得新旧混凝土传力连续均匀,凿除细集料后使得新旧混凝土界面的集料咬合力 F_b 增加。随着荷载增加,钢纤维从混凝土基体中被拔出并发出声响,接缝处开裂。试验结果表明,高压水枪凿除细集料后 SSDC 接缝的抗裂性能与连续浇筑的 SSDC 相差不大。由图 6.6-14c)可见,经过高压水枪凿除粗集料后,SSDC 接缝处的拉力同样由新旧混凝土界面的集料咬合力 F_b、钢纤维的拉力 F_f 和钢筋的拉力 F_s 三部分组成。虽然凿除粗集料使得新旧混凝土交界面更粗糙,增加了交界面集料咬合力 F_b,但是持续的高压水冲刷容易使得界面内部的混凝土受到损伤而产生微裂纹。试验结果表明,高压水枪凿除粗集料的开裂荷载反而比凿除细集料的开裂荷载略小,原因可能是高压水在凿除界面上的集料时对内部的 SSDC 产生损伤,特别是达到凿除粗集料程度时对混凝土的损伤比凿除细集料时对混凝土的损伤更为严重,接缝处的初始微裂纹更容易发展成肉眼可见的裂缝。

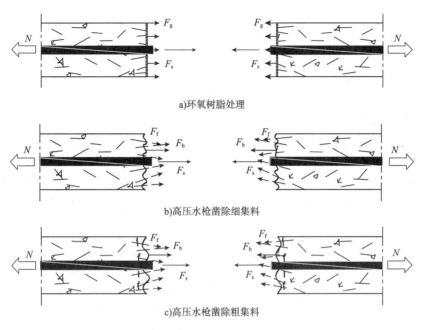

图 6.6-14　不同界面处理下的接缝受力机理

6.7　小　　结

桥面体系为桥梁结构的易损部件,常需对其进行维修更新。结合维修改造工程轻量化要求、耐久性要求及快速施工要求,研发了适用性能较好的预制轻型高性能组合桥面体系。本章对新型钢-SSDC 组合桥面板进行了混凝土材料性能、组合桥面板静力及疲劳性能、组合桥面板裂缝宽度计算方法、湿接缝界面处理等方面的研究。

1)对 3 种 SSDC 混凝土的基本力学性能、自由收缩性能、弯曲韧性等进行试验,并与普通 C50 混凝土和 UHPC 的性能进行对比,得出以下结论:

(1)与普通 C50 混凝土相比,3 种 SSDC 混凝土的关键力学性能均较大提升。与 UHPC 相比:SSDC-Ⅰ的基体材料、钢纤维掺量类似,只是部分活性粉末被天然粗集料所取代;弹性模量提高了约 10%,立方体抗压强度降低了 15%,而抗弯拉强度仅降低了 6%;荷载-跨中挠度曲线发展十分接近,说明 SSDC-Ⅰ并未显著降低 UHPC 的抗弯拉强度及延性。

(2)与普通 C50 混凝土相比,SSDC-Ⅰ、SSDC-Ⅱ前期自收缩较大,但后期收缩应变小,总收缩应变相当。与 UHPC 相比,SSDC-Ⅰ的 91d 龄期自由收缩量降低 55%,3d 龄期自由收缩量降低 63%,表明通过添加粗集料可以大幅降低 UHPC 收缩量,降低早期收缩开裂的风险。

(3)提出了捕捉弯曲韧性试验初裂点的 $\delta_{0.02\%}$ 偏移法,可定量确定初裂点,大大降低了人为确定初定点的随意性;在此基础上,提出了评价纤维混凝土弯曲韧性的优化方法,分别从能量和强度两个角度对受荷全过程弯曲韧性进行评价,物理意义明确、适用性强。基于优化的评价方法,发现 SSDC-Ⅰ 和 UHPC 的弯曲韧性明显优于 SSDC-Ⅱ;相比 UHPC,SSDC-Ⅰ的峰前弯曲韧性指数、弯曲韧性比最大降幅分别为28%、22%,峰后弯曲韧性指数、弯曲韧性比降幅均在11%以内。

2)组合桥面板正、负弯矩加载试验及局部抗冲剪试验表明:在正、负弯矩作用下,桥面板均呈现明显的弹性和弹塑性变形两个阶段,都表现出了较为良好的延性;混凝土种类对组合板的受弯承载力没有较大影响,只对混凝土板的开裂情况有影响;组合桥面板具有足够的抗弯、抗冲剪承载力及较高的抗裂性能。

3)对组合桥面板的球扁钢加劲连接、桥面系负弯矩区和钢顶板局部区域疲劳试验表明:

(1)球扁钢肋的对接焊接接头构造、双侧不对称拼接高强螺栓连接构造、双侧对称拼接高强螺栓连接构造,均具有良好抗疲劳性能,换算疲劳应力幅远高于实桥理论等效应力幅以及规范规定的疲劳细节取值。

(2)对于非对称截面球扁钢肋,特别是在螺栓连接时,竖平面内的弯矩作用下会产生明显的非对称弯曲,致使球头侧与背直侧纵向应力相差较大,同一高度处应力大值甚至达到小值的两倍以上。在进行该类螺栓接头设计时,应该考虑该种非对称受力方式的不利影响。

(3)组合桥面板所使用的SSDC混凝土具有较好的抗裂性能,钢横梁腹板上的苹果型过焊孔具有良好的抗疲劳性能,在车轮荷载作用下球扁钢肋组合桥面板的疲劳细节处应力水平非常小,大大降低了桥面板钢结构发生疲劳破坏的风险。

4)提出普通混凝土组合桥面板裂缝宽度预测的计算方法,推导了混凝土开裂后的钢筋应力,据此计算混凝土裂缝宽度并与试验值进行对比,得到了如下结论:

(1)根据5个试件的试验结果,发现混凝土强度等级、钢筋直径、加劲肋类型对负弯矩区裂缝的扩展速率有较为显著的影响,而剪力连接件的形式的影响不大;开裂截面钢筋和正交异性钢板的应变分布并不符合平截面假定,实际钢筋的应变明显偏大,常规混凝土钢筋与正交异性钢板的差别较大,高强钢纤维混凝土则较小。

(2)推导了组合桥面板负弯矩区开裂截面钢筋应力的计算公式,计算结果与试验值吻合较好。采用四种方法计算了5个试件的混凝土裂缝宽度,发现采用推荐钢筋应力方法、采用《公预规》混凝土裂缝宽度计算公式,按照偏心受拉构件计算得到的结果与试验值吻合较好。

5)提出了纤维混凝土组合桥面板裂缝宽度计算方法,主要包括残余应力的理论计算方法和考虑残余应力有利作用的裂缝宽度预测方法,得到了如下结论:

(1)根据混凝土的强度等级、纤维的长度、直径、配置率等参数,通过理论推导给出了纤维混凝土开裂后残余应力计算公式,省去了试验确定残余应力的过程。

(2)在欧洲规范4组合结构负弯矩作用下混凝土裂缝宽度计算方法的基础上,考虑纤维混凝土开裂后残余应力的有利作用,得到了计算纤维混凝土组合桥面板负弯矩区钢筋应力和裂缝宽度的计算公式。通过组合桥面板负弯矩加载试验,发现钢筋应力、裂缝宽度的理论值与实测值吻合较好。

6)通过组合桥面板湿接缝足尺模型轴向拉伸试验,分析混凝土界面处理方法对接缝受力的影响,得出如下结论:

(1)各种界面处理方式的湿接缝破坏形式相同,湿接缝接头为桥面板薄弱环节,均是首先在新旧混凝土交界面上出现初始裂缝,随着荷载增加裂缝逐渐发展至贯通,SSDC 退出工作,最后钢材受拉屈服达到极限状态。

(2)界面采用凹凸缝还是直缝,湿接缝混凝土的抗裂性能相差不大。高压水枪凿除细集料界面处理后,使得界面处钢纤维连续分布,混凝土开裂荷载为不设接缝混凝土开裂荷载的 92.2%,推荐采用该方法来处理混凝土界面。

第7章 桥梁抗震、抗撞性能提升

7.1 引　言

我国近年来发生的多次地震及船桥相撞事故,造成了严重的人员伤亡及重大的财产损失。桥梁的抗震、抗撞是防灾减灾的重要组成部分,是目前桥梁工程领域研究的热点。我国有大量既有桥梁,由于建设年代久远,这些桥梁未进行抗震、抗撞设计,或按照当时思想及规范进行设计,存在不同程度抗震、抗撞能力不足问题。随着设计思想的不断发展,多级设防理念已被广泛接受,桥梁抗震规范[117,118]、抗撞规范[119]也有了较大的修改和进步,对桥梁的抗震、抗撞能力也提出更为严苛的要求。如能结合桥梁大修、改扩建等时机,提升桥梁的防灾变能力,无疑具有重要的意义。

松浦大桥主桥是一座两联 96m+112m 的连续钢桁梁桥,在维持两片主桁及下部基础不变的情况下将上层桥面由 2 车道拓宽为 6 车道。大跨钢桁桥拓宽改造面临抗震方面的巨大挑战:拓宽后桥梁上部结构的重量显著增加;受限于结构自身特点和施工条件等的影响,无法对其原有基础进行加固。上层引桥采用在老桥两侧拼宽的形式将桥面从双向 2 车道拓宽为双向 6 车道,采用上部结构连接、下部承台连接、盖梁不连接的方案:一方面,旧桥框架墩箍筋布置间距大,纵筋配筋率较低,抗震能力相对有限;另一方面,单柱式墩与框架墩的组合使新旧桥墩协同工作时会面临旧桥墩分担大部分地震力的风险。因此,需要进行主、引桥拓宽后抗震性能研究,使桥梁满足新抗震规范要求。

大桥桥位处黄浦江为Ⅲ级航道,水中设有 3 座桥墩,原大桥未设置防撞设施,按《公路桥梁抗撞设计规范》(JTG/T 3360-02—2020)计算桥墩防撞能满足受力要求。但根据航道意见征询会议纪要,考虑到实际通行船舶情况,为保障船桥安全,对水中墩设置防撞设施,提升其防撞能力。松浦大桥具有船舶吨位大、桥区水位变化较大的特点,适合采用附着式钢套箱防撞系统。但随着工程实践的深入,发现该类钢类浮式装置在正常服役、撞后维修及防腐养护方面问题较多,需要开发新型自浮式防撞装置。

7.2 改扩建桥梁抗震性能提升

7.2.1 概述

我国相当比例的在役桥梁同时存在桥墩、基础和支座等构件抗震能力不足的问题。仅从构件层面进行抗震加固,尽管可提高桥梁构件的抗震能力,但效率较低、加固耗时较多,尤其是桩基础的抗震加固,花费巨大,对桥梁的正常运行功能也会产生影响。桥梁抗震加固设计应从体系角度出发,从提高桥梁构件抗震能力(强度和延性能力)和减低地震对桥梁结构地震需求

(减隔震)两方面综合考虑,探索经济有效的加固方案。

首先,可通过采取合适的结构体系使地震力合理分配,从而提升桥梁的抗震性能。对于桥梁拓宽改造中新旧结构横向连接方面,国内有不少学者进行了探讨:贺再兴[120]以陕西某连续梁桥拓宽工程为背景,对比研究了新旧盖梁连接和新旧盖梁分离两种拓宽方案;宋发安[121]以黎长高速山西段某四跨斜交连续梁为例,对比了上下部结构是否连接对抗震性能的影响。在桥梁纵向,地震力一般由固定墩承担,导致固定墩及其下部基础的抗震能力可能存在严重不足。通过变更支座体系或配置适当装置,可使地震力均匀分配至更多的桥墩,从而降低固定墩及下部基础的地震力需求,如在其他活动墩处设置摩擦摆支座[122]、Lock-up 装置[123],支座体系全部采用橡胶支座等。

其次,利用桥梁上、下部结构间的连接装置进行隔震、减震加固设计,是提高桥梁抗震性能的重要手段之一。可通过延长结构自振周期和增加结构耗能能力,使传递到下部桥墩和桩基础的地震力大幅度减少,从而降低桥墩和基础的地震需求。常见的连接装置包括减隔震支座、限位装置、耗能装置等[124]。同济大学桥梁系袁万城教授团队根据结构地震响应的理论基础以及桥梁抗震的实际应用提出桥梁抗震"力与位移平衡"的理念[125],并相继研发了能够合理控制力与位移的自适应的拉索减震支座[126,127],具备大位移能力的钢丝网橡胶减震支座[128],具备可控联间位移的拉索伸缩缝[129]以及其他桥梁抗震装置。高智乐[130]对摩擦摆减震支座在既有桥梁抗震加固中的应用开展研究,发现更换采用摩擦摆减震支座后,桥梁基本周期比原结构延长了 3 倍,桥梁墩底内力大幅下降,同时上部结构位移也得到了有效控制。

再者,早期建设的一些桥梁在桥梁搭接长度等构造措施上不足,导致存在落梁潜在风险。在抗震构造措施方面,对于防落梁长度不足的桥墩,可在墩顶纵向侧面采用牛腿方式来增加长度,还可增设挡块、防落梁拉杆等防落梁装置。当然也可以配合主梁的维修,将旧桥上部结构连续化以达到减轻落梁,提升抗震能力的目的。

松浦大桥拓宽改建后,主桥恒载增大约 80%,而下部基础维持不变;主引桥结构形式、结构自重和质量分布都发生了较大的改变。因此,有必要对新的结构体系进行抗震研究,确保满足现行的桥梁抗震规范的性能目标。本章首先从经济性角度出发,考虑既有桥梁改扩建已服役时间和后续服役时间,探索了根据使用年限确定既有桥梁改扩建的抗震设防标准,确定了其抗震设防地震动输入水平。从桥梁抗震的力与位移平衡的角度出发,综合研究了松浦大桥拓宽改建后抗震设计策略和合理约束体系。对于主桥结构,对比研究了摩擦摆支座和拉索支座两种减隔震方案的关键设计参数以及取得的综合减隔震效果[131];对于引桥结构,研究了拼宽桥新老结构连接形式对抗震性能的影响,分析了钢丝网橡胶支座的减隔震效果。

7.2.2 既有桥梁抗震设防标准

1) 设防标准

城市桥梁及公路桥梁的大修、改扩建,涉及既有桥梁抗震设防标准如何设定的问题。由于既有桥梁已经运营了一段时间,从经济性角度来考虑,有必要根据剩余服役期,计算得到相应设防标准的超越概率和抗震重要性系数,确定其抗震设防地震动水平[132]。

根据常见改扩建工程的概况,改造后桥梁的后续使用年限一般可以考虑 3 种方案:

(1) 新建部分与既有桥梁均取 100 年设计使用年限;

(2) 新建部分与既有桥梁均取既有桥梁的剩余使用年限；

(3) 新建桥梁取 100 年设计使用年限而既有桥梁取剩余使用年限。

由于后续设计使用年限的不同，相应的抗震设防标准也不相同。后续使用年限与新建桥梁相同时，则按照现行规范的抗震设防标准进行扩建改造设计与抗震加固设计。对于设计后续使用年限与新建桥梁不同的方案，本着经济性的原则，需要针对其使用年限确定相应的设防标准，即取改扩建之后的桥梁在设计后续使用年限内的抗震设防地震动超越概率与现行规范要求的设防水准相当，并通过调整抗震重要性系数确定抗震设防地震动水平的方法来实现。

基准期 50 年地震烈度的概率分布函数为：

$$F_T(i) = \exp\left[-\left(\frac{\omega-i}{\omega-\varepsilon}\right)^K\right] = 1 - P(I>i|T) \tag{7.2-1}$$

式中，$F_T(i)$ 为基准期 T 年内烈度小于等于 i 的累计分布值；ω 为上限值，对于地震烈度 $\omega=12$；ε 为多遇地震烈度，对应的超越概率为 63.2%；K 为形状参数，K 取 50 年 10% 超越概率的烈度对应的值，如图 7.2-1 所示。

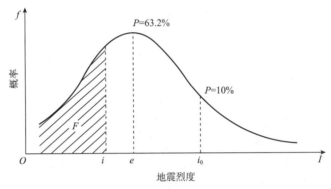

图 7.2-1　基准期 50 年地震烈度概率分布函数示意

注：i_0 为基本烈度；$\varepsilon = i_0 - 1.55$。

将现行抗震设计规范中的数据代入式(7.2-1)计算，即可得到各基本烈度值所对应的形状参数 K。

年超越概率 $p(I>i)$ 与超越概率 $P(I>i|T)$ 有如下关系：

$$P(I>i|T) = 1 - [1 - p(I>i)]^T \tag{7.2-2}$$

根据式(7.2-1)、式(7.2-2)，可由 $T=50$ 年地震烈度的概率分布函数得到剩余服役期为 t 年的概率分布函数及地震烈度值为：

$$F_t(i) = \exp\left[-\frac{t}{T}\left(\frac{\omega-i}{\omega-\varepsilon}\right)^K\right] \tag{7.2-3}$$

$$i = \omega - (\omega-\varepsilon)\left(-\frac{T}{t}\ln F\right)^{\frac{1}{K}} \tag{7.2-4}$$

由于地面峰值加速度 $A_{\max}$ 与地震烈度 I 的关系为：

$$A_{\max} = 10^{(I\lg 2 - 0.1047575)} \tag{7.2-5}$$

则设防烈度相对于基本烈度的地震作用的抗震重要性系数为：

$$C_i = \frac{A_{\max}^i}{A_{\max}^{i_0}} = \frac{10^{(i\lg 2 - 0.1047575)}}{10^{(i_0\lg 2 - 0.1047575)}} = 10^{(i-i_0)\lg 2} = 2^{i-i_0} \tag{7.2-6}$$

式中，i、i_0 分别为设防烈度与基本烈度；$A^i_{\max}$、$A^{i_0}_{\max}$ 分别为设防烈度与基本烈度所对应的地面峰值加速度值。

根据以上公式可以得到 100 年设计基准期该超越概率地震动水平对应的抗震重要性系数。

松浦大桥作为上海市一条重要的越江通道，2017 年进行了改扩建设计，此时已服役近 50 年。根据上述 3 种扩建改造方案，本桥采用新建部分与既有桥梁均取既有桥梁的剩余使用年限，即根据桥梁改造设计明确的继续服役年限 50 年来确定其抗震设防标准。

根据一致危险性原则，扩建改造桥梁取其剩余服役期内与新建桥梁抗震设防标准相同的超越概率，确定相应的 E1、E2 地震动水平。根据现行规范，本桥抗震设防类别为 B 类，抗震设防烈度为 7 度，按新建桥梁 100 年设计基准期下，相应 E1、E2 地震作用下的抗震重要性系数分别为 0.43 和 1.3，重现期 75 年（100 年超越概率 73.6%）和 1000 年（100 年超越概率 10%）。根据以上公式计算得到松浦大桥改造的抗震设防标准，如表 7.2-1 所示。

松浦大桥考虑剩余服役期 50 年对应的抗震设防标准 表 7.2-1

剩余服役期 50 年超越概率	重现期（年）	100 年超越概率	概率累计分布值 F	$i - i_0$	对应剩余服役期 50 年的抗震重要性系数 C_i
73.6%	38	93.0%	7.0%	-1.89	0.27
10%	475	19.0%	81.0%	-0.08	0.94

根据表 7.2-1 可以得出，在相同的场地条件下，同等超越概率的地震动水平，对于松浦大桥剩余服役期 50 年，短于新建桥梁设计基准期 100 年，可以采用较小的重要性系数。即采用低于新建桥梁的抗震设防地震动水平进行改造工程抗震设计，获得其剩余服役期内与新建桥梁相等的概率可靠度。

2）地震动参数

根据松浦大桥抗震加固设计时公路桥梁抗震规范[133]，给出本项目主桥墩工程场地设计地震动参数。水平设计加速度反应谱 S：

$$S = \begin{cases} S_{\max}(5.5T + 0.45) & T < 0.1s \\ S_{\max} & 0.1s \leq T \leq T_g \\ S_{\max}(T_g/T) & T > T_g \end{cases} \quad (7.2\text{-}7)$$

式中，T 为结构自振周期；T_g 为特征周期；$S_{\max}$ 为水平设计加速度反应谱最大值。

$$S_{\max} = 2.25 C_i C_s C_d A \quad (7.2\text{-}8)$$

式中，C_i 为抗震重要性系数，考虑剩余服役期 50 年进行修正；C_s 为场地系数；C_d 为阻尼调整系数；A 为水平向设计基本地震动加速度峰值系数。本工程设计地震动反应谱各参数值如表 7.2-2 所示。

场地设计地震动水平向加速度反应谱参数值 表 7.2-2

阻尼比	重现期	抗震重要性系数 C_i	场地系数 C_s	阻尼调整系数 C_d	水平向设计基本地震加速度峰值系数 A	特征周期 T_g（s）
5%	75 年	0.27	1.4	1	0.1	0.75
	1000 年	0.94	1.4	1	0.1	0.75

续上表

阻尼比	重现期	抗震重要性系数 C_i	场地系数 C_s	阻尼调整系数 C_d	水平向设计基本地震加速度峰值系数 A	特征周期 T_g（s）
3%	75年	0.27	1.4	1.18	0.1	0.75
	1000年	0.94	1.4	1.18	0.1	0.75

图7.2-2、图7.2-3是阻尼比0.03和0.05时E1地震作用和E2地震作用下设计反应谱曲线,分别用作主桥和引桥的反应谱地震分析。

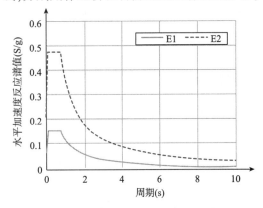
图7.2-2 主桥地震动加速度反应谱(阻尼比0.03)

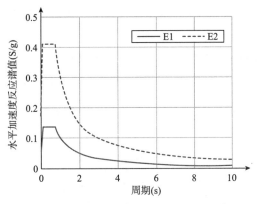
图7.2-3 引桥地震动加速度反应谱(阻尼比0.05)

计算时主桥部分地震动输入分别采取顺桥向+竖向与横桥向+竖向两种方式,其中竖向地震加速度为水平向地震加速度0.65倍。引桥部分地震动输入分别采取顺桥向与横桥向两种方式。根据设计反应谱拟合得到场地人工波共3条,用作非线性时程地震反应分析,并取3条时程波地震反应分析结果最大值。

3)抗震设防目标

对于拓宽改建桥梁,根据选用的抗震加固设计方法,桥梁结构或构件的抗震设防目标、性能要求如表7.2-3所示。

抗震性能目标　　表7.2-3

设防水平	结构性能要求	结构验算目标
E1	全桥弹性工作	主桁杆件保持弹性,桩基保持弹性(小于初始屈服弯矩),支座满足性能指标要求
E2	可发生局部轻微损伤,不需修复或经简单修复可继续使用	主桁杆件保持弹性,桩基保持弹性(小于等效屈服弯矩),支座满足性能指标要求

7.2.3 主桥抗震加固

1)动力计算模型

采用SAP2000有限元分析软件建立松浦大桥主桥空间结构动力计算模型,并考虑边界联的耦联作用,模型共计3589个节点、4962个梁单元和172个弹簧单元。主桁、桥面系和桥墩均采用梁单元模拟,其中采用梁格法准确考虑桥面系的刚度分布情况,而二期恒载则通过均布荷载的形式施加在桥面系上。松浦大桥钢桁架直接通过支座放置在承台上,承台近似按刚体模拟,其质量集中在质心处。承台与桩基采用主从约束进行连接,并采用集中土弹簧模拟土-结构动力相互作用,如图7.2-4所示。

图7.2-4　主桥动力有限元模型

2) 常规约束体系下抗震性能

考虑主桥采用的球钢支座未剪断和剪断两种工况进行讨论。首先假设原固定约束位置处支座不发生剪断,并考虑活动墩位置处的支座滑动摩擦效应,进行非线性动力分析,计算结果取3组地震动响应的最大值,同时仅列出与桩基和主桁相关的不满足性能要求的关键验算项目。在E1概率地震动作用下,主桁关键杆件和桩基等均满足设防要求和性能目标;而在E2概率地震作用下的验算结果见表7.2-4(表中钢杆件1、2为96m跨端支点处的竖腹杆和斜腹杆,钢杆件3为中间支点处的竖腹杆,而钢杆件4、5为112m跨端支点处的斜腹杆和竖腹杆),其中能需比定义为构件的截面能力除以需求所得之值,该值不小于1即表示满足抗震验算要求。由表7.2-4可知主桁部分杆件将产生塑性变形,桩基也出现抗弯能力不足和上拔力过大等问题,且支座约束也无法提供足够抗剪承载力以保证地震力传力路径不间断。可见,球钢支座未剪断工况不满足抗震设防要求和性能指标。

E2 地震验算结果　　　　　　　　　　　　　　表7.2-4

构件	弯矩需求(kN·m)	截面能力(kN·m)	能力需求比
1号墩桩基	8521	4445	0.52
2号墩桩基	5173	6280	1.22
3号墩桩基	5454	5062	0.93
钢杆件1(A0E0)	439	270	0.62
钢杆件2(A1E0)	235	270	1.15
钢杆件3(A12C12)	294	270	0.92
钢杆件4(A25C26)	287	270	0.94
钢杆件5(A26C26)	572	270	0.47

进一步考虑在 E2 概率地震动作用下,主桥球钢支座被剪断而成为滑动支座的工况。此时结构体系的刚度显著降低,在同样的地震动作用下主桁和桩基的受力都大为改善,均能满足性能要求。但由于缺少必要的限位装置,且剪断后的球钢支座没有自复位能力,桥梁结构位移最大值超过 200mm,支座残余变形也大于 100mm,不利于桥梁震后的修复。因此,必须对拓宽改建后的松浦大桥主桥进行合理的减隔震加固设计研究。

3)抗震加固设计

对于大跨钢桁梁桥而言,一般橡胶类减隔震支座因为吨位限制不再适用,大跨钢桁梁桥常用的减隔震支座有摩擦摆支座、拉索支座、分离式减隔震装置等,本次减隔震加固设计主要考虑前两种方案。同时,为了减小过渡墩处旧桥墩的地震需求,引桥在主桥处的过渡墩处采用四氟滑板橡胶支座,同时增大过渡墩新墩在下层桥面以下截面,由 1.8m×1.2m 扩大至 2.4m×1.8m。

(1)摩擦摆减震支座方案

拓宽改建后的松浦大桥的减隔震设计方案 1 采用如图 7.2-5a)所示的摩擦摆减震支座,利用球面摆动延长桥梁的自振周期以实现隔震效果,同时通过滑动面的摩擦耗能来消耗地震能量。该支座具有一定的屈后刚度,能有效控制支座变形和结构位移,支座震后残余变形小。其本构关系如图 7.2-5b)所示,采用双线性理想弹塑性弹簧单元进行模拟。

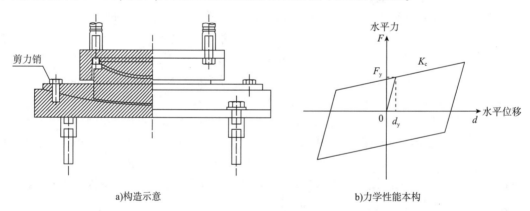

a)构造示意　　　　b)力学性能本构

图 7.2-5　摩擦摆减震支座构造及力学本构

摩擦摆减震支座的关键设计参数有:摩擦系数 μ、屈服位移 d_y 和隔震周期 T。其中摩擦系数 μ 和屈服位移 d_y 一般为定值,本方案取 $\mu=0.05$、$d_y=0.0025m$。而摩擦摆减震支座的隔震周期 T 需根据实际情况进行合理选择,隔震周期越大,减隔震效果越明显,但结构位移响应也会相应增大;同时隔震周期的增大会导致球摆曲面半径的增加,支座尺寸也会相应变大,在设计时必须留出足够的安装空间。经参数分析,取隔震周期 $T=3s$ 时效果较优。

将主桥所有球钢支座更换为摩擦摆支座,并考虑在 E2 地震作用下支座球面滑板处的剪力销被剪断进行非线性动力分析,由图 7.2-6 可见,使用隔震周期 $T=3s$ 的摩擦摆支座后的主桥桩基和主桁关键杆件的能需比都大于 1,且能够保证至少 20% 的强度富裕,也很好地控制支座变形和结构位移;而在 E1 地震下,支座可以通过设计剪力销的剪断力(取竖向承载力的15%)来决定支座是否进入摩擦耗能。值得注意的是:剪力销的剪断力在任何情况下都不应小于正常使用阶段的支座剪力需求。

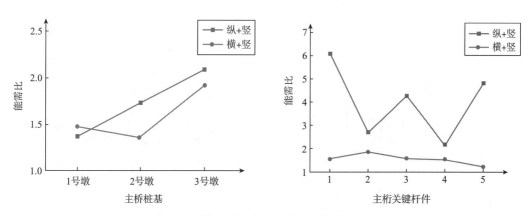

图 7.2-6　摩擦摆减震支座方案主桥主要部件能力需求比

(2) 拉索减震支座方案

图 7.2-7a) 所示拉索减震支座,是在球钢支座的基础上增设拉索形成的。在中小震作用下,该支座具有桥梁支座的正常使用功能;而在强震作用下,可通过剪断抗剪螺栓的方法将固定支座变为活动支座,延长桥梁的自振周期实现隔震效果,同时通过球钢支座本身的滑动面来摩擦耗能,并用弹性索限制由此引起的过大墩梁相对位移,防止落梁与梁间碰撞的发生[125,126]。其本构关系如图 7.2-7b) 所示,可看作由滑动支座与弹性索二者的本构模型叠加而成,采用双线性理想弹塑性弹簧单元和多线性弹性单元并联组成的单元来模拟。

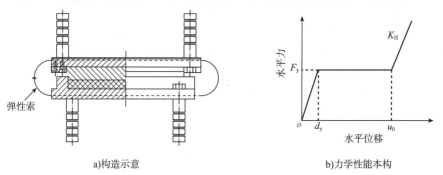

a) 构造示意　　　　b) 力学性能本构

图 7.2-7　拉索减震支座构造及力学本构

拉索减震支座的关键设计参数有:摩擦系数 μ、屈服位移 d_y、弹性索的自由行程 u_0 和弹性索组件的水平刚度 K_H。其中摩擦系数 μ 和屈服位移 d_y 一般为定值,本方案取 $\mu = 0.02$、$d_y = 0.003\mathrm{m}$。而自由行程 u_0 和水平刚度 K_H 是可变支座参数。为满足支座的正常使用功能,弹性索在桥梁正常运营阶段不应发挥作用,而在大震时应尽可能控制桥梁结构位移,所以本方案暂取自由行程为正常运营情况下支座变形最大值 $0.12\mathrm{m}$ 进行试算,若验算不通过则应适当增大自由行程后重新计算。此外水平刚度 K_H 不能过小,否则无法有效限制结构位移;但若取值过大,弹性索虽能更好地发挥限位作用,但不利于下部结构的受力。因此本方案参考相关资料[12],取 K_H 为 $5 \times 10^4 \mathrm{kN/m}$、$10 \times 10^4 \mathrm{kN/m}$、$15 \times 10^4 \mathrm{kN/m}$ 和 $20 \times 10^4 \mathrm{kN/m}$ 进行参数优化分析。

考虑到主桥 0 号、2 号和 4 号过渡墩处的桩基能力富裕较多,因此在过渡墩处设置拉索减震支座,并考虑 1 号和 3 号固定墩处球钢支座的剪断效应,在 E2 概率地震作用下的部分参数优化分析结果见图 7.2-8。

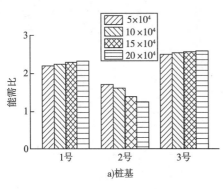
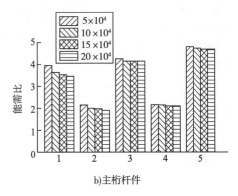

a)桩基　　　　　　　　　　　　　b)主桁杆件

图7.2-8　拉索减震支座方案参数分析结果(纵+竖输入)

由图7.2-8可见,在纵桥向+竖向输入下,随着水平刚度K_H的增大,2号墩桩基的能需比下降明显,而1号墩和3号墩桩基的能需比却有所增加。这是因为拉索减震支座的纵桥向变形较横桥向的大,弹性索充分发挥限位作用,因此随着K_H的增大,弹性索传给桩基的弹性力也显著增大。同时由于本方案在2号墩处设置拉索减震支座,弹性索发挥作用后会将产生的弹性力传给桩基,因此2号墩处桩的能需比明显下降,而1号和3号墩处桩的能需比却有所增加。同时K_H对主桁的受力也有影响,随着K_H的增加,主桁关键杆件受力增大,能需比减小,纵桥向+竖向输入时较为明显。

表7.2-5给出了拉索不同水平刚度下的参数分析对比结果:水平刚度K_H越大,弹性索的限位作用也越好,所以$u_0=0.12\mathrm{m}$、$K_H=20\times10^4\mathrm{kN/m}$的拉索减震支座是理论上最符合安全性和经济性要求的参数设计。但当K_H增大到$20\times10^4\mathrm{kN/m}$时,支座变形趋于稳定,其限位效果已非常有限,另外考虑到拉索减震支座与梁墩连接构造的抗剪承载力设计值E_d不应小于弹性索组件的水平极限承载力E_{lsmax},而此时弹性索组件的E_{lsmax}高达10000kN,占支座竖向承载力E_v的80%。同时由图7.2-8a)可见,在$K_H=20\times10^4\mathrm{kN/m}$时,主桥桩基能需比仍有1.2左右,因此针对本工程的应用宜选用弹性索自由行程$u_0=0.12\mathrm{m}$,水平刚度$K_H=15\times10^4\mathrm{kN/m}$的拉索减震支座。

水平刚度参数优化选择　　　　表7.2-5

水平刚度K_H (kN/m)	纵桥向支座最大变形量 (mm)	横桥向支座最大变形量 (mm)	E_{lsmax} (kN)	E_{lsmax}/E_v (%)
0(支座剪断工况)	234.5	227.7	0	0
5×10^4	172.4	168.7	2500	20
10×10^4	162.7	167.3	5000	40
15×10^4	157.3	166.8	7500	60
20×10^4	154.7	166.5	10000	80

(3)减隔震设计方案对比

对方案1采用摩擦摆支座和方案2采用拉索减震支座两种抗震加固设计方案的减震效果进行对比,如图7.2-9所示。

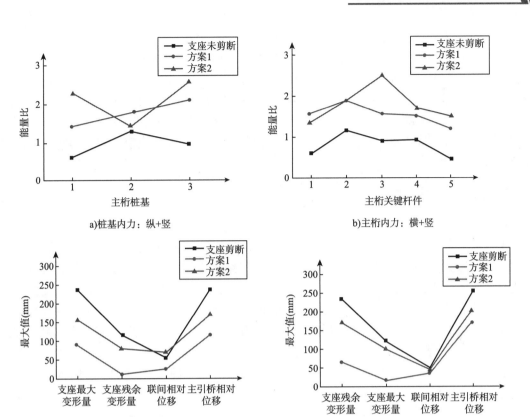

图 7.2-9 两个方案减隔震效果对比

图 7.2-9a)和图 7.2-9b)为两种减隔震设计方案的结构内力响应与原设计在支座未剪断工况下的部分比较结果,可见摩擦摆支座和拉索减震支座均能显著减小主桥桩基的地震响应,特别是纵桥向+竖向输入时的 1 号墩和 3 号墩桩基。摩擦摆支座能有效改善各桩基的地震响应,其中 2 号墩桩基的能需比增幅最小,约为 36%;拉索减震支座由于弹性索的限位作用,导致 2 号墩桩基受到更大的地震力,能需比增幅仅为 7.8%,1 号墩和 3 号墩桩基的能需比增幅却达到 200% 以上,各桩基的减隔震效果不均匀。对主桁来说,摩擦摆支座和拉索减震支座均能显著减小其关键杆件的地震响应,特别是在横桥向+竖向输入下,能需比增幅最高达 200%以上。

两种减隔震设计方案与原设计在支座剪断工况下的支座变形和结构位移最大值如图 7.2-9c)和图 7.2-9d)所示。由此可见,相比于支座剪断工况,摩擦摆支座和拉索减震支座均能有效控制支座变形和结构位移。其中,方案 2 由于拉索减震支座的弹性索自由行程 u_0 高达 120mm,致使结构体系在弹性索发挥作用之前较方案 1 更柔,所以方案 2 的支座变形和结构相对位移均大于方案 1;同时,由于摩擦摆支座具有一定的屈后刚度,拥有较好的自复位能力,而拉索减震支座利用自由行程减震耗能,虽然具有很好的限位作用,但支座残余变形大于方案 1。

综上所述,松浦大桥主桥在拓宽加固后,桥梁上部结构自重明显增加,然而受限于施工条件等的影响,无法对其原有基础进行加固,同时考虑到震后桥梁的易修复性,宜采用减隔震设计。隔震周期 $T=3s$ 的摩擦摆式减隔震支座能有效降低桩基和主桁杆件的地震内力响应,保证至少 20% 的强度富裕,同时也能较好地控制结构位移响应,具有良好的震后易修复性。在综合考虑桩基和主桁杆件的能需比、结构位移和支座与墩梁连接构造的承载能力后,选用自由行程 $u_0=0.12m$,水平刚度 $K_H=15\times10^4 kN/m$ 的拉索减震支座也能达到预期的抗震性能目标。摩擦摆支座的减隔震效果较好,结构位移较小,但其受力较为复杂、造价昂贵;拉索减震支座利用自由行程耗散能量,结构位移相对较大,但其受力简单、制作安装方便且易于更换,经济性能好,最终采用。

7.2.4 引桥抗震加固

1)概述

上层引桥由双向两车道拼宽为双向六车道;原上部结构为横向 5 片 T 梁,总宽 12m,下部结构为框架墩,基础为钢筋混凝土管桩;拼宽后上部结构为横向 11 片 T 梁,总宽 24.5m,下部结构在原桥墩两侧各新建一个单柱式桥墩,基础为钻孔灌注桩。既有桥梁建设年代较早,当时抗震设防等级较低,旧桥墩柱及桩基箍筋布置间距大,纵筋配筋率较低,抗震能力相对有限,往往为拼宽桥梁的薄弱环节。桥梁改造时需提升既有结构的抗震性能,使其满足新抗震规范要求,下面从新老桥横向连接体系、减隔震支座应用两方面进行论述。

利用 SAP2000 程序,建立典型引桥段的动力分析模型,如图 7.2-10 所示。模型中主梁、盖梁和墩柱采用梁单元模拟;承台近似按刚体模拟,其质量堆聚在承台质心,承台中心与墩底及桩顶中心节点主从相连;由于新老桩基特性不同,为便于验算各单桩受力,此处对每个单桩用六弹簧模型进行了模拟。原桥采用尺寸为 $250mm\times350mm\times74mm$ 的板式支座,考虑到板式橡胶支座的滑动,采用 Plastic-Wen 单元模拟,初始水平刚度为 $1981kN/m$,滑动后刚度为 0;可采用的高性能板式减震支座尺寸为 $400mm\times400mm\times102mm$,采用 Plastic-Wen 单元模拟,初始刚度为 $5490kN/m$,屈后刚度比为 0.28。在桥梁纵向,老桥在每个桥墩处均设置伸缩缝,为提高桥面行车舒适性,拓宽改造时隔墩设置伸缩缝及连续缝,使上部结构改为两跨一联的形式,建模时将中间墩上两排支座合并为一排。

图 7.2-10 引桥动力有限元模型

2)新老桥横向连接体系

一般来说,拼宽桥梁采取合理连接方式并采取一定措施后,新老结构在汽车荷载、基础沉降、收缩徐变等静力荷载下能取得较好的力学性能。地震作用本身较为复杂,加之拓宽时新老桥在强度、刚度等方面的差异,使地震下相互作用更为复杂。拓宽时新老桥之间的连接方式共有 8 种,如表 7.2-6 所示。采用反应谱分析方法,计算 E2 地震作用下墩柱及桩基最不利地震反应,以构件能力需求比为指标,对不同连接方式拼宽后桥梁抗震性能进行分析,并重点对老桥墩柱、桩基加以关注。

新老桥之间连接方式 表7.2-6

连接方式	上部结构	盖梁	承台	备注
1	×	×	×	
2	×	×	√	
3	×	√	×	
4	×	√	√	
5	√	×	×	
6	√	×	√	松浦采用
7	√	√	×	
8	√	√	√	

不同连接方式对桥梁结构整体刚度和振动周期产生影响,进而影响桥梁结构获得的地震动输入。不同连接方式下,老桥顺、横桥向一阶自振周期计算结果如图7.2-11所示,一阶自振模态以上部结构水平振动为主。从图可见:不同连接方式下,既有桥顺桥向自振周期在1.5s,横桥向自振周期在1.1s左右,均大于特征周期0.75s,处于设计反应谱下阶段;不同横向连接方式对老桥顺桥向自振周期影响较小;横向连接总体上降低了老桥横桥向自振周期,主要与横桥向整体刚度增加有关。

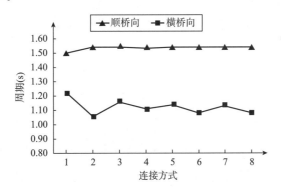

图7.2-11 连接方式对老桥一阶平动周期的影响

根据桥梁地震响应及截面特性,计算不同连接方式下老桥墩柱及桩基抗弯能力需求比,如图7.2-12、图7.2-13所示。由图7.2-12可见,在桥梁纵向,不同连接方式对老桥墩柱、桩基能力需求比影响微小。从影响机理上分析,不同连接方式下老桥顺桥向自振周期变化较小,地震动输入基本不变,因而结构抗震性能变化较小。由图7.2-13可见,新老桥连接总体使老桥墩柱横桥向能力需求比有所减小,主要归因于连接后结构振动周期减小引起的地震动输入增加;方案2、4、6、8在连接承台后,老桥最不利单桩能力需求比得到显著提高,原因为新老承台连接为整体后,老桥原来的外排桩成为整体承台内排桩,桩基地震内力显著降低。

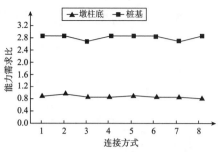
图7.2-12 连接方式对老桥顺桥向能力需求比影响

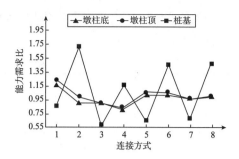
图7.2-13 连接方式对老桥横桥向能力需求比影响

新老桥横向连接方式的确定需要综合考虑常规运营工况及地震工况。在常规运营工况，松浦大桥上层引桥拼宽时，为保证行车舒适性，上部结构T梁宜采用刚性连接；如新老盖梁相连，在温度等荷载作用下框架效应明显，于本身配筋较弱的老盖梁受力不利；基础位于地面以下，基础连接后温度作用不利影响有限，但可显著减小不均匀沉降的影响。对地震工况，上部结构、盖梁连接总体上无法提升老桥抗震性能，而承台连接则可显著提升老桥桩基的抗震性能。综合以上常规工况及地震工况分析，松浦大桥采用上部连接、下部结构承台连接、盖梁不连接的方案，即表7.2-6中方式6。

针对松浦大桥实际采用的连接方式6，进一步探究新桥墩柱和基础刚度变化对老桥抗震性能的影响。分别取新桥墩柱及基础刚度为基准刚度的0.5、1、2、4和8倍，计算得到老桥墩柱、桩基能力需求比结果如图7.2-14所示。由图可见，随着新桥墩柱顺、横桥向刚度增加，老桥墩柱、桩基能力需求比变化不大；增加新桥桩基顺、横桥向刚度可显著提高老桥桩基的能力需求比，且基本为线性关系，究其原因，虽然结构整体刚度增加引起地震动输入增加，但新桥桩基刚度提高使同一承台内新桥桩基承担更大地震力，从而有利于提高老桥桩基的抗震性能。

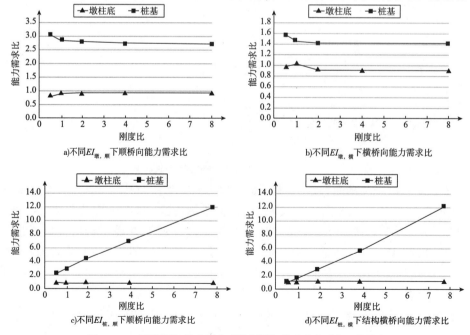

a) 不同$EI_{墩,顺}$下顺桥向能力需求比

b) 不同$EI_{墩,横}$下横桥向能力需求比

c) 不同$EI_{桩,顺}$下顺桥向能力需求比

d) 不同$EI_{桩,横}$下结构横桥向能力需求比

图7.2-14 新建墩柱、桩基刚度对既有墩柱、桩基能力需求比的影响

在松浦大桥实际工程,结合常规受力工况、地震工况及桥梁景观,新桥墩柱与老桥墩柱截面一致,仅配筋适当加强,新桥桩基采用 $\phi 1.0m$ 钻孔灌注桩,保证自身受力的同时,使老桥桩基抗震性能得以提升。

3)减隔震支座应用

(1)钢丝网橡胶减隔震支座

由上述分析可见,通过新老桥连接体系优化仍难以使既有墩柱满足抗震性能要求。原桥支座已使用近50年,需要更换,新老桥可采用钢丝网橡胶支座等高性能板式减震支座,进一步提升桥梁的抗震性能。钢丝网橡胶减隔震支座内部构造如图7.2-15a)所示,由高强细密钢丝网加劲层、中间橡胶层、上下橡胶保护层、四周橡胶保护层组成,支座橡胶采用高阻尼胶料以提高耗能能力。高强细密钢丝网加劲层和中间橡胶层层叠布置,并经高温硫化黏结为一体。经试验验证,在保留板式支座造价低、构造简单、安装方便的优点基础上,实现了支座在水平作用下发生稳定的翘曲倾覆滚动变形,增大了支座的位移和耗能能力,能有效避免因支座变形能力不足或滑动导致的支座脱落、上部梁体移位或落梁震害。

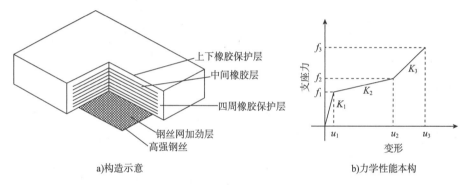

a)构造示意　　　　　　　　　　b)力学性能本构

图7.2-15　钢丝网橡胶减隔震支座构造及力学本构

钢丝网橡胶减隔震支座本构如图7.2-15b)所示,在水平力作用下,支座的初始刚度为 K_1,随着水平剪力的增加支座上下表面逐渐发生翘曲,边缘和上下部桥梁结构发生分离,此时水平刚度为屈服刚度 K_2,当支座侧表面能完全倾覆后,支座进入强化段,水平刚度为 K_3。设计时将支座的强化位移作为支座的设计水平极限位移,即认为支座侧表面完全倾覆状态为设计极限变形状态,而支座倾覆后刚度硬化的滚动变形段则作为支座变形的安全储备,因此钢丝网橡胶减隔震支座的本构转变为双线性。图7.2-16给出了钢丝网橡胶减隔震支座在不同剪应变幅值下的变形过程。

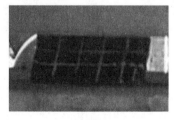　　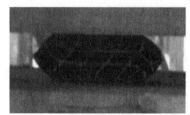

a)初始剪切　　　　　　　　　　b)翘曲阶段

图　7.2-16

c)完全倾覆

d)强化阶段

图7.2-16 支座不同剪应变幅值下的变形过程

(2)减隔震效果分析

表7.2-7给出了支座变形验算和抗滑验算结果,板式橡胶支座的剪切变形能力极限为100%剪应变,钢丝网橡胶支座取强化位移为极限位移,橡胶与混凝土之间的动摩擦系数取为0.15。因此板式橡胶支座最大允许变形为53mm,钢丝网橡胶支座最大允许变形为204mm,过渡墩和中间墩的临界摩擦力分别为134.6kN、343.2kN。

支座变形与抗滑验算 表7.2-7

输入方向	支座类型	支座位置	支座位移（mm）	最大允许变形（mm）	是否破坏	支座剪力（kN）	临界摩擦力（kN）	是否滑动
顺桥向	普通板式橡胶支座	过渡墩	109.9	53	是	134.6	134.6	是
		中间墩	80.9	53	是	306.4	343.2	否
	钢丝网橡胶支座	过渡墩	45.0	204	否	97.9	134.6	否
		中间墩	54.5	204	否	225.2	343.2	否
横桥向	普通板式橡胶支座	过渡墩	102.0	53	是	134.6	134.6	是
		中间墩	97.5	53	是	343.2	343.2	是
	钢丝网橡胶支座	过渡墩	67.3	204	否	132.0	134.6	否
		中间墩	66.0	204	否	260.5	343.2	否

由表7.2-7可见,由于支座可发生倾覆滚动变形,钢丝网橡胶减隔震支座变形能力较普通板式橡胶支座大很多,几乎是后者的4倍,在满足抗震需求外还有很大空余,而普通板式橡胶支座位移均超过支座变形能力。对比两种支座的地震响应:板式橡胶支座剪力达到临界摩擦力之后支座发生滑动,故传递到下部结构的剪力即为支座动摩擦力,钢丝网橡胶减隔震支座抗滑稳定性更高,不同地震动输入下均满足抗滑稳定性的要求;相同的地震输入下其支座位移仅为普通板式橡胶支座的41%~68%。

普通板式橡胶支座剪力达到临界摩擦力前,支座位移即超过容许变形能力,即位移能力由支座变形能力控制。由于加劲钢板厚度最小值有限定,如要满足大震时支座位移需求,需要增大支座橡胶层厚度,相应的支座高度也会增加,进而支座由于高度过大产生失稳的危险性增大。而钢丝网橡胶减隔震支座橡胶层总厚度与支座高度相同,且可实现支座滚动变形,极大地增大了支座位移能力,因此,支座位移能力通常受抗滑稳定性控制,故而增大表面橡胶层与混凝土的动摩擦系数是提高钢丝网橡胶减隔震支座位移能力的关键。

为进一步研究不同支座布置对桥梁关键截面地震内力的影响,表7.2-8对比了两种支座布置下墩底截面和最不利单桩的地震内力响应。结果显示,钢丝网橡胶减隔震支座体系墩底及桩基受力明显小于板式橡胶支座体系,其关键截面的剪力和弯矩响应平均为普通板式支座体系的72%、82%。表明钢丝网橡胶减隔震支座既能保障大震时结构位移的稳定性,又能有效减小结构的受力。

控制截面地震响应比较　　　　　表7.2-8

输入方向	截面位置		普通板式橡胶支座①		钢丝网橡胶减隔震支座②		响应比②/①	
			剪力(kN)	弯矩(kN·m)	剪力(kN)	弯矩(kN·m)	剪力(kN)	弯矩(kN·m)
顺桥向	过渡墩	新立柱	929.3	9564.9	678.4	9174.8	0.73	0.96
		老立柱	800.4	8051.6	580.6	7652.5	0.73	0.95
	中间墩	新立柱	976.6	11338.8	693.2	8872.8	0.71	0.78
		老立柱	832.7	9489.3	584.2	7403.0	0.70	0.78
	过渡墩	新桩基	376.3	781.9	311.5	718.0	0.83	0.92
		老桩基	152.2	234.8	123.3	195.6	0.81	0.83
	中间墩	新桩基	407.7	843.6	317.2	709.6	0.78	0.84
		老桩基	163.0	254.6	122.6	198.7	0.75	0.78
横桥向	过渡墩	新立柱	1299.3	5508.3	920.6	5410.1	0.71	0.98
		老立柱	1100.0	4615.2	798.8	4612.5	0.73	1.00
	中间墩	新立柱	1314.3	6133.9	921.6	4958.3	0.70	0.81
		老立柱	1108.7	5122.0	797.6	4225.4	0.72	0.82
	过渡墩	新桩基	679.9	2101.6	433.0	1340.0	0.64	0.64
		老桩基	221.5	445.3	141.0	283.6	0.64	0.64
	中间墩	新桩基	662.0	2045.0	440.9	1364.2	0.67	0.67
		老桩基	215.8	433.5	143.6	288.8	0.67	0.67

7.3 自浮式防撞系统开发与应用

7.3.1 概述

桥梁防撞设计方法主要有两种,主动防撞和被动防撞。主动防撞设计,是通过对船舶的航行管理和航行轨迹进行干预,避免船舶撞击桥梁事故发生的方法;被动防撞设计,是通过桥墩自身的加强或者辅助防撞设施来抵御船舶的撞击,进而避免撞击事故发生或降低受损程度的方法。我国目前在桥梁防撞设计上主要采用被动防撞设计方法。

船桥防撞装置设计多基于动量缓冲、能量吸收原理，需要根据桥墩的自身抗撞能力、桥墩位置和形式、通航船舶类型和碰撞速度、水位变化情况等因素进行，各种桥梁防护设施被开发并在实际工程中得到应用。船桥防撞装置有各种分类方法，其中王君杰[134]、金玉娟[135]的分类更符合工程师思维，先将桥梁防撞装置分为一体式、附着式和独立式三类，并对具体防撞系统进行归类，详见表7.3-1。

桥梁防撞装置分类　　　　　　　　　　　　表7.3-1

类型		优缺点	适用场所	实例
一体式	钢套箱	吸能大，施工简易，船损大，流线型承台能拨转船头，成本高，耐腐蚀性差	围堰施工，船舶吨位大，桥区水位变化不大	厦漳跨海大桥
	人工岛	吸能大，施工简易，船损小，成本高，维护成本低，占航道位置多	河床基础好，水深小，船舶吨位大	丹麦奥兰松桥
附着式	消能组件 护舷	安装方便，寿命长，造价高，维护费低，修复简易，吸能小	抵抗船舶撞击，作为防撞辅助设施	东海大桥
	消能组件 绳索	安装方便，易修复，抗高能撞击，钢材防腐性能要求高	船舶吨位小，防撞设施周围	日本柜石岛桥
	消能组件 木结构	初始造价低，船损小，抗撞能力差，维护成本高	船舶吨位小，防撞设施周围	美国 Commodore John Barry Bridge
	消能组件 重力摆	吸能大，造价高，维护难，费用高，磨损支承结构	开阔水域，船舶吨位适中	武汉长江大桥
	套箱 混凝土结构	耐久性好，可反复使用，施工简便，船损大，修复困难	跨海桥梁，船舶吨位较大	美国 Francis Scott Key Bridge
	套箱 钢套箱	吸能性能好，适用性强，用途广，制作耗时，易腐蚀，维护难	船舶吨位大，加滑动装置后可用于水位变化大的桥梁	黄石公路长江大桥
独立式	墩桩式 集群桩	合适的防护板形状可改变拨转船头，船损小，不能抵挡高能碰撞，成本高，仅中等水深有效，重大碰撞修复成本较高	船舶吨位不大，桥区水深不大	挪威托罗姆桥(Tromso Bridge)
	墩桩式 独立墩	抗大能量撞击，施工简易，耐久性好，船损大，流线型承台能拨转船头，成本高，仅中等水深有效，受河床冲刷影响大	船舶吨位大，桥区水深不大，桥区水流冲刷不强	荆州长江公路桥
	沉井式 薄壳筑沙围堰	抗大能量撞击，维护费低，船损大，修复成本高，受河床冲刷影响大	桥区水深不大，基础围堰施工	美国阳光大道桥(Sunshine Skyway Bridge)
	沉井式 双壁钢围堰	造价低，可保护桩基，抗较大撞击能，耐腐蚀性差，修复成本高	基础围堰施工，船舶吨位大	下白石大桥
	其他 防护板	对船舶起导向作用，施工简易，抗撞能力差，养护成本高，仅浅水区有效	船舶吨位不大，桥区水深不大	美国印第安洛克桥
	其他 浮体系泊索	吸能大，船损小，可深水安装和施工，缆索易被船头断，占地大，耐久性差，维护费高	深水港湾交叉口，桥墩周围空间大	意大利塔兰托桥

由表7.3-1可见,在各类防撞设施中,附着式钢套箱防撞系统通过其自身构件的弹性和塑性变形吸收船舶冲击载荷,钢材力学性能稳定,相关技术工艺最为成熟;可以改变撞击力的方向,吸能性能好,各种碰撞方向能量吸收性能也不会发生大的改变;可以根据实际的防撞要求来决定防护装置的规模,可用于船舶吨位大的情况,具有较强的适用性。附着式钢套箱防撞系统,增加自由滑动装置后,可用于桥区水位变化较大的桥梁。钢类浮式装置近些年得到较为广泛的应用,但随着工程实践的深入,这种钢类浮式装置也暴露一些问题:

(1)正常服役方面。浮式装置不断与桥梁结构混凝土表面发生接触和摩擦,致使结构出现表层混凝土剥落、钢筋露出等病害。

(2)撞后维修方面。当装置受到不同强度碰撞后,开展维修工作冗繁耗时。船舶碰撞会导致钢套箱变形,碰撞船舶的全部动能将由船头损坏变形和防护装置压坏变形吸收,因此防护装置每次都需要修理才能继续使用;对于小强度撞击下发生局部损伤,导致装置密水性失效;当装置受到大型船舶的高强度碰撞后,造成装置的大面积受损,水体灌入箱体,若与桥梁结构无有效连接,导致装置沉入水中,损失严重。采用非模块化的设计,未建立防撞装置的性能指标和性能等级划分,均将导致维修价格增高。

(3)防腐养护方面。钢套箱为薄板构造,极易被腐蚀,较难维护。作为钢类防撞结构,由于小型船舶碰撞、较大型船舶低速碰撞或因其他偶然因素,造成局部轻微破损,加之潮湿的外部环境诱发防腐漆皮大面积脱落现象经常发生,因此钢类浮式装置在设计使用寿命内的防腐保养问题成了又一亟须解决的难题。

针对上述问题,需开发新型多级缓冲耗能型防撞耐蚀自浮式防撞装置。在桥梁结构正常运营、非撞击工况下,需保证钢浮箱与桥梁结构良好接触,钢浮箱随水位变化不断抬升与落下时,不对结构表面造成损伤。钢浮箱装置在受到小型船舶碰撞、较大型船舶低速碰撞时,通过钢浮箱各模块之间强度和刚度的合理分布,使得指定模块发生损伤,不影响钢浮箱继续正常工作;修复时,只需进行构件层面的模块维修或更换。当钢浮箱受到大型船舶的高强度碰撞后,各防撞模块依次发生破坏,修复时,完成防撞节段层面的维修或更换。另外,作为钢类防撞结构的防腐保养问题十分重要,需要解决钢浮箱在正常服役过程中,或轻度撞击、刮碰后的免维修问题。

本章以松浦大桥为背景,介绍了新型浮式防船撞装置的关键构造和主要性能,并对防撞装置进行了相关参数分析[136,137]。

7.3.2 防撞装置开发

1)结构形式

本项目开发的多功能自浮式防撞装置,结构三维示意见图7.3-1,附着于桥梁墩台,通过防撞装置的压缩变形吸收撞击能量,削减船舶撞击力,减小结构的船撞响应。防撞装置包括钢浮箱、接触滚滑装置。钢浮箱的主体结构由外钢箱、内钢箱组成,之间设横隔板及加劲肋,预留空间内填充轻质高分子材料与橡胶轮胎;接触滚滑装置安装于外钢箱靠承台侧表面。

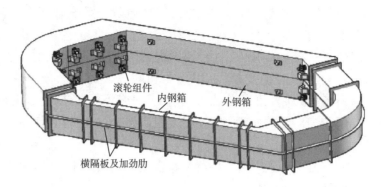

图 7.3-1 自浮式防撞装置三维示意

防撞装置总体结构布置如图 7.3-2 所示。防撞结构隔离净空，即防撞装置最外侧距离桥梁墩台表面的距离，需保证装置即使发生严重碰撞，船舶不会直接接触桥墩。为增加装置隔离净空，防撞结构整体轮廓可设计为尖端形，在几何形状上也有利于削减船舶的撞击力。主体结构模块化制造，运输至现场后采用内、外双层接头连接。

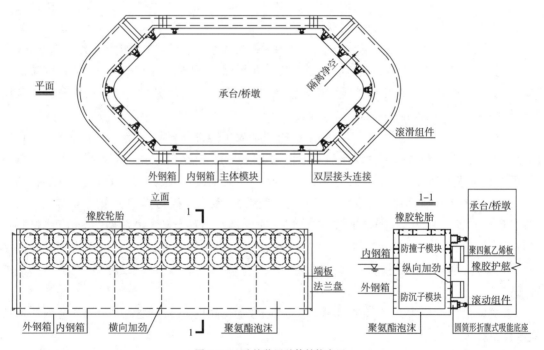

图 7.3-2 防撞装置总体结构布置

2）性能设计

（1）防护性能设计

防船撞装置应具备降低防撞等级内船撞力的防护性能，撞击力削减率一般不少于20%。在众多桥梁防船撞设计中采用了钢结构防船撞装置，但作为柔性耗能装置，所采用的钢板较薄，且其中空结构使得装置的耗能能力仍有所不足。利用钢材的高耗能性能，橡胶缓冲性好、恢复变形能力强的优点，通过对橡胶环施加预压力，开发了钢-橡胶组合耗能体系。外钢箱作为结构的缓冲消能结构,可以发生较大变形;轮胎具有缓冲吸能、可恢复变形等优点,将轮胎预压后一方面可使标准节段内所有轮胎共同工作形成整体受力体系,增强轮胎的缓冲消能性能,另一方面预压轮胎对外钢箱起到内撑作用,二者协同工作,在吸能耗能的同时有利于降低外钢箱的破损。该结构体系具有耐久、环保、低造价的优点。

橡胶轮胎可采用废旧轿车轮胎,轮胎预压度为预压缩位移与初始高度之比,沿胎宽向压缩,初始高度为胎宽;沿轮胎径向压缩,初始高度为轮胎直径。对于遭受船舶撞击概率大的节段,应尽量提高橡胶轮胎的预压度,建议范围为0.40~0.50,其他节段可适当降低橡胶轮胎的预压度。

(2)滚滑装置设计

为保护承台混凝土局部破损,一般在防撞装置与承台之间设置缓冲消能元件,如橡胶护舷,但在波流作用下,橡胶护舷与桥墩之间的长期磨损也会造成桥墩局部混凝土的局部脱落,甚至钢筋外露,影响到桥墩的耐久性。为此,开发了一种具有限定能力的滚滑装置,使防撞设施与桥墩的接触部件不对桥墩产生局部破坏,如图7.3-3所示。

依据桥区所在航道的通行船舶流量统计资料,可取70%下分位船舶吨位对应船舶撞击力作为接触元件的总限定力。滚滑装置采用了二级耗能工作机制,第一级工作机制包括沿撞击方向叠加设置的折腹式耗能筒底座(图7.3-4)和滚轮装置。当遭受波流作用或较小船舶撞击时,耗能钢筒不屈服,可实现正常运营状态下的滚动摩擦,降低对桥墩表面混凝土的磨损;同时,为缓冲波流荷载下装置与桥墩之间的碰撞力,将滚轮固定于波纹筒顶部,利用波纹筒缓冲消能,从而极大地改善了滚轮的抗疲劳性能,实现装置随水位的自由浮动功能。第二级工作机制为吸能-滑动摩擦接触装置,采用橡胶护舷元件。当遭受较大船舶撞击时,由于滚轮底部设有限定能力的熔断螺栓,当撞击荷载超过螺栓的剪断力时,滚轮失效脱落,耗能钢筒屈服,护舷接触桥墩,防撞装置通过橡胶护舷及钢箱的塑性变形来消耗撞击能量,从而达到保护桥墩的作用。

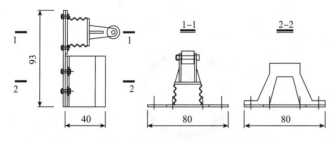

图7.3-3 缓冲-可缩进滚动接触装置(尺寸单位:cm)

图7.3-4 波纹金属耗能底座

(3)浮动性能设计

在正常状态下,为适应河流、海洋水位的涨落,防撞装置应当具备可靠的自浮性能。一方面,通过结构主体设计,拟定满足装置自浮性能要求的结构参数。装置的整体自浮比,即防撞装置水下高度与装置总高度之比,应在0.35~0.50之间。另一方面,通过进行装置密水性设计,使得装置在正常漂浮状态下不渗水或少渗水。可合理设置水密隔舱,水密舱数目宜为8~12个,如图7.3-5所示。

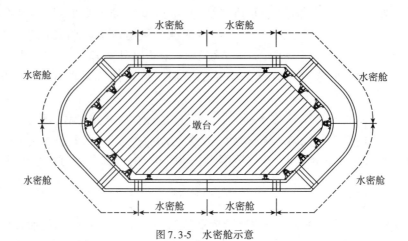

图 7.3-5 水密舱示意

为保证防船撞装置在撞击、波流等荷载作用下的自浮性能,防船撞装置在内钢箱、内钢箱与外钢箱之间均采用聚氨酯等硬质泡沫填充,使得装置具备可靠的自浮性能,甚至当遭受剧烈撞击装置严重破损后装置也不会发生下沉。

(4)耐久性设计

通过调研发现,防撞钢结构因轻微刮碰常导致防腐油漆脱落,进而加速钢结构的腐蚀,严重影响防撞结构的耐久性,增加装置的后期维护费用,这种现象对于跨海桥梁防撞装置尤为突出。为达到小撞不修的目的,提出外钢箱采用钛钢复合板(迎撞面)与 GFRP 复合钢板(非迎撞面),利用金属钛与 GFRP 材料的高强度与永不腐蚀的优点,从根本上解决了钢浮箱表层局部冲击腐蚀的问题。

外板采用钛钢复合板的防撞装置模块为钛钢模块,外板采用 FRP 复合钢板的防撞装置模块为 FRP-钢模块。钛钢复合板为纯钛板与普通碳素钢通过轧制或爆炸方式形成的复合钢板,GFRP 复合钢板为普通钢板外表面缠绕 GFRP 形成的复合钢板,如图 7.3-6 所示。

图 7.3-6 复合钢板示意

(5)节段连接性能

为保证防撞结构船舶撞击、波流等作用下连接接头的可靠性,新型防撞装置采用了性能可靠双层连接构造(图 7.3-7),其中主体模块内钢箱间采用钢法兰接头连接,主体模块外钢箱间采用拼接板连接,可以保证接头后于主体结构破坏。另外,节点连接强度尚应保证主体结构在重力作用下节段之间的节点不发生破坏。

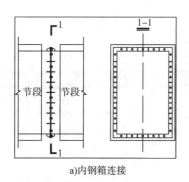
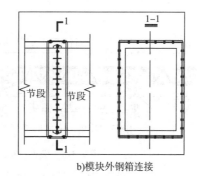

a) 内钢箱连接　　　　　　　　　　b) 模块外钢箱连接

图 7.3-7　主体模块双层连接构造

3) 技术优点

与现有技术相比，新型自浮式防撞系统具有以下优点：

（1）多级抗撞设防，模块划分清晰，易于建立钢浮箱的性能指标和性能等级划分。包括：第一级缓冲-可缩进滚动接触模块、第二级吸能-滑动接触模块、第三级耗能-耐蚀钢箱模块。低强度撞击下，折腹式吸能底座变形能力强，折腹式吸能底座首先发生变形，具备一定缓冲消能效果，其他模块未发生变形或变形不明显。中等强度撞击下，折腹式吸能底座变形明显，超过指定延展距离后，协同橡胶护舷产生良好的缓冲效果，此时主体钢箱未发生或发生轻微变形。高强度撞击下，第一级、第二级抗撞防线依次工作后，主体钢箱发生变形，双层钢结构配合内置橡胶类材料，使得装置主体耗能能力突出。

（2）自浮能力强、严重破损后仍具备自浮能力。结合工程经验，设置不同子功能区域模块。现有船体结构设计及典型船撞事故案例表明，水上部分防撞装置为主要受力区域，水下部分次之。该装置由下而上划分为撞后防沉子模块、防撞子模块。防沉子模块保证装置破损进入水体不发生沉没，内设纵向加劲肋条和硬质泡沫材料，在保证整体装置具备很强自浮能力的同时，具备良好的缓冲耗能能力。防撞子模块为主要受撞区域，内置橡胶类材料，变形能力强，缓冲效果显著。

（3）可更换、维修简单、经济效益突出。小撞小修：维修或更换第一级缓冲-可缩进滚动接触模块、第二级吸能-滑动接触模块。大撞大修：维修或更换第三级耗能-耐蚀钢箱模块。所研发的装置的主要部分是标准化和模块化的，在工厂可以基本实现标准化的工艺流程。撞后根据撞损部位，对相应的模块更换即可。

（4）耐久性好，后期少维护。复合钢板使得装置正常服役过程中、或轻度撞击、刮碰后免维护，解决了小型船舶碰撞、较大型船舶低速碰撞或因其他偶然因素，造成局部轻微破损诱发附近防腐漆皮大面积脱落的问题。防船撞装置各附属结构包括橡胶轮胎、硬质泡沫、GFRP 层等也应具备良好的耐候性，总体具备 15 年的使用寿命。

7.3.3　工程应用

1) 防撞设计

示范应用依托工程为松浦大桥，主桥跨径布置为 96m + 112m + 112m + 96m，双向通航，通航孔宽 60m，高 10m，如图 7.3-8 所示。

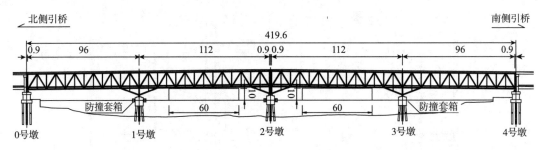

图 7.3-8 松浦大桥总体布置(尺寸单位:m)

主桥江中1号~3号桥墩基础采用高桩承台,承台为纺锤体形,$\phi1.2m$钢管桩,钢管桩桩身材料采用A3钢,填充混凝土为水下200。1号、3号墩16根钢管桩,2号墩14根钢管桩。针对水中1号~3号桥墩进行防船撞设计。

根据《上海市内河航运发展规划(修改报告)》,松浦大桥航段定级为Ⅲ级航道,代表船型为1000t级。根据《内河通航标准》(GB 50139—2014)[138]和《京杭运河船型标准化示范行动工程》有关船型尺度要求,本工程规划代表船型参数如表7.3-2所示。

松浦大桥规划代表船型尺度 表7.3-2

分类	船型营运组织方式	总长(m)	型宽(m)	吃水(m)	备注
1000t级散货船	1200t干散货船	64	10.8	2.7~2.9	国标船型
	1000t干散货船	58	9.8	2.7~2.9	京杭运河标准船型
	1000t油船	68	10.8	2.7~2.9	京杭运河标准船型
集装箱船	90TEU内河集装箱船	72.7	12.6	2.7~2.8	京杭运河标准船型
顶推船队	2×1000t顶推船队	161	10.8	2.2	京杭运河标准船型

该桥通航孔按1000t内河散货轮船进行防撞设计,最高水位(即+3.82m)和最低水位(即+1.37m)之间的变化为2.45m。基于研发的多功能自浮式防撞装置,进行大桥防撞设计,总体布置如图7.3-9所示。防撞装置为自浮式结构,钢浮箱断面采用双层矩形断面,截面高2.6m,根据桥梁所在水域的航道规划要求,侧面节段钢浮箱宽度为0.78m,正面节段钢浮箱宽度为1.65m。防撞结构与桥墩承台之间设置滚动-滑动接触装置,装置内填充轻质泡沫形成自浮式结构,内、外钢箱之间填充橡胶环,以缓冲消能。内外钢箱主体材料为Q235C,内箱钢板厚8mm;外箱远离铁路桥侧3号节段使用8mm+2mm钛钢复合板,其他节段使用8mm+2mm的GFRP复合板。设计主要性能参数及要求详见表7.3-3。

松浦大桥防撞装置主要性能参数及要求 表7.3-3

内容	性能参数及要求
设计代表船型	1000DWT
隔离净空	0.55m
撞击力削减率	约34%
接触元件限定力	取70%下分位船舶吨位对应船舶撞击力
自浮比	1号节段:0.55,2号节段:0.4,3号-1节段:0.31,3号-2节段:0.41,整体自浮比0.35~0.50
使用寿命	整体使用寿命15年
钛钢复合板	钛钢复合板的力学性能指标、钛钢模块加工过程中的焊接工艺应满足《钛-钢复合板》(GB 8547—2006)的要求

续上表

内容	性能参数及要求
GFRP复合钢板	GFRP应采用玻璃纤维增强塑料,力学性能指标应满足《纤维增强复合材料建设工程应用技术规范》(GB 50608—2010)的要求
橡胶轮胎	规格175/70R14,应符合《轿车轮胎规格、尺寸、气压与负荷》(GB/T 2978—2008)的要求;轮胎预压度0.40~0.50
硬质泡沫	规格等级30kg/m³,吸水率低于5%,吸水率测定应符合《硬质泡沫塑料吸水率的测定》(GB/T 8810)的要求
橡胶护舷	规格及力学性能应满足《橡胶护舷》(HG/T 2866—2016)要求

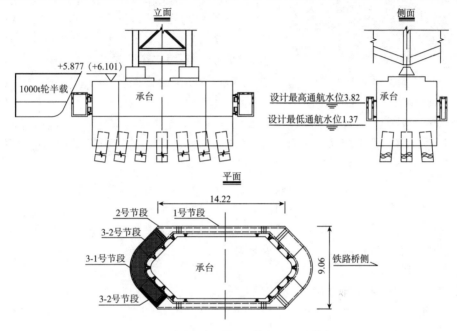

图7.3-9 松浦大桥防撞装置总体布置(尺寸单位:m)

防撞系统通过若干型号的标准节段拼装成整体。防撞主体节段间内钢箱设法兰板,通过高强螺栓连接,外钢箱四周设置连接搭板,搭板与外钢箱通过高强螺栓连接。根据设计,厂内加工共12个节段,然后运输到至现场(图7.3-10)。将节段进行拼接,组成2个弧形节段(③),2个直线形节段(②+①+②),共4个大的节段(图7.3-11)。大节段水中拖运至桥墩处,再进行防撞设施水上吊装拼接安装,安装完成后防撞设施详见图7.3-12。

图7.3-10 松浦大桥防撞结构标准节段

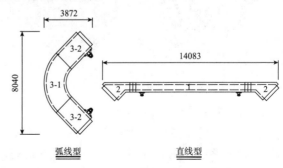

图7.3-11 节段划分及拼装(尺寸单位:mm)

2)装置参数分析

通过数值模拟研究了松浦大桥上采用的自浮式防撞装置的防船撞性能,分析了自浮式防撞装置材料强度、滚滑组件个数、耗能钢筒屈服强度对自浮式防撞装置防船撞性能的影响,为自浮式防撞装置的优化设计提供参考依据。

(1)有限元模型

自浮式防撞装置的外钢箱、内钢箱、横隔板及加劲肋、耗能钢筒均采用壳单元进行模拟,钢的材料本构选取考虑应变速率效应和失效准则的运动强化塑性模型;护舷采用实体元进行模拟,橡胶的材料本构选取 Mooney Rivlin 模型。

图 7.3-12 安装完成后防撞设施

船舶选取 1000t 的轮船,如图 7.3-13 所示。在建立船舶有限元模型时,将船舶分为船头和船身两个部分。船头和船身均采用壳单元模拟,其中,船头选取考虑应变速率效应和失效准则的运动强化塑性模型作为钢的材料本构,而船身在撞击过程中的变形很小,为节约计算时间,选取弹性材料作为钢的材料本构。

承台采用实体单元模拟,由于主要目的是研究自浮式防撞装置的防撞效果,不考虑冲击过程中承台的变形过程,因此选取刚性体作为承台的材料本构。

船舶与防撞装置、防撞装置与承台之间通过自动面面接触来定义接触关系,船舶内部构件之间以及防撞装置内部构件之间采用单面接触来定义接触关系。

(2)参数分析

分别研究钢材型号、滚滑组件套数和耗能钢筒屈服强度对自浮式防撞装置的防船撞性能影响。假定的船舶冲击位置为基础正中,冲击角度为与航道线夹角 20°,冲击速度为 4m/s,如图 7.3-14 所示。

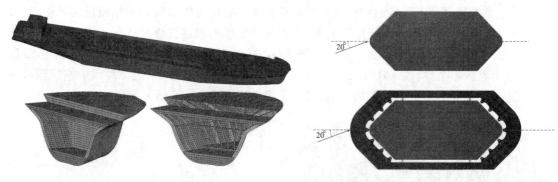

图 7.3-13 1000t 轮船有限元模型　　　　图 7.3-14 船舶撞击位置及撞击角度

①材料强度

自浮式防撞装置的外钢箱、内钢箱、横隔板及加劲肋均采用相同的材料。分别对无防撞装置、采用 Q345 钢材防撞装置和采用 Q235 钢材防撞装置的桥墩在 1000t 轮船撞击下的工况进行了数值模拟。Q345 钢材与 Q235 钢材的刚度相当,两者的主要区别在于屈服强度不同,因此对比 Q345 钢材防撞装置和 Q235 钢材防撞装置在相同撞击条件下的反应,能得出防撞装置的材料强度对其防船撞性能的影响。模型中,Q345 钢材和 Q235 钢材的参数取值如表 7.3-4 所示。

Q345 钢材及 Q235 钢材的参数取值　　表 7.3-4

钢材	密度(kg/m³)	杨氏模量(GPa)	泊松比	屈服强度(MPa)	极限强度(MPa)
Q345	7850	210	0.3	345	550
Q235	7850	210	0.3	235	435

三种工况的桥墩撞击力时间过程图 7.3-15a)所示,可见,相对于无防撞装置的工况,Q345 钢材防撞装置工况和 Q235 钢材防撞装置工况的峰值撞击力削减明显,分别从 8.42MN 削减至 5.30MN 和 4.77MN,有防撞装置的撞击力持续时间也相应延长,分别从 1.21s 延长至 1.76s 和 1.92s。三种工况的能量转换过程分别如图 7.3-15b)、c)、d)所示,可见,三种工况完成能量转换的时间也依次增加,分别为 0.983s、1.262s 和 1.399s。由此可得,自浮式防撞装置能延长撞击时间,显著削减撞击力峰值,同时,采用强度相对较低的材料有利于进一步降低撞击力峰值。

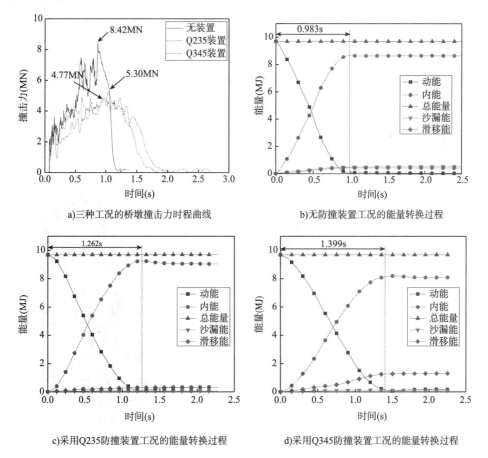

a)三种工况的桥墩撞击力时程曲线　　b)无防撞装置工况的能量转换过程

c)采用Q235防撞装置工况的能量转换过程　　d)采用Q345防撞装置工况的能量转换过程

图 7.3-15　三种工况时程计算结果

②滚滑组件个数

滚滑组件包括带滚轮的耗能筒和护舷,在防撞装置遭受船舶撞击的过程中,其主要作用是保护桥墩不受装置撞击。同时,滚滑组件也是防撞装置和桥墩的传力构件,因此,滚滑组件也可能是影响桥墩撞击力的重要因素。分别模拟了滚滑组件增加前和增加后防撞装置在1000t轮船撞击下的工况,计算模型如图7.3-16所示。

a)滚滑组件增加前　　　　　　　　b)滚滑组件增加前

图7.3-16　防撞装置计算模型

两种工况的撞击力时程曲线如图7.3-17所示,可见,滚滑组件增加后,撞击力的持续时间变化并不明显,但是撞击力峰值会有所降低,从增加前的5.78MN降低至5.30MN。因此,适当增加滚滑组件有利于降低船舶撞击下对桥墩的撞击力峰值。

③耗能钢筒屈服强度

带耗能钢筒的滚轮的有限元模型如图7.3-18所示,耗能钢筒位于滚轮的下方,为波纹状的圆筒,通过调整钢筒的壁厚来控制耗能钢筒的屈服力,一方面使其在遭受波流作用或较小船舶撞击时不屈服,保持正常的工作状态以满足防撞装置随水位高低而自由滑动;另一方面,当遭受较大船舶撞击时,耗能钢筒屈服消耗能量并使护舷接触桥墩,从而达到保护桥墩的目的。同时,耗能钢筒也是防撞装置与桥墩之间的重要传力构件,其屈服强度也可能是影响桥墩撞击力的重要因素。

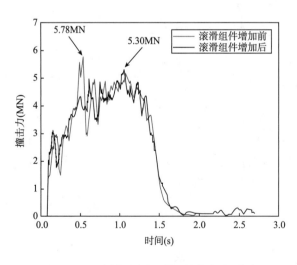

图7.3-17　不同数量滚滑组件下撞击力时程曲线

图7.3-18　带耗能钢筒的滚轮

分别模拟了耗能钢筒屈服强度为 0.125MN、0.25MN、0.50MN、1MN 时的撞击工况。四个工况的撞击力时程曲线如图 7.3-19a)所示,可见,除 1MN 工况的撞击力持续时间较短以外,其他三个工况的撞击力持续时间基本相同。四个工况的撞击力峰值如图 7.3-19b)所示,可见,撞击力峰值并不随耗能钢筒的屈服强度变化而单调变化,而是存在一个最优值,即在屈服强度为 0.5MN 时峰值撞击力最低。

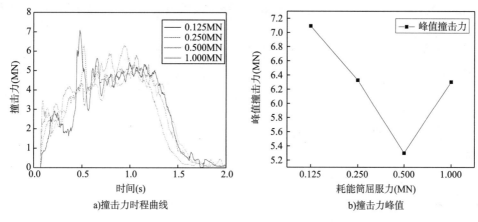

a)撞击力时程曲线　　　　　　　　　　　b)撞击力峰值

图 7.3-19　不同耗能钢筒屈服强度下计算结果

由以上数值分析可以得到松浦大桥防撞装置的最优设计参数,并可见采取防撞装置后,撞击力峰值最大削减了 43.3%。经验算,松浦大桥水中桥墩基础具备整体抗撞能力,设置防船撞装置可显著增强桥墩安全储备,并对承台提供局部保护。

3)船撞力讨论

船舶与桥梁结构的碰撞过程十分复杂,与碰撞时的环境因素(风浪、气候、水流等)、船舶特性(船舶类型、船舶尺寸、行进速度、装载情况以及船艏、船壳和甲板室的强度和刚度等)、桥梁结构因素(桥梁构件的尺寸、形状、材料、质量和抗力特性等)及驾驶员的反应时间等因素有关,因此,精确确定船舶与桥梁的相互作用力十分困难。对于船舶与桥梁的撞击作用力,应结合具体情况开展专题研究,当无实测资料或针对性研究成果时,各国规范也规定了相关的条文计算撞击力。本章以松浦大桥为例,采用各国规范相关条款进行计算,并与仿真分析结果进行对比。

(1)各规范船舶撞击力计算方法

根据通航航道的特点及通航船舶的特性,考虑船舶与桥梁相互作用的河流分为内河和通行海轮的河流(包括海湾)两大类。前者的代表船型主要分为内河驳船货船队,后者代表船型为海轮,两者与桥梁结构发生撞击的机理也有所区别,撞击力结果也不太相同。

①《铁路桥涵设计规范》(TB 10002—2017)[139]

规范认为内河船舶对桥梁墩台撞击的计算方法可以按"静力法"计算,即假定作用于桥梁墩台上的有效动能全部转化为静力功,并采用一些经验系数经计算得到。船舶撞击力计算公式为:

$$F = \gamma v \sin\alpha \sqrt{\frac{W}{C_1 + C_2}} \tag{7.3-1}$$

式中,F 为船舶撞击力(kN);γ 为动能折减系数($s/m^{1/2}$):当船只斜向撞击时可采用 0.2,正向撞击时可采用 0.3;v 为船只的撞击速度(m/s);α 为船只驶进方向与墩台撞击点处切线所成的夹角;W 为船只重量(kN);C_1、C_2 分别为船只的弹性变形系数和被撞墩台的弹性变形系数(m/kN),缺乏资料时可假定 $C_1 + C_2 = 0.0005$(m/kN)。

②《公路桥涵设计通用规范》(JTG D60—2015)[58]

规范给出的四～七级内河航道船舶和海轮撞击作用设计值,并区分了横桥向和顺桥向两个方向。规范补充说明:对于一、二、三级内河航道船舶撞击作用,鉴于桥梁防撞等级及结构安全等级的重要性,一般设计过程中均通过专题研究来确定,且原规范规定的数值与研究结果相比偏小,因此取消了一、二、三级内河航道船舶撞击作用设计值规定。对于海轮撞击作用,该规范也给出了相关表格,可内插得到不同船舶等级下的顺桥向及横桥向撞击作用力。

③《公路桥梁抗撞设计规范》(JTG/T 3360-02—2020)[119]

规范规定设防船撞力宜根据设防代表船型、撞击速度,采用下列公式计算:

轮船设防船撞力计算公式为:

$$F = \alpha \cdot \eta \cdot \gamma \cdot v \cdot [(1 + C_M) \cdot M]^{0.62} \tag{7.3-2}$$

式中,F 为轮船撞击力设计值(MN);α 为轮船撞击力系数,取 0.033;η 为几何尺寸的修正系数;γ 为撞击角度的修正系数;v 为船舶撞击速度(m/s);C_M 为附连水质量系数;M 为满载排水量(t)。

驳船撞击力计算公式为:

$$F = 0.0115 \cdot M^{0.70} \cdot v \tag{7.3-3}$$

式中,F 为驳船撞击力(MN);M 为满载排水量(t);v 为船舶的撞击速度(m/s)。

④《美国 AASHTO 规范》[140]

美国 AASHTO 规范同样也区分了不同船型的撞击作用的计算公式。

对于轮船,对桥墩的正面撞击力计算公式为:

$$P_s = 1.2 \times 10^5 v \sqrt{DWT} \tag{7.3-4}$$

式中,P_s 为船舶撞击力(N);DWT 为船舶载质量(t);v 为船舶的撞击速度(m/s)。

对于驳船,对桥墩的撞击力计算公式:

$$P_B = \begin{cases} 4112 a_B & a_B < 0.34 \\ 1349 + 110 a_B & a_B \geq 0.34 \end{cases} \tag{7.3-5}$$

式中,P_B 为等效静止驳船撞击力(kip);a_B 为驳船船头破坏长度(ft),计算如下:

$$a_B = 10.2 \left(\sqrt{1 + \frac{KE}{5672}} - 1 \right) \tag{7.3-6}$$

$$KE = \frac{C_H W v^2}{29.2} \tag{7.3-7}$$

式中,KE 为船只撞击能量(kip-ft);W 船只排水量吨数(t);C_H 为水动力质量系数;v 为船只撞击速度(ft/s)。

⑤《欧洲规范》[141]

欧洲规范区分了航道类型、船舶类型和吃水深度对撞击作用的影响,还考虑了结构类型和能量耗散特性。船撞产生的作用由正面、侧面撞击力组成,采用查表内插法计算。

(2)仿真分析与规范计算结果对比分析

根据松浦大桥相关参数,采用不同规范进行船舶最大碰撞力计算,结果如表7.3-5所示。

仿真分析与规范计算结果对比　　　　表7.3-5

序号	计算方法	船撞力(MN)
1	《铁路桥涵设计规范》	4.99
2	《公路桥梁抗撞设计规范》	6.62
3	《美国AASHTO规范》	8.61
4	《欧洲规范》	5.00
5	仿真分析(20°斜撞)	8.42

通过对比分析可以发现,松浦大桥在1000吨级代表船型,速度为4m/s,20°斜撞工况下,《美国AASHTO规范》得到的碰撞力与仿真分析得到的结果更为接近,部分规范计算结果出入较大。因此,对于考虑通航的一些重要跨江、跨海桥梁,为降低服役期间发生船舶撞击损毁的风险,应根据其所处的通航等级和船舶通行情况进行专门的船撞风险论证,通过船-桥碰撞动力时程分析,计算考虑结构动力效应放大后的船舶撞击力大小。同时,可考虑增设必要的防撞设施,降低船舶撞击为桥梁结构带来的损伤。

7.4 小　结

在防灾减灾方面,本章以松浦大桥为背景,围绕改扩建桥梁的抗震、抗撞进行研究。通过主桥采用拉索减隔震支座,引桥采用钢丝网橡胶减隔震支座,水中墩采用多功能自浮式防撞装置,使桥梁的抗震、抗撞性能得到了大幅提升,为桥梁安全提供了保障,具有重要的社会效益和经济效益。

1)松浦大桥拓宽改建后桥梁的结构形式、结构自重和质量分布都发生了较大的改变,原约束体系下结构性能不满足现行抗震规范要求。对基于剩余服役期的抗震设防标准、抗撞加固方案进行研究,确定了抗震设防标准及减隔震总体策略。

(1)扩建改造桥梁可根据一致危险性原则,取其剩余服役期内与新建桥梁抗震设防标准相同的超越概率,确定相应的E1、E2地震动水平。松浦大桥改造后设计使用寿命为50年,通过调整抗震重要性系数,可达到与新建桥梁设计基准期100年同等的设防水平。

(2)研究了拓宽改建后松浦大桥主桥的抗震性能,从桥梁抗震的力与位移平衡的角度出发,探索摩擦摆减震支座和拉索减震支座两种减隔震设计方案的合理参数,并对不同减隔震设计方案的减震效果进行了对比。

(3)对拼宽引桥,分析表明上部结构连接、盖梁连接、增加新桥墩柱刚度总体上无法提升老桥抗震性能,而承台连接、增加新桥桩基刚度可显著提升老桥桩基的抗震性能;相比普通板式橡胶支座,钢丝网橡胶减隔震支座能够满足墩梁大位移需求,使结构的墩梁相对位移得到有效的控制,有效减小桥梁下部结构的受力。

2)为实现高耗能、小撞不修、永久漂浮、连接可靠的防船撞装置设计目标,分别进行主体结构耗能系统开发、滚滑装置设计、浮动性能设计、耐久性设计、节段连接性能设计,开发了新型自浮式防撞系统。以松浦大桥为背景,基于所开发的多功能自浮式防撞装置,对水中桥墩进行了防撞设计,并进行了仿真分析。

(1)研发了预压钢-橡胶组合耗能系统,利用橡胶材料缓冲性好、可恢复变形的优点,改善了钢浮箱的耗能性能;开发了一种具有限定能力的滚滑装置,使防撞设施与桥墩的接触部件不对桥墩产生局部破坏;通过填充轻质泡沫,使得防撞装置具有可靠的自浮性能,即使遭受强烈撞击严重破损也不会下沉;采用钛钢复合板与 GFRP 复合钢板,从根本上解决了钢板局部冲击表层腐蚀问题;装置节段之间采用了可靠的双层连接构造,可以保证接头后于主体结构破坏。

(2)通过数值模拟研究了松浦大桥上采用的自浮式防撞装置的防船撞性能,结果表明自浮式防撞装置能延长撞击时间,显著削减撞击力峰值,同时,采用强度相对较低的材料、增加滚滑组件个数有利于进一步降低撞击力峰值。

(3)对于考虑通航的一些重要桥梁,为避免服役期间发生船舶撞击损毁事故,应根据其所处的通航等级和船舶通行情况进行专门的船撞风险论证,通过船桥碰撞动力时程分析,更为精确地计算船舶撞击力大小。

参 考 文 献

[1] KASPRZAK A, BERGER A. Strengthening and Widening of Steel Single Box Girder Bridge in Warsaw[J]. Structural Engineering International : Journal of the International Association for Bridge and Structural Engineering (IABSE), 2019, 29(4): 533-536.

[2] G B P. Increasing the Load Capacity of Suspension Bridges[J]. Journal of Bridge Engineering, 2003, 8(5): 288-296.

[3] SERRANO-CORRA Á, RUPEREZ-ASTARLOA M, ALONSO-LóPEZ J C, et al. Widening of the Cable-Stayed Bridge Over the Rande Strait in Spain[J]. Structural Engineer International, 2019, 29(4): 547-550.

[4] 中华人民共和国交通运输部. 公路桥梁加固设计规范: JTG/T J22—2008[S]. 北京: 人民交通出版社, 2008.

[5] 严国敏. 韩国圣水大桥的倒塌[J]. 国外桥梁, 1996(4): 47-50.

[6] Shao C, Yan H, Chen L, et al. Widening and Strengthening of the Songpu Bridge[J]. Structural Engineering International, 2019, 29(3): 354-361.

[7] 颜海, 陈亮, 邵长宇, 等. 公铁两用钢桁架桥原位拓宽改建设计关键技术[J]. 桥梁建设, 2019, 49(3): 91-96.

[8] 王哲武. 钢桁架连续梁桥公路桥面维修换板工程关键技术问题研究[D]. 武汉: 武汉理工大学, 2013.

[9] 徐伟, 鲍莉霞, 刘华. 九江长江大桥主桥公路桥改造设计[J]. 桥梁建设, 2017, 47(01): 88-93.

[10] CONWAY W B. Widening the Huey P. Long Bridge[C]//Thomas Telford. Bridge Management 5, London, 2005.

[11] 张春雷. 浙江路桥鱼腹式铆接钢桁梁大修设计[J]. 城市道桥与防洪, 2017(1): 86-89.

[12] 方新跃. 文物铆接钢桥——海珠桥维修加固关键施工技术[J]. 桥梁建设, 2016, 46(05): 110-115.

[13] 牛宏, 贾磊, 慕玉坤. 桁式组合拱桥4种加固方法的对比分析[J]. 桥梁建设, 2009, 46(1): 78-80.

[14] 马晴. 铁路钢桁梁桥体外预应力加固技术研究[D]. 北京: 北京交通大学, 2020.

[15] 吕宏奎, 周彦. 某全焊钢桁架连续梁桥加固方案研究[J]. 铁道工程学报, 2014(5): 63-67.

[16] 刘甲荣, 陈惟珍, 刘学. 连续栓焊钢桁梁桥评定与加固一体化方法探讨[J]. 结构工程师, 2005, 21(4): 58-62.

[17] 郑云, 叶列平, 岳清瑞. FRP加固钢结构的研究进展[J]. 工业建筑, 2005, 35(8): 20-

25,34.

[18] 秦凤江.板桁结合型加劲梁受力机理与计算理论研究[D].西安:长安大学,2015.
[19] 陈亮,陈祖贺,邵长宇.大跨径钢桁梁桥加固方法研究[J].公路,2020,65(8):109-114.
[20] 苏庆田,王思哲,薛智波,等.既有铆接钢桁梁桥拓宽改建时的主桁构件加固设计[J].桥梁建设,2019,49(4):75-80.
[21] 周伟翔.钢混组合加固在钢桁梁桥改造中的应用研究[J].上海公路,2022(1):39-42.
[22] 黄剑涛.南京长江大桥维修改造工程施工防护棚架的抗冲击可靠性研究[D].成都:西南交通大学,2016.
[23] 李敏风,刘源.论重防腐涂料及涂装技术进展[J].上海涂料,2013,51(4):43-47.
[24] 岳贵平,黄慷,张春雷,等.外白渡桥船移大修保护工程设计(上)[J].上海建设科技,2009(5):1-5.
[25] 鲍莉霞,彭振华.广州市海珠桥主桥维修加固设计[J].钢结构,2016,31(1):42-44.
[26] 杨进.武汉长江大桥钢梁第4孔下弦杆严重撞伤后的修复设计[J].桥梁建设,1983(4):31-34.
[27] 曾智荣.宁波市灵桥保护性修复方案与关键加固技术[J].世界桥梁,2017,45(6):87-91.
[28] 芦亮,彭思谦.钢桁梁桥损伤杆件矫正施工技术[J].世界桥梁,2018,46(2):89-92.
[29] 中华人民共和国住房和城乡建设部.桥梁顶升移位改造技术规范:GB/T 51256—2017[S].北京:中国计划出版社,2017.
[30] 苏庆田,胡一鸣,王思哲,等.架设方法对组合桥面板受力的影响分析[J].结构工程师,2020,36(2):20-27.
[31] 闵玉,苏庆田,胡一鸣,等.预弯钢横梁对组合桥面板受力的影响分析[J].结构工程师,2022,38(3):33-39.
[32] 中国钢铁工业协会.桥梁用结构钢:GB/T 714—2015[S].北京:中国标准出版社,2015.
[33] 中华人民共和国交通运输部.公路钢结构桥梁设计规范:JTG D64—2015[S].北京:人民交通出版社股份有限公司,2015.
[34] 中国钢铁工业协会.金属材料 疲劳试验 疲劳裂纹扩展方法:GB/T 6398—2017[S].北京:中国标准出版社,2017.
[35] 陈亮.百年钢桁桥修复技术[M].北京:人民交通出版社股份有限公司,2019.
[36] 英国标准化协会(BSI).EUROCODE 3 设计指南:房屋建筑钢结构设计 EN 1993-1-1、-1-3 和-1-8[M].王敬烨,黄羿,译.2版.北京:人民交通出版社股份有限公司,2021.
[37] 梁彩凤,侯文泰.钢的大气腐蚀预测[J].中国腐蚀与防护学报,2006,26(3):129-135.
[38] 梁彩凤,侯文泰.碳钢、低合金钢16年大气暴露腐蚀研究[J].中国腐蚀与防护学报,2005,25(1):1-6.
[39] 杨帆,徐俊,袁帅.基于实桥调查的交通荷载极限作用效应分析[J].结构工程师,2016,32(6):39-44.
[40] 陈惟珍,王春生,徐磊.上海市外白渡桥剩余寿命与使用安全[J].桥梁建设,2002(2):6-10.

[41] 涂金平,赵井卫,翟辉.兰州中山桥维修加固总体设计[J].公路,2016,61(8):112-115.
[42] 中华人民共和国交通运输部.公路桥梁加固施工技术规范:JTG/T J23—2008[S].北京:人民交通出版社,2008.
[43] 中华人民共和国住房和城乡建设部.城市桥梁结构加固技术规程:CJJ/T 239—2016[S].北京:中国建筑工业出版社,2016.
[44] 中华人民共和国交通运输部.公路钢混组合桥梁设计与施工规范:JTG/T D64-01—2015[S].北京:人民交通出版社股份有限公司,2015.
[45] 中华人民共和国住房和城乡建设部.钢结构加固设计标准:GB 51367—2019[S].北京:中国建筑工业出版社,2019.
[46] 中华人民共和国冶金工业部.钢结构检测评定及加固技术规程:YB 9257—96[S].北京:冶金工业出版社,1996.
[47] 王元清,宗亮,施刚,等.钢结构加固新技术及其应用研究[J].工业建筑,2017,47(02):1-6.
[48] 祝瑞祥,王元清,戴国欣,等.负载下钢结构构件增大截面加固设计方法对比分析[J].四川建筑科学研究,2014,40(1):98-103.
[49] 中华人民共和国住房和城乡建设部.钢结构设计标准:GB 50017—2017[S].北京:中国建筑工业出版社,2018.
[50] 聂建国,陶慕轩,樊键生,等.钢-混凝土组合结构在桥梁加固改造中的应用研究[J].防灾减灾工程学报,2010,30(S1):335-344.
[51] 王海,李杰,陈以一.部分包覆钢-混凝土组合柱单向压弯承载力计算方法比较[J].建筑结构,2021,51(7):7-13.
[52] 殷占忠,张晓博,孙向阳,等.部分包裹混凝土柱加固钢框架结构的非线性分析[J].科学技术与工程,2018,18(17):89-94.
[53] 王元清,唐伟明,宗亮,等.负载下外包钢筋混凝土加固钢柱轴压性能试验研究[J].建筑结构学报,2015,36(S2):16-21.
[54] 王元清,唐伟明,贾连光,等.负载下外包钢筋混凝土加固轴压钢柱的承载性能有限元分析[J].钢结构,2017,32(1):83-86.
[55] 中华人民共和国国家发展和改革委员会.钢骨混凝土结构技术规程:YB 9082—2006[S].北京:冶金工业出版社,2007.
[56] 中华人民共和国住房和城乡建设部.混凝土结构设计规范:GB 50010—2010[S].北京:中国建筑工业出版社,2010.
[57] 中华人民共和国交通运输部.公路钢筋混凝土及预应力混凝土桥涵设计规范:JTG 3362—2018[S].北京:人民交通出版社股份有限公司,2018.
[58] 中华人民共和国交通运输部.公路桥涵设计通用规范:JTG D60—2015[S].北京:人民交通出版社股份有限公司,2015.
[59] 中华人民共和国冶金工业部.钢结构检测评定及加固技术规程:YB 9257—96[S].北京:冶金工业出版社,1996.
[60] 王元清,祝瑞祥,戴国欣,等.初始负载下焊接加固工字形截面钢柱受力性能试验研究

[J].建筑结构学报,2014,35(7):78-86.
[61] 刘维华,安蕊梅.美国Ⅰ-35W桥坍塌原因分析[J].中外公路,2011,31(3):114-118.
[62] 杨勇,周丕健,聂建国,等.钢板-混凝土组合桥面板静力与疲劳性能试验[J].中国公路学报,2009,22(4):78-83,107.
[63] 苏庆田,田乐,曾明根,等.正交异性折形钢板-混凝土组合桥面板基本性能研究[J].工程力学,2016,33(S1):138-142.
[64] 邵旭东,曹君辉,易笃韬,等.正交异性钢板-薄层RPC组合桥面基本性能研究[J].中国公路学报,2012,25(2):40-45.
[65] 邵旭东,郑晗,黄细军,等.钢-UHPC轻型组合桥面板横向受力性能[J].中国公路学报,2017,30(9):70-77,85.
[66] 四川省质量技术监督局.钢-混凝土组合桥面板技术规程:DB 51/T 1991—2015[S].北京:人民交通出版社股份有限公司,2015.
[67] 卢立志,刘勇,张贵明,等.悬索桥板桁结合加劲梁钢-STC组合桥面支承体系设计优化[J].世界桥梁,2019,47(1):10-15.
[68] 张欣,刘榕.株洲市枫溪大桥的设计与关键技术研究[J].中外公路,2017,37(2):102-104.
[69] 苏庆田,贺欣怡,曾明根.球扁钢肋组合桥面板局部与整体力学性能[J].同济大学学报(自然科学版),2018,46(7):877-883.
[70] 贺欣怡,吴冲,苏庆田,等.组合桥面板球扁钢加劲肋螺栓接头力学性能[J].同济大学学报(自然科学版),2020,48(10):1425-1432.
[71] 史占崇,苏庆田,邵长宇,等.粗骨料UHPC的基本力学性能及弯曲韧性评价方法[J].土木工程学报,2020,53(12):86-97.
[72] WANG Y,SHAO X,CAO J. Experimental study on basic performances of reinforced UHPC bridge deck with coarse aggregates[J]. Journal of Bridge Engineering,2019,24(12):(4019119.1—4019119.11).
[73] 胡功球.不同养护条件下超高性能混凝土(UHPC)的收缩性能研究[D].长沙:湖南大学,2015.
[74] 中华人民共和国住房和城乡建设部.普通混凝土拌合物性能试验方法标准:GB/T 50080—2016[S].北京:中国建筑工业出版社,2016.
[75] 中华人民共和国住房和城乡建设部.活性粉末混凝土:GB/T 31387—2015[S].北京:中国建筑工业出版社,2015.
[76] 中华人民共和国建设部.普通混凝土力学性能试验方法标准:GB/T 50081—2002[S].北京:中国建筑工业出版社,2002.
[77] 中国工程建设标准化协会.纤维混凝土试验方法标准:CECS 13:2009[S].北京:中国计划出版社,2009.
[78] 中华人民共和国住房和城乡建设部.普通混凝土长期性能和耐久性能试验方法标准:GB/T 50082—2009[S].北京:中国建筑工业出版社,2009.
[79] 中华人民共和国住房和城乡建设部.混凝土外加剂应用技术规范:GB 50119—2013[S].

北京:中国建筑工业出版社,2013.

[80] 中华人民共和国水利部.水工混凝土试验规程:SL/T 352—2020[S].北京:中国水利水电出版社,2006.

[81] 韩建国,阎培渝.混凝土弯曲韧性测试和评价方法综述[J].混凝土世界,2010(11):42-45.

[82] 李仕根.含粗骨料超高性能混凝土力学性能研究[D].长沙:湖南大学,2017.

[83] US-ASTM. ASTM C 1018 Standard test method for flexural toughness and first-crack strength of fiber reinforced concrete (using beam with third-point loading) [S]. West Conshohocken,1997.

[84] JCI. JSCE-SF4 Method of test for flexural strength and flexural toughness of fiber reinforced concrete[S]. Tokyo:Japan Concrete Institute,1984:45-51.

[85] BANTHIA N,TROTTIER J. Test methods for flexural toughness characterization of fiber reinforced concrete:Some concerns and proposition[J]. ACI Materials Journal,1995,92(1):48-57.

[86] NAAMAN A E,REINHARDT H W. Proposed classification of HPFRC composites based on their tensile response[J]. Materials & Structures,2006,39(5):547-555.

[87] Haber Z B,Varga I D L,Graybeal B A,et al. FHWA-HRT-18-036 Properties and behavior of UHPC-class materials[R]. Washington,D. C.:Federal Highway Administration,2018.

[88] RAFIEE A. Computer modeling and investigation on the steel corrosion in cracked ultra high performance concrete [D]. Kassel:Kassel University,2012.

[89] FIB. Model Code for Concrete Structures 2010[S]. Berlin,2013.

[90] 贺欣怡,吴冲,苏庆田,等.组合桥面板球扁钢加劲肋螺栓接头力学性能[J].同济大学学报(自然科学版),2020,48(10):1425-1432.

[91] 戴昌源,苏庆田.钢-混凝土组合桥面板负弯矩区裂缝宽度计算[J].同济大学学报(自然科学版),2017,45(6):806-813.

[92] Broms B B. Crack width and crack spacing in reinforced concrete members[J]. Aci Structural Journal,1965.

[93] Broms B B,Lutz L A. Effects of arrangement of reinforcement on crack width and spacing of reinforced concrete members[J]. Abstracts Search.

[94] D B G. Crack control in reinforced concrete-present position[J]. Syposium on Serviceability of Concrete,Melbourne,1975.

[95] B R J,D B G,W B A,et al. An investigation of the crack control,characteristics of various types of bar in reinforced concrete beams[J]. Research Report No. 18 Part I, Cement and Concrete Association,London,1966.

[96] 中华人民共和国交通运输部.公路钢筋混凝土及预应力混凝土桥涵设计规范:JTG D62—2004[S].北京:人民交通出版社,2004.

[97] 聂建国,张眉河.钢-混凝土组合梁负弯矩区板裂缝的研究[J].清华大学学报(自然科学版),1997(6):97-101.

[98] 张彦玲,樊健生,李运生.连续组合梁桥裂缝发展规律分析及裂缝宽度计算[J].工程力学,2011,28(7):84-90.

[99] 中国工程建设标准化协会.纤维混凝土结构技术规程:CECS 38:2004[S].北京:中国计划出版社,2004.

[100] fib Model Code for Concrete Structures 2010[S].Berlin,2010.

[101] 英国标准化协会.EUROCODE4:钢与混凝土组合结构设计 第2部分:一般规定和桥梁规定:BS EN 1994-2:2005.[S].周良,李雪峰,译.北京:人民交通出版社股份有限公司,2020.

[102] 戴昌源,苏庆田,冯小毛,等.纤维混凝土组合桥面板裂缝宽度计算方法[J].同济大学学报(自然科学版),2020,48(6):788-795.

[103] 英国标准化协会.EUROCODE2:混凝土结构设计:BS EN 1992-1-1:2004+A1:2014[S].刘家海,胡月,张茜文,译.北京:人民交通出版社股份有限公司,2020.

[104] STROEVEN P.Stereological Principles of Spatial Modeling Applied to Steel Fiber-Reinforced Concrete in Tension[J].ACI Materials Journal,2009,3(106):213-222.

[105] ABDALLAH S,FAN M,W A Rees D.Analysis and modelling of mechanical anchorage of 4D/5D hooked end steel fibres[J].Materials & Design,2016(112):539-552.

[106] AMIN A,FOSTER S J.Derivation of the σ-w relationship for SFRC from prism bending tests[J].Structural Concrete,2015,1(16):93-105.

[107] CARMONA S,MOLINS C,AGUADO A.Correlation between bending test and Barcelona tests to determine FRC properties[J].Construction & building materials,2018,181:673-686.

[108] DE-MONTAIGNAC R,MASSICOTTE B.Design of SFRC structural elements:post-cracking tensile strength measurement[J].Materials and structures,2012,45(4):609-622.

[109] GIACCIO G,TOBES J M,ZERBINO R.Use of small beams to obtain design parameters of fibre reinforced concrete[J].Cement and Concrete Composites,2008,30(4):297-306.

[110] SARMIENTO E V,GEIKER M R,KANSTAD T.Influence of fibre configuration on the mechanical behaviour of standard test specimens and full-scale beams made of flowable FRC[J].Construction and Building Materials,2016,111:794-804.

[111] TIBERTI G,MINELLI F,PLIZZARI G A,et al.Influence of concrete strength on crack development in SFRC members[J].Cement and Concrete Composites,2014,45:176-185.

[112] BENCARDINO F,Rizzuti L,Spadea G,et al.Implications of test methodology on post-cracking and fracture behaviour of Steel Fibre Reinforced Concrete[J].Composites.Part B,Engineering,2013,46B(3):31-38.

[113] Zhao C,Wang K,Zhou Q.Full-Scale Test and Simulation on Flexural Behavior of Dovetail-Shaped Reactive Powder-Concrete Wet Joint in a Composite Deck System[J].Journal of Bridge Engineering,2018,23(8):4018051.1-4018051.10.

[114] 邵旭东,陈斌,周绪红.钢-RPC 轻型组合桥面结构湿接头弯曲试验[J].中国公路学报,2017,30(3):210-217.

[115] PAN W,FAN J,NIE J,et al.Experimental Study on Tensile Behavior of Wet Joints in a Pre-

fabricated Composite Deck System Composed of Orthotropic Steel Deck and Ultrathin Reactive-Powder Concrete Layer[J]. Journal of Bridge Engineering,2016. 21(10):04016064-1-04016064-13.

[116] 陈德宝,曾明根,苏庆田,等. 钢-UHPC 组合桥面板湿接缝界面处理方式研究[J]. 中国公路学报,2018,31(12):154-162.

[117] 中华人民共和国交通运输部. 公路桥梁抗震设计规范:JTG/T 2231-01—2020[S]. 北京:人民交通出版社股份有限公司,2020.

[118] 中华人民共和国住房和城乡建设部. 城市桥梁抗震设计规范:CJJ 166—2011[S]. 北京:中国建材工业出版社,2011.

[119] 中华人民共和国交通运输部. 公路桥梁抗撞设计规范:JTG/T 3360-02—2020[S]. 北京:人民交通出版社股份有限公司,2020.

[120] 贺再兴. 混凝土连续梁桥拓宽后抗震性能评价[D]. 西安:长安大学,2009.

[121] 宋发安. 斜交桥拓宽后的抗震性能分析[D]. 西安:长安大学,2019.

[122] 汤虎,李建中. 连续梁桥固定墩减震设计方法研究[J]. 土木工程学报,2011,44(12):64-72.

[123] 王志强,葛继平. 粘滞阻尼器和 Lock-up 装置在连续梁桥抗震中应用[J]. 石家庄铁道学院学报,2006,19(1):5-9.

[124] 朱文正. 公路桥梁减、抗震防落梁系统研究[D]. 西安:长安大学,2004.

[125] 袁万城,李涵,田圣泽,等. 桥梁拉索减震支座研发及应用[J]. 结构工程师,2015,31(6):86-90.

[126] 袁万城,王斌斌. 拉索减震支座的抗震性能分析[J]. 同济大学学报(自然科学版),2011,39(8):1126-1131.

[127] 袁万城,韦正华,曹新建,等. 拉索减震支座及桥梁抗震设计应用研究[J]. 工程力学,2011,28(z2):204-209.

[128] 李涵,袁万城,田圣泽,等. 钢丝网复合橡胶减隔震支座试验及有限元模拟[J]. 山东交通学院学报,2015,23(3):49-54.

[129] 郭军军,党新志,袁万城,等. 采用拉索模数伸缩缝的连续梁桥地震响应[J]. 土木工程与管理学报,2016,33(5):44-48,70.

[130] 高智乐. 利用摩擦摆支座对既有桥梁隔震加固的研究[D]. 西安:西安科技大学,2015.

[131] 陈亮,邵长宇,颜海,等. 大跨钢桁梁桥拓宽改建工程抗震设计研究[J]. 桥梁建设,2020,50(1):92-98.

[132] 徐秀丽,徐清清,李雪红,等. 扩建改造桥梁的抗震设防标准研究[J]. 桥梁建设,2014,44(4):91-95.

[133] 中华人民共和国交通运输部. 公路桥梁抗震设计细则:JTG/T B02-01—2008[S]. 北京:人民交通出版社,2008.

[134] 王君杰,耿波. 桥梁船撞概率风险评估与措施[M]. 北京:人民交通出版社,2010.

[135] 金玉娟. 船桥碰撞风险评估与防撞设施研究[D]. 武汉:武汉理工大学,2011.

[136] 王倩,陈亮,王君杰,等. 松浦大桥新型浮式防船撞装置[J]. 中国市政工程,2020(2):

102-104,107.

[137] 陈亮,王倩.一种自浮式防撞装置的防船撞性能分析[J].公路,2021,66(7):129-133.

[138] 中华人民共和国住房和城乡建设部.内河通航标准:GB 50139—2014[S].北京:中国计划出版社,2014.

[139] 国家铁路局.铁路桥涵设计规范:TB 10002—2017[S].北京:中国铁道出版社,2017.

[140] US-AASHTO. AASHTO LRFD bridge design specifications[S],2020.

[141] 英国标准化协会(BSI). EUROCODE1:结构上的作用 第1~6部分:一般作用——施工荷载:BS EN 1991-1-6:2005[S].杨彬,译.北京:人民交通出版社股份有限公司,2021.